개교 70주년 기념 전북대신문방송사 문학상 당선작 전집 ❸

학술문학상 III (1980~2000)

일러두기

1. 유실된 부분은 □:한글 ■:한자 이렇게 표기하였습니다.

학술문학상 III

1980~2000

전북대신문방송사 문학상 당선작 전집 ❸

전북대학교 개교 70주년 기념

전북대학교
출판문화원

목차

1984

1985

1986

1987

제25회

학예상

•

1980~2000

우수

제653호 1980년 12월 26일 금요일

제25회 학예상 : 소설

동심원(同心圓)

· 이재황 (국어교육학과 3학년) ·

아침 해가 떠오르면 집 안팎의 음습한 공기는 어둠과 함께 물러서곤 했다. 대지가 넓은 탓에 집 한 채가 들어설 만 한 정원은 부친이 죽은 이래로 초라해져만 갔다. 다년생 화초들도 말라죽어 갔고 수목들도 엉성한 가지 끝에 고엽을 나부끼다가, 바람이 세게 붙기라도 하면 기다렸다는 듯이 훌훌 털어내 버렸다.

제철에 떨어지지 못하고서 일찌감치 영락(零落)하는 단풍 아닌 낙엽을 보다 말고 부엌으로 갔다. 모친은 옹색하게도 작은 솥에서 밥을 푸고 계셨다. 밥상에는 이미 밥이 담긴 주발이 놓여 있어서 바리에 푸고 있는 밥은 분명히 당신 드실 밥이었다. 아들의 밥을 먼저 푸시는 어머니의 자태를 한 동안 멀거니 바라보고 있다가 다시금 이 집을 헐어내자고 말을 꺼내려 했으나, 도저히 그런 말이 나오지 않았다.

제사도 안 하고 오직 아들 하나만 위해 희생하는 그녀에게 고마움을 표시하지는 못할지언정 가슴 아픈 지난날을 되새겨주는 불초는 삼가야 했다. 언젠가 집을 헐자고 했을 때 모친은 말했다

「늬 애비가 비록 떳떳하게 죽지 못했을망정 애꿎은 유산까지 그렇게

함부로 할 까닭은 없지 않니?」

숭늉을 만들 양으로 솥에 물을 부을 때까지도 모친은 내가 바로 근처에 있음을 알아차리지 못하신 모양이었다. 이내 곧 슬그머니 돌아서서, 찾는 사람 없는 묘지처럼 추레해진 정원으로 가보았다.

정원의 무성한 식물들이 하나하나 죽어갈 때 쾌감을 느껴야 했다. 부친이 손수 가꾼 화초가 시들어 갈 때, 그의 보이지 않는 끄나풀이 서서히 풀어지는 환각에 사로잡혔다. 거의 미치광이가 되기 직전의 맹숭한 정신으로 헤아려봐도 이상한 일이었다. 내 목을 옥죄어 드는 듯한 그 끈을 벗어나려고 발버둥을 쳐보는 수단으로, 그도 즐겨 마시던 술도 종류를 달리해서 마시기로 했다. 생전에 그가 보던 책은 모친이 없는 틈을 타서 불살라버렸다. 그러나 그러한 시도는 어리석고 허튼수작이었다. 밤이면 그의 망령이 나타나 저주의 앙갚음을 하고야 말았다. 다시 낮이 되면 또 다른 앙갚음이 눈을 뜨고 있었다. 결벽증에 걸린 사람처럼 집 안팎을 쓸고 닦고 여러 번을 되풀이하는 짓거리였다. 어둠이 찾아오면 여지없이, 또다시 나의 고집만큼이나 어리석은 그의 망령은 아편 중독자의 고통처럼 활개 치며 올가미로 내 목을 겨루어 왔다.

그의 유품을 모조리 태웠을 즈음 최후로 남은 것은 액자에 담긴 사진이었다. 그 사진마저 태우려 하자,

「나도 너만큼 네 애비를 저주했단다. 그래도 난 너를 위해서라도 네 애비를 이해해야 한다고 생각했던 거야. 그 사진을 태우려거든 이 에미를 먼저 죽이렴! 승호야 어서!」

모친은 눈물을 흘리면서 애원하고 계셨다. 차마 태울 수는 없었던 게 알량한 아들의 도리였을 것이다.

밥상을 들여놓았는지 모친이 불렀다. 수돗가로 가서 손과 얼굴을 씻

고 들어갔다

여느 때처럼 그녀는 벽에 걸린 십자가를 향해 성호를 긋고 난 다음, 기도문을 낭송한다. 그런 다음 수저를 든다.

「주여 이 가족과 집을 주셨으므로 감사드립니다.

여기서 우리는 처음으로 사랑과 미움을 배웠고, 다툼 뒤에 화해하는 법도 배웠습니다. 가정에는 때때로 걱정거리도 있지만, 그 반면 기쁨도 있습니다. 우리에게 이 가정을 주셨으므로 감사드립니다.」

죽은 아버지 덕분에 그녀는 착한 사마리아 사람이 될 수 있는 기회가 주어졌다고 고마워하는 모양이다. 불운과 역경을 달관한 복자(福者)처럼 웬만하면 감사하다고 기도하는 그녀였다. 그녀는 사뭇 경건한 마음으로 기도하곤 했지만 나는 그렇지 못했다. 성호를 긋는 행위도 안정하지 않았으며 설령 기도한다 해도 죽은 사람을 위해서 주문을 외우지는 않았으리라. 죽은 사람은 이미 과거 속으로 묻히고 말았으니까. 죽은 부친도 천주교를 신봉했으니까 하느님이 어련히 알아서 명복을 빌어주고 어쩌면 천당이라는 곳에까지 인도했는지 모른다.

모친은 해괴한 이름을 가진 어떤 종교단체의 전도 신처럼 끈질기게 설득했다.

「승호야, 성당엔 너만 한 총각들도 많이들 나오더라 왜 넌 어릴 적에는 잘 다니 고선 커서는 안 다니는 거냐? 이 세상에서 의지할 사람은 천주님 밖에 없어……」

성당에 가서 나 혼자만을 위해서 기도하지는 못하리라 성당이란 건물부터가 불쌍한 사람을 실은 커다란 수레 같이 느껴지기 때문이다. 누명을 입고 죽은 부친이 불쌍하기도 해서 내가 만일 기도를 한다면 그 대상에 죽은 그도 포함될지 모른다. 아니, 그 엄숙하고 신비로운 분위기 속에서 나도 모르게 그를 용서해 달라고 기도할 것이다.

입안의 음식물을 씹으면서 부친은 가족과 국가를 배반하고도 아무런 반성도 책임도 외면한 채, 홀연히 도피한 비겁한 원수라고 되씹었다.

오전 열 시가 되어서 나들이옷으로 갈아입었다. 헤어진 것이나 진배없는 여자로부터 날라든 편지 때문이었다.

제가 이 편지를 쓰는 감흥만큼 당신은 흥분하시지 않으리라 믿어요. 갑자기 글월 올리게 되어 송구스러운데, 게다가 충격이나 받으신다면 얼마나 불행한 일이겠어요? 아무런 동요 없이 읽어주세요

일 전에 승호 씨의 어머님을 만나 뵌 적이 있어서 승호 씨의 안부는 알 수 있었습니다. 무사히 제대하셨다니 저도 무척 반가워요. 제대한 승호 씨의 모습이 얼마나 변했는지 보고 싶었어요.

지금도 보고 싶은 승호 씨!

저는 당신을 배신자라고 여겨본 적이 한 번도 없었어요. 우린 단순히 배신감이나 환멸 때문에 헤어진 게 아니잖아요? 어째서 당신이 저를 멀리했는지 알 수 있어요. 당신은 지나친 이기주의자입니다. 그래서 자신을 희생하기를 꺼리면서 절박한 위기의식을 고집했던 거예요 현실과 맞설 수 없기에 그 방패로서 당신은 위기의식을 습관처럼 느끼려 했지요. 디오미디스의 창이 불멸의 신의(神衣)를 입고 아프로디테의 팔목에 상처를 냈듯이, 당신에게도 불패의 창이 던져질 날이 있을 거예요.

그전에 당신은 빨리 자신을 구해야 돼요. 너무 늦으면 파멸하고 말아요.

저는 삼 년 동안, 당신의 변한 모습을 기대하고 기다리기로 했던 거예요.

당신이 들으면 동요할지도 모를 사실이 있어요. 당신의 애기를 갖고 있어요. 왜 놀라우세요? 걱정하실 것 없어요. 제가 알아서 할 일이니까요.

속절없이 기다린 것은 허튼 모험인지도 모르죠. 당신의 사랑을 확인하지도 않은 체였으니까요. 그렇지만 저는 확신을 가졌지요. 당신이 예전의 모습과 달라진다면 다시 저를 찾으리라고 말이에요. 한데 당신은 제대한 지 반년이 지나도록 저를 찾아주지 않았어요. 아직 자신을 구하지 못한 거로군요.

당신은 지금 방황하고 있다고 생각하시나요? 하지만 방황을 하기엔 우리 인생이 너무 짧다고 생각지 않으세요? 차라리 인생의 모든 여정이 방황의 연속이라고 가정해보세요. 분명, 당신은 방황하고 있는 것이 아닐 거예요. 당신은 방황마저 회피하는 극기주의자인걸요.

당신의 그 방패를 거두셔야 해요. 그리고 무언가를 찾아서 나서봐요. 불행한 사람! 왜 어두운 방에만 처박혀 있는 거예요? 진심으로 전 당신을 도와드리고 싶어요. 부친을 아직도 증오하시나요? 당신의 첫 애인이었다던 여자를 또 증오하시나요?

숭고한 사랑도 치장하고 꾸며본들 이기적일 수밖에 없다고 했지만, 당신 마음 위에 집을 짓는다는 게 얼마나 어리석은지 알고 있어요. 그렇지만 당신의 마음을 바로잡아주는 일은 어렵지만 어리석다고는 여기지 않고 싶어요.

숲을 지나온 바람처럼 생기를 찾게 되시길 간절히 기도드리면서 두서없이 쓴 글 용서 바라요. 안녕.

정사년 구월. 혜원(惠媛) 올림

내키지 않는 발걸음을 진작시키려고 다시 한번 읽어보았지만 사무치는 고통만이 되살아날 따름이었다. 다시 그녀를 만난다는 일은 그녀가 편지를 쓰게 되기까지 이른 고통스러움보다도 더욱 감당해내기 어려운 고통의 응어리를 간직함이 아닐 수 없다. 만일 만나게 된다면 일 년 만에 만나는 셈이다. 마지막 휴가 때 그녀와 나는 어둠 속에서 줄곧 같이 있었다.

어둠은 수치감을 깨우치는 눈을 가리기 시작하더니 마지막으로 두려움마저 질겅질겅 삼켜버렸다. 그녀의 볼은 상기되었던지 뜨겁게 달아올랐다. 창틈으로 스며든 달빛처럼 하얀 그녀의 속 살은 대리석만큼 차갑고 티 없이 매끄러워도 내겐 첫 경험다운 경이로움이 아니었다. 딱딱한 무생물과 벌집 같은 규율만이 존재하는 병영에서 돌아온 병정은, 여자에게서 신비감을 느끼려 하면 할수록 몸과 마음은 이가 어긋난 톱니바퀴처럼 헛돌고 말았다. 그것은 분명히 자기 자신에 대한 배반이었다. 그러한 나를 비웃기라도 하듯 가는 웃음을 떨며 나직한 목소리로 그녀는 말했다.

「전 인제 땅속에서만 묻혀 살던 굼벵이에서 항상 당신 뒤를 따라다니는 매미가 될 거예요.」

그 웃음 내 고막의 중심에 자리 잡은 것으로 만족하지 않고 허탈한 웃음으로도 재생되었다. 허허허……….. 여자는 여름날의 매미는 울고 있는 게 아니라 웃고 있다고 고집을 부렸다. 맞다고 어둠으로부터 광명을 찾게 된 매미는 행복할 뿐이라고 주억거리며 조소 어린 여자의 웃음을 당연하게 받아들이려고 허탈하게 웃었을 것이다. 절망스럽게도, 절망스럽게도 매미는 곧잘 어두워질 광명의 땅을 선택한다고 말하지는 못했다.

잠시 망설이다 외출을 단념하기로 했다. 아득하게만 보이는 가을 하늘을 망연한 시선으로 응시했다. 하늘 높이 제비가 날고 있었다. 아침 새벽에는 맑았던 날씨가 내 방만큼이나 우중충한 색조로 닮아가고 있었다. 검은 구름이 밭이랑처럼 골을 이루며 드리워졌다. 곧 비가 내릴 듯 보였다.

예전의 습관대로 비 오는 날이면 꼭 내 방에 갇혀 있어야 한다. 음모(陰謀)처럼 음습하고 무거운 침묵이 더는 베어 들지 못하도록 감시해야 한다. 아니, 답답해서 질식할 것 같은 고적감을 송두리째 포옹해주는 것이다. 질식되느니 나 스스로 질식해서 목덜미를 조여 오는 절망을 떨치는 거다 혜원의 조소 어린 웃음에 그저 허탈하게 웃었듯이.

보이지 않는 끄나풀을 풀기 위해선 끈적끈적한 고적감과 사투하는 것쯤은 불사해야 한다. 흐느적거리는 해면동물처럼 음습한 공기는 스멀스멀 기어들었다. 흡음판이 된 살갗은 빨아대기 시작했다. 그 어둠 속에서 혜원의 몸을 핥아냈듯이.

비가 추적추적 내리기 시작하면 어머니는 벌써 누워 계셨다. 여러 번 반복되는 현상을 너무 가까이서 보기 때문에 눈여겨보지 못하는 수가 있듯이, 어머니의 상습성(常濕性) 근육통을 뒤늦게야 알 수 있었다.

어머니의 팔다리 등을 주무르면서 치근치근한 감정을 털어내려고 애를 썼다. 그녀는 종전에 없던 아들의 효성이 그저 황송하다느냐 표정이었다. 마치 내 열 손가락이 거두는 물리적인 효력보다는 손끝에 스미는 정성이 더욱 갸륵하다고 여기는 모양이다—요새 취직자리 알아본다더니 살림부터 시작할래? 너도 늬 애비를 닮아가지곤 별수 없지. 늬 집 조상은 행여 장가 못 들면 사족을 못 쓰는 명당자리를 썼다니까.

가만히 자빠져 있으면 내가 다 알아서 할 텐데……. 모친이 나의 건실하지 못한 생활을 나무란 지도 퍽 오래전 일이다. 그녀가 요즘 들어 이해했었다고 생각하는 것은 가당치 않을 것이다. 그는 아마 체념했을 것이다. 아니 어쩌면 절망하지나 않았는지 모르겠다.

어머니는 주물러지기를 원하는 주위에 아들의 손을 갖다 대셨다. 정원의 말라빠진 수목의 표피같이 꺼칠한 살결이었다. 그래도 부친은 그

살결에서 여자 냄새를 느꼈겠지. 벽지의 꽃무늬가 혜원이 즐겨 입던 슬립의 레이스 같다는 생각이 들자 그 꺼칠한 살결은 매끄러운 혜원의 살결이었다. 그러잖아도 지근거리는 잡념이 열 손가락을 마비시킬 찰나였는데, 이제 임의로서 양손을 마비시켜야 했다. 어머니는 연신 기침을 해대며 고통에 시달리는 환자 특유의 말긋거리는 표정 중에서 가장 극심한 것을 택하셨다. 나는 곧 죽어가는 지아비 옆에서 유언을 담아내는 아내처럼 착잡해졌다. 또 사리고 앉아서 마음을 도사리려 하니 도리어 섣달 처녀마냥 자꾸 심란해지기만 하였다. 바로 그때, 신음에 가까운 어머니의 목소리는 숫제 절망의 부표(浮漂)로서 확인되었다. 죽은 그가 보이지 않는 끄나풀을 던져온 데에다, 이제는 그녀마저 나를 절망시키려 했다.

「애야! 뭘 생각하구 있냐?」

「아뇨, 아무것도……. 좀 더 주물러 드릴게요.」

가끔 정원을 두른 이끼 젖은 바위틈에서 몇 마리의 지네는 꿈틀거렸다. 그 지네들처럼 움츠렸던 손가락을 꼼지락거렸다. 정성이 담기지 않은 손놀림이 못마땅해서인지, 아니면 오랫동안 움직인 아들의 손이 아플 거라는 온정 어린 말씀에서인지 그만두라고 한 말은 거의 명령적이었지만, 책망하는 말도 온정을 베푼 말도 아닌, 절망을 예고하는 듯한 전율의 파문이 밀려오는 소리였다.

「어머니! 제가 안 하던 짓을 하니까 우습지요?」

「원! 녀석두………」

그리고 그녀는 실로 오랜만에 웃었다. 어두움이 치렁하고 휑뎅그렁한 정적 속에서 그녀의 맥없는 웃음소리는 빗소리에 실린 괘종소리와 함께 멀리 달아나려고 거식하고 있었다. 그녀는 큰 숨을 거푸 내쉬며 말했다.

「그게 아니야. 지금 늬가 뭘 생각허구 있는 줄 이 에미가 모르겠냐? 다아 지나간 일이야…….」

애원하는 것은 진실을 헐뜯는 그녀의 눈물이라고 하면서 나는 무참하게 대들었다.

「난 네가 날 좋아하는 만큼 널 좋아할 수가 없단 말야! 난 죽어버려! 네가 죽으란 말야!」

내가 첫사랑에 실패한 후 쉽게 만난 혜원. 그녀의 편지대로 한 때는 그녀를 좋아한 적도 있었다. 하지만 혜원은 실연의 상처가 아물었다고 생각될 즈음 발버둥 치기 시작했다. 나는 그게 싫었다.

어리석었던 녀석을 가벼운 발길로 짓밟고만 첫사랑의 연인은 숙명처럼 다가오는 포획 망을 과감하게 잘도 탈출할 수 있었다. 그런데 나는 혜원의 숙명 같은 수작에 그만 포로가 되기를 거부하지 못하고 말았다. 내 포획망을 탈출한 얄미운 천사를 증오하면서도.

「과거보다는 현재가 중요한 거 아니에요? 승호씬 요즘 꼭 하루살이가 불빛을 찾는 격이에요!」

결국, 혜원은 내게 새로운 불빛이었다. 그 불빛은 포충식물의 달콤한 향내처럼 나를 잡아끌었다. 혜원은 어리석은 여자다. 그럴수록 먹이는 슬슬 기회를 엿보다 달아나려 한다는 사실을 믿지 않은 바보다. 절망의 늪으로 투신하는 바보. 진실로 사랑하지도 않으면서 올가미를 풀지 못한 나는 또 무엇일까 순간의 단물을 위해 영원을 희생하는 끈끈이주걱 속의 벌레만도 못한 놈이었을 것이다. 위선자! 나야말로 스스로 절망의 늪을 만든 위선자였다.

그러나 절망스럽게도 어머니는 내가 지난날을 생각하고 있다는 사실만 알아맞혔을 뿐이다. 그녀는 아들 녀석이 또 아버지의 과거를 향해 집요한 추적을 하고 있던 참으로 알았을 것이기에 말이다.

어머니는 한쪽 다리를 오므렸다 폈다 하면서 몸을 뒤척이더니 다시 똑같은 말을 되풀이했다. 당신의 말씀이 의도한 바와는 달리 빗나간 헛수고였음을 스스로 인정한 뒤 그것을 만회하려는 안간힘으로.

「다 지나간 일이야 잊고 말아.」

그렇다. 지나간 일이다. 그래서 과거라고 부르며 우리 집안의 유명(有名)한 화젯거리가 되기도 하고.

과거(過去)에 대해서 슬퍼하고 불만을 품어 현재(現在)를 덮으려 하는 사람들. 아슴한 추억 따위를 간직했다 되새김질도 한다. 그들은 과거란, 나무를 자르는데 방해만 될 뿐인 톱밥처럼 살아가는 데 있어 거추장스럽기만 하다고는 생각지 않는다. 부친도 그러했다. 추억론자. 샹들리에 불빛 아래면 더욱 반짝이는 대머리를 중심으로 자수성가한 주인이 휘하의 노비들에게 자신의 불행했던 과거를 들려주는 숙연(肅然)함은 자서전 속에 과장된 업적을 충분히 리얼하게 실감케 하는 위력을 지녔을 것이다. 과거라는 시제(時制)가 담고 있는 그러한 마술 때문에, 부친의 과거를 누가 묻기라도 하면 전혀 숙연해질 수 없는 후줄근한 웃음을 보이며 말해줄 것이다.

부친은 농협 중앙지부의 고급 관리였다. 부정부패가 난무하던 제ㄷ공화국 시절에 있었던 일이다.

지나간 수 세기의 역사처럼 새로운 지도자를 맞은 ㄷ공화정도, 처음엔 걸쌍스럽게만 보이는 정치 표방을 제시했다. 서정 개혁, 정의 실현 부정부패 일소 등등 결국은 용두사미 격이 되고 말 것들이었다. 부친은 이러한 슬로건이 잠잠해질 때 무서운 잘못을 저지르고 말았다.

십삼 년 만에 그는 고향 친구를 만났다고 즐거워했다. 그는 황해도 연안의 죽마지우였다. 뚱뚱한 몸집이나 대머리 등이 부친과는 비슷한 체모였으나 좀 늙어 보이는 것이 그들의 단절되었던 세월만큼이나 돋보이는 차이 같았다. 그 소꿉동무가 사업 자금이 필요한 관계로 자금 좀 융통해달라는 부탁을 하자 부친은 문제없다고 장담했다. 때마침 중앙지부에 할당된 양곡 수매자금을 변통해서 주겠노라고 말하면서 밤늦도록 술잔을 주거니 받거니 했다.

마침내 자금의 출로를 캐묻는 비정기(非定期) 감사에서 그 비위 사실은 들통이 나고 말았다. 그뿐이 아니었다. 부친의 친구는 고정간첩이었음이 드러났다. 한 관리의 부정 때문에 손쉽게도 거물급 간첩이 잡힌 결과가 되었다. 어쨌든지 부친은 간첩에게 공작금을 조달해준 죄목을 벗을 수가 없을 듯했다. 그는 얼싸 하게도 옛 친구가 간첩이었다는 사실을 알고 어디론지 잠적해버리고 말았다. 당시의 「수배 중인 농협 고위층 윤두선 씨 행방불명」이란 제하의 신문기사는 온갖 가년스러운 추리를 발림 하여 읽는 이외 구미를 강요할 정도로 기발할 추리를 서슴지 않아다. 그 기발한 추리 중에서 나만큼은 신통하게 여길 수 없는 추리가 있었는데 그것은 당시에 가장 유력하다는 지지를 받은 것이었다. 즉, 부친이 월북(越北)했을 가능성이 짙다는 소리였다. 내가 신통한 추리에 지지를 보내지 않은 까닭은 아들 된 도리 때문은 아니었다.

세월은 흘러도 흘러도 그는 머리카락 한 울도 보이지 않았다.

세월은 확실한 것을 보다 더 확실한 채로 남기라도 하겠다는 듯이 애매한 사실은 또 애매한 채로 남기지는 않는 모양이었다. 추리는 기정사실로 인정을 받게 되었다. 그러나 그의 아들인 나는 인정할 수 없었다.

부친과 그 소꿉동무가 술을 마시며 해후의 정을 나누던 그 날 밤, 소년은 자는 척하면서 자지 않았다.

「자넨 날 이해할 수 있겠나?」

소꿉동무가 꺼낸 허두였다.

「우리의 우정엔 변함이 없을 걸세」

「고맙네! 친구」

부친은 묵묵히 술을 마시며 침통한 어조로 다시 말했다.

「살기 위해서 죽은 시신쯤 돌보지 않았다는 게 뭐 큰 잘못인가?」

나는 얼굴까지 이불로 덮어씌운 채 귀를 쫑긋 거리며 뛰는 심장을 억제하려 했다.

부친은 허탈하면서도 대수롭지 않다는 뜻으로 가벼운 경련과 비슷한 목소리로 말했다.

「그놈들이 나빴던 게지. 지주 아들로 태어난 게 무슨 죄라고……」

내가 한 번도 보지 못한 조부모가 북한 땅에 살아있는 게 아니라 이미 학살당했다는 사실을 부친은 숨겨왔었다.

그는 자유를 찾아 월남했을 것이기에 절대로 월북하지는 않았을 것이다. 어쩌면 내 신통하지 못한 추측으로는 자살했을 가능성이 크다고 생각했었다.

부친은 소꿉동무에게 술을 따르며 말했다.

「우리 더 이상 그런 얘기는 그만하구 아름다운 추억이나 더듬어 보세」

평소와는 달리 부친은 어머니를 해주댁이라고 부르면서 술을 더 가져오라고 했다 조금 전의 침통한 표정과는 반대로 윤기 있는 웃음을 섞이면서 부친은 입을 열었다.

「그래도 난 그곳에서 잃은 것이 많더래도 조금은 서럽지 않구만. 여기 해주댁이 없었더라면 월남하지도 않았을 것이기에 말일세.」

그때 이상한 것은 어머니가 내 또래의 소녀처럼 보였다는 사실이다. 빨간 홍옥처럼 불그스레해진 그녀의 볼은 어린 아들이 보기에도 민망할 정도였다.

내가 술상 옆에서 잠이 들자 어머니는 다른 방으로 나를 보듬고 갔다. 젖 뗀 후로 거의 십여 년 동안 만지지 않았던 어머니의 젖무덤을 풀어헤쳤다. 그리고 혜원의 유방을 애무하듯이 만졌다. 마치 산비탈에서 풀을 뜨는 양 떼처럼 온순하고 부드러웠다. 이제 생각해보니 어머니의 얼굴에서 느꼈던 민망함을 감추기 위해 그 망측한 무슨 콤플렉스인가를 느꼈던 것 같다.

온 장안에 화젯거리를 선사한 아버지. 그의 행적은, 빈약한 주안상에는 더욱더 풍미롭게 오르내리는 하나의 기본 안주감이나 다를 게 없었다. 술꾼들의 입거품 역시 기발한 각상을 터트려냈다. 자살했을지도 몰라. 아니야 월북했다니까. 신문 안 봤어? 신문을 안 믿고 뭘 믿어? 아무튼 그는 내게 있어서 죽은 존재였다. 그래서 그로부터 느끼는 절망감을 떨치기 위해서 모든 과거를 잊으려 했다.

어머니는 아까부터 기침을 토하고 있었다. 온 몸속을 훑어내는 듯한 가래 끓는 소리는 권태의 부스러기 같았다. 그 조각들은 권태가 청각으로도 전달될 수 있을 것 같다는 엉뚱한 생각을 일으켜주었다.

「밖에 비 오나?」

어머니는 두더지의 시각처럼 청각신경이 거의 퇴보된 상태였다.

「인젠 조금씩 내리는 구만요.」

밖이 환해졌다. 슬레이트로 달아낸 달개지붕에서 빗방울 소리가 이따금 후드득거리었다. 나뭇가지에 매달렸던 빗방울들이 바람에 쓸려서 빗어지는 소리였다. 방안의 어두움도 구름과 함께 밀려갔다. 그러나 어머니의 이맛살에서 도도하게 꿈틀거리는 절망의 그림자는 아직도 침묵을 동반한 채 남아 있었다. 세월로서 쟁기질 된 어머니의 주름살은 절망으로 점철된 적나라한 기록이었다. 그것은 평탄하지 못한 운명을 감수하라는 듯한 위안처럼도 보였다.

벗었던 옷을 다시 걸치면서 밖으로 나가야겠다고 생각했다. 어떤 행위를 시작함에 있어 생각보다 행동이 빠른 경우는 거의 무의식의 상태에서 일 것이다. 웃음. 웃어야겠다고 생각한 후 웃는 바보. 혜원은 그러한 바보 같은 여자다. 거의 무의식적으로 상당한 의무감을 지닌 채 그 바보를 찾아야겠다고 마음먹었다. 그녀를 다시 찾는 고통스러움을 매도(罵倒)하는 수단으로 우선 나 자신도 바보임을 긍정하면서.

상봉동 시장을 지난 버스는 면목동 쪽으로 우회전했다. 면목천의 검은 물은 예나 지금이나 변함이 없었다. 붉은 벽돌로 지은 단층 슬라브 집들이 옹기종기 마주 선 것도 매양 똑같은 정경이었다. 혜원은 그중의 어느 한 집에 웅크리고 앉아 있을 것이다.

근처에 있는 코스모스가 허룽거리며 방실댐이 그녀처럼 헤프면서도 보기 싫지 않은 방시레 한 웃음이었다.

공중전화로 그녀를 불렀다. 이윽고 그녀는 빨간 티셔츠와 청바지 차림으로 지하다방의 마지막 층계를 내려서고 있었다. 그녀는 잠시, 전방을 경계하는 척후병처럼 둘레둘레 하다 말고 내 앞으로 걸어왔다. 그녀의 입가엔 달보드레한 미소의 거품들이 한창 부풀어 오를 대로 부풀어 올랐다. 그것은 곧 튕겨 나갈 듯한 용수철처럼 아찔한 경각심을 불러일으키기에 충분했다. 게다가 일 년 만에 만난다는 사실이 고통을 동반한 긴장감마저 들게 했다. 다행히 그녀는 예전처럼 임의로운(누구든지 그렇게 느꼈을 것 같다) 표정으로 싱숭거리며 운을 뗐다.

「정말 반가와요! 꼭 일 년 만이죠?」

「그렇다 하고, 그게 사실이야?」

그녀의 안색이 금시 일그러지는 것을 보자 마치 거울 앞에서 내 안색의 변화 정도를 살피는 기분이었다. 황망 중에 쩔쩔매는 기색이 역력한 채로 그녀는 말했다.

「무, 무슨 인사가 그, 그래요?」

갑자기 말더듬이가 된 그녀가 안쓰러웠지만, 어두운 방에만 처박혀 있는 내가 불쌍하다고 했던 그 돼먹지 못한 편지가 떠올라 이내 곧 매정한 태도로 돌아갔다.

「이 되모시 같은 여자야! 네가 보고 싶어서 만나자고 한 건 아니야. 그 사실을 확인하러 왔어. 그때 애가 어떻게 되었어?」

혜원은 남부끄러우니 주위를 의식하라는 뜻에서인지, 아니면 매정스러운 내 태도가 못마땅하다는 양인지, 표독스러운 눈 흘김과 함께 지그시 입술을 깨물었다. 그녀의 얄팍한 계산 아래 이루어지는 온갖 변화에 숱하게 속아온지라 추호도 감동해 한다거나 동요하지는 않았다.

차 나르는 처녀가 찻잔을 거두어 갈 때였다. 그녀는 대답 대신에 분연히 일어서서 찻값을 치르고는 훌쩍 나갔다.

층계를 오르는 그녀의 뒷모습에 형언할 수 없는 회한과 허무의 빛이 절망처럼 서려왔다. 그것은 나 혼자만이 느낄 수밖에 없는 설명 같았다. 나는 초조해지면서도 한편으로는 그녀의 얄팍한 수단에 동요할 것 없다고 하면서 일어섰다.

앞서가던 혜원이 잠시 주춤하다가 곧바로 걸었다. 뒤를 쳐다보지도 않은 채 곧추 걷는 그녀의 동작은 내가 더더욱 초조하게 만들었다.

「그만 서지 못하겠어?」

그녀는 그래도 걸음을 멈추지 않았다. 신뢰했던 신참 졸병이 주먹으로 공세해 올 때처럼 놀라움과 분노가 치밀었다. 그녀의 치렁한 머릿단이 아주 경쾌하게 움직이는 꼴을 보자 심한 패배감에 사로잡혔다. 그 패배감은 씻을 수 없는 묘한 열등감이었다. 현실에 적응할 수 없는 데서 생긴 두려움과 심한 절망감 때문에 생긴 피해의식의 일종이었다. 갑자기 악몽에 시달리면서 빛처럼 빠른 속도로 영겁의 나락으로 추락하는 듯한 공포감이 들었다. 세상에서 먼지와 같은 존재로 살고 있다는 깨우침도 느끼지 못한 채 그대로 영영 죽어 버릴 것만도 같았다.

초조해진 느낌은 더는 초조해져서는 아니 됨을 경고라도 하듯, 제법 질서 있는 생각들을 떠올리게끔 했다. 그녀를 처음 만나면서부터 느꼈던 자신감. 그녀를 소유할 수 있다는 자신감에 비례해서 나 역시 그녀에게 소유된다는 사실을 망각한 어리석음. 그녀가 보이지 않는 끈으로 영어(囹圄) 한다는 피해의식.

재빠르고 앙증스러운 걸음으로 그녀는 벌써 면목교를 다 건너고 있었다. 그래도 그러한 걸음의 율동에선 정물화의 차분한 감각이 자아내지고 있었다. 허탈해진 기분으로 면목교에서 멈추어 섰다. 코스모스가 만발한 제방을 따라 걷는 그녀의 모습이 어슴푸레하게 보였다. 마치 한 번도 보지 못한 신비경을 접하는 기분이었다. 불과 전주시 두어 개쯤 떨어진 거리에서 그렇게 보이기는 전혀 새로운 감각임에 가슴이 섬뜩해져 왔다. 그 새로운 감각에 초조감은 더해져 갔다. 발랄해서 새침하게까지 보이는 그녀의 걸음새가 비웃는 듯했다. 절망으로 도발(塗抹)된 그 위선, 절망, 방패, 활 아프로디테, 디오미디스, 도말, 죽어! 죽어버려려려… 메아리는 고막의 중심에 기록된 그녀의 웃음을 싣고 울어댔다.

 혜원은 골목 어귀를 들어서는 모습을 마지막으로 시야에서 사라져 버렸다. 그녀가 다시금 내 앞에는 영영 나타나지 않을 것 같다는 예감을 떨치지 못하면서 갑작스러운 그녀의 행동에 골똘히 사로 잡혔다. 그녀는 일 순간의 모욕감 정도로서 소중하게 지녀온 애틋한 감정 같은 것을 유린할만한 위인은 아니라고 믿고 싶었다. 어지간한 모욕감 정도는 전에도 숱하게 참아냈으며, 또 예상했던 사태에 적응할만한 준비를 게을리하지 않았음직 한 그녀가 갑작스러운 행동을 취하기까지에는 보다 큰 까닭이 있을 것이다. 그녀는 진즉 내게서 절망을 하고 나서 내가 습관처럼 휘감았던 절망이란 장막 속으로 파고들었는지 모른다. 그 절망의 밑바닥까지 나를 유인하여 더는 절망하지 못하도록 최후의 순간까지 그녀는 극도로 절망하지 않으면 안 되었을 것이다. 그렇다면 방패를 거두라고 했던 편지의 표현대로 그녀는 모험을 감행한 셈이다. 자신이 짊어질 절망이 어떻다는 것을 보여줌으로써 내가 방패로서 휘두른 절망이란 실체를 접하게끔 해준 것이 아닐까.

그녀가 자취를 감춘 뒤의 초조감은 아예 두려움으로 허탈한 심정을 메우려 했다. 혜원이 자살할지도 모른다는 두려움이었다. 그 두려움은 절망 때문에 죽어간 사람들. 어쩌면 살아있는 사람의 절망이란 죽은 자의 절망에 비한다면 가소로울 정도가 아닐 수 없을지도 모르겠다. 스스로 목숨을 거둔 사람들은 살아서는 감당할 수 없는 절망 때문에 삶의 목적 따위를 팽개쳐 버리고 미련 없이 죽어 갔을 것이다. 아, 나의 부친도 그래서 죽었을 것이다.

이제 그녀의 절망은 살아서는 견뎌낼 수 없을 지경에 이르렀단 말인가. 두려움을 지닌 채 집에 들어서는 심정은 부랑 소년이 오랜 가출 끝에 귀가할 때의 심정 같은 개운한 결말 다음에 오는 느슨한 안도감마저 드는 기분이었다.

그러나 결코 개운한 느낌은 잠시 뿐임에 그녀의 뒷모습에서 느꼈던 회한과 허무의 빛은 또다시 서려왔다. 나는 위선자였다. 내가 이토록 자신을 미워한 적은 어렸을 때 구멍가게에서 사탕 하나 훔쳐먹다 들킨 이래로 또 있었다고 기억되지 않는다. 진정으로 증오해야 할 대상은 나 자신을 빼놓고는 없다고 생각하자. 나를 매정한 시선으로 짓누른 첫사랑의 연인도 그렇거니와 죽을 수밖에 없었던 부친을 증오하기엔 나 자신이 한 점의 절망도 간직하지 않았어야 했다. 더욱이 나는 스스로 파놓은 절망의 늪으로 빠져 죽으려 하지 않았는가. 게다가 착한 여자까지 떠밀어 죽이려 하다니. 좌절과 체념이 없는 절망이 있다면 지금 나 자신에게서 느끼는 절망의 일종일 것 같다. 좌절과 체념이 없는 절망이라니 이것은 거짓이다. 나는 죽지 않았으니까. 결국 나는 절망할 자격도 상실한 철면피 같은 악마의 모습을 한 인간이란 말인가. 내가 절망이랍시고 위기의식으로 빙자한 방패란 마친 먼 산의 바위가 이루어내는 기묘한 형상을 가까이 나가서 보았을 때처럼 체념도 좌절도 없는 절망임을 수긍하면서 자꾸 혜원을 그리워하고 싶었다. 그리고 이번에는 내가 모험을 시도할 차례라고 결심했다. 그녀가 만일 죽지 않는다면 그녀의 절망 또한 절실한 절망일 수 없다고 설득하면서 절망을 하며 살아간다는 일은 너무 어려워서 자기 위선일 수밖에 없다고 말하리라.

어머니는 수돗가에서 배추를 다듬고 계셨다. 싱싱한 초록의 빛깔이, 부친이 살아있을 적의 무성했던 정원의 모습을 되살려 주고 있었다. 순간, 신비스런 희망의 파동이 동조 상태가 불량한 방송음처럼 안타까워할 겨를도 없이 가슴속에서 고동치고 있음을 감지했다. 그 고동은 부친이 왜 절망해야 했는지를 간절한 몸짓으로나마 퇴색한 사진 마냥 보여주고 있었다. 장롱에서 액자 사진을 꺼내어 부친과 상면을 했다. 부친은 다시 말하고 있었다.

「그래도 난 그곳에서 잃은 것이 많더래도 조금은 서럽지 않구만. 여기 해주댁이 없었더라면 월남하지도 않았을 것이기에 말일세」

자유보다도 사랑이 동기가 되어 월남한 아버지. 물론 자유 없이는 사랑할 수 없다는 전제 아래 북한 땅을 버렸을 것이다. 아직 상흔이 지워지지 않은 향수의 아픈 곳을 소꿉친구가 느닷없이 건드려 왔기 때문에 그는 더욱 절망하지 않을 수 없었을 것이다. 그러한 부친이었는데 갑자기 자유도 사랑도 구가할 수 없게 됨을 알고 스스로 죽음을 선택했을 것이다.

액자 사진의 눈언저리에도 내 두 눈에도 구슬이 맺혔다. 동심원을 이루며…〈끝〉

당선

제653호 1980년 12월 26일 금요일

제25회 학예상 : 시

비몽별곡(非夢別曲)

· 이병천 (문과대학 인문계열 2학년) ·

I

꿈속에서 꿈이 깨자 바람이
나를 따르며 나비!
라고 불렀다

II

뱀의 활주로를 뛰어서
키 큰 나무의 어깨까지 비상한다
수십만 장의 꽃잎을 숨 가쁘게 밟는
타쟌이 되었다가 비로소
도회지의 사각 숲을 뛰어넘는다
날개 부근의 살아있는 것들을 버리며
갈증의 끝만큼 솟구쳐 올라있다

III

갑자기 몸이 무거워 자꾸
하강하기 시작하고는
나 이제 쉬고 싶어
두꺼워진 날개가 애원하였다.
꽃은 역사(歷史)처럼 어디에나 있고
어디에서나 역사처럼 반란한다
꽃은
한꺼번에 우리를 속이지 않지
거미줄의 신기루가
쉬고 있는 내 날개 위에 끈끈한 침을
사정(射精)하듯 뱉어 대었다

IV

흰 옷의 석상처럼 굳은 걸음으로
바람을 거슬러 오는 사람들이 보인다
옷섶에 하나씩 붉은 꽃이 돋아나
웃으세요 웃으세요
독버섯의 유혹을 흉내내고 있었다.
내 단도(短刀)의 몸짓이 가느다란 목을 베어내자
그것들은 땅에 누워
수많은 꽃씨를 토해내고 있었다
키 작은 사람이 와서
이제 우리의 적을 압니다

거미와 역사와 꽃과 향기
우리의 땅에 무릎 접은 채 우리는
꽃들의 집을 세우고 가석방된다

V

동양화의 담묵 위에
하품하는 하늘이 뻗어있고
다시 벽에는
흘러가는 것들을 보기 위하여
숫자를 적어놓은 달이 걸려있다
이름을 몰래 지운다

VI

나는 날개에 엔진을 달고 꼭 한번
무중력의 바다를 탈출해본다
먼 곳에서 보았을 때는 우습게도
청옥(靑玉)의 광휘뿐
아무런 기색하나 달리 그리지 않는다
지구에 진입한 뒤 나조차
안경을 끼워 맞추고
오랑캐 꽃이나 제비꽃 앞에서
옛처럼 날고 있었다.

당선

제653호 1980년 12월 26일 금요일

제25회 학예상 : 수필

견공예찬(犬公禮讚)

· 강인선 (영어영문학과 2학년) ·

인간을 위해 노동력이나 가죽이나 털을 바치지 않고도 다른 어느 가축과도 비교할 수 없는 좋은 대우를 받는 것은 개다. 그들은 다만 순수한 애정과 열렬한 호의를 보여주기만 하면 된다.

인간이란 본래 자기 본위이다. 특수한 예외가 아닌 이상 자신을 향한 관심은 다른 누구에 대한 관심과도 비교할 수가 없다. 다른 사람에게 호의와 친절을 베풀 때에는 대개 어떤 목적이 작용하고 있다. 이런 자기중심적 사고가 사회 발전에 어떠한 공헌을 했는지는 몰라도 결과적으로 현대인은 외롭게 되었다. 때론 가족에게서도 완전한 위안과 사랑을 찾지 못한다. 이 메꿀 수 없는 욕구를 개는 충실히 채워주고 있는 것이다. 그들은 아무런 대가도 바라지 않고 호의와 애정, 완전한 관심을 보여준다.

개가 사랑받는 또 하나의 이유는 그들의 천진난만함이다. 사회가 복잡해질수록 인간은 본래의 순수한 것을 그리워하게 된다. 그들에겐 아무런 계략도 욕심도 없다.

강아지의 티 없는 눈망울을 통해 나는 대우주를 바라본다. 그들의 눈을 보고도 더는 조잡한 근심으로 마음을 썩힐 수는 없다. 더욱이 눈을 뜬 지 얼마 안 되어 시력이 채 고정되지 않은 몽롱한 눈은 잠든 아기의 꿈속을 들여다보는 것만 같다.

개라는 동물은 나와는 유달리도 깊은 관계가 있다. 어려서부터 거의 개와의 접촉이 끊이지 않았다. 내가 처음 기는 것을 배우게 된 것도 방에서 키우던 강아지 덕이라고 한다.

개는 내게 훌륭한 소재가 되어주었다. 특히 〈쎈〉이라는 하얀 잡종견은 주인공으로 활약하여 상을 안겨주었다. 이 조그만 개는 오만하고 도도한 성품을 가지고 있었다. 8년이나 그 멋진 털을 자랑하며 자손도 번창시켰다.

새끼를 자기 집에서 낳지 않고 마루 밑 깊은 곳에 낳아 어린 주인을 고생시켰다. 하루라도 빨리 새끼를 보고 싶은 조바심에서 우리는 음모를 꾸몄다. 〈쎈〉이 제일 좋아하는 뱀장어로 꼬여내 그 틈에 내가 마루 밑으로 기어들어 가 새끼를 한 마리씩 꺼내왔다. 고개도 들 수 없는 좁고 어두운 공간에서 무릎이 해어지는 줄도 모르고 포복 접근하여 마침내 따뜻하고 부드러운 물체에 손이 닿았을 때의 감동이란! 비단 실 같은 털 아래로 분홍빛 살갗이 비치는 생명체를 바라보는 것은 몇 년씩 계속되어도 그때마다 신기하고 놀라운 경험이었다. 이 생쥐만 하던 것이 털이 보송보송해지고 조금씩 눈을 떠가는 변화를 관찰하며 나는 대자연의 이치를 배워갔다.

〈쎈〉이 세 번째 새끼를 낳았을 때 그중 한 마리를 지금은 타계하신 신석정 선생님 댁에서 가져갔다. 신석정 선생님을 알 리 없었던 당시의 나는 그 한 마리가 내 것으로 이미 정해진 강아지였기에 밤낮으로 울며 단식 투쟁에 들어갔다. 그 결과 이틀 만에 다시 찾아오게 되었다. 그동안 너무 놀라 눈만 크게 뜨고 떨고 있는 강아지를 안고 돌아오는 택시 속에서 나는 온 세상을 되찾은 듯했다. 그러나 이 강아지는 그 후 몇 달 만에 옆집에서 놓은 쥐약을 먹고 죽었다. 가축병원 침대 위에서 거품을 물고 죽어가는 강아지를 보며 나는 꼭 수의사가 되리라고 마음먹었다. 어떻게 해도 살지는 못했을 테지만 수의사가 짐승이라고 적당히 다루는 태도는 내게 분노를 안겨 주었다.

두 번째 키우게 된 것은 세타종의 사냥개 〈쎄리〉였다. 아직은 그리 알려지지 않은 세타종은 포인터보다 털이 길고 훨씬 아름답다. 산에 가면 본능적으로 빗자루 같은 꼬리를 빳빳이 드는데, 그 모습은 참으로 멋지다. 당시의 우리 집은 마당이 상당히 넓은 편이었는데도 종횡무진 뛰어다니는 〈쎄리〉는 언제나 좁아했다. 커다란 주둥이를 밥통 속에 들이밀고 식사를 하고 나면 언제나 크고 긴 귀에 밥알이 묻어 있었다.

지난겨울에는 치와와종의 〈치이〉라는 개와 함께 지냈다. 툭 튀어나온 이마와 왕방울 같은 눈이 작은 얼굴을 다 차지하고 있었다. 너무 추위를 타서 나는 생전 처음으로 싫어하는 뜨개바늘을 들어 〈치이〉의 옷을 만들었다. 〈치이〉는 절대로 방 안에 실례를 하는 일이 없었다. 필요할 때는 방문을 박박 긁었다. 문을 열어 주면 얼른 나가서 용무를 마치고 마루 밑에서 서서 다시 올려주기를 기다리고 있다. 〈치이〉는 자기 침대가 있는데도 꼭 내 이불 속으로 들어와서 잤다. 그것도 내 팔을 베개 삼아 턱을 올려놓고 코를 골아가며 자는 것이다. 아무리 작다고는 하지만 밤새 베개 노릇을 해주다 보면 아침이면 팔이 저려왔다. 〈치이〉는 우리 집에서 온 지 석 달 만에 개를 무척 좋아하시는 교수님 댁에 시집갔다. 〈치이〉가 가고 나서 한동안은 자리가 너무 쓸쓸해 잠을 이루기가 힘들었다.

나는 잘난 척하는 스피츠보다는 세인들로부터 흔히 따돌림받는 불독이나 도사견 따위에 더 정을 느낀다. 불독의 그 고집스럽고 무표정한 생김새는 정들수록 오래된 포도주 같은 맛을 준다.

비극을 안고 태어난 개가 도사견이다. 분명 개임에도 불구하고 맹수 취급을 받는다. 개가 사람을 따르고 애정을 느낄 수 있다면 절대로 물지 않는다. 사랑을 줄 수 없는 주인은 도사견은 커녕 똥개도 기를 자격이 없다.

우리 옆집에는 〈바우〉라는 이름의 도사견이 살았다. 조그만 강아지 때부터 침착하고 과묵하여 무척 좋아했다. 그러나 제법 몸집이 틀이 잡힐 무렵 어디론가 팔려가고 말았다. 가정집에서는 더는 기르기 위험하다고 느꼈기 때문이었을까.

동물원에 갈 때마다 가슴 아픈 광경이 있다. 개를 우리 속에 가두어 놓은 것이다, 옆구리의 일부는 벗어져 속이 들여다보였다. 투견 대회에서 진 도사견을 헐값에 동물원에 팔아넘겼을지도 모를 일이다. 도사견의 바로 옆 우리에는 늑대가 살고 있다. 그 앞에는 늘 과자부스러기가 흩어져있다. 사람들 눈에는 육식동물인 늑대가 험상궂은 도사견보다는 개 같아 보였던 모양이다. 거들떠보지도 않고 우리 안을 맴도는 늑대에게 과자를 던져 주는 어린이를 도사견은 침을 질질 흘리며 물끄러미 바라보고 있었다. 능력만 있다면 주인에게 버림받은 가엾은 개를 구출해 주고 싶다.

나는 아마 굶어 죽어도 개고기는 먹지 못하리라. 개소주 집에서 기름 냄새를 피우며 나오는 사람은 내겐 방금 성찬을 마친 식인종과 같다. 어느 나라엔가는 사랑하는 개를 위해 주인들이 만든 아름다운 개 공원묘지가 있다고 한다. 개의 죽음에도 여러 가지가 있나 보다.

인간의 욕설에 개가 많이 관련된 것은 퍽 유감이다.

개와 인간이 의사를 소통할 수 있다면 얼마나 좋을까 하는 생각을 해 본 적이 있다. 그들은 몸이 아파도 억울해 호소할 줄을 모른다. 어쩌면 인간이 그만큼 개에 대해 둔한 건지도 모른다. 그러나 주인과 충견 사이에는 어느 정도 상대의 의사나 감정을 알아차리는 직감 같은 것이 확실히 있다. 여기에는 사랑이라는 전제가 따른다. 서로 아끼고 필요로 할수록 상대방의 불편이나 요구에 민감하게 된다.

개를 친구로 삼아보라! 개는 무료함을 달래주고 집에 돌아왔을 때 누군가가 반기는 기쁨을 준다. 그리고 모든 인간으로부터 버림받더라도 끝까지 곁에 남아있을 것이다. 또한, 개는 사랑한다는 것이 무엇을 의미하는지 가르쳐 줄 것이다.

동물을 사랑하는 자는 영원히 동심을 잃지 않는다. 이 복잡하고 각박해가는 사회에서 충실한 벗을 만들 수 있다는 것은 여간 큰 기쁨과 위안이 아닐 것이다.

주말엔 시간을 좀 내서 동물원에 찾아가고 싶다. 추위에, 굶주림에, 인간의 정을 향한 그리움에 떨고 있을 가엾은 개를 위해 무엇을 사갈까.

당선

제653호 1980년 12월 26일 금요일

제25회 학예상 : 꽁트

메아리 · 크리스마스

· 강영배 (국어교육과 4학년) ·

「눈이 오고 있습니다!」

목사가 설교를 끝내자 마이크를 집은 집사 한 사람이 외쳐댔다.

「올 크리스마스는 흰 눈으로 해서 더욱 축복받은 아기 예수님의 생일이 될 것입니다.」

창밖의 어둠 속으로 희끗희끗 눈발이 비치고 있었다 새날이 밝으면 온몸에 축복을 안고 태어난 그리스도가 이 땅에 평화와 안식을 가져다 준 날이었다. 땅 위엔 평화, 하늘엔 영광……. 비록 진눈깨비였지만 크리스마스이브의 어둠은 아늑해 보였다.

「조금 전에 목사님께서 설교에서도 강조하셨듯이 이번 성탄절은 가난하고 불우한 내 이웃과 따뜻하고 포근한 마음을 함께 나눌 수 있는 날이 되었으면 좋겠읍네다. 에— 그러면, 그러한 취지에 따라, 저희 날로 번창해 가는 부흥교회에 해마다 성탄절이면 거르지 않고 가난한 이웃들을 위해 성금을 기부해 주시는 신도님들을 소개해 올리겠습니다. 호명하면 기립하시와 저희 날로 번창해 가는 부흥교회의 모든 분에게 인사로 이 뜻을 널리 알려 주시고, 신도님들께서는 정성을 보여 주신 분들을 주님의 이름으로 열렬히 환영해 주시면 감사하겠습니다.」

집사가 치부책(?)에 적힌 명단과 액수를 불러 나갔다.

「예, 맨 처음, 중앙시장에서 황소 정육점을 경영하시는 정 장로님께서·········.」

대머리에 개기름이 번지르르한 중년 남자가 정장을 빼고 일어나 선 채로 몸을 한 바퀴 돌려가며 공손하게 인사를 올렸다. 그는 요즘 한창 값이 좋아지기 시작하고 있는 돼지고기를 팔아 남긴 돈 중에서 일금 십만 이천백 이십 원을 떼어 온정을 베풀었다고 집사가 유독 액수에 힘을 주어 발표했다. 천정의 샹들리에 불빛에 반사되는 대머리가 그의 선행을 더욱 돋보이게 해주는 듯했다. 우레와 같은 박수 소리에 또 한 번 절을 넓죽해 보이고 정 장로가 앉아 호명하던 집사가 너스레를 떨었다.

「정 장로님께 주님의 은총이 가득하시고 장사에도 신의 가호가 깃들기를 모든 신도와 함께 기도드립니다. 아멘! 그러면 다음으로············」

다음으로 역시 중앙시장에서 건어물 도매상을 운영하는 박 장로가 소개되고 환호성과 웃음이 왁자지껄한 가운데 박 장로라는 사람이 일어나자 박수가 터졌다.

액수의 다소에 따라 호명과 인사를 거쳐 박수가 터져 나오는 가운데 시장에서 요강 장사하는 사람까지 소개가 끝나고, 마지막으로 교회 일을 보는 사찰 최씨가 일금 천 원을 내놓았다는 것을 발표하자 덤으로 묻어나온 박수 소리에 장내가 떠나갈 듯했다.

「온정을 베풀어 주신 모든 분께 감사드리고 아울러 아직껏 성금을 미처 접수하시지 못한 분들을 위하여 당 교회 반사인 김 양이 헌금함을 돌리겠사오니 다만 얼마라도 이 돈이 가난한 내 이웃과 불우한 내 동포한테 따뜻한 성탄을 맞을 수 있도록 쓰인다는 걸 양지하시고 성의껏 정성을 보여주시면 감사하겠습니다.」

집사의 이 말이 끝나자「성탄을 불우한 이웃과 함께!」라고 겉에 써 붙인 헌금함을 짊어 멘 아가씨가 기다렸다는 듯 장내를 돌았다. 이곳저곳에서 동전 소리가 쩔렁쩔렁 들려왔다. 좀 전에 호명되었던 사람들에게도 어김없이 헌금함이 지나갔는데 마지 못해 껄껄 웃으며 그들 역시 얼마간의 돈을 집어넣었다.

헌금함이 장내를 도는 동안 은은한 캐롤과 함께 성경 구절이 흘러나왔다.

「주여! 우리 주위에 가난하고 불쌍한 이웃이 있게 해주시어 감사하나이다…」

헌금함이 중간 줄의 맨 뒷좌석에 외따로 앉은 중년 여자 앞에 왔을 때, 지금까지 순조롭던 정성 베풀기에 제동이 걸렸다. 시장바닥에서 좌판이나 벌리고 앉았을 허름한 몸빼 차림의 그 여인은 좀 전의 떠들썩했던 것도 아랑곳하지 않았던 듯한 모습으로 웅크리고 앉아 있었다. 고개를 조아린 채 입안에 넣고 있는 말만 우물거리며 여인은 헌금함을 쳐다도 보지 않았다. 그녀의 바른쪽 손이 스웨타 주머니 속에서 꼼지락거렸으나 끝내 여인은 돈을 꺼내놓지 않았다. 사람들의 시선이 몇몇 그녀에게로 몰렸다. 평화와 축복이 탄생하기를 기원하는 이 마당에 무슨 개망신이람—. 모두 그런 비아냥거림을 담은 눈빛들이었다.

한참 동안을 그녀 앞에서 머무르던 헌금함이 다음 줄의 맨 앞자리로 옮겨갔다. 맨 뒤에 여인에게까지 다 들리도록 쨍그랑 땡 하는 소리가 커다랗게 울려왔다. 그러나 여자는 묵상에만 열중하면서 입안에 연방 웅얼거림만을 담고 있을 뿐 뾰로통한 표정에는 변함이 없었다.

교회 현관으로 통하는 제단 앞의 화단엔 마치 크리스마스 츄리를 만들기 위해서 심어져 있는 듯한 소나무에서 빨강 파랑 불빛이 뒤바뀌고 있었다. 구석에 걸맞게 나뭇가지 위로 하얀 눈꽃이 피어나며 바야흐로 크리스마스이브의 기분을 느끼는 데 손색이 없을 듯했다. 진눈깨비가 제법 큰 눈송이로 바뀌며 겨울밤은 아기 예수의 탄생을 위하여 포근한 안식을 잉태하고 있었다. 휘황하게 밝은 교회의 등불 너머로 눈송이가 소록소록 내려앉았다.

성탄전야의 예배와 행사가 거의 끝나갈 즈음해서 교회 정문 앞으로 어기적거리며 다가오는 사람이 있었다. 이 세상의 불행과 고뇌를 몽땅 싸 짊어진 듯한 걸음걸이를 질질 끌며 그는 다가왔다. 겨울을 온전히 나기에는 너무나 초라하고 허름한 차림새였다. 헤쳐놓은 짚덤불 같은 머리엔 하얗게 눈이 덮여 그를 더욱 늙고 초라해 보이게 만들었다. 길 건너편 포장마차에서 소주라도 한잔 얻어 걸쳤는지 헤벌쭉 벌린 입술 사이로 눈물 같은 표정이 물려 있었다.

그는 다름 아닌 거지였는데, 사잇문 옆 전봇대에 달라붙듯이 기대어 섰다. 거지는 익숙한 폼으로 고개를 콱 처박고 귀를 감싸는 모양으로 팔을 뻗고 시커먼 손바닥을 벌렸다. 때맞춰 사람들이 현관을 몰려나오기 시작하였다. 정문까지 나온 신도들은 〈춥다 추워〉를 연발하며 〈메리·크리스마스〉를 서로 나누고 헤어졌다.

「한 푼 줍쇼—.」

〈메리·크리스마스〉사이로 느닷없이 튀어나온 〈한 푼 줍쇼〉를 사람들은 미처 듣지 못한 듯 제 갈 길로 뿔뿔이 흩어져 갔다. 정 장로는 황소 곁으로. 박 장로는 멸치 곁으로 요강 장수는 요강 속 같은 집으로……….

「아이구, 춥다. 올해는 작년보다 더 추워.」

「그러기 말여. 기름쟁이들이 싸움을 해싸서 더 그러는 개벼.」

이제는 띄엄띄엄 나오는 신도들의 코앞으로 거지는 숫제 손을 들이밀었다. 그는 메리 · 크리스마스를 흉내 내며 「미리 · 그러지마슈! 한 푼 적선합쇼!」하고 외쳤으나 그들은 역시 추웠다.

배웅을 나왔던 집사와 교회 사찰이 현관문을 닫고 몸을 잔뜩 웅크린 채 안으로 들어가 버렸다. 거지는 한 푼의 동전도 얻어내지 못한 채 벌렸던 두 손을 그저 그렇게 그 남루한 겨울 외투 주머니에 쑤셔 박고 미련 없이 그 자리를 철수하려는 듯 돌아섰다. 그때 누군가 그를 불러세운 것이었다. 제단 옆 어두운 모퉁이를 걸어 나오는 사람은 아까 헌금함 때문에 쓰디쓴 깨엿을 먹은 몸빼차림의 여자였다.

「원, 이렇게 추운데…. 으이그一. 오늘도 이렇게 나올 줄 알았수.」

여인의 귓가로 집사의 구호와도 같은 외침이 메아리치고 있었다. 「크리스마스를 불우한 내 이웃과 함께합시다. 메리 · 크리스마스…!」 「메리 · 크리스마스」의 〈메리〉가 〈메아리, 메아리……〉하고 들리는 착각을 떨어내듯 여인이 거지에게 지폐 한 장을 홱 던지며 소리쳤다.

「추운데 방구석에 가만히 처백혀 있지 뭣땜시 끼대 나아서 이 깃거리유. 옛수, 이걸로 따땃허니 밀국수에다 막걸리나 한 사발 빨고 얼어 뒈지기 전에 후딱 들어와욧!」

제26회

학예상

•

1980~2000

당선

제664호 1981년 6월 19일 금요일

제26회 전북대학 신문 학예상 : 소설

해갈

· 이동백 (영문과 2학년) ·

『아, 글씨 그년이 편지질을 했다는구먼. 그런 꼬라지를 하고서』 밖에서 할머니의 까칠한 음성과 주위에 모여선 동네 아줌마들의 수군거리는 소리가 얼핏얼핏 들려왔다. 『그러게나 말여유, 속이 비어도 엥간치 빈 것이 아니제』 『아녀 그럴쑤도 있는 것이여, 요새 어디 성헌 처녀들이 제대로 인기나 허간디.』 말깨나 한다는 분동댁이 나섰다. 마침 얘깃거리가 궁한 때에 잘 걸렸구나 하고 여기는지 제각기 한 마디씩 거들고 있었다.

「에이, 또 그 애 얘기로 구나」하고 지나쳐 버리려 하면서도 자꾸, 가려운 벌레에 물린 것처럼 신경이 쓰였다. 아마 금동 아저씨가 또 딸아이인 순옥이를 만나러 읍내에 나간 모양이었다. 가기만 하면 진탕 술이 취한 채로 오밤중에야 들어오곤 했는데 어디서 배웠는지 구슬픈 젓가락 장단을 척척 잘도 맞추는 것이었다. 전에도 교통사고로 아들이 죽었을 때 거의 반쯤 미쳐서 돌아다니다가 겨우 살림 맛을 보는가 싶더니만 이 동네로 이사 온 지 불과 3년 남짓 될까 말까 할 때에 읍내에 벌써 작은댁을 얻었다는 소문이 났었다. 그런 아저씨를 우리는 금동 아저씨라 불렀다. 그런 금동 아저씨에 비해서 그 아내는 얼굴도 괜찮았고 마음새도 고

와서 이웃 사람들과도 잘 지내는 편이었으나 어떤 이유에서인지 부부간에는 별로 사이가 좋지 않은 모양이었다. 금동 아저씨네의 불화는 더욱 심해져 갔고 마침내는 부인이 가출을 해버림으로써 끝을 보았다.

부부간에 싸우고 헤어지고 보니 자연히 자식들은 갈 곳이 없어 아직 밥벌이도 못 하는 어린것들은 남의 집에 양자로 보내고 그래도 나이 좀 먹은 아이들은 타지로 돈벌이를 하러 여기저기 뿔뿔이 흩어졌다. 금동 아저씨는 자식들을 다 보내고 혼자서 여기저기 떠돌아다니다가 처음에 이웃이었던 우리 집으로 일거리나 도와주겠다며 있게 해달라고 했다. 그렇게 해서 금동 아저씨는 우리 집에서 일하게 되었는데 서울에 있던 순옥이가 병이 나서 저희 오빠 집에 내려온 후부터 아저씨는 뻰 질 나게 딸을 만나러 다녔다.

자식의 불행을 당하여서 어떤 부모라도 온전한 정신만으로 견디어내기 어렵기만 하겠지만, 금동 아저씨는 온통 제정신이 아니었다. 집에서는 바쁜 농사철에, 그것도 비가 오지 않아서 야단인데 읍내나 나들거리고 다니는 것이 달갑지 않은 모양이었다.

동네에서는 비가 오지 않아서 야단들이었다. 그래서 집에서도 아저씨의 입장을 알기는 하면서도 못마땅해했다.

겨울이 이미 멀어졌고 시내를 끼고 도는 흙담 아래 뽀오얗던 쑥이 검푸르게 변해가는데도 금동 아저씨는 항상 밤색 털모자를 쓰고 다녔다. 그 밤색 모자에는 흰색 줄무늬가 두 줄 나란하게 있었지만, 그것은 어느새 누렇다 못해 갈색을 닮아가고 있었다. 머리카락은 고무줄로 꽁꽁 동여매서 상투를 틀었는지 모자 속에 감추고 있었고, 철 지난 텀텀한 검은 외투와 낡은 가죽구두 그리고 허우적거리는 걸음걸이는 금동 아저씨의 희무끄레한 눈동자를 보지 않아도 충분히 그의 심정을 헤아릴 수 있을 것 같았다. 이런 차림의 금동 아저씨를 학교에 가는 아침에 종종 볼 수 있었고 그때마다 어색하게 일그러지는 미소를 띠곤 했다.

바쁜 중에서도 어느 한가한 오후였다.

그날도 책상 앞에 쪼그려 앉아 무얼 읽고 있는 나의 귓가에 창호지 사이로 작은 떨림이 울려왔다.

아마 금동 아저씨가 식구들에게 뭔가 말하는 모양이었다. 할머니와 어머니의 음성이 그리고 아저씨의 앞뒤가 서로 엇갈린 말이 불협화음을 이루면서 들려왔는데 그중에 나의 숨을 죽이게 하는 대목이 있었다.

『병원에 가 보았는가?』

『가 보기는 했는디 어떠케 헐 수가 없는가보.』『그래서 뭐라고 허든가?』『의사가 허는 말이「당신 딸은 나이는 큰애기 요만 몸은 이미 큰애기가 아니요.」라고 허지 뭐요. 나 참.』하면서 쓴 입맛을 다시는 듯 헛기침을 두어 번 했다.

그날부터 그 애에 대한 나의 관심사는 봄에서 여름으로 하루에 조금씩 오르는 수은주처럼 차츰 높아갔다. 그러나 그 애에 대한 그러한 관심은 동정이라기보다는 동네 아줌마들처럼 자극이 없던 가슴에 화끈하게 자극을 받기 위한 단순한 호기심에서였다. 어린 나이로 사고와 공해와 시기와 질투로 넘실대는 큰 도시로 보호해줄 사람도 없이 나갔으니 무슨 일이 일어나지 않겠는가 하는 생각도 들었지만 여기까지 내려와서 그런 몸으로 편지질을 한다고 질책하는 듯한 동네 사람들의 수군거림에도 수긍이 갔다.

오빠네 집에 있기는 하나, 병든 시누이를 간호해 줄 만큼 상냥한 올케는 아닌 듯 금동 아저씨는 거기보다는 차라리 이쪽으로 데려왔으면 하는 눈치를 보였다. 집에서도 불편하기는 했지만 안쓰러움에 허락을 한 모양이었다. 그날도 수업이 좀 일찍 끝나고 친구들과 어울려 한 잔 걸친 소주가 위 속에서 요동치는 중에 집에 와보니 순옥이가 와 있었다. 전에 이웃에 살았을 때는 거푸스레한 얼굴에 조그만 꼬마애였었는데 몇 년 사이에 부쩍 성숙한 느낌이 들었다. 오랜만에 얼굴을 대하니—그것도 병든 환자의 입장으로—어색한 감정이 먼저 앞섰다. 『여기에 오니까 좀 괜찮은 것 같니?』라는 지극히 형식적인 질문을 했다. 그 애는 병색이 진하게 깔린 부연 얼굴에 엷은 미소를 띠면서 『예』인지 『응』인지 그 비슷한 중간 음으로 대답을 했다.

시들어 가는 꽃잎이 풍기는 마지막 아름다움처럼 그 애의 병든 미소가 아름답다고 느끼면서 그 애와의 첫 대면은 끝이 났다. 그 애와의 만남이 나에게 어떤 의미를 제공하는지 깊이 생각지를 못했다.

그날 이후 며칠간 그 애는 조심스레 집 둘레의 메달라 버린 연못이랑 논길을 걸어 다녔고 약간의 차도가 있는 듯했는데 그 후론 또 그저 그런 모양이었다. 금동 아저씨는 그런 딸아이를 남겨둔 채 어디를 다니는지 하루종일씩 읍내에 나가곤 했다. 아마 아저씨는 그 아이에 대해서 자포자기하는 모양이었다. 순옥이의 죽음은 금동 아저씨에게 더 크나큰 슬픔과 파멸을 초래할 것 같았다.

며칠째 아니 수 주일 동안 비가 내리지 않았다. 비가 오지 않으니 동네의 술집만 더 붐비고 여기저기서 몸싸움이 벌어졌다. 주막에는 필터도 없는 담배를 빽빽 빨아대며 몇 장정들이 술을 마시고 있었다. 흙이 부옇게 말라 비틀어진 가랑이를 걸치고 앉아서 덥덥한 막걸리에 목을 축이고는 화를 돌릴 길이 없음에 인지 순옥이와 금동 아저씨에게로 화살을 돌렸다. 『제기랄, 어쩐지 재수가 없더니만 다 죽어가는 바람둥이 계집애년을 데려다 놓으니 뭐 하나 제대로 되는 일이 있간디』『그려 지

애비가 그런디 그 딸이 별수 있간디, 싹수가 노랗드랑게.』 맞장구를 치고는 속이 좀 후련한지 수염이 덥수룩한 맹이 아버지는 한 사발을 또 쭈욱 들이켰다.

『그나저나 큰일이네. 이렇게 비가 안 와서.』 술을 부어 주면서도 눈길은 붉게 타들어 가는 저녁 하늘 쪽을 원망스럽게들 바라보고 있었다. 『그런 년이 있응게 비가 안 오는 것이여, 콱 뒈지기나 했으면 쓰것는디, 고것이 지랄 같은 병인지 깔탕깔탕 하면서 질기게 사는구만.』 어느 구석에서도 소위 바람둥이 딸년인 그 애를 편들어 주는 사람은 없었다. 동네 사람들이 그러한 순옥이를 데려다 놓은 금동 아저씨를 욕하는지 아니면 그 애를 받아들이기로 허락한 우리 집을 욕하는지 알 수 없었다. 왠지 몸속으로 한기가 스며왔다. 차라리 막걸리라도 몇 사발 죽 들이키고 그길로 달려가 콱 목 졸라 죽여버려 하는 엄청난 생각이 나의 전신을 파르르 떨게 했다. 저 술기운이 그윽해진 사람들의 핏기 어린 눈초리에서 그와같은 생각들을 읽을 수 있었다.

갑자기 거기에 앉아 있는 것이 무서워져서 살그머니 빠져나왔다. 물기가 없어 물만 듬성듬성 자라난 논에서는 개구리도 목청껏 꽉꽉 거리지 못하는지 맥빠진 소리만이 간간이 들려왔다.

햇볕이 마른 먼지를 풀썩풀썩 일으키는 오후였다. 밖에서 들어오는 길이었는데 순옥이가 부르는 것 같았다. 아주 쇠잔한 목소리로 나에게 물었다. 『오빠 무슨 과 다녀요?』 혼동 중에 있는 줄 알았더니 정신은 또렷했다. 몇 마디의 얘기를 더 주고받으면서 분명히 정신만은 살아 있음을 확인할 수 있었다. 저런 아이가 어떻게 죽음을 감당해낼 수 있을까 하는 생각이 아픔처럼 가슴을 조여왔다.

그날 밤 죽음을 생각하며 온통 잠을 이루지 못했다. 중학교 시절에 건

강하던 같은 반 급우가 아무런 이유 없이 갑자기 죽었다는 소식을 들었을 때도 어렸었지만, 무엇이라 형언할 수 없는 감정에 휩싸여 먼 산을 바라보곤 했었는데 지금 나의 눈앞에서 어리고 나약한 생명이 시들어 간다는 생각이 나를 괴롭게 했다. 인자한 성자라면 영혼을 구원한다고 스스로 모체의 자궁을 가르고 나온 예수를 믿으라고 권유하겠지만 나는 아무런 도움도 줄 수 없다. 그러한 자신이 미웠다. 왜 그 애가 죽어야 하나? 왜 세상은 이렇게 무방비 상태인가? 돈 때문인가? 가난? 제도? 운명? 정말로 동네 사람들 말처럼 순옥이의 부정이 액운을 동네에까지 몰고 왔을까? 죽음이란 개념만 생각해도 소름이 오싹 끼쳤다. 그 애는 이제 신음하기 시작했다.

뱃속에서 생명체를 키워오다가 저 잘되자고 칼질을 하고는 이제는 제 생명마저도 잃어야 한다는 것은 어쩌면 신의 공정한 심판인지도 모른다. 그 애의 신음은 나를 어릴 적의 공포로 몰아넣었다.

초등학교 시절이었던가? 학교로 향하는 길목에 제법 다듬어진 무덤이 있었는데 그 앞에는 돌로 만든 십자가가 밤이고 낮이고 간에 무덤을 지키고 있었다. 나는 언제나 그 앞을 지날 때면 고개를 수그리고서 땅만 바라보며 지나가야 했다. 왠지 비석을 쳐다 보는 게 무서웠고 어쩌다 한 번만이라도 그것을 본 날이면 그날 밤은 꿈속에서 꼭 경을 치러야 했다. 오늘 밤이 그렇다. 십자가가 머릿속에서 아른거렸다. 불 꺼진 방안의 좁다란 공간을 수많은 나비가 날아다니고 있었다.

눈을 감아도 날고 눈을 떠도 역시 날고 손을 내저으면 쓰라린 현실이 물어올 뿐 나비는 한 마리도 잡히지 않았다. 순옥이의 신음은 흙벽을 사이에 두고 간헐적으로 고통스럽게 들려왔다. 1년 전쯤 쾌락에 몸을 담그고 저렇게 소리를 질렀겠지. 아담과 이브의 범죄를 확인하면서, 그 애가 죽어야 하는 것이 마땅하다고 느껴졌다. 인과응보야, 인과응보. 아마 그래서 비가 오지 않는지도 몰라. 그렇지만 가혹하다. 잔인하다. 신은 너무 냉정하다. 속죄라는 것이 왜 거절당하는가?

고교 시절에 학업을 그만두고 고행을 하고자 입산한 친구가 있었다. 동기는 잘 몰랐지만 어쨌든 꽤 큰 결심을 한 모양이었고 현실을 훌훌 털어버릴 수 있는 용기가 얼마나 부러웠던지 며칠 동안을 고심해야 했었다. 그 후 몇 개월이 지난 후 친구들이 절에 가보았더니 그 친구는 머리를 시원스럽게 깎아버린 중들과 탁구를 하고 있더라는 것이었다.

나는 그저 웃고 말았다. 절에 탁구대가 있는 것이 잘못이라 생각하면서, 제 딴에는 생사의 문제를 그리고 현실을 깊이 있게 따져보고자 입산한 모양인데

으……음……으……

그 아인 지금 쾌락을 탐닉하고 있지는 않다. 죽음을 관장하는 염라대왕의 신전 앞에서 서성이고 있는지 모른다. 싸늘한 밤기운이 문밖에서 철썩이고 밤새가 괴상한 울음소리를 내면서 날아다니고 있었다. 언젠가 들었던 김종율의 노래가 귓전에서 울렸다. 소녀는 윤초시내…………하다가 소녀가 죽고 소나기 소나기 하면서 외쳐댈 때 순간적으로 내 혼은 허공에 뜬 것처럼 아찔했었다. 소나기 잠 병 생명 낙태 임신 사생아 밤 꿈 죽음 사랑 비애 절망 가뭄 싸움 제도……가을 하늘에 흩어지는 참새떼처럼 온갖 추상어들이 맴돌았다.

이미 나는 방에 누워있지 않았다. 늪이었다. 거대한 늪이었다. 세상이 잠겨 흐느적거리고 있었다. 집도 거리도 모두 잠겨 있고 사람들은 물고

기 떼처럼 허우적거리고 있었다. 뽀얀 수증기가 피어올라 묘한 냄새를 풍기고 있었다. 어린애가 모체의 가랑이 사이로 삐져나오고 있었다. 새로운 생명, 그것은 그곳에서도 탄생이었다. 그리고 무럭무럭 자랐다. 아이가 자라서 아이를 낳고 낳고 또 낳고… 가만히 보니 그곳은 죽음이 없는 모양이었다. 어느 곳에도 죽음으로 통하는 문은 보이지 않았다. 무덤도 역시 없었고 나를 괴롭히던 비석도 없었다. 비가 오지 않아서 걱정하는 곳도 없었다. 아하 여기가 바로 낙원인 모양이구나 하고 깨달았다. 순옥이는 거기서 화사하게 웃고 있었다.

『오빠, 이리와』하며 손짓을 하였다. 그 애는 웃고 있었지만 나는 오뉴월의 소나기를 맞은 사람처럼 떨면서 나뭇가지를 꽉 움켜쥐고 있었다. 하지만 그 애가 부르는 쪽으로 자꾸자꾸 빠져들어 가는 것 같았다. 『싫다, 싫어』 외치며 부들부들 떨었다. 손에는 땀이 났다. 손뿐만이 아니었다. 등에 패인 골을 따라서 주르르 가느다란 폭포가 이어지고 있었다. 나뭇가지가 휘어졌다. 부러지려는 모양이었다. 〈아 아 악〉

그 애는 신음을 그쳤다. 이제는 더 이상 신음하지도 못할 만큼 힘이 빠진 모양이다. 인간은 원초적인 자극에는 신음한다. 생명이 만들어지는 때도 생명이 꺼지는 때도 묘한 공통점이다.

사마귀나 거미는 종족보존을 위해 수컷은 목숨을 걸고 교미를 시도한다는데 갑자기 아랫도리가 근질거렸다. 눈앞에 커다란 사마귀가 엉금엉금 기어오고 있었다. 어쩌다 수풀 속에서 그 녀석을 보면 전율을 느끼곤 했는데 지금 이 녀석이 그 징그러운 꼬락서니—특히 세모 대가리가 싫었다—를 꼿꼿이 세우고 다가오고 있는 것이다. 날카로운 아니 살의를 느끼게 하는 저 눈깔, 그리고 나무라도 쓰러뜨릴 듯한 톱 같은 앞발을 치켜들고 왜 기어오는지, 「아 싫다」「저리 꺼져」 손을 내젓고 싶었으나 손은 이미 말을 듣지 않았다. 달아나야 되겠다고 생각했다. 나는 멀리 더 멀리하면서 힘껏 달아나고 그 녀석은 엉금엉금 기는데도 나를 압도했다. 인류의 종말에는 곤충에게 점령당한다고 하더니 내가 최초의 인류가 되려나 보다 싶었다. 신에게 무조건 아부하고 싶었다.

사력을 다해 내빼다가 슬그머니 돌아다 보니 그 녀석은 쫓아오지 않았다. '휴, 하고 안도의 숨을 쉬었다. 그러나 그 순간 더욱 경악하고 말았다. 푸른 외투를 걸친듯한 그 녀석은 이미 순옥이의 한쪽 다리를 낚아채고 있었다. 울부짖었다.

『살려 줘요』

『도와줘요』

그 애는 또 신음했다. 아마 오늘 밤은 무한대로 통하는 길을 알고 있나 보다 벽시계가 분명히 째깍거리는데도 종을 치지는 않았다. 감히 불을 켜기가 무서웠다. 꿈인가? 도깨비 장난인가? 아냐 난 지금 꿈이 아냐, 밖은 검은색으로 단장한 어둠이 깔려있고 문밖에는 사마귀가 버티고 있는 것 같았다. 순옥이 그 애가 죽어가는 것은 병 때문이 아니었다. 돈 때문도 아니었다. 그렇다! 저놈의 사마귀, 저 세모꼴 대갈통을 하고 두툼한 더듬이를 흔들거리는 사마귀 녀석 때문이다. 저놈을 잡아 죽여야겠다. 그 애의 잘못은 아냐, 그 애의 부모는 더욱 아니고, 나? 난 아니지, 아니야, 아니라니까, 저기 저 녀석 사마귀 때문이라고 소리쳤다.

밤은 아마 영원히 가지 않을 모양이다. 태양이 지구를 버렸다. 갑자기 손끝이 시려 왔다. 손끝에서 시작하여 온몸이 와들거렸다 당연하다. 태양이 지구를 버렸으니까 이제는 삶도 죽음도 걱정할 것 없다. 돈? 그것도 무가치한 것 중의 하나이다. 나는 여태 인간 세상 속에서 얽매여 왔다. 제도에 도덕에 법칙에 온통 구속뿐이었다. 이제는 구속하던 구속조차도 얼어버렸다. 모두 같이 냉동된 상태다. 영하 2만 2억 그 이하로 수은주는 하락할 것이다. 누구의 사형선고도 우리를 구속할 수 없다. 영혼이야 냉동되지 않으니까 구속할 수도 있지만, 영혼만큼은 신의 소관이니까 괜찮으리라. 신? 신? 혹시 신도 얼어버리지 않았을까? 순옥의 죽음을 막 맞으려다가 갑자기 얼어 버리고 말았는지 모른다.

그렇다. 이미 신이 사는 곳도 얼어 버렸으리라. 그곳의 태양이 달아나 버리니까 지구의 태양도 함께 달아나 버렸다. 그래서 저희끼리 뭉쳐 가다가 서로의 열기에 못 이겨 서로를 태우고서 몇 중의재가 되어 버렸으리라. 아하, 그렇구나, 비로소 나는 히죽 웃을 수 있었다.

이제 무엇이 문제 되는가? 신인가 죽음인가? 도덕? 간음? 가뭄? 그것도 아니다. 모두 아니다. 신은 빛과 더불어 열을 만들어 놓고서야 아담과 이브를 만들었으니까 여태 인류 위에서 군림했었지만 이제 태양이 사라져 버린 지금 신의 존재는 무가치하고 사고할 수 있는 나만이 존재하며 가치로운 일이다.

나는 제왕이다. 이제 사마귀도 거미도 무섭지 않다. 내가 두려워하던 존재는 없어져 버렸다.

모든 것이 나의 주관하에 있는 지금 내가 할 일이 무엇인가? 그에 곁으로 갔다. 그 애는 이제 신음하지 않는다. 그리고서 나에게 간음마저 허락할지 모른다. 죽음의 순간이 정지해버린 순간까지도 간음을 즐길지 모른다. 그렇다면 철저히 쾌락을 탐하다가 얼어붙고 말겠구나. 만약 순옥이가 허락한다 할지라도 그것은 간음이 아니다. 시체에 간음이 성립하겠는가? 그렇지만 나는 그 애를 간음하지 않는다. 주검 위에서 태초의 원죄를 범할 수는 없다. 그 애는 얼어가고 있다. 나는 이제 모든 것을 지배한다. 나를 지배하던 모든 지배까지도 지배한다. 사마귀도 거미도 얼어 있으니까 나의 지배하에 있다. 동네 사람들에게 큰소리로 외치고 싶었다. 이제 내가 비도 마음대로 주관하노라고. 그러니 나에게 기도를 하든지 말든지 하라고.

지배라는 것은 좋은 것이라고 느꼈다. 통쾌하다. 죽음도 내 손아귀에 있다. 죽음, 아차! 그렇지 순옥인 아까 죽은 것 같았는데 아니 신음하고 있었어. 신음을. 으…음…으……

살고 죽는 것이 정지하니까 죽음을 두려워할 필요도 없고 슬퍼할 필요도 없다. 단지 존재가 있는 것이다. 존재한다는 존재, 거기에 위대함이 있다고 생각되었다.

순옥이는 날이 새면 죽을지도 모른다. 혹은 가볍게 툭툭 털고 일어나서 생기를 되찾을지도 모른다. 차라리 짐승처럼 수태 기간에 교미하고 새끼 낳고, 그런 행위가 다른 물상에 위협을 주지 않는다면 그 애는 제 생명을 스스로 단축하지는 않았을 텐데, 객관적인 입장에서만 죽음을 바라봐야지 슬퍼하거나 애달파하지 말아야지, 이 땅 위에서 그 애와 나는 인간이라는 점 외에 아무런 관계도 없으니까, 지금 저 애가 신음하고 있는 순간에도 인류의 많은 사람이 그리고 다른 생명체가 죽어가고 있는 것이 확실하고 내가 그들의 종말을 모조리 관여하지 않는데 다만 내가 가까이에서 죽음을 목격한다고 해서 지구가 무너지기라도 하듯 방정을 가슴에 필요가 없다.

냉정해지자. 그렇지만 삶이 죽음과 다른 점이 무엇인가? 번뇌할 수 있다는 점인가, 번식할 수 있다는 점인가? 단지 생사의 차가 그것뿐일지라도 옛 어느 성현처럼 살아 있는 것을 죽음이나 다름없이 무가치하게 치고 싶지 않다. 나도 곧 죽어야 하기 때문에, 나뿐만 아니라 모든 인류가 같은 운명이기 때문에 죽음을 보는 것이 아프다. 술 취한 난봉꾼의 품

안에서 순결을 짓밟히는 처녀처럼 아프다.

첫닭이 울었다. 새벽의 고요가 주위를 엄숙하게 했다. 싸늘한 바람이 창가에 부딪는다. 그에는 이제 잠잠해졌다. 고요, 무섭게 고요가, 고독이 주위에서 회오리바람처럼 맴돌았다. 삶이 몸부림쳤다. 죽음 위에서.

금동 아저씨는 당각씨네 하면서 빌었다. 내 딸년 살려주십사고 빌었다. 당각씨네, 당각씨네……

처량하게 가슴으로 파고들었다. 쌀을 담아놓은 바가지 위에서 촛농이 뚝뚝 떨어졌다. 촛불은 상기된 아저씨의 얼굴을 부옇게 비추면서 뱀의 혀끝처럼 날름거렸다. 그 불꽃으로 마치 생명을 삼키기라도 할 듯이, 불꽃을 향해 몇 마리의 벌레가 달려들었다. 불꽃 속을 휙 지나고는 그 뜨거움에 날개를 퍼덕이면서 또 날아들고 몇 번을 그러다가 쌀 바가지 위에 푹 꼬꾸라졌다. 바둥거렸다. 희미해졌다. 모든 것이 희미해졌다.

당각씨 덕분인지 그에는 그저 그런대로 며칠을 견디어 냈다. 아주 어릴 때 할머니께서 해주신 이야기 생각났다.

할머니가 사시던 동네는 울매동 이었는데 마음 앞에는 수백 년이나 묵은 홰나무가 서 있었단다. 사람들은 해마다 그 앞에서 제사를 지내곤 했는데도 비가 부실부실 뿌리고 바람이 스산하게 부는 날이면 귀신이 우는 소리가 났단다. 할머니가 살기도 전에 어떤 처녀가 목을 메고 죽었는데 그 처녀의 혼백이 목신이 되어 비만 오면 구슬피 울곤 했단다. 그래서 동네 사람들이 그 고목을 베어 장롱을 만들어서 먼 곳으로 팔았는데 장롱을 사 간 사람 꿈속에 그 처녀가 나타났더란다. 머리를 풀어 늘어뜨리고 새하얀 얼굴을 한 처녀 귀신의 모양새는 무시무시했단다.

하시면서 그 흉내를 내시는 할머니의 모습을 볼 때면 으레 나는 조마
62 조마했다. 확 방문을 열어젖히고 그 귀신이 나타나서 제일 어린 나를 잡

아가지 않을까 해서 할머니 곁에 더욱 바짝 다가앉곤 했다. 그 후에 장롱을 사 간 사람 딸이 시름시름 앓다가 죽었단다. 목신이 들려서 죽었다고 사람들은 말했지.

순옥이도 어쩌면 목신이 들렸는지도 몰라, 그래서 당각씨네 당각씨네 하고 빌면 목신이 물러가겠지, 잡귀야 물러가라, 휘이 휘이 그 애는 회복하는 듯했다. 제법 말도 하는 모양이었다. 「그래야지, 그래야지, 암, 그렇고말고」 집에서도 안심을 하는 듯했고 무엇보다도 아저씨는 살맛을 되찾는 듯했다.

방탕으로 가정까지 깨뜨렸지만 그래도 자식에 대한 정은 악착같아서 간호가 극진하다.

모내기 철이 부득부득 지나가는 데도 가랑비가 조금 뿌렸을 뿐 비는 여전히 오지 않았다. 다른 곳에서도 비가 오지 않아서 온통 물 때문에 야단들이었다. 동네에서도 뭔가 움직임이 일고 있었다. 노인들이 아마 기우제를 지내자고 들고 나선 모양인데 젊은이들은 그런게 무슨 소용이 있겠느냐며 맞섰는데 하도 비가 오지 않으니까 젊은 측에서 물러나서 기우제를 지내기로 했다.

제실은 동네 허리 부분쯤 작은 동산 위에 시내가 돌아 흐르고 앞에는 오래된 숲이 잔가지를 수복하게 치고 그늘을 드리우고 있었고 그래도 아담하게 자리 잡고 있었다.

해마다 농사철이 시작되려면 사람들은 쌀이나 돈을 조금씩 모아서 제실 주위를 정갈하게 청소하고 난 뒤에 제사를 올렸으며 가을걷이가 끝난 후에도 또 차례 제사를 올렸었다. 예전에는 이러한 동네 행사가 성대히 벌어지고 제실의 관리도 알뜰하였건만 근래에 와서는 나이 많으신 몇몇 노인의 손에 의해서 가꾸어질 뿐 거의 버려둔 상태였다. 더군다나

요근래에는 통 이런 기우제 같은 것을 지낸 적이 없었다. 아마 철기에 맞게 비가 잘 온 모양이다.

그런데 이번 가뭄은 몇 십 년만의 처음이라고들 했다.

기우제 날이 왔다. 제사를 올리는 몇 분은 벌써 한복을 단정히 차려입고 나와 있었고 준비한 제물을 차려 놓기에 한창이었다. 동네 사람들이 서서히 모여들기 시작했다. 제물을 차리는 뒤쪽으로는 마른 장작을 차곡차곡 쌓고 있었다. 사람들이 모여선 앞에서 한복을 입은 노인들이 제상을 향해 나란히 섰다. 그중에는 젊은 사람도 몇이 끼어 있었다. 비가 오기를 축원하는 경문과 함께 절을 수차례 행하고 장작에 불을 당겼다. 삽시간에 불길이 하늘로 치솟아 오르고 작은 불똥들은 반짝거리다가 사라지곤 했다.

주위에 둘러선 대부분 사람들의 얼굴에는 제발 이 축원으로 비가 왔으면 하고 바라는 표정이었으나 이런 것 백번 해봤자 말짱하다는 듯이 빈정대는 측도 있었다. 마른 장작이 타아탁 소리를 냈다. 뒤켠에서 동네 부인들의 수군거리는 소리가 들렸다. 『이 기우제를 지내면 비가 올랑가 모르겠네, 그것보다 그 순옥인가 하는 년이 죽어버릴지도 모른다고 하던디』『삼신할머니가 살피고 있응게 어떠케 되것지』『비가 와야 쓸 턴디, 저 올라가는 연기가 다 구름이 되었으면 쓰것고만』『그러게나 말여, 꼭 삼신 할매가 머리 풀고 승천하는 것 같구먼, 옥황상제님한테 부탁을 헐라고 말이여』이 정도의 작은 술렁임이 있었을 뿐 엄숙한 가운데 기우제는 끝났다.

사람들은 주막에 모여 앉아서 또 금동 아저씨에 대한 악담을 퍼붓기 시작했다. 『그 후레자식, 요새는 좀 어떤가 모르겠네.』『딸년이 그만그만하고 있응게 쪼게 괜찮은 모양이더만.』『그런디 그 계집 애년이 온 뒤로 이상하게도 비가 안 오는 것 보면 필시 액운을 몰고 온 것이 분명 허당게.』『그리도 좀 있어 봐야지, 인자 기우제도 지냈고 했응게.』『그까짓 기우제 지내면 뭣헌당가? 요새는 양수기가 좋은 게 물 있는 곳만 알면 금방 퍼 올리는디.』『아참 이 사람 좀 봐. 양수기가 아무리 좋아도 퍼 올릴 물이 있어야 퍼 올리지, 비도 안오는디 양수기가 먼 소용여』『그년을 쫓아 내야 혀, 그러면 꼭 비가 올 것 구만.』『그러면 우리 금동이 한테 가서 따져 볼 텐가?』 하고 있는 사이에 저쪽에서 비틀거리며 오고 있는 금동 아저씨를 보고 뭐라고 한마디 할 듯하더니 그대로 모두 잠잠해졌다.

무슨 말을 했다가 혹시 몸부림이라도 날까 봐 겁이 났든지 아니면 겉으론 욕을 하면서도 속마음은 같이들 걱을 해주는지 하는 모양이었다.

그 앤 부연 얼굴로 집 앞을 걷기도 했고 종달새가 남겨놓은 여운이 자잘하게 깔린 먼 하늘을 바라보기도 했다. 한적한 오후였다. 물론 다른 사람들이야 바빴겠지만, 그날은 마치 햇빛 속으로 빨려 들어갈 듯이 부동자세로 마루에 앉아 있었다. 내가 들어가는 기척을 알아채고는 살짝이 고개를 까딱했다. 그 눈빛은 속에 생각을 지닌 사람의 눈이 아니었고 시절의 불행에 맞춰서 만들어진 인형과도 같은 무심함이 깃들여 있었다.

『순옥아, 지금 좀 어떠냐?』『응, 괜찮아, 근데 오빠, 동네 사람들이 좀 무서워』『왜?』『자꾸 나만 보면 수군거리고, 애들도 나를 보면 달아나곤 해』『그래도 서울보다야 낫잖아?』『하기는 그래, 무섭긴 해도 서울보다야 나아, 거기는 생각만 해도 몸이 뒤틀리는 것 같애, 어떤 때는 서울에서 시달리는 꿈을 꾸곤 해.』 악몽! 그것은 필시 악몽이다.

그런 밤이면 신음을 하는가 보다. 『오빠 사람들이 왜 그런 눈들을 하고 쳐다볼까?』 뭐라고 대답해야 할까 한참 망설이지 않을 수 없었다. 몰라서 묻는 건지 아니면 정신이 혼미해서 그런지 갈피를 잡을 수가 없었다. 그래서 딴소리를 했다. 『너 기우제 지낸 것 알지?』『응』『그때 타 올라가는 불꽃이 참 아름답더라. 혹시 너도 어릴 적에 보았는지 모르겠다만』『오빠 자세히 좀 얘기해줘』 하길래 기우제 얘기를 하면서도 차마 너 때문에 비가 오지 않는다고 동네 사람들이 너를 보면 욕하는 거라는 얘기는 할 수가 없었다.

먼 하늘을 바라보던 초점을 잃은 시선이 자꾸 아른거렸다. 눈동자, 눈동자 초점이 없는 눈동자. 저쪽 산꼭대기 위로 흰 구름이 흐르고 있었다. 마당 한구석에는 강아지란 놈이 푹 늘어진 채로 잠을 자고 있었고 옆에 서 있는 나뭇가지에는 작은 이파리들이 팔랑거렸다.

그날은 유난히도 오래까지 앉아있더니 밤에 고통이 또 찾아든 모양이었다.

금동 아저씨는 또 당각씨를 찾으며 빌 모양이었지만 간호하기가 더 급한 모양이었다. 순옥이의 신음이 가청 주파수 밖의 잡음처럼 신경을 거슬리게 했다. 아~ 지겨운 소음, 뇌리를 괴롭혔다. 피가 거꾸로 솟아오르고 몸이 이리저리 뒤틀리는 것 같았다. 콱 죽어버렸으면 하는 악에 받친 생각이 떠올랐다.

이기적이다. 나란 놈은 너무 이기적이다. 죽음 앞에서 그것도 어린 나이의 소녀 앞에서 감히 그런 매몰찬 생각을 하다니, 그 애가 죽을지 안 죽을지 어떻게 아나, 안 죽으면 그만이지 뭐 하고 얼른 마음을 고쳐먹었다. 순옥이에게 선한 마음을 갖자. 그에는 세상을 증오하며 죽어 갈지도 모르니까 나는 그 증오의 대상에서 살그머니 빠져나오고 싶다. 최소한 나만은 그래도 너를 위해 번민까지 했다고 말해줄 수 있어야지. 최대의 이기심에서 오는 최소의 동정 그것이 내가 그 애에게 베푸는 관심의 전부 같았다.

그 애의 신음은 너무 뇌리를 어지럽게 했다. 어릴 적에 시달리던 병마보다도 더욱 고통스러웠다. 차라리 신체 일부를 절단당하는 편이 나을 것 같았다.

지겹도록 단순하고 폐부를 찌르는 소음을 내는 기계처럼 느껴졌다. 죽인다. 죽여 버린다. 안락사를 생각했다. 기우제의 날카로운 불빛이 영화의 격렬한 한 장면처럼 아른거렸다. 불똥들이 온몸에 달라붙는 것 같았고 동네 부인들의 수군대던 소리가 함성으로 변하여 꽥꽥 울려왔다.「삼신 할매가 머리를 풀고 승천하는 것 같구먼」「삼신 할매가 머리를 풀고……」점점 더 크게 확대되어 나의 몸을 짓눌렀다. 숨이 콱콱 막혔다. 나의 시야에 떠오르는 것은 머리를 풀고 승천하는 삼신 할매가 아니라 목이 졸린 채 타들어 가고 있는 순옥이의 환상이었다. 짙게 피어오르던 연기가 꿈틀거리고 비명을 질러댔다.

나를 괴롭힌다. 연기가, 삼신 할매가, 순옥이가 셋이 하나가 되어 빙빙 돌았다. 그것은 하나의 거대한 물체가 되어 나를, 방안을, 지구를 덮쳐버릴 것 같았다. 동네 아저씨의 살기 어린 눈동자가 떠오르고 액운을 몰고 오는 순옥이의 그림자가 나를 실성하도록 괴롭혔다.「그런 년은 죽여버려야 해」「죽여 버려야 해」「죽여 버려야…」이불을 박차고 일어났다. 신음이 새어 나오는 방문을 확 열어젖혔다.

그 애는 옷을 벗었다. 그 애의 몸매는 희고 매끄러웠다. 그러나 나에겐 아무런 욕망도 일어나지 않았다. 정말 나는 그것을 바라보기만 할 따름이었다. 내가 바로 그 순간에 탄복해 마지 않을 수 없었던 것은 그 애가 옷을 벗어 던지는 솜씨였다.

그 동작은 우아하면서도 제멋대로 하는 것이었고 마치 모든 문명과 모든 사고체계를 소멸시키는 것 같았다. 순옥이는 알몸으로 목욕을 하고 있었다. 산이 중첩해있고 외딴곳이어서 사람은 보이지 않았다. 빽빽이 둘러선 소나무 사이에서 산새들이 날아다니고 있었다. 전혀 오염되지 않은 차가운 물은 심장까지도 차갑게 적셔주고 있었다. 그 애는 투명하게 속살이 내비치는 냇가를 이리저리 물살을 가르며 헤엄쳤다. 그때 갑자기 내가 본 것은 순옥이가 아니고 한 마리의 하얀 백조였다. 나는 연신 눈을 깜박거렸다.

아깐 분명히 옷을 벗은 채 목욕을 하던 순옥이였는데, 아하 그 애가 백조가 된 모양이구나. 그 애가 죽어서 백조가 되었나? 죽다니? 그 앤 분명히 살아 있었는데, 그럼 내가 무엇을 보았지? 혹시 내가 그 앨 죽여버리지 않았나? 착각이다. 너무나 엉뚱한 착각이다. 나는 순옥이의 알몸을 그리고 있는지 모른다. 나의 육체가 죽음을 앞둔, 이미 쾌락을 맛본 허름한 옷자락 같은 그 애의 육체를 원하고 있는지도 모른다.

그 애는 어느새 내 품에 안겨 있었다. 그 애의 입술과 유방과 온몸을 애무한다.

그리고 죽음까지도 나의 생생한 영혼으로 죽음을 애무한다. 육체의 애무는 하나 마나다. 산 영혼이 죽어 가는 영혼을 애무하는 마당에서 육체적인 감정은 이미 그 가치를 상실해 버렸다. 결국, 나는 순옥이와 육체적 결합을 시도한다.

그 애는 신음한다. 또 그 신음이다.. 그 신음에 나의 정신마저도 더욱 어지러워졌다. 그런데 그때 내가 이상하게도 그 애의 자궁 속으로 빨려 들어감을 느꼈다. 나의 몸은 점점 작아진다. 정액을 배출하는 대신에 나의 몸 전체가 그 애의 자궁 속으로 자꾸자꾸 흐느적거리며 들어간다.

마치 늪에라도 빠지는 것처럼, 아 이 답답함.「답답하다」「싫다」「싫어」 나는 저항할 수 없었다. 이제 나는 완전히 자궁 속에 갇히어 태아가 되려나 보다. 확실히 그러한 모양이었다.

나는 배를 더듬었다. 탯줄이 나의 배꼽에서 그에게 연결되었다. 아아 정말이구나. 나는 이제 순옥이의 아이가 되어 버린 모양이구나. 날카로운 메스로 직직 긋고 꺼내버린 낙태아 대신에 내가 그 자릴 차지한 모양이다. 그러나 그때 나는 내가 다시 강제로 꺼내어질지도 모른다는 생각은 할 수 없었다.

이제 더 이상 답답함을 느끼지는 않았다. °포근함 마저 느꼈다 8이제 나는 사고할 줄 아는 세상에서 가장 천재적인 갓난아이가 되어 세상에 태어나게 될 것이다. 그것은 누구의 탄생보다도 위대한 탄생이 될 것이며—가령 예수나 석가의 탄생—그날은 후세의 인류에게 또 하나의 휴일을 제공하게 될 것이다. 나는 마음대로 움직일 수는 없었지만 자유스러웠다. 뱃속은 잔잔하게 물결치는 바다와도 같았고 온화한 바람이 살랑이는 대지와도 같았다. 어머니가 나를 잉태했을 때처럼 안락했다. 내가 이렇게 안락하고 생생하게 살아있는 것을 보면 그 애의 신진대사는 활발한 모양이다.

순옥이는 이제 죽지 않으리라 안전하게 나에게 영양공급을 하고 있으니 이제 나의 모체가 된 것이다. 나는 모체가 된 그 애를 사랑하기 시작했다. 부지런히 크기 위해 열심히 운동도 했다. 그곳은 바로 세상에서 찾기 어려운 낙원이었다. 무릉도원이나 유토피아가 바로 그곳이었다. 나는 이렇게 태가 되기 전에 소의 위 속에 살고 싶어 했다. 소의 뱃속에는 4개의 밥주머니가 있으니 그곳을 방으로 개조하면 참으로 좋은 곳일

거라는 생각을 했었다. 그곳은 목숨 빼앗아갈 자동차도 없고 총도 없고 미워할 인간도 없고 부정 때문에 괴로워할 까닭도 없으니까 그곳이 곧 천당이 아닐까 하는 생각을 했었는데 그것이 잘못된 생각이라는 것을 비로소 깨달았다.

바깥세상을 살펴보고도 싶었지만 참기로 했다. 적어도 몇 달 동안은 이런 생활도 즐거우리라 생각되었기 때문에 이곳은 할머니의 무서운 이야기도, 구속도 없는 순전히 나만을 위해 존재하는 커다랗고 평온한 사회였다. 도덕도 필요치 않았다. 단지 존재하는 것이라고는 나 자신과 사고뿐이었다. 모체가 어떻게 지내는지는 나의 생사의 문제 그리고 이 안온함이 지속하느냐 않느냐 하는 것이 달려있기 때문에 매우 중요한 문제였으나 안심하기로 했다. 아직도 내가 이렇게 건강한 것을 보면 별 이상은 없다고 확신할 수 있었기 때문에, 어쩌면 그 애를 간음하기를 잘했다고 생각했다. 아니다.

그것은 간음이 아니고 구제였다. 내가 그렇게 함으로써 순옥이도 살고 있기 때문에 이곳은 비록 낙원과 같았지만 왜 내가 이렇게 되었나를 생각하기 시작했다. 그 문제는 커다란 과제가 되었다. 나는 깊이 사고했다. 그리고 처음부터 다시 차분하게 생각해 보기로 했다. 그 애는 옷을 벗고 목욕을 하고 있었고 그때 나는 모체가 된 그 애를 애무했지. 그 애의 가슴에서 뛰고 있는 박동을 느꼈으며 그다음엔 정신이 혼미해져 뚜렷한 인식을 할 수 없었지. 그 애가 죽으려 한다는 사실마저도 그 애의 모든 육체와 마지막 죽음까지도 애무했었다. 그래서 살아있는지 모르겠다. 나의 산 영혼이 그 애의 병든 영혼에 생기를 주었나 보다.

그 애는 신음을 냈지 나는 그때 죽음 앞에서 내는 신음인지 쾌락의 신음인지 구분할 수 없었다. 지금도 그건 모르겠다. 둘 다였을까? 그리고 나는 작아졌고 태아가 되었다. 처음부터 이상한 점이라곤 없는데 이런 현상은 이상하다.

나는 웃태아들 보다 건강하게 자라리라고 생각했다. 그 속에서 생각은 모두 다 할 수 있었다. 날짜도 계산할 수 있었으며 복잡한 수학 공식 그리고 인류에게 닥쳐오는 사회문제, 얼마 전까지 내가 번뇌했던 생사 문제까지도 깊이 생각했다.

그 안정된 공간 속에서 내내 할 수 있는 일이 도대체 무엇이 있겠는가? 오직 생각할 수밖에 없었다. 사고력마저도 퇴화해서 어린애의 것이 되어 버리지 않은 것을 다행으로 여겼다.

태아가 되기 전에 읽혔던 책의 줄거리와 주인공을 하나하나 되새겨 보았다. 사랑의 학교에서 엔티고가 그의 친구와 나무 자를 가지고 싸우려다 화해했던 일, 보물섬에 어른들과 함께 가서 용감했던 짐 무서운 계모 왕비의 미움으로 일곱 고개를 넘어서 단장이와 함께 살게 된 백설 공주, 거인국과 소인국을 모험하였던 로빈슨 크루소 등 동화를 비롯해서 슬픈 운명으로 한 생애를 보내는 테스 · 제인 에어와 비운의 주으드, 그리고 사랑하다 함께 죽어가는 로미오와 줄리엣, 인간적이었던 까라마조프가 형제들, 이반과 도미뜨리 그리고 알렉세이, 중국의 널따란 광야를 지배했던 왕릉이 피난 갔던 중국 남부의 큰 도시 보봐로 부인이 프랑스의 지식인을 묘사한 레망다탱, 비정한 인간을 풍자한 아큐정전, 그리고 생생히 떠오르는 것은 오딧세이의 한 장면으로 주인공 오딧세우스가 전쟁에서 이기고 바다를 건너오는 광경이었다.

그리고도 더욱 많은 책을 생각해냈다. 그리고 그 내용에 대해서 며칠 동안을 음미하고 생각했다. 철학적인 문제까지도 생각해냈으며 왜 그 애가 온 뒤로 비가 안 오는지도 따져봤다. 그리고 왜 내가 그 애의 죽음을 슬퍼했는가를 분석해 보았다. 이 분석은 세상에서 오직 유일하게 존재하는 분석일 것이다. 그 분석결과 이렇게 결론을 내렸다. 나는 결코 순옥이의 죽음을 슬퍼하지 않았다고 단지 이기적인 사고만으로 슬퍼하는 것처럼 가장 했던 게 틀림없다. 내가 그 아이의 죽음을 슬퍼해야 할 이유가 없는 것이다. 설령 그 애의 아버지라 할지라도 그것은 본능적인 가식이다.

가장 치밀하게 가장된 본능이 바로 부성애 혹은 모성애일 것이다. 도대체 자기 체내에서 생겼다는 이유만으로 슬퍼해야 할 이유가 없기 때문이다.

역시 나는 허위의 슬픔을 나타냈던 게 틀림없다. 나는 절대로 슬퍼하지 않았다.

그러다가 문득 나 자신을 살펴보았다. 신체 각 부분에는 이상이 없었으나 한가지 이상한 점을 발견할 수 있었다. 머리 부분이 몸체에 비해 훨씬 커졌다는 사실이었다. 아마 신체활동은 없이 너무 사고작용만 하다 보니까 다른 기관은 약간씩 퇴화하고 머리 부분만 발달한 모양이다. 이것이야말로 뜻밖의 고민이었다.

아마 기형아로 세상에 태어나겠지. 머리가 온몸의 전체를 차지하는 기형아! 세상은 더욱 진화된 새 생명을 놓고 소위 박사라 하는 사람들이 모여서 논쟁을 벌이겠지. 아니면 태어나면서부터 난도질당하는 다른 태아처럼 알코올의 병 속에 갇혀 진열장의 한구석을 장식할지도 모른다.

그러한 앞으로 벌어질 모든 일이 모욕이라 느껴졌다. 몸부림치고 싶었다. 하지만 나의 육체는 더 이상의 활동 자유를 허락받지 못했다. 이렇게 고통스러워하면서 고민하는 것까지도 나의 머리를 더욱 크게 할 따름이라는 걸 알았다. 그러다가 묘안을 기억해냈다.

언젠가 책에서 읽은「이중사고」라는 것이다. 나는 교묘히 이 방법을 채택하기로 했다. 사고하지 않는 속에서 사고를 함으로써 두뇌의 활동을 정지시킨 채 마음대로 생각할 수 있는 자유를 누린다.

그러면 더 이상 머리 부분은 커지지 않을 것이고 사고작용만은 예전과 다름없이 활발해질 수 있을 것이다. 그렇게 생각이 미치자 갈매기 조나단의 날개 위에 앉은 어린 왕자가 된 기분이었다.

그런 상태로 얼마의 시간이 지났을까. 새로운 사실을 발견했다. 내가 차지하고 있는 공간을 최소로 하여 단단한 각질부가 형성되고 있었다. 역시 전혀 새로운 변화였다.

머리가 커지더니 각질부가 형성된다? 무슨 기미가 엿보였다. 아마 알이 되려고 그러나 보다. 결국에는 알이 되려고 변화를 겪었나 보다. 순옥이는 역시 백조 했다. 그리고 알을 잉태한 거다. 그 애는 죽어가면서 알을 낳겠지. 이중사고를 이용해서 고민하는 알을 말이다.

이제 길에서는 흙먼지만 피어오르고 헉헉거리는 짐승들은 그늘로만 모여들었다. 동네 사람들도 더 이상 참을 수가 없는 모양이었다.『암만혀도 그년 놈을 몰아내야지 못 참겠구먼.』여전히 가뭄에 대한 원망의 화살은 순옥이네를 겨누고 있었다.『그려 우리 가서 쫓아내 버리세』그때 구석에서 나지막하게 참견하는 사람이 있었다.『너무 그러지들 말어, 계집아이 하나가 그랬다고 우리 마을만 비가 안 오는것도 아닝께』『아따 그럼 자네는 맨숭맨숭한 하늘만 쳐다보고 앉았을랑가?』『조금만 더 기다려 보세』『쪼끔 쪼금 허다가 올해 넘기겄네』『그럼 쫓아내도 비가 안 오면 어떡헐 랑가?』『쫓아내면 설마 비가 오겄제』『쫓아내면 비가 꼭 올 것이여』옆에서 누군가가 참견했다.

『그런 것은 비가 오고 안 오고 건 쫓아버려야 혀, 놔두면 다른 아이들도 물들 것이여.』『워디 그런 일이 그 애 뿐이것는가? 전에 새동댁 딸도 연애 걸고 도망치지 않았냐 말여』『그런 마음 약한 소린 허 질 말어. 어쨌거나 쫓아내야 혀, 자네 올해 농사 못 짓고도 자신 있으면 큰소리치고 그렇지 않으면 가만있어, 괜히 나서다가 덤으로 욕먹지 말고 말여』 서서히 달아오르던 동네 사람들의 갈증이 마구 끓어오르는 모양이었다. 해도 벌겋게 달아올라서 서산에 걸쳐 있었다. 저렇게 해가 지면 비가 오지 않는다데, 이대로 비가 오지 않으면 동네 사람들은 필시 순옥이네를 내쫓고야 말리라. 이제 퍼 올릴 물조차 떨어져 버렸는지 얼마 전까지 통통거리던 양수기 소리도 들려오지 않았다.

순옥이는 점점 희망을 잃어갔다. 그래도 전에는 바람도 쓰이고 하더니 이제는 밖에도 나오지 못하고 방안에서 앓기만 했다. 병약한 며칠이 지난 후에 순옥이는 피를 토해냈다. 입으로 뿐만 아니라 밑으로도 배설하는 모양이었다. 비가 오려고 그러는지 순옥이 저 애가 죽으려고 그러는지 구름이 가득 모여들었다. 금동 아저씨는 딸아이의 이름을 마구 불러댔다. 순옥아! 순옥아! 정신 차려라 정신 차려, 아이를 부르는 소리가 세차고 절박하게 들려오고 그 소리와 함께 동네 사람들의 함성이 들려왔다. 와 비가 오신다. 비가 오신다. 아저씨의 필사적인 외침과 동네 사람들의 환호성이 뒤섞였다. 머리가 아프다. 화끈화끈하다. 그러나 잘 되었다. 실컷 쏟아져라. 제도도 목숨도 사마귀도 돈도 모두 쓸려 내려갈 때까지 실컷 퍼부어라.

세찬 빗소리와 함께 바람이 불어 왔으나 골속은 여전히 풀떡거렸다. 수건으로 골을 동여맸다. 비가 온다고 외치는 소리인지 계속 시끄러운 고함만 들려오고 밖에서는「이만하면 해갈은 충분히 하겠구먼」하시는 아버지의 생기있는 목소리가 오랜만에 비를 맞은 짙은 흙냄새에 물씬 묻어왔다.

당선

제664호 1981년 6월 19일 금요일

제26회 전북대학 신문 학예상 : 시

잠자는 풀씨

· 채규근 (국어국문학과 2학년) ·

I

불신의 껍질을 벗고 흔들리다
다가서는 가을 낮에 팔아버린 당신의 자유(自由)
무더운 여름을 지내온 고집으로 남아
아무도 거두기를 꺼려하는 당신은
불륜(不倫)으로 동굴 속에 숨어든 바람 알맹이
담길 그릇 하나 드릴 수 없네
감추어 가릴 수 없는 창백한 벌판
목초 물과 어깨 견주어 서기를 싫어 하던 당신은
설 땅 잃고 놓여있던 모세의 율법처럼
어둠에 눕는다.

II

넘어지고 쓰러져 헤진 바람의
소맷귀 사이로

지쳐 누워 버린 여름을 훔쳐
마른 잠으로 열리는 안식의 문(門)을 향해 달린다.

볕에 찔린 상처를 도려내고
남은 한 물을 심장
내 몸에 수분이 마를수록
견고해지는 눈(眼)
여름날의 믿음을 가슴에 새기며
땅바닥에 귀를 기울이면
잠시 잠들어 있을 뿐
겨울 옷자락 열치는 소리가 들리고
확신으로 향긋하게 일어나던 오솔길 사이
겨울도 웃음으로 출렁거리는 했렬…

누가 나를
한 점(點) 땅속 깊숙이 묻어만 준다면
가슴으로 돋아나는 초록빛 창을 갈아
다시 한번
창백했던 하늘 벌판을
함성으로 찌르리라.

당선

제664호 1981년 6월 19일 금요일

제26회 전북대학 신문 학예상 : 수필

바보이야기

· 강인선 (영문과 3학년) ·

각박한 세상을 우리가 그래도 호흡하며 살아갈 수 있는 것은 아직도 순수 무구한 인간성을 간직한 바보가 우리 곁에 남아있기 때문이다. 바보의 소박한 웃음은 숨통을 터주고 그 어리석은 행위야말로 너무 잘 짜여 경직되고 리듬을 잃은 우리 생활의 윤활유이다. 바보는 인류 창조 당시 자연 상태와 같았던 인간성에 대한 신화를 어렴풋이 떠올리게 한다.

이 발달된 사회에 갈수록 바보는 설 곳을 잃고 도태되어 간다. 도처에 널려 있는 것이 천재이고 명문대 출신의 엘리트들이다. 바보의 존재란 크낙새만큼이나 희귀해 간다. 우리는 이 바보의 가치를 인식하지 못하고 있다. 천재만의 사회가 얼마나 무서운 것인지도 모르고 있다. 바보가 남긴 이야기가 전설이 되는 날 비로소 우리는 그들을 그리워 할 것이다.

바보에도 여러 유형이 있다. 옷가지 하나 사면서도 바가지 쓰는 바보, 가짜 의제에 현혹되고 감상할 줄도 모르는 그림을 고가매입하여 걸어놓는 경망한 바보로부터 이웃의 얼굴도 모르는 바쁘고 귀하신 바보도 있다. 개천의 폐수에 발을 담그는 부역에도 싫지 않은 얼굴로 나가고 아무리 쪼들려도 세금만은 착실히 바쳐야 하는 줄 아는 좀 더 연민을 느끼게 하는 바보도 있다. 이웃의 뾰족지붕 이 층 건물의 그늘에서 햇빛의 고마움을 잊은 채 콩나물처럼 누런 얼굴이 되어가도 불평할 줄 모르는 온순한 바보들이 있기에 동네의 하루는 그럭저럭 고요히 저물어간다. 그런가 하면 그 바보들 덕에 편하고 돈 잘 버는 행복한 사람들도 있다. 이를테면 〈바보 기생충〉이니 너무 부러워할 필요는 없다.

바보의 첫째 조건은 손해를 보아야 하는 것이다. 나는 어느 아침 크낙새 한 마리를 보았다. 8시 30분이 안 보이는데 20여 분 만에 스쿨버스가 뒤뚱거리며 나타났다. 그 차를 놓치면 1교시에 늦는지라 매달려서라도 타야 할 형편이었다. 문까지 거의 포화 상태가 돼갈 즈음 여학생 하나가 달려와 막차에 오르려던 남학생에게 양보할 것을 부탁했다. 그러자 두말할 것 없이 여학생을 오르게 한 다음 문을 닫는 일까지 도와주었다. 귀중한 시간과 인내로 차지한 자리를 미련 없이 내주었던 것이다. 좀 더 힘을 써서 밀어내면 자기까지도 탈 수 있었겠지만, 그 여학생을 비롯한 문가의 학생들이 보다 고통을 받게 될지라 그랬던 모양이다.

그 학생이 택시를 타고 갔는지 다음 버스를 기다리다 조용한 강의실에 무안을 당하며 들어갔는지 모르나, 여학생에게 좌석을 양보하는 일조차 절로 있을 수 없는 일. 창피한 일이 되어버린 우리의 습관으로 보면 그는 분명 한 마리 크낙새같은 희귀하고 아름다운 바보인 것이다.

바보의 둘째 조건은 손해 보고, 속고도 기분 좋아 한다. 누구에게나 어리석다는 소리를 들어 당연하지만 밉지 않은 바보도 있다. 다방에서 우연히 만난 여학생들과 무슨 기발한 미팅인가를 하고 난 학생들이 찻값이 없었다. 열 명이나 되니 그중에 적어도 한 둘은 안주머니에 비상금이라도 있었겠지만 내놓기 싫으니 역시 한 푼도 없는 것이다 마찬가지이다. 그들은 궁리 끝에 현명한 방법을 생각해냈다.

한 친구를 불러내 찻값을 치르게 하고 다시 다른 장소, 다른 소일거리를 찾아 미련 없이 털고 일어난 것이다. 자신이 완전히 바보 취급되는 줄 알면서도 사람 좋고 무던한 바보인 그는 화를 내기는커녕 기꺼이 스무 잔 분의 찻값을 치렀다. 그렇다. 의무도 없는 돈을 낸 친구는 어리석고, 바보를 이용할 줄 안 그들은 현명했다. 가히 계료석에 버젓이 앉아 목적지까지 차창 밖 풍경만 감상하며 갈만한 그들은 현명하다.

우리 동네엔 바보 할아버지라는 분이 살고 계시다. 할머니와 함께 동네에 어울리지 않는 초라하고 퍽 작은 구멍가게를 하신다. 이웃들이 슈퍼마켓을 찾지 않고 되도록 이 구멍가게를 찾아갈 때면, 으레 뭔가를 더 집어 주시고 값도 덜 받는다. 외상값을 독촉하기는커녕 받을 것은 모두 잊어버린다.

명절 음식을 갖다 드리면 가져간 것보다 더 많은 물건을 집어주시는 통에 다시는 안 가져다 드리겠다는 사람도 있을 정도이다. 그분들은 외로운 생활 속에 구멍가게를 하며 이웃과 접촉하고, 아들딸에게, 손자에게 하듯 작은 것이라도 주는 데서 기쁨과 위안을 느끼는 모양이다. 인생의 마지막을 주는 일에 소모하고 있는 이 할아버지의 〈바보〉는 결코 경멸이 아닌 친근함과 존경이 담긴 호칭인 것이다.

여기 또 하나 색다른 바보가 있다. 바보인 척하는 현자, 즉 슬기로운 바보이다. 자신의 능력을 늘 코에 걸고 다니면 친구 없는 외로운 스타가 된다. 그것을 알고 있었던 인간미 있고 겸손한 위인들은 자신의 지력을 과시하기보다는 이웃과 친구의 따뜻한 사랑 쪽을 택했다. 능력을 숨기고 바보처럼 굴었던 천재들은 흐뭇한 일화들을 남기고 갔다.

우리 주위에도 친우가 같은 말을 모르고 반복하거나 좀 비논리적인 이야기를 해도 미소 띤 얼굴로 조용히 들어주는 사람이 있다. 그런가 하면 아무도 자신을 원하지 않는 자리에서 나서면서까지 자신의 현명함을 과시하려는 사람도 있다. 똑똑한 척하는 바보, 이런 사람이야말로 진짜 바보이다. 굳이 바로잡아 줄 필요가 없다면 자존심을 상하게 해가면서까지 자신의 기억력을 과시하거나 틀린 점을 지적해 줄 것 없다. 학문을 위해서가 아닌 우정과 사랑을 위한 자리라면 더 말할 나위도 없다.

이 어려운 세상에 더러는 보호받아야만 하는 바보도 있다. 당연히 누려야 할 행복과 이익을 착취당하고 인간의 존엄성을 침해당해도 배운 것 없고 어리석은 이유로 모르거나, 알아도 달리 어찌해볼 힘이 없는 가련하고 무력한 이웃이 슬프도록 많다. 그들에겐 양감이 어진 백성이라는 찬양의 싯귀보 보다는 스스로 권리를 되찾을 힘을 일깨워주어야 한다. 그것이 우리들 아직 바보 되지 않은 자의 의무이다.

좀 더 크고도 너무 흔하여 그 존재와 고마움을 잊기 쉬운 바보가 있다. 우리들 모두의 큰 바보, 어머니이다. 모성은 온전히 주는 일에만 몰두하며 거기에서 지극한 행복을 느낀다. 보잘것없는 자식의 보답에도 서운해하지 않으며 더 큰 애정을 쏟을 가슴을 키운다. 이 모성이야말로 혼탁한 세상의 정화제요, 미움을 녹여주는 사랑의 원천, 지친 영혼의 안식처이다. 조건과 한계 없는 사랑을 베푸는 바보의 큰 가슴에서 우리는 더 큰 눈을 뜨게 하는 진리를 배운다.

아무리 개인주의가 만연해도 희생과 무조건적 사랑이라는 이름의 바보는 인류의 마지막 날까지 핏덩이를 안아 젖을 물리고 있을 것이다.

예수, 그야말로 천지창조 이래 역사에 나타난 가장 큰 바보이다. 원죄 없이 태어난 자가 원죄와 본죄로 더럽혀진 자들을 위해 능욕당하고 사람을 위해 그야말로 바보처럼 십자가에 매달렸다. 나는 그를 가장 거룩하고 성스러운 바보의 이름으로 부르고 싶다.

바보는 어리석으면서도 아름다우며, 겸손하고 거룩하다. 울 줄 알고 웃을 줄 알며 산골짜기에서 솟아나는 항상 신선한 물이다. 나는 그 모든 바보를 사랑한다.

바보가 되자, 속지 않으려 두 눈을 부릅뜨고 피로한 세상 더욱 피곤하게 살지 말고 속이거든 속아주자, 셈하지 말자, 사랑을 셈하지 말고 우정을 저울질하지 말고 마음의 주판을 버리자. 용서 못 할 일도 용서하고 조건 없는 사랑을 주는 바보가 되자 약삭빠른 자의 저 날카로운 안광보다는 온순한 양의 눈, 어린이의 마음을 갖자. 손해 본 것도 잊을 줄 아는 가난한 바보가 되어 저 아름답고 평화로운 세상을 함께 바라보자.

1등

제664호 1981년 6월 19일 금요일

제26회 전북대학 신문 학예상 : 희곡

산불

· 정상훈 (정밀기계과 2학년) ·

구성 : 5장

나오는 사람

무당

순옥

떡쇠

재건

재건의 친구 1, 2, 3

할멈

아낙

동네 남녀노소

때 : 1910년쯤

무대 : 무대는 오른쪽에는 몇백 년 묵은 듯한 이파리 하나 없는 고목이 귀신같이 서 있고 그 밑에는 제단이 마련되어 있다. 나무 옆에는 무당의

집이 있는데 집의 네 귀퉁이에는 높다란 무당을 표시하는 깃발이 나부끼고 있다. 집은 전형적인 마루가 달린 초가집이며 집 바로 옆에는 짚더미가 쌓여있다. 왼편으로는 그리 크지 않은 산이 있고 오른쪽 고목을 조금 벗어나서는 마을로 내려가는 길이 있다.

막이 열리면 무당은 독특한 그들의 옷을 입고 모자를 쓴 채 고목 밑의 단상 아래에 엎드려있다. 조명은 침침하다.

제1장

날이 새지 않은 새벽이다. 무대와 인물은 그대로

무당 : 비나이다, 비나이다 산신령님께 비나이다. 전지전능하신 우리 귀신 산신령님께 비나이다.

무당은 손을 마주 비비며 굽실거린다. 일어난다. 고목 주위를 돌며 춤을 춘다.

무당 : (새를 쫓는듯한 음성으로) 호오, 호오.ㅡ. 온갖 잡귀 물러가라. 어서 썩 없어지지 못할까!

손에는 무당이 으레 쓰는 방울 달린 것을 가지고 방울 소리 내며 흔든다.

무당 : 호오, 호오.ㅡ.

간지러듯이 춤을 추다 쓰러진다. 조명, 조금 환해지다가 다시 깜깜해진다.

제2장

낮이다. 마루에는 무당과 그녀의 딸 순옥이 앉아 있다.

순옥 : 어머니, 왜 그러시는 거예요, 왜 못 가게 하시는 거예요?

무당 : 시끄럽다. 그 재건이라는 놈인가 뭔가가 바다 건너 나갔다가 오더니만 서양 귀신이 붙었나 부더라. 제까짓 주제에 무슨 동네 사람들을 가르친다고

순옥 : 아니에요. 그분의 말씀을 듣지 못해서 그러시는 거예요. 그분 나쁜 사람 아니라구요.

무당 : 이 기집애가 왜 그래. 갑자기 음성을 다 높이고.

순옥 : 어머니가 하는 굿도 다 미신이래요. 사람의 순진함을 이용해 겁을 줘서 남을 착취하는 것이래요.

무당 : (달려들 듯 일어서며) 정말 이 기집애가 환장을 했나. (사이) 이 에미의 굿이 어쨌다고?

무대 오른편으로 떡쇠 등장.

떡쇠 : 아따, 왜 아침나절부터 두 모녀가 시끄럽게 군대에, 마을에는 지금 난리가 났단 말이요, 난리가! 무슨 회합인가 뭔가 합네 하고 감나무 집 아들놈이 동네 사람들을 모아놓고 수작을 하던 데.

무당 : 뭐? (다시 앉으며) 그놈이 또 무슨 일을 저지르려고 그런담, 그놈이 마을에 돌아오고 나서부터는 날 꺼리는 사람들이 한 둘 늘어가는데, 그놈이 마을 사람들의 혼을 하나씩 하나씩 떼가는 모양이야.

떡쇠 : 그런 게 말이어유. 지가 배웠으면 얼마나 배웠다고 까불어, 내 주먹맛을 한 번 보여줄까 보다 (주먹으로 손바닥을 탁탁 친다)

순옥 : 오빠는 왜 나서서 그래요. 그분이 무슨 맞을 일을 했다고.

떡쇠 : 너 그놈한테 무슨 말을 들었냐? 동네 애들 모아놓고 무슨 지랄을 하데?

순옥 : 오빠두 한 번 가서 물어봐요. 어떤 말을 하는지. 좌우론 배워야 한다는 것을 진실하게 알았다구요. 사람은 그냥 먹고 마시고 하는 그런

하등의 동물이 아니란 말예요. 나무에도 돌에도 생명이 있다고 하는 데 우리 사람은 그에 비해 얼마나 자유스러워요. 내 맘대로 생각하고 내 하고 싶은 대로 하고…….

무당 : 어쭈, 거기 며칠 나가더니만 입에 침이 마를 새가 없네. 그만 소리가 뭐여. 그게 무슨 필요가 있다고 그래. 여기는 산신령님이 계시는 곳이야. 내 산신령님만 있으면 모두가 내 세상이야. 무슨 빌어먹을 자유야. 자유가 뭔데? 야 이 년아, 그런 허튼소릴랑 당장 집어치워. 산신령님이 노하신다. 우리 산신령님이 노하신다. 호오, 호오, 물러가라 이 잡귀야!

무당, 마루에서 일어나 고목 주위를 춤추며 돈다. 꽹과리 소리, 방울소리 점점 크게 들려오다 사그라진다. 숨을 헐떡이며 다시 앉는다.

무당 : 오 저주가 내려라! 그놈한테 저주가 내릴 거야. 우리 산신령님께서.

떡쇠 : 암요, 그래야지요. 어머니, 그놈이 우리 마을의 평화를 깨뜨리려고 그려요. 잔잔한 연못에 돌멩이를 마구 던지고 있어요. 하지만 그 돌멩이가 연못을 메꾸겠어요, 어떻겠어요. 제 물에 그만 나가떨어지고 말 테지.

순옥 : 오빠가 말하는 그런 평화는 무엇이죠? 진정한 평화란 침묵을 의미하는 것인가요? 그건 이제는 옛날의 사고방식이 되고 말았어요. 지금은 신문학을 배워야 하는 시기다구요. 우리나라가 개항한 지가 도대체 몇 년이나 되었어요. 개항하자마자 일제 놈들한테 나라마저 빼앗기고, 그게 다 무지 탓이에요. 배우는 것이, 아는 것이 바로 우리 자신의 미래를 찾는 것이라고요.

떡쇠 : 그런 말을 누가 하던? 그 자식이 그랬어? 그런 개 같은 소리 말라고 그래. (주먹을 불끈 쥐어 마루를 치려다 그만둔다.)

순옥 : (퉁명스럽게) 알지도 못하면서 괜히 신경질이야. 오빠는 오빠가 겪어온 생활방식만 생각하는군요. 그게 도무지 틀렸다구요. 미지의 세계가 뭐가 무서워요. 우선 맞닥뜨리고 나서 주을 것은 줍고 버릴 것은 버려야 하지요. 오빠는 이 언덕배기에서만 살아왔으니 산을 넘고 강을 건너면 무엇이 있는지 생각이라도 한번 해 보았어요? 우린 거기 너무 무엇인가 새로운 것을 찾기 위해 배워야 한다구요.

무당 : 네년도 말수가 꽤 늘었구나. 그래 그 재건이란 놈 말만이 옳고 이 에미는 틀리단 말이냐.

떡쇠 : 어머니가 신령님 부르는 것을 너는 보지 못했니? 저번 달에 물에 빠져 죽은 과부 귀신도 불러내 잠재우는 것을, 그리고 건넛마을 최서방네 아들도 굿 한판에 씻은 듯이 나았다구.

무당 : 그게 다 산신령님의 덕택이야. 그저 산신령이면 무당이라도 다 할 수 있어. 너는 에미 뒤를 많이 따라다녔으면서도 모른단 말이냐. (윽박지른다)

순옥 : (주춤거리며) 하긴 나도 이상한 것 같아요. 어떻게 해서 애기가 씻은 듯이 나아버렸는지.

무당 : 그리고 또 있다. 얼마 전에 죽은 맹영감도 봐라. 그 늙은이나 내 굿을 거부하더니 산신령님의 노여움을 받아 죽은 거라구 이 에미 눈에 거슬리는 것은 바로 저 산신령님께 도전하는 것이야. (산을 향해 엎드려 절한다)

떡쇠 : 그것 봐라. 어찌 너는 어머니의 신통력을 의심하는 거냐, 우리 어머니에 앞서 이 고을을 지키는 수호신이란 말이다.

순옥 : (괴로운 듯 머리카락을 쥐어 잡고) 거짓말 거짓말이야. 그것은 남을 기만하는 것이죠? 이런 건 일종의 미신이라구요. 사람들의 입을

봉하기위해 아예 입을 열지 못하도록 겁을 주려는 거죠? 어디에 산신령이 있어요. 산에는 산 귀신 나무에는 나무귀신 부뚜막에는 부뚜막귀신 문턱에는 문턱 귀신 그런 것이 어디에 있단 말이에요! 그것은 어머님이 꾸며낸 거짓 이야기라구요.

무당 : 뭐, 내가? 이년이 실성을 했나. 마루에는 마루 귀신, 서까래에는 서까래 귀신, 그중에서도 산신령님이 제일 으뜸이니라. 왕 중의 왕이니라. 어찌 네년이 귀신을 부정한단 말이냐. 높고 귀하신 산신령님을 모독한단 말이냐. 네년에게도 서양 귀신이 붙었나보다. 에이 이년아! (달라붙어 딸의 머리채를 낚아챈다)

순옥 : (울부짖으며) 놔요. 이것 놔요. 어머니는 늘 이렇게 해왔어요. 내 머리카락은 뽑을망정 내 정신만은 결코 빼앗을 수 없어요. 어머니의 것이 아니란 말예요.

떡쇠 : 그만해둬요. 그게 다 죽일 놈의 재건이란 놈 때문이야. (모녀를 뜯어말린다)

무당 : (숨을 차며) 네년에게 서양 귀신이 붙어도 단단히 붙었구나. 내 그놈한테 저주를 내리게 하마.

순옥 : 홍 어머니의 그 신통력을 어디 봅시다. 산신령을 불러 내보라구요.

무당, 고목 밑의 단상에 꿇어앉아 주문을 윈다.

무당 : 아리마마 마라라. 다시다마 라보떼……(방울을 흔든다. 방울소리)

무당 : 호오, 호오.—. 네 이놈 서양 귀신. 산신령님이 노하셨다. 머리를 죄 아려라 천벌을 받을 이놈아!

무당, 고목 주위 돌며 춤을 춘다. 꽹과리 소리, 방울 소리 요란하다. 소리 점점 작아지며 나중에는 무당의 춤만이 고요 속에 진행된다.

제3장

무대에는 순옥이 마루에 앉아 먼 산을 바라보고 있고 무당은 고목 밑에 엎드려 있다. 아낙, 할멈 등장.

할멈 : 이봐, 순옥어멈!

무당 : 아이구, 난 누구라고, 어서 들어와요. (마루에 모두 앉는다)

무당 : 너는 부엌에 가서 삶아놓은 고구마라도 가져오렴

순옥 : 알았어요.

순옥, 부엌에 들어가서 그릇에 담아온다.

무당 : 어서 들어요. 여기까지 올라오느라 힘들었겠네.

아낙 : 별말을 순옥어멈, 요새 어때? 많이 들어왔수?

무당 : 글쎄, 통 재미가 없어. 어쩌다 한번 이웃 마을에서 굿해달라고 부탁이 오긴 오는 데.

아낙 : 아 글쎄, 그 젊은이 있지. 그 사람 보통내기가 아닌 것 같아. 마을은 온통 벌집 쑤셔 놓은 것 같다니깐.

할멈 : 새파랗게 젊은 애송이가 못하는 짓이 없어 (고구마를 입에 넣어 우물거리며) 그러다가는 이내 벼락을 맞을 거야.

아낙 : 아까 아침나절에는 말이여, 동네 청년들이 모여 회합인가 뭔가 하는데 뭐, 이 고목을 없애야 한다나. 나 참기가 막혀서. 우상숭배니 미신입네 하고 이걸 없애야 한다는 것이야. 여기 넓은 터에다가 교실을 짓는다나 뭐한다나.

할멈 : 그러다가 동네 노인네들한테 혼이 났어. 어떻게나 호통을 쳤는지 다 뿔뿔이 기어서 도망을 가더군.

무당 : 빌어먹을 놈의 자식! 이 마을이 어떤 마을이라고 까불어. 내가 있는 한 산신령님이 있는 한 어림없다고.

아낙 : 암 여부 있나. 순옥어멈의 고집이 어떤 고집인데 하물며 산신령님을 가까이 모시고 있는데.

할멈 : 그 젊은 놈들이 여기에 몰려올지도 모르겠어.

순옥 : (나서며) 그건 우리 마을을 위한 거예요.

무당 : (나무라는 말투로) 또 나서는 거냐.

순옥 : 갑갑하니까는 그렇지요. 모두가 다 꽉 막혔어요. 항아리 속의 고기같이 갑갑해요. 그 울타리를 벗어나려고 발버둥을 쳐 볼 생각도 하지 않아요. 그저 물속에서 죽을 날만을 기다리고 있잖아요. 그 항아리를 뛰쳐나오면 바로 바다가 있는 데도 말예요, 설령 빠져나오는 것이 굉장히 힘이 들고 퍼뜩 대다 죽는 한이 있더라도 시도를 해보아야 하지 않겠어요, 물속에서 자유롭게 가고 싶은데도 갈 수 있는 그런 자유를 얻는 것이 그렇게 쉬운 줄 알아요? 이건 모르는 것에서 나오는 기괴한 현상이라구요.

할멈 : 모르는 게 약이라는 말도 못 들어본 모양이구나 (사이) 아 글쎄, 그놈한테 몇 마디 듣고는 애들이 얼마나 아우성이는지 알 수가 없어.

아낙 : 쯧 쯧 쯧 (혀를 찬다). 철딱서니 없는 것들이야. 아직도 철이 들려면 까마득하군.

할멈 : 요 전날에는 내 손주 놈이 글쎄 족보가 어떻고 저떻고 하면서 그런 건 다 쓸데없는 것이라잖아, 그래, 내 그놈 혼을 싹 빼놓았지. 뿌리 없는 나무가 도대체 어디 있느냐고 말이야.

순옥 : 그건 할머니가 잘 못 아신 거예요. 누가 그 뿌리까지 부정한다고 그래요. 사람들이 너무나도 혈연에 의지하고 자기가 태어난 고향에

의지하니깐 그러지요. 너무 틀에 박혀 빠져나오지 못하는 생활을 하니깐 그런 말이 나온 것이라구요. 동네 사람들은 눈으로는 못 볼 정도로 너무 안일하게 살고 있어요. 오늘의 평안이 내일의 행복을 가져다주는 것은 아니에요. 고통받는 것은 일종의 신성한, 자연에의 도전이지요, 개량해야 할 것은 개량해야 하잖아요. 부숴버릴 것은 부숴버려야 한다구요.

무당 : (목소리 높이며) 네 이년, 또 발병이 시작되는구나. 입 닥치지 못해!

할멈 : 순옥이 너 더 이상 그놈한테 가지 마라. 몇 번 더 나갔다가는 아주 큰일 나겠구나.

아낙 : 그놈이 사람을 홀리는 모양이야. 한결같이 다들 이상스런 말만 배워가지고 오니.

무당 : 순옥이 너 오늘은 집에서 꼼짝도 말아. 만약 갔다가는 다리 몽둥이가 제대로 붙어 있을 순 없을 테니.

순옥 : 어머니는 제가 마치 어머니의 손발이라도 되는 것처럼 이야기하시는군요. 제게는 무조건적인 복종만이 강요된단 말이지요! 난 어머니와 똑같이 밥도 먹고 똑같이 옷도 입고 있어요. 더 이상은 어머니의 부속품이 아니란 말예요.

무당 : (떨리는 육성으로) 너 에미한테 그런 소리를 막 해도 되는 거냐?

순옥 : 그래요. 저는 저이고 어머니는 어머니예요. 저도 이제는 사람 취급받을 나이가 되었다구요. 나이, 열여덟이면 어린애는 아니잖아요. 난, 나의 성을 쌓고 싶어요. 내 나름대로 세계를 보고 싶다구요. 전 어머니한테 환멸을 느껴요. 남을 위압해 지배하려는 어머니가 밉단 말이에요!

무당 : (신음하듯) 네년이 미쳤구나, 미쳤어, 배라먹을 이년을! (딸의 뺨을 때린다)

순옥 : (쓰러지며 울부짖는다) 그래요. 난 미쳤어요. 난 나 자신을 찾기 위해 미쳤어요. 그게 무슨 잘못이에요. 난 입도 귀도 없는 한갓 둥근 바위란 말이에요? 나는 숨 쉬고 있어요. 내 피는 심장에서 콸콸 쏟아져 온몸에 퍼져 들어가고 있어요. 내가 살아있기 때문이에요. 내가 살아가는 의지가 있기 때문이예요.

무당 : 입 닥쳐! 입을 찢어버리기 전에 네가 생각하면 얼마나 생각한다고 그러냐. 이 에민 너만 못할 줄 아느냐. 세상에 누가 자기 마음대로 하고 싶지 남이 시키는 대로 순순히 받아들일 놈이 어디 있다던 하지만 모든 것을 제멋대로 놔둬 봐라. 어떻게 되는지. 총을 맞은 노루가 물을 먹으려고 덤벼들 듯이 틀림없이 서로 싸우고 나뒹굴 거다. 서로가 제 잘났다고 으르렁 거릴 거야. 그러기 전에 얼마간의 질서유지를 위한 간섭은 당연한 것 아니겠니.

순옥 : 변명하지 말아요. 그건 물이 무서워 물고기를 먹지 않는 거나 마찬가지에요. 왜 경험해 보지도 않고 그런 말을 할 수 있어요. 그건 하늘이 언제 두 조각이 날까 하고 이제나저제나 걱정만 하는 일종의 기우예요. 그걸 미끼로 사람들을 꼼짝달싹 못하게 하려는 거지요, 그렇지요?

할멈 : (안쓰러운 듯) 순옥어멈 그만해두구려. 아직 철이 없어서 그래.

아낙 : 우리 마을이 갑자기 왜 이렇게 시끄러운지 모르겠어. 다 그게 재건이란 놈이 돌아오고 나서부터야.

무당 : 보기도 싫으니까 썩 없어져!

순옥, 울며 부엌으로 들어간다. 〈퇴장〉

무당, 마루에 앉는다.

무당 : (분에 못 이긴 듯) 기집애가 갈수록 사나와져 산신령님이 노하신다. 산신령님이 노하신다. 우리 산신령님이 노하신다!

아낙 : 아무래도 서양 귀신 물러가라고 굿 한번 해야 되겠어.

할멈 : 걱정이야. 젊은것들이 겁 없이 저렇게 날뛰니.

무당 : 그놈의 서양 귀신! 하지만 어림없어, 이 고목이 있는 한, 선에 나무가 있는 한 산신령님은 영통 하다고. 모든 귀신의 왕이야, 산신령님은….

할멈 : 그래 맞아 난 어렸을 적부터 수없이 많은 무당굿을 보아왔어. 영혼을 잠재우는 무당굿이야말로 이 세상에서 제일 좋은 약이요, 평화의 상징이야 그 신통함이란 아무도 따라갈 수가 없거든.

아낙 : 하지만 순옥 엄마 조심해야 돼, 언제 그놈들이 여길 들이 닥칠지 몰라.

무당 : 알려줘서 고맙군. 내게 산신령님이 있는 한 그 나무엔 절대 손을 못 댈 거야, 댔다가는 산신령님의 노여움을 사 반드시 죽고 말걸.

할멈 : 아무렴 젊은 애들은 산신령님의 노여움을 몰라서 그래.

아낙 : 몇 해 전에 갑자기 쓰러져서 죽은 왕서방만도 그렇잖아 술깨나 먹으면 으레 무당을 쫓아내야 한다느니, 고목을 베어버려야 한다느니 소란스럽더니만 말없이 가버렸잖아.

할멈 : 틀림없이 산신령님이 데려갔다구. 지금쯤 아마 왕서방의 혼은 고통에 숨이 차 떨고 있을 거야.

아낙 : 물론이고 말고요. 영원히 벌을 받을 테지요. 산신령님을 욕하고 부정을 했는데 그 혼이 어디 편하겠어.

할멈 : 아 얼른 우리 마을이 다시 조용해졌으면 좋겠어. 예전의 평화

가 오면 얼마나 좋을까. 그 재건이란 놈만 오지 않았던들 이렇게까지는 마을이 소란스럽지는 않을 텐데. 농사나 짓고 풀이나 뜯는 것이 우리네 농민의 역할이 아니냔 말이야. 그게 산신령의 보호 아래 조용히 우리가 조상 대대로 해 먹은 대로 하면 될 것을 가지고.

아낙 : 농사꾼은 농사나 짓는 게 당연하다지. 무슨 신학문입네 하고 떠돌다가는 갈 데 없으니까 우리 마을에 들어와서 청년들을 부추기는 부추겨!

무당 : 곧 잠잠해질 거야. 산신령님도 이대로는 두지 않을 거야. 마땅히 벌을 받아야지.(사이, 아낙과 할멈 일어난다)

아낙 : 우리는 그만 내려가 봐야 하겠어. 밭에 가서 할 일도 많고 그러니깐.

무당 : 그럼 조심해서 내려들 가요. 그놈들이 또 무슨 수작을 하는지도 알아봐 줘요.

아낙, 할멈 무대 오른쪽으로 퇴장. 무대엔 무당만이 홀로 고목 곁에서 있다.

무당 : 젖비린내 나는 놈들 같으니라구. 감히 여기가 어디다고 까불어, (산을 쳐다본다)

무당 : 저 산이 떠억 버티고 있는 한 어림없어. 암, 어림없구 말구. (무당, 고목을 쓰다듬는다. 다시 단상에 무릎을 꿇는다)

무당 : (손을 비벼대며) 천지 신령들이여, 내 말을 들어보소서, 그중에서 하늘보다 뛰어난 땅신령이시여, 땅신 중에서도 기장 영특한 산신령이시여. 이 평화스러운 마을에 잡귀가 판을 치고 있나이다. 피에 굶주려 자기 권리를 찾으려 드는, 산신령님을 거부하는 잡귀이나이다. 산신령이시여, 산신령이시여! (스피커 소리. 산의 메아리처럼 쩌렁쩌렁 울려

퍼지다가 작아진다. 무당, 일어나 춤을 추기 시작한다. 점차 무대는 조금씩 조명이 어두워진다. 장구 소리, 방울 소리 들려온다)

무당 : 호오, 호와.ㅡ. 잡귀는 물러가라. 네 이놈 잡귀! 썩 물러가라. 감히 여기가 어디라고, 호오, 호오.(소리 사라지며 무대는 어두워진다.)

제4장

같은 무대인데 날은 저물어가는 중이어서 조금 침침하다. 무당은 단상 아래 꿇어 앉아있고 오른편으로는 재건이와 젊은이들이 등장한다. 그들 손엔 도끼와 삽 등이 들려있다.

무당 : (놀라는 몸짓을 하며) 무엇들이냐. 여기가 어디라고 이런 것들을 가지고.

재건 : 아주머니, 여기 넓은 터에 교실을 지으려고 그럽니다. 하지만 한 가운데 다 죽은 고목이 있군요. 이것은 이제 쓸모없는 한 조각 장작밖에는 가치가 없소. 그래 이것을 베어버리려는 것이요.

무당 : (악을 쓰며) 무슨 말을, 이건 내 나무야. 아무도 손댈 수 없어. 조상 대대로 물려받은 거다.

재건 : 이 나무가 주인이 있다구요? 하하하, 이 아주머니 참 농담 잘하시네. 이게 어째서 아주머니 소유란 말입니까? 이것은 들판의 주인 없는 썩은 나무에요. 그 가치가 떨어졌다면 당연히 제거해 버리는 것이 우리들의 임무요.

무당 : 안돼. 그럴 순 없어. 이 고목은 내 생활의 일부가 되었어. 너희들은 산신령님의 노여움을 모른단 말이냐!

재건 : 산신령이라고? 그런 귀신이 도대체 어디 있다는 거지요. 이 세상 끝까지 다 뒤져도 그런 것은 없소이다.

무당 : 그러면 너는 도대체가 신의 존재를 눈곱만치도 인정하지 않는단 말이냐.

재건 : (비웃는 조로) 신! 신은 인간의 역사에서 사라진 지 오래요. 신에 미쳤다기보다는 오히려 더 당신의 자지러지는 듯한 그 몸짓. 짐승의 울음과 같은 그 괴성에 위축되어버린 것이요. 당신은 신을 이용, 진정한 신은 내팽개치고 위선적인 신만을 앞세운 채 사람들을 당신 발아래 복종하도록 끊임없이 유혹했소.

무당 : 무엇이라고! 너는 내 존재를 아주 무시하는구나. 난 이 마을의 수호자다. 어찌 내 말을 듣지 않고 이 마을에서 살기를 바라느냐. 산신령님이 노하셨다. 너는 벌을 받게 되리라. (무당, 춤추며 고목 주위를 돈다)

청년 1 : 미쳤군. 미쳤어. 날마다 저 지랄을 하니 미칠 수밖에.

청년 2 : 글쎄 말이야, 생각하는 것이 저것밖에 없을까? 이 우주는 가도 가도 끝없이 넓은데 말이야 자기가 마치 신의 사자라도 된 듯 알랑거리는 태도란 차마 볼 수가 없구나.

청년들 : 이봐요. 무당 선생님, 그만 춤을 멈추는 것이 어떨까요? (청년들 비웃는 듯 웃어댄다. 무당, 춤을 멈추고 다시 산을 향해 기도한다)

청년 3 : 날이 저물기 전에 얼른 이 쓰레기 같은 고목을 없앱시다.

청년들 : 그렇게 합시다.

무당 : (돌아서며) 으흐흐흑, 이 애송이 같은 놈들, 너희들에게 저주가 내리게 하마, 모두 지옥에나 떨어져라!

청년 2 : (어이가 없는 듯) 지옥이라고? 아주머니 참 딱하시네. 전통수호도 좋지만, 사람들을 해롭게 하는 전통이란 없애야 하는 겁니다.

청년 1 : 이제 모든 것을 버려야 할 때가 왔소. 다시 창조하는 것이요.

신이 우리에게 내려주신 육체를 거부하고 우리 스스로가 자신을 만드는 것이요.

무당 : 시끄러워! 이 개만도 못한 놈들 같으니라구 (청년들, 나무를 둘러싸고 도끼질을 하려고 한다)

무당 : 놔라. 손대지 말란 말이야. (무당, 달려가 나무를 부둥켜안는다)

무당 : 내 죽는 한이 있어도 이 나무엔 손대지 못하게 할 거야.

청년들과 무당이 옥신각신하는 중에 왼쪽 산으로 떡쇠, 장작을 지게에 지고 순옥은 물 주전자를 들고 들어선다.

떡쇠 : 무엇들을 하는 거냐. 그 나무에서 당장 손 떼지 못해! (청년들 주춤거리며 물러선다)

무당 : (숨이 차서) 이것들이, 이것들이 신령스러운 이 고목을 없애버리려는구나.

떡쇠 : 돼먹지 못한 놈들 같으니라구.

재건 : 말조심하시오. 이 나무는 당신들의 것도 우리들의 것도 아니요. 그렇지만 이것이 사람에게 피해를 주는 한 이것을 우리는 없애버려야 하겠소.

떡쇠 : 말 같지 않은 소리, 이것은 이 마을을 위한 것이요. 여러분들을 지키기 위한 것이란 말이요.

재건 : 그건 일조의 자기만족이요. 타인을 기만하는 겁니다. 우리는 어쨌든 이 나무를 제거해 버리고 여기다가 교실을 짓겠소.

떡쇠 : 그렇게는 안 되겠어 나는 내 목이 달아나는 한이 있더라도 이 나무를 지켜내야겠어. (떡쇠는 지게에 도끼를 꺼내 든다) 어떤 놈이든 이 나무에 손대는 놈은 내가 가만두지 않겠다.

청년 일동 서로를 바라보며 조용하다.

재건 : 이봐요, 떡쇠씨. 정말 이러기요? 세상은 자꾸 변해가는 법이요. 그에 따라 새로운 관습이 형성되는 것이 아니겠어요. 개혁은 인류문화를 발전시키는 원동력이요. 이것을 막지 말아 주구려.

떡쇠 : 안 돼, 아무리 세상이 변한다지만 전통이란 무시할 수가 없는 것이야.

재건 : 누가 전통을 부정한다고 그럽디까. 이건 전통 속에 낄 자리도 없는 것이요. 지금은 자유스러운 세상이요 남을 자유롭지 못하게 하는 것은 전통이라고 볼 수 없소.

떡쇠 : 입 닥쳐! 더 이상 말하지 않겠어. 어디 베어 내려면 베어봐. (도끼를 움켜잡고 쳐든다)

순옥 : (떡쇠에게 다가가며) 오빠, 왜 이러는 거야요. 이걸로 어떻게 하겠다는 거지요? 오빠는 기어이 도끼로 산신령을 수호하겠단 말씀인가요.

떡쇠 : 시끄러워! 너는 저쪽에 가 있어, 다치기 전에, 어서!

호통 소리에 놀라 순옥은 한쪽으로 물러선다.

재건 : 오늘은 이만하겠소. 하지만 당신이 폭력을 원한다면 우리도 그대로 묵과할 수는 없소. 폭력 대 폭력으로 우리도 맞서겠소. 피는 결국 피를 부르고야 마는 것이니깐. 그러나 이것 한 가지는 알아야 할 것이요. 당신들의 신은 이미 죽어 없어졌다는 사실이요. 그래서 당신들의 존재는 흔들리고 있는 것이요.

떡쇠 : 개 같은 자식, 얼른 꺼져버리려면 꺼져버려. 머리통이 박살이 나기 전에 우리는 모든 귀신의 왕 산신령의 보호를 받고 있다. 그야말로 진정한 권위의 왕이요, 전통의 왕이요, 만인에 군림하는 절대 군주의 왕이다. 너희들은 이같이 무너질지 모르는 견고한 탑을 하루아침에 무너

뜨리려 하느냐. 그건 말도 안 된다.

순옥 : 오빠는 하나만 알지 그 뒤에 둘이며 셋이 있다는 것을 모르는군요. 역사는 일개 한 개인의 신에 의해 좌우될 수는 없는 것이야요. 대다수의 사람에 의해 대다수의 사상을 가지고 역사는 진행이 되어야만 하는 것이라구요.

청년 1 : (산을 가리키며) 저곳을 보시오. 저쪽 너머는 물론, 우리와 똑같은 사람들이 살고 있소. 밭도 있고 논도 있을 것이고 하늘을 자유롭게 나는 새들도 있을 것이요. 그런데 이 마을엔 거의가 새들은 자취를 감추었소. 관습이라는 틀에 묶여 새장 속에 갇히고야 만 것이요.

무당 : (호소하듯) 성스러운 산신령이시여. 당신에게 도전하는 이 악한 무리를 벌하여 주소서! 이들은 지금 이성을 잃고 감정에만 불타고 있소. 어서 이들에게 차디찬 죽음과 이성의 신을 내려주소서.

재건 : (집을 바라보다가 깃발들을 가리키며) 저것은 무엇의 상징이요. 저것이 바로 당신들의 권위의식 상징이 아니겠소. 저 바람에 휘날리는 깃발을 볼 때마다 우리는 고통에 숨 한번 제대로 못 쉬었소.

떡쇠 : 아무 의미도 없는 깃발에 생명체를 불어넣지 마라. 그건 아무것도 아닌 평범한 천 조각뿐이다.

재건 : 천 조각이라고? 당신 눈에 천 조각으로 보이겠지만 우리 눈에 그렇게는 보이지 않소. 마치 피라도 부르는 듯 출렁거리고 있지 않소.

떡쇠 : 아무래도 좋다. 어쨌든 이 고목엔 털끝 하나라도 대었다가는 죽을 줄 알아!

청년 1 : 그렇지만 결국에는 뿌리째 뽑히고 말걸, 아무리 발버둥 쳐도 육지에 내던져진 물고기는 바다를 그리워하거든. 곧 우리들의 시대가 온다. 여기에 교실은 틀림없이 서 있을 거야.

떡쇠 : 주둥아리 닥치지 못해! 여긴 신성한 곳이다. 너희 같은 버러지들이 꾸물꾸물 기어 다니는 곳이 아냐. 가지 않거들랑 어디 내 도끼 맛 좀 보아라. (떡쇠, 도끼를 휘둘러댄다)

순옥 : 제발 그만두세요. 오빠, 이걸로는 모든 것을 제자리에 갖다 놓을 수 없어요. (순옥, 떡쇠의 다리를 잡고 제지한다)

떡쇠 : 너도 똑같은 족속이다. 저리 가지 못해! (순옥을 밀어붙여 쓰러뜨린다. 휘두르는 도끼에 맞춰 장구 소리 요란하다. 청년들 뒤로 물러선다. 장구 소리 사라지며)

재건 : 이만 오늘은 돌아갑시다. 저놈은 지금 미친 신에 미쳐있소.

청년들 황급히 무대 오른쪽으로 퇴장, 무대 점차 어두워진다. 떡쇠는 멍청하게 언덕을 내려가는 그들을 쳐다보며 서 있고 무당은 산을 향해 엎드려있다 순옥은 계속 쓰러져있다.

무당 : (맥이 빠진 소리로) 그들은 갔습니다. 영원히 갔습니다. 신령님이시여 산신령님이시여! (목소리 커지며 메아리쳐진다. 점차 작아져 사라진다.)

제5장

밤이다. 쥐죽은 듯 조용하다. 무대 희미하게 밝아오며 순옥, 고목 주위에 짚더미를 살금살금 쌓는다. 집 주위에도 몇 개 놓여있다. 다 쌓고 나서 그녀는 산을 향해 서서 조용히 입을 연다.

순옥 : (호소하듯) 신령님이시여, 오늘 밤은 당신을 위한 밤입니다. 저 고목도, 깃발들도 함께 당신 앞에 바쳐질 겁니다. 이건 일종의 반항심은 아닙니다. 단지 잃어버린 것을 찾기 위한 준비일뿐입니다.

나는 당신일 수 없고 당신이 나일 수 없는 것입니다. 바야흐로 이 마을엔 신학문의 물결이 점차 밀려오고 있습니다.

삼천리 방방곡곡에 그 물결은 들판을 가로지르고 산을 넘어 출렁일 것입니다. 왜놈들에게 나라마저 빼앗기지 않았습니까? 이것을 모르는 무지에서 나온 결과입니다. 우리나라도 일본놈들같이 문호를 진즉 개방하고 신학문을 우리 것으로 받아들였다면 이런 비참한 결과는 나오지 않았을 겁니다. 백성들은 모릅니다. 그들은 깨닫지 못하고 있습니다. 신학문이 무슨 말인가, 자유가 무엇인가하는 의미마저도 모르고 있습니다. 그들을 무지로부터 구해내는 것은 오직 교육뿐입니다. 그들은 개화시켜야 합니다. 진정한 삶을 가르쳐야 합니다. 교육은 일제의 압박으로부터 벗어나는 가장 빠른 지름길인 것입니다. 산신령이시여!

결코, 당신은 반대하지 않겠지요. 고목은 당신을 이용하기 위한 수단으로서의 존재 가치밖에 없습니다.

넓은 터에 삐죽 솟아 나온 이 나무를 제거하고 거기에 신학문의 전당, 교실을 짓게 될 겁니다. 아름다운 새들이 자유롭게 지저귀는 평화스러운 마을을 이룰 것입니다.

순옥, 엎드리며 기도한다. 이윽고 횃불을 만들어 불을 붙인다. 무대이므로 빨간 불이 모든 방향으로 확산되는 손전등을 켜면 되겠다. 무대는 아주 깜깜해지고 빨간 불만이 소리 없이 고목을 향하여 이동한다.

순옥 : 자 타거라! 활활 타올라라! 몇백 년을 지켜온 너의 전통도 끝이 나는구나. 호호호…(간드러지게 웃어댄다) 손전등으로 고목 주위를 빙 돌려 불을 붙이며 고목에 여러 방향으로부터 빨간빛의 스포트라이트가 집중으로 내리쪼인다.

순옥 : 하아! 잘 탄다! 호호호.

미친 듯 횃불을 들고 집을 향해 너울너울 달려간다. 집에도 스포트라이트 작열. 곧 스포트라이트는 한곳에 고정이 되지 않도록 조금씩 흔들어댄다. 불이 타오른다. 초가지붕 전체로 확산하고 집 위의 산에 연결된 나무들에 옮겨붙는다. 이때 스포트라이트 더 크게 흔들어대며 산 쪽으로 이동시키면 되겠다.

순옥 : (큰 소리로) 불이야! 불이다! 활활 잘 타오르는구나. 고목도 깃발도!

무당과 떡쇠 잠이 덜 깬 상태로 놀아 집을 뛰쳐나온다.

무당 : 아이구! 산신령이시여, 노여움을 푸소서. 호오, 호오.ㅡ. (꽹과리 소리 방울 소리 잠깐 나오다 사라지면 무당, 고목 주위를 돌며 춤추기 시작한다)

무당 : 물러가라, 불귀신아! 썩 물러가라! (울부짖으며) 신령님이시여, 신령님이시여 노여움을 푸소서!

무당, 엎드리며 애원하고 떡쇠는 멍청하게 산에 불이 옮겨붙는 것을 보고만 있다. 곧이어 무대 오른쪽으로 동네 남녀노소 허둥지둥 등장.

노인 : 아이쿠, 저 고목에 불이 붙었구먼. 산신령님이 노하셨나 보다.

아낙 : 큰일 났어. 우리 마을도 이제 끝장이군. 잡귀들이 판을 칠 거야.

노인 : 헤어, 말세로다.

중년 남자 : 얼른 불길을 잡아야지. 저러다가는 온 산의 나무들을 다 태우고 말 거야.

중년 여인 : 에구 그런 말 알아요. 무슨 꼴을 당하려고 그래요. 산신령이 지금 노하셨는데 괜히 화를 입으려고요.

재건 : 드디어 거대한 성은 무너지기 시작하는구나

청년 1 : 어서어서 올라타거라! 재마저 남지 않도록 바싹 태워버리렴

청년 2 : 속이 시원하군. 십 년 묵은 체증이 쭉 내려가는 것 같구나. 귀

신의 말로란 비참하군. 내장이며 머리며 마치 화장터의 송장을 불구덩이에 넣었을 때 툭툭 터지는 소리같이 요란스러워.

청년 3 : 불에 새까맣게 타고난 나무뿌리는 결코 새싹을 낼 순 없을 거야. 그 자리에 튼튼한 밀들을 깔고 기둥을 세워야지.

청년 2 : 언제 무너질지 모르게 위풍당당하게 서 있더니만 맑은 하늘에 갑자기 벼락이 떨어졌나, 불이 나게!

청년 1 : 거 참 이상스럽군, 하늘은 스스로 돕는 자를 돕는다는 말이 진리인 것 같아.

노인 : 허, 내 평생에 저런 큰 산불은 처음이군. 무섭기보다는 차라리 아름답군.

중년 여인 : 저러다간 일 년 내내 타게 생겼어요. 산등성이를 타고 마구 번져가고 있잖아요.

아낙 : 어쩐담, 고목이며 산이며 온통 빨갛구나, 산신령마저 불에 타 죽을라.

마을 사람들의 웅성거리는 소리, 하지만 아무도 불 끌 생각을 하지 않는다.

사이.

순옥 : 저 산 너머에는 무엇이 있다고 했지? 불아! 저 산 너머에는 누가 살고 있니? (침묵, 외친다) 어서 저쪽 너머까지 타거라! 저쪽까지 쭉 뻗은 길을 내려므나!

무당 : 호오, 호오. (애처롭게) 물러가라, 불귀신아! 썩 물러가라! 신령님이시여. 귀신의 왕 중 왕, 신령님이시여 노여움을 푸소서!

스포트라이트, 무대를 온통 빨갛게 물들이며 무당춤을 진행한다. 조용히 막이 내린다.

당선

第664호 1981년 6월 19일 금요일
第26회 전북대학 신문 학예상 : 꽁트

친구의 고민

· 장진규 (국문과 2학년) ·

언제나 호탕하고 걱정을 모르던 그였다. 그런데 그날따라 좀 이상했다. 자기가 내릴 역을 지나고 있는데도 그는 꿈쩍도 하질 않았다. 여전히 시선을 창밖에 꽂은 채로 앉아 있을 뿐이었다.

다른 때 같았으면 그는 벌써 펄쩍 뛰어내리면서 잘 가라고 인사를 했을 것이다.

조금 전, 전주에서 회식(會食)을 할 때까지만 해도 그는 모인 사람들을 죽으라고 웃겨 주었단다.

정말 이상했다. 그에게 어떤 일이 있음이, 있어도 아주 큰 일이 있음이 분명한 것 같았다.

친구들끼리 모이더라도 언제나 이야기의 중심이 되어서 이끌어 나가던 그였기에 더욱 우리를 궁금하게 만들었다.

우리 일행은 이리역에서 같이 내렸다. 모두 자기 집으로 향해 흩어졌다. 그러나 그는 내가 가는 방향으로만 묵묵히 따라오고 있었다.

「너는 집에 안 가니?」

「…」

「무슨 일 있었어?」

「…」

「여태까지 우리가 마음을 열지 못하고 지내는 사이란 말이야?」

내가 화난 표정을 지어 보이자 그는 나를 바라보며 씩— 한번 웃고 맨입 맛을 다실 뿐이었다. 아무 말도 하고 싶지 않은 눈치였다.

구둣발 소리만 또박거렸다. 어느새 시립도서관 앞까지 왔다.

「이렇게 늦었는데 너 집에 안 갈래?」

「응….」

「갈려면 길 건너서 시내버스 타야지.」

또 말이 끊겼다. 무척 답답했다. 평소에는 제가 먼저 대화를 이끌어 나가던 놈이 묻는 말에 대답도 제대로 해 주지 않으니 정말 폭폭한 노릇이었다. 아니, 그 정도 되니까 그 친구가 돌아버릴 정도의 큰 충격을 받지 않았나 걱정이 되기까지 했다.

「차비가 없니?」

「있어…….」

「내가 택시요금 줄까?」

「아니, 괜찮아.」

사실 내게는 돈이 좀 있었지만, 그에게 택시요금을 줄 돈은 없었다. 차라리 다행이라고 생각을 하면서도 겁이 약간 났다.

「야, 나 오늘 너희 집 가자.」

「무슨 일이야, 대체?」

「가서 얘기해 줄게.」

「그래, 가고 싶으면 가자.」

사실 집으로 친구 한 번도 데리고 가지 않은 놈으로 소문난 나였다.

하지만 친구를 생각하면 그까짓 것은 문제도 아니었다.

어려울 때 돕는 것이 진짜 친구의 도리라고 했겠다! 그래 좋다. 까짓거 하룻밤 같이 부대끼지 뭐 돈이 도는 것도 아니고.

계속 어둠 속에서 두 사람의 구둣발 소리만 동심원처럼 퍼져 흩어졌다. 그는 한숨만 푸—푸 내쉬면서 땅만 깔아보고 걸었다 나도 따라서 심각해졌다.

나는 그의 발굽 소리가 조금만 박자에 어긋나도 섬짓 섬짓 놀랐다. 그 친구의 고민이 무엇일지에 대해서 여러모로 생각을 해봤다. 도시 아무것도 잡히지 않았다. 그는 그저 동전 한 닢이라도 주워 보려는 거렁뱅이처럼 땅만 내려다보면 걸을 뿐이었다.

저 녀석의 심리 상태는 지금 어느 정도일까. 무슨 생각을 하고 있지?

나는 둘이서 아무 말도 없이 걷는 게 정말로 숨 막히는 짓이라는 것을 알았다. 차차 심심해졌다. 집은 점점 가까워졌다. 그 친구의 고민거리가 더더욱 궁금해졌다.

「정말 무슨 일이야? 말 좀 해 봐라. 답답해서 미치겠다.」

「…….」

역시 말이 없다. 이번에는 그의 한숨이 크게 터져 나왔다. 나도 제법 크게 한숨을 쉬었다.

장난하다가 애기 밴다더니, 나도 진짜로 심각해지는데.

욕이라도 한바탕 퍼부어주려고 하던 찰나에 그의 어려운 발음이 터졌다.

「너는 집에 가면 마음이 편하고 푸근한 느낌이 드니?」

「글쎄, 뭐라고 대답해야 될지….」

나는 갑작스러운 그의 질문에 응답할 말을 생각하면서 그의 고민거리의 초점을 찾았다.

「사실 그렇지 뭐. 아무리 뭐라고 하더라도 집이 제일 아니겠어?」

「그래?」

다시 발자국 소리와 투쟁이 시작됐다.

저 친구 정도의 가정환경이라면 별문제가 없을 텐데…. 아버지가 갑자기 사업에 실패했나? 아니면 동생들한테 무슨 일이라도 있을까? 도대체 저놈이 왜 저러지? 참 모를 일이군

정말로 어렵게 골목 앞에까지 이르렀다.

「야, 너 소주 한 병 살 돈 있니?」

「응? 응, 있어.」

갑작스러운 그의 말이 차라리 반가웠다. 우리는 가게 안으로 들어섰다.

「기왕이면 안주가 될만한 것도 좀 사자.」

「암, 그걸 말이라고 해?」

에라 모르겠다. 엎질러진 물, 마저 엎어 버리자.

「아줌마, 쥐포랑 땅콩도 좀 주슈.」

나는 주머니 속에서 오랫동안 빛을 보지 못한 천 원짜리 지폐를 몇 장 꺼냈다.

아휴. ㅡ, 이거 아까 회식할 회비도 내지 않고 꼬불쳐 둔 돈인데….

나는 친구의 상담역이 된다고 하는 것이 우선 흐뭇했다. 아까운 맘을 뿌리치고 그가 원하는 안줏감을 몇 가지 더 샀다.

우리는 드디어 골목으로 들어서서 대문 앞에 당도했다.

「그런데 너 정말 집에서 무슨 일이 있었던 거야?」

나는 찬스라고 생각하며 날카롭게 물었다.

「야 임마, 일은 우리 집에 무슨 일이 있어? 이렇게 하지 않으면 언제 너한테 술 얻어 마실 기회가 있겠니?」

나는 쓰디쓴 웃음으로 힘없이 벨을 눌렀다. 괜히 침을 퉤.— 뱉었다.

제27회

학술문학상

•

1980~2000

당선

제685호 1982년 6월 7일 월요일

제27회 학술문학상 : 문학부문 소설

귀환의식 歸還儀式

· 이은숙(문과대 국어 국문학과) ·

변 서방은 새삼스레 왜 용못으로 나무를 하러 가야만 하는지 알 수가 없었다. 어젯밤까지만 해도 원인을 생각할 필요조차 없이 필연적인 것이라고 여겨졌던 것이 자고 일어나보니 그 이유를 한가지도 변변히 생각해 낼 수가 없었다.

그가 심보러 나서는 심마니도 아닐진대 잠자리마저 따로 보아 놓은 성진 댁의 처사마저도 그 의중이 짐작되지 않았다.

변 서방은 웃어른의 것을 준비하는 것처럼 정성스럽게 곰방대에다 봉초를 밀어 넣었다.

이부자리를 해놓고 나서 베개를 들고 일어나 편히 주무시라고 이르고 선복이 방 쪽으로 가는 성진 댁을 붙잡지 않은 것은 왠지 그래야만 될 것 같아서였고 그런 묵계는 몹시 자연스러웠다.

그렇다고 이런 느낌들이 먼 길 떠나는 사람처럼 동네 사람들과 늦게까지 술을 마시면서 그가 가졌던 영웅 심리에 대한 후회는 아니었다.

그들은 용못 이야기는 되도록 피해 가며 변 서방이 젊었을 적 씨름대회서 우승해서 황소를 탄 이야기나 성진 댁이 빨리도 전라도 사람이 되어가고 있다는 것 영만이네 돼지가 새끼를 몇 마리 낳았다던가 하는 이야기였지만 사실은 변 서방이 내일은 용못으로 나무를 하러 가는 날임을 취기가 오를수록 누구나 똑똑히 기억했다.

그들은 황소를 탄 그 기개가 아직도 남아서 용못으로 나무하러 가겠다고 선언한 남아다운 변 서방의 기질을 칭송하고 선망하면서 용못으로 나무하러 가겠다는 따위의 실언을 하지 않았었던 자신들을 매우 다행스러워하기도 했다.

「그나저나 내일은 날이나 좋아야 헐텐디」

고만이네가 문 곁에 앉았다가 슬며시 열고 내다보며 하는 소리였다.

날이 궂으면 사람보다 귀신에게 유리하여 득세한다고 믿고 있는 그들은 한결같이 근심 어린 표정들이었다. 비라도 몰려오려 할 때면 으레 용못 있는데서 귀신 우는 소리가 나곤 했다는 말을 하려 했다가 용식이네는 주위만 둘러보고 말았다.

「그나저나 내일부터 변 서방네는 땔나무 걱정은 안 해도 쓰것고만, 거그는 나무도 좋고 또 많고 헌게 말여」

오성이네의 위로도 시샘도 아닌 말을 끝으로 그들은 일어섰다.

변 서방은 재떨이에다 곰방대를 탕탕 부딪쳐서 재를 털었다.

「넝감.」

「누구여? 임자여?」

「아침상 들여와야지요.」

「아직 세수도 안 했구먼. 세수하고 나서 받도록 허지.」

변 서방은 담뱃불을 끄고 일어섰다.

세수하고 방으로 들어가자 밥상이 놓여 있었다.

「선복아 느그 엄니랑 이리 와서 같이 밥 먹자」

선복이가 부엌 쪽에서 나와서 방문을 열고 말했다.

「아녀요. 저하고 엄니는 나중에 먹을 것인 게 먼저 잡수서요. 지게는 저쪽 툇마루에 준비해놨고만요.」

왜들 여느 때와 다르게 구는지 몰랐다. 그러나 변 서방은 뽀얗게 피어있는 딸년의 얼굴에 겹쳐지는 태섭이 놈의 얼굴에서 용못으로 가야만 하는 설명할 수 없는 원인의 근거를 본다.

「너 올해 몇 살이지?」

「참, 아부지도, 스무 살이지 몇 살은요.」

선복이는 어이없다는 듯이 웃고 문을 닫았다.

선복이가 일곱 살 나던 해 아내를 잃은 변 서방은 수절하는 과부 마냥 주위의 재혼 권유를 마다하고 십여 년을 혼자서 딸을 키워왔다.

소학교를 마친 선복이는 집안 살림을 탈 없이 꾸려 나가는 일을 빨리도 배워 나갔다. 빨래하고 청소하고 변 서방의 농사일까지 거들었다. 모낼 때 뒷모쟁이서부터 김매기 또 얼마간 자라서는 샛거리까지 내올 줄 알게 되었다.

그러나 딸년이라서 그는 늘 그러려니 했다. 대견하기는 했지만 그리 신통할 것 까지는 없다. 어느 날 샛거리를 들고 논둑을 걸어 오는 딸년의 모습을 보았을 때 변 서방은 맥이 쑥 빠지고 가슴이 뛰기 시작했다.

불룩한 젖가슴과 패인 몸매와 약간 성큼성큼한 걸음걸이 햇볕으로 달아오른 얼굴.

「아부지, 이것 좀 잡숫고 하셔요.」

변 서방은 호칭을 착각할 뻔했다.

「여보, 이것 좀 잡숫고 하셔요.」

문득 선복이 년이 시집 보내야 할 처녀로 성숙해 있는 것이었다.

변 서방은 조바심이 일기 시작했다.

젊었을 때 지 애미를 돌림병으로 잃고 나서 재혼을 하지 않은 이유가 선복이 년 한테 남은 제 애미 모습 때문이 아니었는가 하고 변 서방은 새삼 생각해 보는 것이었다.

간밤에 그리 과음하지도 않았지만, 변 서방은 콩나물국에 밥을 말아서 두어 숟갈 뜨고는 참으로 오랜만에 놓인 굴비에는 손도 대지 않은 채 식사를 끝냈다. 그리고 그는 문을 열고 머리를 부딪치지 않게 숙이고 마루로 나섰다.

문소리를 들었는지 성진 댁이 숭늉 그릇을 갖고 부엌에서 나왔다.

「벌써 다 드셨수?」

「물 좀 이리 주구려」

변 서방은 숭늉 대접을 받아 들고 물만은 맛있다는 듯이 다 마셔버렸다.

「지게 챙겨 놨지?」

「벌써 가실라우?」

「일찍 나서는 것이 좋지 않겠어요?」

「밥이나 좀 내려가면…」

「아녀, 한참 걸어야 할 것인 게 일찍 나서야 쓰겠고만. 가만있자, 지게는 여기 있는디…」

변 서방은 툇마루에 기대놓은 지게를 손으로 잡고는 이리저리 눈을 돌렸다.

「선복아」

언제 나왔는지 불안하게 마당에서 아버지의 하던 양을 지켜보던 선복이를 불렀다.

「왜요? 벌써 가실랑게비. 지게랑 새끼줄이랑, 작대기랑, 도끼꺼정 다 챙겨놨는데요.」

「아니 그게 아니고 망태 하나 없나?」

「망태요? 워따 쓰시게요?」

「거그는 나무가 많은 게 지게로 가득하고도 또 불쏘시개도 좀 해와야겠다.」

선복이가 멍하니 변 서방을 바라봤다.

나무를 많이 해오는 것이 중요한 게 아니라 단지 귀신 붙은 것처럼 용못으로 나무하러 가겠다고 떠벌리고 다녔던 그의 포고에 대한 실천의 표시로서 무사히 갔다 오기만을 빌고 있던 선복이로서는 아버지가 순간적으로 이해가 가지 않았다.

「뭔 쏘시개꺼정 해오시겠다고.」

「아니다. 거기는 사람 손 간 지가 오래라서 장작 팰만한 나무도 많을 것이고 쏘시개 감도 충분할 것인 게 간 김에 아주 해서 와야겠다.」

변 서방으로서도 그것은 만용이었다. 단지 그가 오늘 일을 대수롭지 않게 생각하고 있다는 것을 가족에게 시위하려는 호기였다. 그럼으로써 용못행에 대한 그의 께름칙한 상념까지를 일소시키자는 의도까지 포함된 것이었다.

선복이는 뭔가 울컥한 것이 목으로 치밀어 오름을 느끼며 황급히 자리를 떴다.

어느새 부엌에 가 있던 성진 댁은 보자기로 뭘 싸 나왔다.

「이것 점심때 드시라우요.」

특유한 함경도 사투리로 낮게 말했다.

변 서방은 작은 꾸러미를 받아 들며 성진 댁의 무개성한 얼굴을 가만히 들여다보았다. 낮은 코, 엷은 주근깨, 강인해 뵈는 굵은 눈썹, 변 서방은 눈을 내리깔았다. 왠지 오늘 아침만은 안 보고 떠나야 할 사람을 보는 것 같았다.

선복이는 망태 대신 마대를 챙겨서 그의 지게에 다 도끼와 새끼줄과 변 서방이 들고 있던 점심 꾸러미까지 합쳐서 지게에다 비끄러맸다.

변 서방은 평소 때 들일 나가는 사람처럼 행세하려 했지만, 성진 댁이나 선복이가 서툴게 구는 바람에 그마저도 의용군 나서는 소년의 심사가 되는 듯했다.

그는 작년 가을에 소나무를 정성스레 깎고 다듬어 한 달 동안이나 그들에서 말려 만든 그의 소중한 지게를 짊어졌다. 다른 사람들은 지게만을 지기도 힘겨워했다.

「변 서방은 아직도 장사야.」

그들은 겸연쩍게 지게를 내려놓으며 말하곤 했었다.

변 서방은 가볍게 지게를 지고 대문께로 향했다.

두 여자는 천천히 따라 나왔다.

변 서방은 대문께서 걸음을 멈추고 뒤돌아봤다.

선복이의 잘 다녀오라는 말보다 진한 표정을 보고 성진 댁의 난처해 하는 듯한 안타까운 모습을 보고 끝내 아무 말 없이 대문을 나섰다.

농사일도 다 끝난 때이고 또 이른 아침이어서 동네에는 별로 사람들이 눈에 띄지 않았다.

변 서방은 걸음을 재촉했다. 주막거리로 가면 평탄한 길이었지만 변 서방은 지름길을 택하기로 했다. 들녘을 오리쯤, 산길을 오리쯤 가면 용못에 도착할 것이다.

누렇게 뜬 풀잎에 맺힌 이슬들이 걸을 때마다 발에 채여 검은 고무신

속으로도 들어왔다.

그때는 추수가 이처럼 다 끝나버린 때는 아니었다. 추수를 다 끝낸 이른 논도 있었지만, 아직 누런 벼가 그대로 있는 논도 반쯤은 있었다.

봄이 되면 영락없이 보릿고개를 맞아 식량난에 허덕일 것을 잘 알고들 있었지만, 추수 때면 얼마 되지 않은 수확에도 한숨 섞인 여유가 있었다. 그래서 그들은 씨름대회를 베풀고 샅바를 잡고 땀을 흘리는 씨름꾼을 구경하면서 씨름꾼보다 더 힘을 쓰며 울분을 해소했는지도 모른다.

변 서방은 차례로 상대편을 쓰러뜨리고 동네 청년들과 어울려 술을 한잔하고 그들보다 먼저 일어나 상으로 받은 송아지 한 마리를 잡고 집으로 가는 길이었다. 사람들은 이 송아지를 나중에는 늘 황소라고들 했다.

바로 이 들녘에서 친척 집에 심부름 갔다 돌아가는 이웃 마을 지주의 딸을 만난 것이었다.

먼발치서만 보고 속으로 생각해보는 것만으로도 죄책감을 느끼고 수치심을 가졌던 그 처녀가 동행도 없이 황혼이 막 가신 들녘을 가로지르고 있었다.

그는 당황했다.

처녀는 먼발치서 낯선 남자가 오고 있다는 것을 알자 주춤거렸다. 바로 이것이었다. 그의 습관적 이성을 마비시킨 것은. 처녀로서는 약간 성큼성큼한 걸음걸이로 당당하게 그의 곁을 스쳐 갔더라면 그는 그 처녀를 가까이서 보았다는 흥분만으로도 충분해 했을 것이었다.

그는 뚜벅뚜벅 송아지를 끌고 다가갔다.

그리고 그 못지않게 아가씨가 당황하고 두려워하고 있음을 알아내고는 그만 난폭해져 버린 것이었다. 상대를 일곱이나 넘어뜨린 여세를 몰아 그는 술 냄새를 풍기며 여자에게 덤벼들었다.

그는 이삼일 동안 문밖 출입을 하지 않았다. 세상이 달라져 있을 것 같아서였다. 달라진 세상에 모습을 드러낼 용기가 없어서였다. 앓는 노모에게 세끼 밥을 해주는 게 그렇게 큰일일 수가 없었다.

그러나 그는 사흘 후엔 집에서 약간 떨어진 동네에까지 들어가서 어정거렸다.

주막에서 막걸리 한 사발을 퍼마신 그는 사흘 동안 생각했던 결심을 입에 올렸다.

「죽 떠먹은 자리」

이헛 까짓거 죽 떠먹은 자리다. 세상은 뒤바뀌지 않고 여자도 바뀌지 않는다. 여자는 지주의 딸이고 그는 한갓 소작농일 뿐이다.

자조적으로 웃으면서도 그는 여자가 여전히 지주의 딸로 남아 있는 게 다행스럽기도 했다.

만일 여자를 건드렸다는게 드러나서 그는 죽일 놈이 되고 여자는 낙인이 찍혀서 운명이 바뀌는 날에는 더욱 감당할 수 없을 것 같아서였다.

아니 그가 죽일 놈이 되는 것은 문제가 아니었다. 여자가 받아야 하는 비난과 질시의 눈초리가 오히려 그를 평생 죄인으로 몰아 붙일 것이 틀림없었다.

—죽 떠먹은 자리니 그냥 아무 일 없었던 것 마냥 살아가 주슈—.

그는 이율배반적인 심정으로 스스로를 비웃으며 빌어 보았다.

들녘의 사건이 있은 일주일 뒤.

그 처녀는 스스로 운명을 바꾸겠다고 그의 게딱지 같은 집에 침구를 싸 들고 들어섰다. 혼 없는 사람의 눈빛을 하고서.

아침 햇빛이 날카롭게 반사되는 들판을 번 서방은 이슬을 툭툭 차듯이 하며 걸어나갔다. 들이 곧 끝나고 그는 산길로 들어섰다. 나무뿌리에 걸려 검은 타이어 고무신이 찢어지지 않도록 주의하면서 걸었다. 작대기를 써서 바위를 올라가고 머루니 다래 등속의 마른 덩굴을 걷어 내면서 앞으로 앞으로 나아갔다.

오 년쯤 사람 손이 닿지 않은 용못까지 가려면 아직도 얼마를 더 걸어야 했다.

백 년씩 세 번이나 그 못에 머무르고도 용이 되지 못하고 실패한 이무기가 살았다던 용못, 이무기못이라 이름하지 않고 용못이라 부른 것은 아이러니라기보다 불쌍한 이무기에 대한 위로의 뜻이리라.

—왜 놈들은 용못 근처에서 그리 끔찍한 일을 벌여 놓았는지.

생각이 거기에 미치자 변 서방은 전율이 몸을 타고 지나감을 느꼈다. 본 일은 없었지만 본 것보다 더 선명하게 그때의 광경이 눈앞에 나타나는 것이었다.

원래 변 서방네 동네는 피난길에 접해 있는 곳이 아니었다. 오히려 피난길로 들어서려면 아침부터 점심까지 걸어나가야 했다.

그러나 늦게 피난길에 나선 사람들이 인민군에 따라 잡히자 산길을 통해 마을로 숨어든 것이었다.

이들 이방인은 아직은 순박한 농민들에게 곧 흡수될 수 있었다.

키 크고 또한 귀티 나는 처녀도 그랬다. 애인과 단둘이서 남하한 그들은 용식이네가 숨겨 주었다.

용식이네서 빌린 농기구를 갖다 주러 갔을 때 가냘프게 생긴 그 처녀를 변 서방은 보았다. 가냘픈 몸짓과는 반대로 눈빛만은 결연해 보였다. 식구들과 같이 밥을 먹던 그 처녀는 경계의 빛과 아울러 적대와 체념이 섞인 얼굴로 그를 흘끗 보았다.

초등학교 선생으로 있었다는 처녀와 그녀의 동료 애인을 숨겨준 것에

용식이네는 커다란 자부심을 느끼고 있었다.

그날도 일부러 광에다 두고 간다고 소리치는 변 서방을 불러들여 밥상에 앉힌 것도 그런 까닭이었다.

남자는 선선히 이렇게 물심양면으로 피해를 끼치고 있는 난처한 처지가 되었음을 미안해했고 인정에 감사했다. 처녀는 시종 말이 없었다.

변 서방은 지금은 거칠어진 아내의 손이 예전에는 처녀의 손처럼 고왔다는 것을 상기하며 처녀의 젓가락 쥔 손을 슬그머니 바라보았다.

용못가에서 죽은 세 여자 중 변 서방이 본 유일한 여자의 모습은 단지 그뿐이었다.

왜 그 남선생이 빨갱이로 변신해야만 했는지, 그리고 영식이네가 한때 가졌던 자신보다 우월해 뵈는 사람들을 자신의 인간애로써 보호하고 있다는 자부심을 내팽개쳤는지.

변 서방은 가던 길을 멈추고 질겁을 해서 제자리에서 폴짝 뛰었다. 그리고 이어서 한숨을 내쉬었다.

커다란 뱀의 허물이었다. 저렇게 큰 허물을 남긴 뱀이면 참 굉장하겠다고 여기며 이제는 잠적해 버린 뱀을 찾는 눈빛으로 주위를 둘러보았다.

마른 떡갈나무 잎들이 쌓인 숲길과 끝이 뾰족하여 항의하는 듯한 바위가 버티고 있었다.

그를 용못으로 떠밀고 있는 힘은 무엇인가. 세 여자가 무참히 강간 되고 살해된 용못으로 그를 떠미는 것은 그가 도모한 관성이 아니었던가.

변 서방은 3개월쯤 전부터 용못으로 가겠다는 말을 비추기 시작했다. 읍내에서 고등학교를 마치고 돌아와 있는 멀쑥한 태섭이 놈을 따라 선복이가 서울로 가기 전에 마쳐야 할 일이라고 생각했다.

태섭이 놈과 선복이 년이 그렇고 그런 사이라는 동네 소문에도 감쪽같이 귀머거리였던 변 서방은 그들의 관계를 알고 난 뒤에 분노보다도 그저 허탈했다.

언제가 샛거리를 내러 논으로 나오던 그때, 딸년의 성숙한 구석을 봐버린 변 서방으로서 그것은 숙제가 풀리는 것이기도 했고 임무의 종식이기도 한 것이었다. 그리고 그는 선복이라는 사슬을 벗음과 동시에 십여 년 전에 죽은 아내에 대한 죄의식을 떨구기로 확정했다.

그리고 그 방법으로서 용못행을 택한 것은 성진댁 덕분이었다.

왜 아내는 죽 떠먹은 자리이고자 하지 않고 만인이 어리석다 지탄하는 짓을 감행했었는지 지금까지 변 서방은 알 수가 없었다. 변 서방은 아내와 살을 맞댈수록 남의 것을 훔치고 있다는 생각을 떨굴 수가 없었다. 그렇다고 아내가 변 서방을 비하해 지주의 딸로서 행세하려 한 것은 아니었다. 오히려 변 서방은 아내의 입에서 친정 얘기를 들은 기억이 없다.

변 서방이 지주 딸의 운명에 흠집을 낸 게 아니라 그 지체 높은 지주의 딸이 운명을 걸고 그를 짓밟는 느낌이 들었을 정도였다. 그것은 자격지심과 피해의식의 교묘한 이중주였다.

아내가 염병으로 죽은 것은 그에게 패배의식을 가중했다.

마누라 하나 제대로 살리지 못할 자식이 장가는 왜 들어. 그것도 주제넘치게 좀 더 고귀한 사람의 부인이 되어 있을 여자를 폭력으로 갈취한 불알만 찬 못난 놈.

아내가 남긴 유서는 바로 선복이었다.

선복이의 곳곳에 배인 아내의 모습은 그를 강하게 구속하였다. 그리고 그는 들녘의 그 사건을 잊을 수가 없었다.

그런데 선복이가 태섭이놈을 따라 서울로 간다.

고삐는 이렇게 순리대로 풀리고 있었다.

어쩌다 떠난 통에 눌러앉은 성진 댁과 그는 새롭게 시작하여야 한다.

그는 경계를 넘어야 했다. 이십여 년 불안하게 머뭇거렸던 지역을 벗어나자.

선복이 년을 읍내에서 하얀 면사포를 씌워 떠나 보내자.

그러기 전에 가져야 할 애비의 장엄한 의식은 아니 인간 변 칠봉은 성진 댁의 명실상부한 남편은 장엄한 의식을 치러야 한다.

변 서방은 세 번씩 층계 진 바위를 지나치면서 용못이 다가 왔음을 알았다. 지금 아홉 시쯤 되었을까. 아니 열 시쯤인지도 모른다. 햇빛은 제법 빽빽이 들어서 있는 나무들 사이를 비집고 들어와 있었다.

낙엽들이 수북이 쌓여 있었다. 얼마 안 있으면 죄다 땅으로 떨어질 잎들이 바랜 색깔로 가지에 붙어 있었다.

변 서방은 신들린 사람 모양 걸음을 빨리했다.

평평한 길은 졸음이 와서 걷지 못하겠다는 산사람의 발걸음으로 이리 뛰고 저리 뛰었다.

그리고 그는 드디어 용못에 도착했다.

용못의 동쪽으로는 소나무들이 숲을 이루고 있었고 서쪽으로는 떡갈나무를 비롯한 잡다한 나무들이 늘어 서 있었다.

변 서방은 지게를 벗을 생각도 안 하고 멍하니 서 있었다.

마을 사람들이 화제에 올리는 것 마저 금기로 아는 용못. 그는 드디어 이곳에 닿았다.

용못은 마을 사람들의 생각은 아랑곳없이 10년 전 와 봤을 때와 마찬가지로 맑고 조용해서 의연하기까지 했다.

키도 넘을 풀은 맑아서 깊어 보이지 아니했다.

마을 사람들의 공포와 이 정적이 얼마나 괴리되어 있는지 변 서방은 전쟁의 상흔이 남아 있지 않은 이곳에서 얼마 전 까지만 해도 자신이 가졌던 막연한 두려움마저 잊을 지경이었다.

그는 성취감을 느끼기에 앞서 못 옆의 적막에 숙연해지기조차 했다.

변 서방은 지게를 내려놓았다.

그리고 나무를 베기 워 않은 죽은 듯한 나무의 밑동을 치고 이어서 한쪽만 계속해서 내려치자 나무가 넘어졌다. 그는 가지는 가지대로 부러뜨려 놓고 또 다른 데로 자리를 옮겨 나무하는 데만 열중했다.

변 서방의 이마에는 구슬땀이 맺혔다. 그리고 살아오는 동안 나무하는 일밖에 하지 않은 양 열심히 익숙하게 해치워 갔다. 본격적인 나무꾼의 몸놀림으로 도끼질하던 변 서방은 흩어진 나무들을 모으기 위해 허리를 폈다.

햇빛은 비껴들지 않고 머리 위에서 비쳤다. 가을 햇빛이라 기운 없는 햇살은 숲에다 양지보다 그늘을 더 많이 만들었다.

가을 햇발이 이리 좋은 날에도 밤이면 인민군은 더욱 기승을 부리고 약탈하곤 했다.

어느 날 문뜩 피난 온 그 선생이 공산당의 패거리 속에 끼인 것은 어처구니없는 일이었으나 놀라는 사람은 없었다. 새삼 놀라기에 그들의 신경은 너무 피곤해 있었다.

영식이네가 그 대단한 자부심을 포기했던 것도 그 무렵이었다. 선생님 선생님하고 깍듯하게 존대하던 그가 송아지 돼지를 함부로 끌어가고 식량을 털어가던 그들을 달래는 희한한 방법을 제안한 것이었다.

마을 이장네 집이 불타고 숨어 있던 동네 청년들이 끌려가 죽임을 당한 뒤로 이북 놈들이 하는 것인데 이북 놈을 숨겨 줄 이유가 어디 있느냐고 흥분했다. 피난 가지 않은 그의 막냇동생이 살해된 것도 그의 흥분을 자아내는 원인의 하나였다. 게다가 그 일은 그 남선생이 전향하고 난 후의 일이었다.

이념의 차이와 다른 이념을 가진 사람의 차이를 구분 못 하는 영식이네는 들끓는 분노의 표적이 필요하였다.

그래서 그는 숨기고 있던 여선생을 내놓겠다고 선언했다.

하루 이틀이 아닌 무위도식하는 은둔생활에서 그 남선생은 애인에게 드러내 보이는 무능이 싫었는지도 모른다.

의당 혐오해야 할 무리와 근접한 생태를 뒤늦게 자신 속에서 봐 버렸기 때문인지도 몰랐다.

아니면, 인민군들과 동족의식을 느껴, 가족이나 부족한 식량사정에다 핑계를 대고 저들에 가담했든지, 하여튼 불가해한 일이었다.

어쨌든 마을 사람들은 영식이네에게 쉽게 동조하였다. 그리고 다른 집에 숨어 있던 피난민 몇이 더 지목되었다.

네 놈들이 눈을 뒤집어 까고 찾는 반동들이 여기 있다. 죽일 수 있는 뚜렷한 명분이 있으니 마음 놓고 바로 이놈들을 처단하자고 할 판이었다.

그것은 집단 배신이었다. 그런데 그것이 그들에게는 배신이 아니었다. 잇단 피해를 막아 보자는 뚜렷한 명분을 가진 자구책이었다. 누구든 그들에게 인간적인 동정을 나타내지 않았다. 누구든 그런 낌새를 보였으면 그도 인민군에게 넘겨질 판이었다.

자신들이 만들어 낸 삭막한 분위기에 살기등등해진 그들은 형편 없이 우매한 내중의 속성을 드러 내었다. 피난민을 공산당에게 넘겨줌으로써 죽은 사람이 살아 돌아오는 듯한 착각을 가졌던지, 그들을 봐주고 마을 사람들의 희생을 감수했던 것이 어리석었다고 여겼던지, 누가 뭐래도 더 강한 유대관계를 가진 혈연을 잃은 데 대한 분노의 분출이었던지.

마을 사람들은 피난민 대여섯을 동네 어귀에 있는 정자나무에 묶어 놓았다. 눈을 가리고 반동이라 쓴 팻말과 함께 증거는 그들의 억센 사투리로도 충분하였다.

그리고 날이 밝자 정자나무에 묶여 있던 사람들을 데리고 인민군들이 마을에서 완전히 철수한 것을 알았다. 그들은 그들이 헌납한 제물이 퍽 효과적이었다고 만족한 웃음까지 지었다.

일주일쯤 뒤에 이웃 마을 사태를 살피러 갔던 성수네가 실성한 꼴을 하고 돌아왔을 때에 제물로 전락시킨 피난민들이 그들과 다름없는 인간이라는 것을 깨달았다. 저들의 이념을 거부하고 이들 속에 묻혀 보겠다고 작정한 사람들의 신뢰에 대해 배신으로, 약한 자에게 잔인한 횡포로 응대했음을 죄의식에 떨면서 자각했다.

성수네가 초점 잃은 눈으로 '용못, 피, 죽창, 여자 셋이' 하고 중얼거렸을 때 그들은 여지없이 전염되는 공포로 어찌할 줄을 몰랐다.

인민군이 떠난 것은 대세의 흐름과 전략에 따른 것이지 그들이 바친 제물의 효과가 아니라는 것이 밝혀지면서 그들의 공포는 증가되었다. 단지 후회를 장식하는 전리품을 안겨준 꼴이었다. 한 때의 동료를 배신하는 인간성의 분열마저 철저하게 드러내버린 그들은 또 한 차례의 분노와 공포를 가눌 수가 없었다.

그들은 죄의 결정인 용못가의 처참하게 부패한 시체를 옮겨다 공동 매장할 때 그들에게 내릴 재앙을 예견하였다.

그리고 전쟁이 끝날 무렵 시름시름 앓던 성수네가 죽었다. 들짐승처럼 날뛰며 여선생을 끌어냈다는 성수네였다.

전쟁이 끝나고 오 년이 지난 지금까지도 그들의 공포는 끈질기게 남아 있었으므로 용못에 대한 화제는 금기였다. 아픈 그들의 기억을 들추고 싶지 않은 때문이었다.

변 서방의 이번 용못행은 오 년 이상 지속된 금기를 깨뜨린다는 마을 사람들의 염원이 걸려 그들을 죄의식에서 두려움에서 해방시키는 대단한 의의가 있는 것이기도 했다.

용못행이 중요하기는 변 서방에게나 마을 사람들에게나 마찬가지였다.

변 서방은 잘라 낸 나무들을 주섬주섬 한 곳에 모아 놓았다. 그리고 한꺼번에 몰려오는 시장끼를 느끼고 지게 위에서 보따리를 내려 그 정성스러운 주먹밥을 펼쳤다. 좀처럼 보기 힘든 흰쌀밥에 깨소금을 뿌려 만든 주먹밥을 그는 허겁지겁 먹었다. 적당히 간이 맞는 주먹밥을 만들었을 성진 댁의 약간 긴 듯한 인중이 떠올랐다. 인중이 길면 오래 산다는 데.

그래서 그네는 사변 통에 가족을 다 잃고도 살아남았는지 모른다. 폭격으로 죽은 남편과 자식들을 손수 묻었다는 그네는 그때에 할 말까지 묻어 버렸는지 말이 없는 편이었다. 공산당이 이 마을에서 물러난 뒤 흘러들어 온 그네는 횡포한 무리가 되지 않았던 유일한 변 서방네서 자연스레 머물게 되었다.

선복이 곧 연민을 느꼈음인지 부담 없이 따르고 친숙해졌다. 그런 성진 댁과 한울안에서 살면서도 변 서방의 잠든 남성은 깰 줄을 몰랐다. 그는 이른 정년기이려니 했다.

사실상 성진 댁도 자신의 가족들이 남긴 자국만으로도 벅차 했다. 곧 눈 앞에다가 서는 듯한 남편과 자식들이 참으로 오랫동안 그네 곁에 머무는 것 같았다. 그네의 평범한 얼굴 어느 구석엔가 숨어 있는 강인한 면이 남편과 자식들을 붙잡아 두고 있었고, 그 아픈 기억으로 자신을 좀 먹듯이 살고 있었다. 그런 그네가 변 서방의 방으로 잠자리를 옮긴 것은 일년 남짓이었다.

그리고 변 서방은 수없이 아내의 환영을 보았다. 들녘에서 겁먹은 또는 침구를 들고 망연히 서 있던 넋 나간 얼굴이 때를 가리지 않고 떠올랐다. 성진 댁으로 하여 그는 더욱더 죽은 아내에게 갇히는 꼴이 되었다.

산복이는 읍내에서 하얀 면사포를 쓰고 나서 태섭이를 따라 서울로 갈 텐데 이때 변 서방은 아내의 환영을 같이 떠나보낼 재간이 없었다.

강간죄에 대한 이십여 년의 속죄의 세월을 보냈으므로 변 서방은 그 보상으로 성진 댁을 참으로 갖고 싶었다.

그러나 죽은 아내를 위로할 제물이 없었다.

강간의 극치를 이룬 용못 현장에서 아내에 대한 최후의 회개를 하겠다던 변 서방의 결심은 용기의 총결산이었다. 점심을 마친 변 서방은 일어나서 나무를 묶어서 두어 단 정리해 두었다. 그리고 그의 커단 지게로 짊어질 수 있는 나머지 분량을 위해서 도끼를 집어 들었다.

마을에서는 도벌에 따른 식수와 육림이 충분치 않아서 땔감이 언제나 빠듯하거나 모자라거나 하였다. 용못에는 나무가 충분하다는 것을 모두 알고 있었지만 누구도 이곳으로 오겠다는 엄두를 감히 내지 못하였다.

변 서방의 장엄한 의식을 다른 사람에게 눈치 못 채게 하는 지게에 얹힌 땔감은 용못에 온 얼마나 멋진 명분인가. 변 서방은 웃음마저 피우며 도끼질을 했다. 선복이가 챙겨 준 새끼줄로 커다랗게 나머지 두 단을 묶었다.

나무 넉 단을 챙겨 놓은 변 서방의 눈에 마대가 보였다. 아침에 대범을 가장하고자 일부러 선복이를 시켜 챙겨놓은 마대를 빈 걸로 가져갈 수야 없지.

변 서방은 소나무 숲 쪽으로 갔다. 그리고 굵은 솔방울과 잔솔가지를 부지런히 마대에다 주워 넣었다.

해가 많이 기운 가을 오후였지만 변 서방의 얼굴엔 송글송글 땀방울이 맺혔다. 공 가득 채워진 마대의 주둥이를 꽁꽁 묶어서 나무단 옆에다 기대어 놓았다.

그리고 갈증을 느낀 변 서방은 용못쪽으로 갔다. 들 위에 쪼그리고 앉아 물을 한 움큼 떴다.

그는 물을 입으로 채 가져가지 못하고 쏟아 버렸다.

여선생의 적의도 보이지 못하는 파리한 얼굴이 수면 위에 떠 있었다. 자세히 보니 그것은 산 사람의 그것이 아니라 성수네가 말한 핏자국이 얼굴까지 남은 죽었을 때의 모습이었다. 제물로 바친 다섯 사람 중 두 남자는 끌고 가고 세 여자는 윤간한 뒤 살해하여 여인의 중심부를 꿰뚫어 땅 속까지 죽창을 말뚝 마냥 박아 놓았었다지.

죽창.

죽창.

파렴치한 작은 죄과를, 남성의 용맹으로 오인된 커다란 죄과로 덮어 씌우려 하는 타산.

강간 따위는 대수롭지 않다는 잔인한 시위.

조외 흔적을 소멸시키겠다는 자기 방어의 분열치.

변 서방은 순간 자신도 이제 죽창을 써 보리라 결심한다.

죄의 흔적을 소멸시키는 죽창을 써 보리라.

죄의 흔적은 무엇인가.

지금까지 남은 죄의 흔적은 무엇인가. 그것은 바로 변 서방 자신이었다.

그리고 말뚝처럼 땅 속까지 변 서방의 몸뚱어리를 연결시키는 것은 죽엄 바로 그것이었다.

변 서방은 신발을 벗고 용못가 경사진 바위 위로 올라섰다.

그리고 실족한 것 마냥 미끄러져 이무기가 백 년씩 세 번을 머물고도 승천에 실패했던 용못으로 빨려 들어갔다.

용못은 놀라서 거부하듯이 그를 구토했다. 토해내진 변 서방은 오물처럼 용못 곁에 웅크렸다.

냉기와 호흡을 방해하는 물에 그는 본능적으로 허우적댔다.

허우적대며 나온 변 서방은 못가에서 질펀하게 죽창으로 말뚝 꽂힌 채 굴러 있는 세 여인의 피 묻은 치마폭을 무감각하게 떠올렸다.

용못의 거부가 그를 이곳까지 들고 온 잡다한 이유들보다 더 강한 것이었음을 한기로 태아처럼 오그라진 몰골로 감지하였다.

그의 등 구석구석까지 배인 물기가 두려움과는 다른 형용할 수 없는 오랜동안 잉태했던 것의 분만을 몰고 왔다. 그리고 그것은 죽창으로 연결된 죽음 따위가 아니라 신선한 의지 같은 것이며 삶과 접목된 본능이었다.

그 분만의 결과로 오는 새로운 가능성은 당당한 삶의 의의였다. 또한 이러한 전환은 퇴락해 가던 변 서방에게 형광 같은 것이며 예정되어 있던 흐름 속으로 오랜 고통 끝에 합류하는 의식의 종료 같은 것이었다. 태아의 그것에서 인간으로 직립하는 변 서방의 피부에 밀착된 작업복 위로 흙과 부서진 나뭇잎이 묻어났다.

당선

제685호 1982년 6월 7일 월요일

제27회 학술문학상 : 시

휴전선

· 정민섭 (문과대 국문과 2학년) ·

철사줄 가시 너머 흐르는 하늘은
유산(流産)한 서른 살 새색시의 잿빛 얼굴
그 하늘 아래 눈물 없는 울음으로
한가하게 으스름한 너는 지금
뉘 집 담인 줄 알고 서 있느냐

네가 먼저 둔 매일의 생명수당(生命手當)은
녹색 제복 속에 쓸모없이 뒹굴다가
파문(波紋)의 가슴속으로 아스러지고
두 눈에 남은 건 호흡 끊긴 끔의 형상(形狀)

육백 리 네 가시 몸은
차라리 개미허리만 못하였다.
밤이면 이 쪽과 저 쪽의 침묵의 대화
침묵의 소리소리만이 사람 마다의 고막을 울려 적셨다.

다시, 너의 몸에 또 다른 새벽이 들면

—×—×—×—

반도의 허리임을 그렇게 밖에 자랑할 수 없었던
상처 입은, 초라한 너의 혼은
이제 있어야 할 곳에 있어야 한다.

당선

제685호 1982년 6월 7일 월요일

제27회 학술문학상 : 수필

안경

· 남숙희 (사대 국어교육과 4학년) ·

우리가 누리는 갖가지 물질문명의 혜택 가운데 갈수록 차지하는 비중이 커지고 있는 것 중의 하나가 안경인듯 하다. 14세기 무렵부터 사용되기 시작했다는 안경은 한 때 「지성(知性)」의 집단을 대표해 주기까지도 했다만 요즘은 안경을 끼지 않으면 현대인이 아니라고 할 만큼 보편화 되었다. 최근엔 안구에 부착시켜 얼핏 봐서는 보이지도 않는 콘택트렌즈가 등장하여 많이 사용되고 있지만 안경인구는 여전히 늘어나고 있는 듯하다.

시시각각(時時刻刻) 변해 가는 세상을 따라 안경도 여러 가지로 다양해지고 있다. 안경태의 재료부터 그의 모양, 색깔, 장식 등 일일이 다 헤아릴 수 없을 만큼 종류가 많다.

테의 재료만도 플라스틱 테, 셀룰로이드 테, 금 테, 은 테, 스텐레스 스틸 테 등으로 검정색이나 밤색으로 된 플라스틱 테나 셀룰로이드 테는 학구적인 느낌을 주고 은 테는 간사한 일본인을 생각게 한다. 한편 금 테는 거만함과 부유한 맛을 풍기며 스텐레스 스틸은 섬뜻하고 차가운 느낌을 갖게 한다. 테의 재료뿐만 아니라 모양도 마찬가지로 다양하며 각각에 따른 분위기 또한 각기 다르다. 서양 음악가나 근대 우리나라 문인(文人)들은 생각나게 하는 조그맣고「둥근형」, 현진건의 소설에 나오는 B사감이 꼈을 듯한 뾰족하고 날카로운「폭스형」, 근엄함을 풍기는 학자를 생각게 하는 점잖고 둥글게 네모진「웰링톤형」, 멋쟁이 부인들이 즐겨 끼는 안경 꼬리가 치켜 올라간「퀴인형」, 고시(考試) 준비생들과 학구파를 연상시키는 사각진「플래트형」그 밖에 무난하고 원만해 보이는「보스톤형」등이 있다.

또 이러한 안경들은 끼는 사람에 따라 갖가지의 생각들을 만들어 준다. 물방울이 묻어 있을 때의 내 안경은 햇빛으로 찬란한 무지개를 만들고 벗어 놓은 동생의 안경을 가만히 들여다보고 있으면 눈웃음치는 귀여운 얼굴이 그려진다. 아버지의 조그맣고 오래된 돋보기 안경은 인생(人生)을 느끼게 하고 목사님의 두 개로 된 덧 안경은 진리(眞理)를 생각게 한다.

이렇듯 안경이 가지는 여러 가지의 것들이 있지만 역시 안경에 있어서 가장 중요한 것은 그의「역할」로서 끼는 사람에게는 장님의 지팡이처럼 대부분 없어서는 안 될 필수품일 경우가 많다.

여자의 인물(人物) 평가 시에는 안경이 30점을 감점시키는 요인이 된다는 뜨끔한 얘기와 안경을 벗으면 훨씬 분위기가 좋아 보인다면서 은근한 충고를 해 주는 친구들이 많음에도 불구하고 안경 없이는 바로 눈 앞에서는 버스의 번호조차 읽을 수 없는 나에게는 안경이 더없이 소중한 물건인 것이다.

그래서 나의 하루는 잠에서 깨어 눈을 뜸과 동시에 머리맡에 둔 안경을 더듬어 찾아 끼는 일에서부터 시작된다. 대개의 경우 지난 하루의 먼지와 하루만큼의 때(?)가 묻어 있는 안경을 그냥 끼게 되지만 간혹 세수할 때 옆에 벗어 뒀다가 물어 튀겨서 아른거려 보이지 않을 때나 혹은 모처럼 일찍 일어나 책상 앞에 앉아서 안경을 의식했을 때에는 대충이나마 닦게 된다.

물론, 아침에 닦지 않았을 경우 뒤늦게나마 닦긴 닦지만 자욱하게 먼지가 낀 채로 집을 나서는 날이면 항상 흐릿하고 기분 나쁜 아침을 맞게 된다. 투명한 아침 햇살에도 먼지, 여고생의 새하얀 교복에도 먼지, 재잘거리며 지나가는 초등학교 꼬마들의 티 없는 웃음에도 먼지, 스쿨버스에 만나는 사람들의 정다운 인사에도 희뿌연한 먼지, 세상은 온통 먼지, 먼지 투성으로 보인다.

그런 날은 괜시리 눈이 끈끈하게 느껴지고 안약을 넣어야 할 것 것은 기분이 된다. 그렇게 먼지 묻은 안경을 끼고 시작하는 하루는 영락없이 그 갈앉은 먼지만큼의 후회가 쌓인다. 그래서 얼마 전부터 아침에 일어나 세수한 후에 바로 준비해 둔 몇 장의 안경 닦개로 순서적인 안경 소제를 하게 되었다.

초등학교 시절 입김으로 흐려 놓고 양쪽을 번갈아가며 유리창을 닦을 때처럼 구석구석 신중하게 닦는다. 그러는 사이 안경이 깨끗해지고 차분히 마음도 정돈되며 평안해진다. 그리고 눈이 밝아지며 나도 모르는 사이에 기도하게 된다. 그래서 이젠 안경을 닦는 시간이 눈을 닦는 시간, 그리고 하루의 마음을 닦는 시간이 되었다. 아마 그래서 김현승은 『창(窓)』을 이렇게 노래했는지도 모른다.

창(窓)을 사랑하는 것은
태양(太陽)을 사랑한다는 말보다
눈부시지 않아 좋다.

창(窓)을 잃으면
창공(蒼空)으로 나아가는 해협(海峽)을 잃고
명랑(明朗)은 우리에게
오늘의 뉴우스다.
창(窓)을 닦는 시간(時間)은
또 노래도 부를 수 있는 시간
별들은 십이월(十二月)의 머나먼
타국(他國)이라고…
창(窓)을 맑고 깨끗이 지킴으로
눈들을 착하게 뜨는 버릇을 기르고
맑은 눈은 우리들
내일을 기다리는
빛나는 마음이게…

우리들이 안경을 낄 수 있는 것은 분명 물질문명의 혜택이지만 돌이켜 우리들의 중요한 시력을 잃게 한 것도 그의 지나친 혜택의 결과인 경우도 많다. 혼탁해진 공기, 잃어버린 시력, 혼탁해진 사회, 흐려지는 눈, 이에 따라서 우리들의 마음의 눈마저 흐려지고 있는 것은 아닐까?

깨끗한 창(窓)을 통해 보는 세상은 깨끗하다. 깨끗한 눈으로 보는 세상은 아름답다. 깨끗한 마음으로 보는 세상은 밝다. 물론 가끔씩 더 빛나는 햇볕을 주기 위해 자욱한 안개가 끼이는 날도 있기 하지만.

회색 대기 속으로 쏟아져 뻗쳐오는 명랑한 햇살을 보기 위해서 안경을 닦을 일이다. 비 온 후 상큼해진 공기와 성큼 다가서는 먼 산을 보기 위하여 눈을 닦을 일이다. 밝은 웃음을 밝은 웃음으로 깨끗한 웃음을 깨끗한 웃음으로 보기 위하여 우린 항상 마음을 닦을 일이다.

제28회

학술문학상

•

1980~2000

입선

제716호 1983년 6월 6일 월요일

제28회 학술문학상 : 소설

불의 집

· 이재규 (법학과 3학년) ·

교회의 안뜰에 아무도 보이지 않았다. 기도실의 창문을 통해 약하게 스며 나오는 백열등의 불빛이 마당 가득 쌓인 눈더미들을 어둠 속에서 하얗게 떠올렸다. 나는 애써 발소리를 죽인 채 기도실의 입구를 지나갔다. 기도실을 지나서 이 층의 기다란 복도로 들어서자 일정한 리듬을 가지고 규칙적으로 들려오던 사람들의 중얼거림도 차츰 멀어져 갔다.

손바닥으로 자꾸만 미끈미끈한 땀이 새어 나왔다 긴장한 탓이야, 손을 바꿔가며 바지에 문질렀다. 그러다가 손이 미끄러지면서 손에 들었던 것을 놓치고 말았다. 제기랄, 텅하는 소리와 함께 손에 붙었던 조그만 석유통은 복도바닥에 나가떨어졌다.

주위가 매우 조용했으므로 그 소리는 무척이나 크게 들렸다. 나는 반사적으로 벽에 몸을 붙인 채 이 순간적인 소음에 대한 반응을 기다렸다. 급격하게 숨이 빨라지고 손목이 떨리기 시작했다. 한참을 그러고 서 있었다. 문이 열리지 않는 거로 보아 다행히 누구 하나 이 순간적인 소음에 신경을 쓰는 사람은 없는 것 같았다. 몸을 쭈그린 채 조심스럽게 석유통을 집어 들었다. 떨어질 때 엎질러졌던 것인지 복도 바닥에 약간의 액체가 고여 있었다. 구두 밑바닥으로 복도 바닥을 문질러가며 꼼꼼하게 석유 자국을 지웠다. 그 일을 끝마치고 다시 걷기 시작했을 때 온몸은 땀으로 젖었다.

그 방은 예배에 쓰이는 성구들을 보관해 놓은 곳인 듯싶었다. 나무로 된 목사용 의자와 찬양대의 제복이 어둠 속에서 흐릿하게 그 모습을 드러내고 있었다. 벽의 한쪽을 차지한 커다란 창을 통해 아래층 대예배실의 십자가가 언뜻 보였다.

문을 걸어 잠갔다. 심호흡을 하면서 더욱 세차게 뛰기 시작하는 심장의 고동 소리를 진정시키려 애써 봤지만, 뜻대로 되지 않았다. 담배를 피워 보기로 했다.

매캐한 연기가 좁은 실내를 가득 채우고 그때야 떨리던 몸이 조금 안정되는 것 같았다. 이제는 작업을 시작해야 할 것이었다.

나는 준비해 온 석유토의 마개를 열고 목재로 된 것들을 한쪽 구석으로 밀쳐놓은 다음 그 위에 조금씩 석유를 뿌렸다. 축복 있기를, 신부가 세례 끝 할 때 성수를 뿌리듯이 나는 그것을 하나하나에 정성스레 석유를 뿌려가며 축복을 주었다. 그 때문에 꽤 많은 시간이 지나갔다. 그 일이 끝나자 이번에는 나무로 된 벽과 출입문에도 석유를 뿌렸다. 됐어, 작업의 첫 번째를 성공적으로 완수하자 나는 흡족한 기분이 되었다.

콧노래라도 부르고 싶은 심정으로 바닥에 주저앉아 이번에 휴지를 연결한 70cm 가량의 종이 심지를 만들었다. 새끼를 꼬듯 비벼서 만든 종이 심지가 대충 만들어지자 시멘트 바닥을 가로질러 목재를 쌓아둔 곳까지 길게 석유를 부었다.

그 일이 끝나자 부어진 석유의 맨 끝쪽에 말아둔 종이 심지를 올려놓았다.

준비는 충분하다. 작업이 끝나자 뜻 모를 웃음이 배 나왔다.

첫 번째 성냥을 그어댔지만 부러지고 말았다. 알콜중독자의 그것처럼 심하게 경련을 일으키는 손목 때문이었다. 옘병할, 성냥을 거의 다 소비하고서야 겨우 불이 붙었다. 심지의 한끝이 조용히 타들어 가기 시작했다. 심지에 불이 붙자 나는 황급히 문을 닫고 나왔다. 문을 닫을 때 열쇠를 잠갔으므로 이제 밖에선 열지 못할 것이었다.

등줄기로 비 오듯 쏟아지는 땀을 느꼈지만 되도록 천천히 복도를 걸어 나오려고 애를 썼다. 후들거리는 다리를 끌고 겨우 복도의 중간쯤 왔을 때 문 하나가 열리면서 중년의 나이로 보이는 뚱뚱한 여자 하나가 성경책을 옆에 끼고서 걸어 나왔다. 여자와 나의 시선이 순간적으로 마주쳤다. 나는 엉거주춤 서 있어야 했고 그 여자는 그런 나를 힐끗 쳐다보더니 맞은 편에 있는 방문을 열고 들어가 버렸다.

나는 다시 천천히 걸어 나왔다. 그 회의 정문까지는 그렇게 서서히 걸음을 내딛었느나 정문을 지나고선 뒤도 한번 돌아보지 않고 있는 힘을 다하여 뛰었다. 저 조용한 어둠의 한끝이 나의 뒷덜미를 잡아챌 것만 같았다. 어렸을 적 어두컴컴한 골목을 지날 때면 두 눈마저 꼬옥 감은 채로 불빛이 밝은 신작로 향해 이를 악물고 달음박질치던 기억처럼 나는 숨 한 번 쉬지 않고 끝도 없이 골목과 골목을 달렸다.

얼마를 그렇게 달렸을까 겨울의 한기에도 불구하고 온몸이 땀으로 젖어 있었다. 숨을 골라 쉬고 굴욕의 한쪽 벽에 기대앉았다. 차가운 밤공기를 양껏 들이마시자, 비로소 심장의 박동이 서서히 정상으로 돌아오고 땀이 가셨다. 그러자 적군을 기다리던 복병처럼 겨울의 차가운 바람이 얇은 외투 속을 헤집고 들어왔다. 목덜미가 싸늘해졌다. 추위가 느껴지자 오랫동안 참아왔던 공복감이 한꺼번에 밀려오는 것 같았다. 사실

이틀 동안 아무것도 먹지 못했던 것이다. 주위를 둘러보자 도로 저편으로 포장마차의 불빛이 보였다.

외투 깃을 얼어붙은 귀를 감싸 안은 채 간이의자에 앉아 바람을 막을 수 있다는 사실 하나만으로도 추위가 조금 가신 듯싶었다. 가락국수 한 그릇을 비우고 소주 세 잔을 연거푸 마셨다. 술기운이 위장 속을 가득 채우자 몸에 느껴지던 한기도 차츰 없어져 갔다.

넉 잔째의 소주잔을 들다가 밖을 내다보았다. 저만큼 교회의 십자가가 보이고 그 아래로 시커먼 연기가 솟아오르는 게 보였다.

곧이어 요란스러운 사이렌 소리와 함께 빨간색의 소방차 서너 대가 도로 위를 질주해 갔다. 그 뒤를 따라 겨울의 바람을 타고 더욱 맹렬한 기세로 치솟아 오르는 불을 보기 위하여 일단의 사람들이 몰려가고 있었다. 나는 포장마차를 나와 사람들 틈에 섞인 채로 내가 방금 전에 뛰쳐나온 어둠의 한구석으로 다가갔다.

우리 동네는 도둑이 들지 않았다. 모두가 도둑이었기 때문이었다. 산중턱에 무허가로 집 짓고 산다는 사실이 그랬고 밥벌이를 위한 수단으로 택한 포장마차며 막걸리 양조 등의 영업이 무허가라는 사실이 그랬다. 우리들의 삶은 다른 모든 사람과는 달리 범위 밖에 있었으며 따라서 도둑의 삶일 수밖에 없었다.

산 아래 교회가 있던 주택가에서는 우리 동네를 「무당촌」이라고 불렀다. 동네에 서너 명의 무당들과 사이비 종교의 기도원들이 있었기 때문에 붙여진 이름인 듯한데 정작 그 이름의 주인공인 무당과 종교가들은 우리 집이 그 동네로 이사 갔던 해부터 대부분 떠나가 버리고 이제는 극소수의 사람들만이 남아있는 형편이었다.

그 동네에서 보낸 내 유년(幼年)을 돌아보면 언제나 비린내 나는 바람과 골목골목을 돌아 흐르던 시궁창의 냄새를 만난다. 밤이면 술 취한 사내들이 전신주를 붙잡고 토하고 있거나 우리보다 조금 위의 사내 녀석들이 껌껌한 어둠 속에서 웅크리고 있다가 지나가는 여자들의 가슴을 만져대는 것을 보곤 했다.

내 또래의 꼬마들은 쌍스러운 소리를 누가 더 많이 아는가로 자신을 뽐내곤 했는데 그중에서 동오와 내가 으뜸이었다. 우리 둘은 그때 철없게도 우리 두 녀석이 이 더러운 동네를 지배하고 있다는 생각으로 가득 차 있었는데 실제로 그것을 증명해 보이기 위해 크고 작은 일들을 벌여놓곤 했다. 다른 동네 애들과 하잖은 시합이 벌어질 때면 항상 우리가 대장의 자격으로 앞에 나선다거나 우리 마을로 들어오는 낯선 꼬마들에게 똑똑히 동네 맛을 보여주는 따위가 그것이었다.

산기슭에 자리 잡은 우리 동네의 입구엔 폐유통으로 쓰던 빈 드럼통들이 많았다. 우리는 그 드럼통들을 타고 앉아 길쭉한 막대기로 두들겨대면서 그것이 내는 공명에 맞춰 노래를 부르거나 돌을 던져서 누가 더 크게 드럼통을 울리게 만드나 하는 내기 따위로 하루를 보냈다. 산 아래 동네 녀석들에겐 동네 앞을 가로지르는 실개천이 있어서 여름이면 몸에 물을 적시기도 하고 송사리를 잡는다고 뛰어다니기도 했지만 그런 게 있지 못했던 우리는 군인들의 기지가 있던 산 중턱까지 할 일이 없이 오르락 내리거나 어린 우리에게 아무것 하나 보여주지 못한 산 아래의 시가지를 향하여 목청껏 고함을 쳐보는 게 고작이었다. 욕설만으로 이어지는 그 악의의 합창이 끝나면 이내 또 심심해 져서 좀 더 기발한 놀이를 생각해 내려고 한나절을 다 보내곤 했는데 우리가 모두 머리를 맞대고 생각해 낸 기발한 놀이라는 것들은 그 대부분이 대낮에 남의 집에 들어가 찌그러진 세숫대야를 집어온다거나 빨랫줄에 널린 여자의 속옷들을 슬쩍 해오는 따위의 일이었다. 나와 동오는 동네의 누구보다도 그러한 유회를 즐겼으며 또한 그러한 유희에 자신이 있었다.

언제나 긴장감으로 가득 차 있었던 그 놀이는 경험해보지 못한 다른 꼬마들은 부러운 눈초리로 우리의 주위에 둘러앉아 우리가 늘어놓는 신나는 경험담을 듣는 것으로 안위를 삼기도 했는데 우리들의 경험담이란 어른들의 이야기가 대부분 그렇듯이 실제보다 훨씬 과장돼 있거나 거짓말투성이로 가득 차 있었다. 그러나 남의 집 마당에 들어가서 주위를 살피며 세숫대야를 집어 올릴 때의 그 바싹바싹 타는 듯한 긴장감이라든가 줄행랑을 놓을 때의 요령에 대한 우리의 이야기는 다른 녀석들의 조그만 심장을 두근두근하게 만들고 남음이 있었다. 녀석들은 우리들의 이야기가 끝났음에도 자리를 뜰 줄 모르고 또 다른 이야기를 해달라고 조르곤 하는 것이었다.

처음에 시작할 때와 달리 점점 더 이야기가 궁해져 가면서 동오와 나는 그때마다 새로운 「경험」을 계획하고 실천에 옮겼다. 우리의 공모는 그렇게 시작됐고 우리는 세상의 누구한테서 느끼는 그런 것보다 짙은 신뢰감을 느꼈으며 그 신뢰가 이루어놓은 결과에 대해 만족했다. 우리는 그때 분명히 작은 악마였으며 보다 철저하게 우리가 맡은 역에 충실하기 위해 애를 썼다.

그러나 얼마 되지 않아 우리 둘을 단단한 공범으로 결속시켜 놓은 그 놀이는 중단되었다. 횟수가 늘어나자 위험부담이 커졌고 우리 또한 단조로운 도둑놀이에 이내 싫증이 났던 것이다. 우리는 학교가 파하고 둘만이 알고 있던 산속의 토굴에 모이면 좀 더 신나고 자극적인 일은 없을까 하고 온종일 아래 윗동네를 헤집고 다니며 우리를 새롭게 긴장시킬 유희를 물색하고 있었다. 그때 그 일이 일어났다. 우리가 겪었던 어떤 경험에서보다 우리의 가슴을 긴장시키고 흥분에 떨게 했던 그 일이 있고 난 후 동오와 난 마을 전체가 흔들리기 시작한 그 일의 조짐은 어른들의 얼굴빛에서부터 왔던 게 틀림없다고 믿었다.

언제부터인가 어른들은 밤새 뒤척거리기 시작했다. 아버지가 한밤중에 일어나 어두컴컴한 방의 한구석에서 말없이 담배만을 피워대는 것을 여러 번 보았다. 그럴 때면 잠들고 있지 않은 것이 분명한 어머니는 아무런 기척도 내지 않고서 멀거니 눈만을 뜬 채 새벽을 맞이하곤 했다. 아마 그건 첫 번째 최고장(催告狀)이 날아든 후부터인 걸로 기억된다.

아버지를 비롯한 동네어른들은 대책위원회를 구성한다 어쩐다 하는 일로 이곳저곳으로 분주히 뛰어다녔다. 그러나 시일이 점점 지나가면서 어른들의 다리에 힘이 풀리고 얼굴빛이 흙빛이 되어가는 것을 완연히 느낄 수 있었다.

그러면서도 그들은 어디론가 분주히 몰려가고 또 몰려왔다. 어른들이 때로 뭉쳐 어딘가를 다녀오는 횟수가 많아질수록 그들의 한숨 소리도 깊어졌다.

그들의 그러한 행동은 자신들의 노력이 이미 정하여져 버린 예정된 결과에 아무런 영향도 미치지 못한다는 걸 지나온 체험으로 알고 있으면서도 단지 한 발 한 발 더 가까이 다가오는 불안을 잊기 위해서 그러는 것 같았다. 아무런 일도 하지 않은 채 다가드는 불행을 맞이하기보다는 무엇인가를 하고 있다는 그 사실 하나만으로도 그들의 불안은 조금은 덜어지는가 보았다.

모든 노력이 헛수고로 돌아가고 우리 동네의 조금 위쪽에 있던 옆 동네가 철거되던 날, 무당집 아들 동오와 난 구경을 갔다. 산허리를 돌아서 옆 동네의 입구에 다다를 때까지 우리는 아무 말도 교환하지 않았다. 무거운 침묵이 우리를 감쌌다. 우리가 만나러 가는 어른들의 치졸한 유희가 곧 우리에게로 다가올 것이라는 강한 예감 때문이었다. 우리는 서로 일정한 간격을 유지한 채 애꿎은 돌멩이만 차 날리며 그렇게 산허리를 돌았다.

망치질이 거듭될 때마다 급하게 쌓아 올린 돌무더기가 무너져 내리면서 희뿌연 한 흙먼지가 입안 가득 몰려들었지만 우리는 두 무릎을 괸 채 한쪽 구석에 앉아 우리가 놀이의 대상으로 삼던 그 집들이 한 채 한 채 쓰러져가는 것을 끝까지 지켜보았다.

집들은 무너져 가면서 둔중한 신음을 냈다. 그 표현 못 할 기막힌 소리를 들으면서 동오와 난 어른들의 이 치졸한 유희를 이해할 수가 없었다. 어린 우리가 한나절을 애써 지은 모래집들을 땅거미가 지면서 집에 돌아가야 하는 시간이 되면 다시 허물어 버리던 것처럼 어른들은 그렇게 모래집들을 허물고 있었다. 그러나 우리들의 그러한 유희가 즐겁고 유쾌한 것이었는데 비하여 어른들이 유희에 임하는 표정들이란 엄숙하고 냉정하기조차 했다. 그들은 서로에게 욕설을 퍼붓고 울음을 터뜨렸다. 어른들의 유희가 끝난 오후 늦게까지 동오와 난 구석에 쭈그리고 앉아 어른들의 유희가 갖는 비밀을 풀기 위해 고심하고 또 고심했다. 주위가 어둑어둑해지고서야 바지에 올라앉은 먼지를 털어내면서 동오와 내가 결론 내린 문제의 비밀은 우리의 유희가 집을 짓는 애와 허무는 애와 같다는 사실과는 달리 어른들의 유희는 애써 집을 짓는 사람과 무너뜨리는 사람이 다른 데 있다는 것이었다.

우리는 우리가 내린 결론에 만족했으며 어느 정도는 스스로가 대견하기까지 했다. 그날 이후 우리들의 집이 이 지상에서 사라지던 날까지 우리는 어른들의 유희에서 배운 씨벌 씨벌을 주문처럼 외치고 다녔다.

옆 동네의 철거가 있고 난 후 초조하던 일주일이 지나고 유희에서 허무는 역을 맡았던 그 사람들이 우리 동네에도 어김없이 찾아왔다. 망치와 갈고리를 든 그들이 모여든 동네 사람들 앞에 일렬로 늘어섰다. 반장으로 보이는 중년의 남자가 서류인 듯싶은 노란 종이뭉치를 읽어 내려가기 시작했다. 형식상 필요한 절차가 끝나고 철거반장이 한 손을 들어 집 끝을 가리키자 수건을 머리에 동여맨 철거반원들이 우르르 몰려갔다. 집들이 허물어지고 사람들의 울음소리가 피어오르는 흙먼지 속에 파묻혔을 때 어디선가 귀에 익은 징 소리가 들렸다. 뒤를 돌아보니 동오의 어머니였다. 큰 굿판을 벌일 때면 입던 울긋불긋한 무복을 차려입은 동오의 어머니가 집 앞에 버리어 선 채 철거반원들을 향해 고래고래 소리 지르고 있었다.

『여기는 산신을 모신 곳이여, 언놈이 여길 허물어, 누구 맘대로. 산신이 노하리라. 산신이 노하리라. 산신이 대노하신다아…여기리 헐면, 우리 집에 손끝 하나라도 댄 놈이 있으면 자손 대대로 성치 못하리라아.』

나는 그녀가 그렇게도 미친 듯이 외쳐대는 것을 어떤 굿판에서도 보지 못했다. 그녀는 집 밖을 한 바퀴 돌더니 꽝 꽈과광 징을 울려가며 귀신을 몰아내는 춤을 추기 시작했는데 그 기세에 눌려 망치를 들고 다가섰던 인부들 대여섯 명이 주춤거리면서 뒷걸음질했다. 그들은 산신의 존재를 두려워하는 모양인지 철거반장 쪽만 멍하니 바라보았다. 철거반장은 현대화된 사람이었다.

그는 아까부터 피식피식 뜻 모를 웃음을 짓더니 갑자기 웃음을 싹 거두고 찡그린 표정으로 동오 어머니에게로 다가갔다.

『산신은 무신, 지금이 어떤 세상인디 이 사람들은 세상이 변한 종도 모르는가, 달나라에 사람이 갔다는 소리로 여태 못 들었덜 봤어? 잔소리 집어치구 얼른덜 헐어, 아 저리 비키지 못해』

철거반장이 그 육중한 몸으로 동오 어머니를 한쪽으로 밀어내 버리자 잠시 동오를 보이던 철거반들이 이내 햄머를 들고 달려들었다. 철거반장이 붙들고 있는 동안에도 동오 어머니는 악을 써가며 발버둥을 쳤으나 동오네 집은 서너 번의 망치질에 물에 뜬 맥주병처럼 몇 번 비틀거리는가 싶더니 맥없이 가라앉아 버렸다. 동오 그 자식이 철거반원들 사이를 오가며 뭐라고 악을 써가며 붙들고 늘어졌지만 다 헛수고였다. 동네 사람들은 팔짱을 낀 채 그 모든 광경을 말없이 바라보고만 있었다. 그때였다. 우리 집 쪽에서 불길이 솟은 것은 판자로 얼기설기 엮어 맨 벽 틈 사이로 같은 연기가 새어 오는가 싶더니 이내 그것은 붉은 혓바닥으로 바뀌고 순식간에 집안은 불길로 가득 찼다. 사람들의 시선이 금방 우리 집 쪽으로 옮겨졌다.

거기 우리의 집이 타고 있었다. 우리 새 식구가 등을 맞대고 새우잡이나마 마음 편하게 잘 수 있었던 우리의 집, 우리의 뼈대가 불타고 있었다. 하지만 그것은 어제 우리의 집은 아니었다. 남의 땅에 지은 불법의 뼈대, 불법의 안식처였으므로.

아버지와 어머니 그리고 나는 담담한 실정으로 불에 휩싸여가는 뼈대들의 마지막 순간을 지켜보았다. 철거가 있으리라는 최후통고를 받고서 대충 짐들을 정리하고 밖에다 내놓았기 때문에 어차피 살지 못할 집이 불에 탄대서 그리 아쉬울 건 없었던 탓이기도 했다. 그런데 갑자기 옆에 서 있던 어머니가 발을 구르기 시작하더니 안절부절 얼굴이 사색이 되어가고 있었다. 어머니를 달래던 아버지가 갑자기 불구덩이 속으로 뛰어들어 간 것과 어머니가 땅바닥에 달팍 주저앉아버린 것은 거의 동시의 순간이었다.

아버지는 다른 사람들이 미처 말릴 새도 없이 불에 타고 있는 집 안으로 뛰어들어 가버린 것이었다. 뒤에 어머니에게서 들은 이야기지만 어머니는 그때 푼푼이 모아두었던 돈 삼만 원을 단칸방의 시렁 위에 얹어 놓고서 그냥 나온 것이 집에 불길이 치솟은 후에야 문뜩 생각났다는데 그것을 방정맞게도 아버지에게 말한 것이 잘못이었다고 입버릇처럼 되뇌곤 했다.

아버지가 쉽사리 나오질 않자 어머니는 더욱 큰 소리로 「오매, 오매」를 외쳐가며 발을 굴렀고 동네 사람들은 그때야 물을 길러온다. 어쩐다 하면서 법석을 떨었다. 화재가 가져다준 순간적인 긴장이 사람들의 신경을 팽팽하게 만들었다. 그러나 난 다리에 힘이 쪽 빠진 채 아무것도 해낼 수가 없었다. 그렇게 모든 일에 자신 있었던 어린 악동(惡童)의 용기가 왜 그 순간에는 그처럼 무력했든지 지금도 알 수가 없다.

아버지는 온몸에 불꽃을 가득 단 채 불의 집에서 뛰쳐나왔다. 여기저기서 악하는 비명들이 들려오고 아버지의 친구들이 웃옷을 벗는 것을 보았다.

아, 지금도 생생히 기억한다. 온몸에 불꽃을 매단 채 우리 쪽으로 비틀대면서 걸어오던 아버지의 모습을, 나는 보았다. 아버지의 두 눈 속에 타고 있던 이글거리는 불꽃을, 다른 어떤 것보다도 거세고 강렬했던 그 불꽃, 우리 모두를 쏘아보던 적의의 눈빛을 말이다. 그 적의의 눈빛은 아버지에게만 있었던 게 아니었다. 집이 타들어 가면서 마지막으로 피워 올리는 불빛을 받아 그 동공 속에 거대한 불덩이가 숨어있는 것처럼 보이던 동네 사람들의 그 종점에 다다른 자들의 눈빛이 그랬다. 나는 그 눈빛들에 휩싸여 조금도 움직일 수가 없었다. 그 순간 이 세상은 온통 불꽃으로 가득 차 있는 것처럼 느껴졌다.

아버지는 다시 깨어나지 못했다. 어머니와 나는 시커멓게 변색해버린 아버지를 무등산 중력, 시내가 내려다보이는 양지에 묻었다. 아버지를 묻고 내려오던 날, 어머니의 눈에 가득 고이던 눈물과 꼬옥 꼭 깨무시던 파리한 그 입술을 잊을 수가 없다.

시에서 임시로 가설해 준 천막촌에서 며칠을 보내고 난 뒤에 동오와 난 같은 반의 준이를 데리고 산 중턱까지 올라갔다. 준이는 우리 학교에서 제법 부유한 층에 속하던 아이로 철거가 있던 날 동오의 어머니를 떼밀던 철거반장네 아들이기도 했다.

준이 녀석은 처음에는 멋모르고 따라오더니 우리들의 굳은 표정에서 이상한 낌새를 했는지 학교 쪽으로 다시 되돌아서려고 했다. 뒤쫓아 간 동오가 준이의 팔을 잡아채더니 다른 한 손으로 한나절 뾰족하게 간 대못을 녀석의 가슴팍에 들이댔다.

『올라가 새끼야.』

준이 녀석은 동오의 입에서 갑자기 튀쳐나온 불의 욕설에 당황한 모양이었다. 녀석이 다리를 떨기 시작하더니 겁에 잔뜩 눌린 표정으로 다시 산을 오르기 시작했다. 도망칠 생각을 하지 못하도록 우리는 준이를 앞세우고 걸었다.

여우 바위를 지나서 우리 마을이 내려다보이는 둔덕 가까이 왔을 때 우리보다 몇 걸음을 멈추더니 오른손을 뒤로 내밀어 보이며 작은 목소리로 말했다.

『동오야 이 과자 줄게 날 놔도라 잉.』

준이 녀석의 손에는 은박지로 포장을 한 한 움큼의 젤리 과자가 놓여 있었다. 준이 녀석은 거의 울먹이는 듯한 소리로 다시 한번 애원을 했는데 동오는 그런 준이의 손바닥을 한동안 차갑게 쳐다보고 있더니 그 손을 무섭게 내리쳤다.

『필요 없어 새끼야, 그따위건 너나 퍼먹어. 실컷 처먹어.』

젤리 과자가 땅바닥으로 나뒹굴었다. 나는 햇빛을 받아 풀밭의 이쪽 저쪽에서 번쩍이는 빨간빛의 젤리 과자를 줍고 싶었다. 천막촌에서 보낸 며칠 동안 음식다운 것을 별로 먹질 못했던 탓도 있었지만, 언제부터인가 그 젤리 과자를 한 번만 딱 한 번만 먹어보고 싶었던 것이다. 그러나 나는 주울 수가 없었다.

힐끗 쳐다본 동오의 표정이 너무 엄숙했을뿐더러 우리 둘에게 있어서 철저하게 지켜지고 있던 공범으로서의 묵계를 깰 수가 없었다. 우리는 언제 어느 때나 함께 행동하기로 했으며 상대를 실망시켜선 안되었다. 나는 산에 올라가면서도 자꾸만 뒤를 돌아보고 걸었다.

지금은 흔적 뿐이었지만 우리 마을이 보이는 도중에 이르렀을 때 동오는 준이에게 무릎을 꿇게 하고 아주 작고 긴장된 목소리로 말했다.

『그대로 따라서 해.』

마치 벌 받는 학생처럼 무릎을 꿇은 준이가 동오의 말에 몇 번 고개를 끄덕였다. 동오는 하늘을 보고 목청을 몇 번 가다듬더니 그 어느 때보다도 심각한 표정으로 한 자 한 자 또박또박 말했다.

『여기는 산신을 모신 곳이다. 여기는 산신이 산다…』

동오는 무당인 지네 엄마가 했던 말을 한 자도 빠짐없이 그대로 되풀이했다.

국어 시간에 책을 읽는 것처럼 준이가 그 말을 따라 외었다.

『여, 기, 는, 산, 신, 을…』

반절도 채 하지 못해서 동오 녀석이 고함을 질렀다.

『다시 해, 네 목소리는 원래 그러나 좀 더 크게 해보란 말이야.』

『여기는, 산신을 모실, 곳이다. 여기는, 산신님이…』

준이의 무릎 앞에 버티고 서서 어머니의 주문을 강요하던 동오의 모습은 엄숙한 의식을 진행하는 사제와도 같았다. 훗날 생각한 것이지만 녀석은 이러한 의식을 통하여 자신의 어머니를 대신해서 산신의 집을 지키지 못한 죄에 대해 속죄하려 했는지도 몰랐다. 의식이 끝나고 준이가 참았던 눈물을 터뜨렸을 때 난 동오의 눈에 언뜻 비친 눈물을 보았다. 그 후로 난 동오 녀석의 눈에 눈물이 맺힌 것을 한 번도 본적이 없다.

산을 천천히 내려오면서 동오와 난 우리가 공모한 첫 린치의 결과에 대해 만족했다. 우리는 우리가 휘두르는 작은 폭력이 가져다준 미묘한 기쁨을 억제할 수가 없었다. 손을 잡고 산에서 내려오면서 우리 둘의 힘으로 이루지 못할 것은 아무것도 없으리라 믿었다. 정작 우리가 린치를 가해야 할 것은 그딴 철거반장의 아들이 아니라는 것을 깨달은 것은 좀 더 훗날의 일이었지만.

우리는 그날 이후 크고 작은 수많은 린치를 자행해댔다. 손을 뻗을 때마다 상대의 신체가 전해주는 미묘한 떨림이 무엇보다 우리를 흥분시켰으며, 우리의 힘으로 이 세상의 한 부분을 움직거려 볼 수 있다는 사실이 우리에게 자부심을 주었다. 우리가 만났던 사람들 모두가 어둠 속에서 우리 앞에 무릎을 꿇고 용서를 빌었다. 그러나 분명 우리가 가지고 있던 단 하나의 무기로 그들을 무릎 꿇게 할 수 있었음에도 불구하고 언제나 우리는 그들에 비해 초라했다. 결국, 우리 벌거벗은 인생이 항시 그렇듯이 나이를 먹어 가면서 우리의 작은 폭력으로는 이 세상의 어느 무엇 하나 근본적으로 할 수 없음을 느끼기 시작했다. 우리보다 더 큰 무형의 폭력, 그 대항할 수조차 없는 거대한 힘을 인정하게 될 때까지만 우리의 조그만 폭력은 허락되어 온 셈이었다.

우리의 힘에 대한 힘에 대한 한계를 뼈저리게 체험하고 있던 그 무렵, 나는 내 시간에 있어서 가장 중요한 공범자를 잃었다. 동오의 죽음이 그처럼 어이없게 찾아올 줄은 녀석이나 나나 아무도 짐작하지 못했다.

그날은 일진이 좋지 않았다. 낮에 찍어 두었던 집에 뛰어들었다가 그놈의 개가 요란스럽게 짖어대는 바람에 들었던 물건을 모두 버리고 냅다 뛰어야 했던 것이다. 실패할 경우 따로 헤어져서 만나기로 약속해놓은 공터에 이르렀을 때 나보다 걸음이 빠른 동오 녀석이 먼저 뛰어와서는 공터에 아무렇게나 나자빠져 뒹굴고 있던 드럼통에 올라앉아 담배를 피우고 있었다. 달빛이 없었으므로 녀석의 얼굴은 보이지 않고 빠알간 담뱃불만 보였다.

『되게 재수 없는 날이구나.』

『그래, 씨팔, 하필이면 그때 똥개새끼가 짖어댈 게 뭐냐 빌어먹을.』

몇 마디 이야기를 나누다가 풀밭 위로 퍼질러 앉았다. 달빛이 낮게 떠가는 구름 속을 헤집고 나왔다가 다시 사라졌다. 순간의 달빛이 내 옆을 지나쳐서는 동오의 머리 위를 지나갈 때 동오의 발치에서 무엇인가 번쩍였다. 그것은 물과 비슷한 액체 종류인 것 같았다. 동오가 막 담배꽁초를 버리려던 참이었다. 『야 새끼야 안돼』하고 고함을 친 내 목소리와 꽝 하는 폭음이 들린 것은 거의 동시였다고 생각된다. 얼굴이 화끈거리는 열기에 놀라 뒤로 넘어졌다 일어나니 온몸에 불이 붙은 동오가 풀밭 위를 대굴대굴 굴러다니고 있었다. 이상하게도 이번에는 나는 온몸에 기운이 쭉 빠진 채 멍하니 그 광경을 바라보고만 있었다. 골목 사람들이 뛰쳐나와 나와 동오의 몸에 옷가지를 덮었다. 동오 녀석은 들것에 실려 가면서 힘없이 내 쪽으로 고개를 돌렸는데 기이하게도 난 동의 그러한 모습에서 아버지의 변색한 얼굴을 보았다. 곧 숨이 넘어가던 동오에게서 난 어린 시절 아버지의 눈빛에서나 볼 수 있었던 불꽃, 헐벗은 생을 마감하는 자가 세상에 대하여 최후에 가지는 적의의 눈빛을 읽었던 것이다. 그러자 갑자기 앞이 가물거리고 곧 정신을 잃었다. 깨어보니 병원이었고 담당 간호사가 3도화상이라고 했다. 동오는 죽고 없었다. 그렇게 해서 동오 마저 내 곁을 떠났다. 생각하면 참으로 어처구니없는 죽음이었으나 어떻게 보면 진정으로 그 자식다운 죽음인지도 모른다는 생각을 했었다. 아버지의 죽음이 그랬듯이 동오의 죽음 역시 순간적이며 예기치 않게 내 곁에 찾아와서는 내 시간의 많은 기억을 소진해 버렸다. 이제 나와 저 상처투성이의 유년의 시간을 공유하는 사람이 이 세상엔 아무도 없다는 사실이 나를 비참하게 만들었다.

교회 앞의 인도에는 불구경 나온 사람들로 가득 차 있었다. 겨울의 바람이 그들 쪽으로 불어와서 그들은 마치 불의 바다에서 끊임없이 일렁이는 불의 파도를 바라보고 있는 것처럼 보였다.

그들의 얼굴은 타오르는 불빛의 색조를 받아 정육점에 걸린 쇠고기처럼 번들거렸다. 나는 불길을 좀 더 가까운 곳에서 보기 위해 사람들 사이를 헤집고 앞으로 나아갔다.

소방대원들이 더 이상의 접근을 제지하는 맨 앞줄까지 왔을 때는 온몸이 땀으로 흥건하게 젖고 다시 호흡이 빨라지기 시작했다. 병원에서 보낸 수개월 동안 환각이 시작될 때면 항시 이랬다.

조그만 병실의 온통 불에 휩싸인 것처럼 보이고 사람들이 그 불의 바다에서 흐느적거리고 있었다.

말을 하려 해도 말이 되어 나오지 않고 누구에게 몸을 결박당하거나 한 것처럼 팔과 다리가 마비되었다. 하루에도 몇 차례씩 그러한 환각을 겪고 나서야 잠이 들 수 있었다. 한 병실에서도 발작이 시작되면 여지없이 몸이 마비되고 병실 이쪽저쪽으로 불꽃들이 날아다니는 것처럼 보이는 증세는 쉽사리 고쳐지질 않았다. 그러나 입원한 지 몇 개월이 지나고 화상으로 입었던 상처가 거의 아물게 되자 공중을 날아다니던 불꽃이 내 몸에 달라붙은 것 같은 환상으로 겁에 질린 채 병실 바닥을 굴러다니는 일도 차츰 없어지게 되었다.

나 자신도 이제 완전히 환각 증상은 치유되었다고 믿고 있었다. 하지만 그러한 환각이 치유된 대신 현실 세계에 있어서 실제적인 불꽃을 피우고 싶다는 내부의 강렬한 욕망이 가슴 깊숙이 숨어 있었던 것을 발견해 내는 데에는 그리 긴 시간이 필요하지 않았다.

내가 병원을 나와 저지른 수많은 방화를 통해 나는 태우고 싶었던 것이다. 더러운 시궁창의 냄새만으로 추억되는 내 유년의 기억과 아버지와 동오가 보여주었던 그 적의의 눈빛을 내가 피우는 불꽃으로 점화하고 싶었던 것이다. 삶에 적의를 가진 영혼들을 위로하고 불길 속에 앉아 문드러진 내 상처를 보상받고 싶었다.

내가 피웠던 그 적지 않은 불꽃 속에서 나는 아버지와 동오를 만날 수 있었다. 그들은 등에 가득 불꽃을 배단 채로 불구덩이 속에서 터벅터벅 걸어 나왔다. 나는 그렇게 그들을 불러내어서 거칠고 힘들었던 영혼을 위로해주는 무당이고 싶었다. 어쩌면 그러한 행위를 통하여 흉측하게 일그러진 나의 시간과 얼굴을 나 자신을 위로하고 싶었는지도 모른다.

불길이 더 심해지자 사람들이 뒤로 더욱 물러났다. 소방관들이 줄기차게 뿜어대는 물세례에도 불구하고 나의 불길은 더욱 거세어지고 있었다. 소방관들과 불의 싸움이 길어지면서 불꽃이 튀고 불똥을 만들어 내자 구경꾼들은 일찌감치 물러서서 팔짱을 낀 채 이제 마지막 기운을 다해가는 불의 죽음을 지켜보고 있었다.

그들이 단지 「불」을 보기 위하여 거기 서 있는 것 같지는 않았다. 그들은 뭔가를 간절히 바라고 있었으며 근질거리는 충동을 참아내느라고 애쓰고 있었다.

나는 알고 있다. 그들은 저 불타는 집이 끝내는 허물어져서 그들의 아래 그 처참한 잔해를 드러내는 마지막 순간을 만끽하고 싶은 것이다. 그들의 가구와 그들의 자식들이 이 불타는 집에 있지 않고 그들이 생각하는 곳에 안전하게 놓여 있다는 사실 하나만으로 그들은 느긋해질 수가 있는 모양이었다. 그것은 철저하게 남의 것이며 따라서 자신의 행복이나 불행과는 무관한 즐거움의 대상일 뿐이었다.

그들의 쾌락과 방관이 모여 지금 어느 도시 낯선 장소의 집들이 타고 있는지도 몰랐다.

사랑하는 사람들이 기다리고 있을 그들의 집으로 돌아가기 위해 사람들 몇이 대열을 빠져나갔다. 그들은 집에 돌아가서 이참 대단한 불을 봤노라고 한 마디 던지고선 편안한 잠이 들 것이었다. 그러면 그의 가족들은 자신의 집에 그와 같은 불행이 일어나지 않은 것을 감사하고 즐거운 저녁을 들 것이다. 그러한 그들의 방관이 우리의 집과 아버지와 내 삶의 공범자였던 동오를 불태운 것처럼 느껴져서 그들 모두의 집에 뜨거운 불길을 던져주고 싶어졌다. 알 수 없는 분노가 전신을 감쌌다. 그들에게 불꽃을, 죽음을, 그리하여 그들의 영혼의 정화를.

뒤로 돌아서서 대열을 빠져나오려다가 문득 나를 바라보는 시선에 눈길을 돌렸다. 교회의 복도에서 마주쳤던 중년의 여자가 정복을 입은 경찰관에게 나를 가리키며 무어라고 말을 건네고 있었다. 여자의 말 도중에 가끔 고개를 끄덕거리던 경관이 내 쪽을 바라보았다. 나는 그들의 시야에서 벗어나기 위해 다시 뒤돌아서서 좀 더 앞으로 나아갔다. 나의 행동을 주시하던 경관이 내 쪽으로 뛰어오고 있었다. 다시 뒤돌아서 도망치려 했지만, 사람들로 꽉 막혀서 도저히 빠져나갈 곳이란 없었다. 이리저리 헤매고 있는 참인데 아까의 그 경관이 바로 근처에서 나를 찾고 있었다.

경관을 피하던 나는 엉겁결에 불 속으로 뛰어들어 갔다. 이제 막 숨이 넘어가던 불길들이 다시 한번 살아났다. 불의 꽃 무더기들이 사방에서 피어나기 시작하고 불의 안개가 나를 감쌌다. 눈을 들었을 때, 아버지와 동오가 거기서 있었다. 어릴 적 입에 넣고 씹던 한 무더기의 진달래꽃 같은 불꽃들이 나를 위하여 마지막 의식의 춤을 추기 시작하고 주위에 떨어지는 꽃잎들을 받으며 나는 참으로 오랜만에 편안한 안식을 느낄 수가 있었다. 〈끝〉

당선

제716호 1983년 6월 6일 월요일

제28회 학술문학상 : 시

그 가을의 나흘

· 서형석 (영문과 2학년) ·

〈1〉

가을비에 젖으며 황톳길 내려설 때
저벅저벅 남아있는 소 발자국.
눈앞이 녹아버린 눈물이 괴어있다.
발 달린 죄의 몸부림이 괴어있다.

〈2〉

초목이 마르고 당신의 여린 손끝에도 묻어 있는 가을 햇살.
내 마음 눈을 떠 마음을 보면 천 리 깊이 고개 숙인 그대 모습.
손바닥에 올려놓고 자세히 살펴보는 이 그리움.
오늘따라 하찮은 상처에도 함부로 쏟아지는 가을 햇살.

〈3〉

하늘이여, 오늘은 누구를 미워할까요 무엇을 마구 헐뜯을까요.
잔잔한 이 아침, 오늘 하루 누구를 미워하고 무엇을 죄짓기로 작정할

까요.

하늘이여, 내가 죄를 짓고 싶어집니다 뜨겁게 후회하고 싶어집니다.

고요한 이 아침, 내려앉은 꽃잎 보며 참 이상해져 내가 막 우웁니다.

〈4〉

만경강 꼬리에 이 포구, 나락 익는 냄새 콧등에 문지르다 저 논길 다 걸으면 노래에 타버리는 잠자리 떼들.

만경강 꼬리에 이 벌판, 짚단처럼 묶이고 흐트러져 주머니에 빈손 넣고 세상일 주무르다 한 오라기 가슴에 눈을 새는 사람들.

바람이나 뭉게구름, 구른 뜬 강물과 사귀어봐도 끝끝내 남지 못하는 당신과 나는 노을에 없어지는 잠자리 떼들.

손 흔들고 가버리는 잠자리 떼들 노을에 타버리는 잠자리 떼들 뒷모습도 안 남기는 잠자리 떼들 노을에 없어지는 잠자리 떼들.

당선

제716호 1983년 6월 6일 월요일

제28회 학술문학상 : 수필

바가지 이야기

· 김두경 (중문과 4학년) ·

「바가지」하면 우리는 보통 여자들이 잘 긁는다는 바가지를 연상하게 되기 쉬운데 여기서 말하고 싶은 바가지는 그것과 전혀 관계가 없는 것은 아니지만 주로 우리 고유의 박바가지와 요즈음의 PVC바가지 이야기를 좀 해 보고 싶다.

우리나라에서 바가지로 쓰이던 박바가지 종류는 잘은 모르지만, 조롱박 종류가 서너 가지 그리고 물바가지 종류인 통바가지가 다섯 가지 종류가 있는 듯싶은데 이것들은 한결같이 심는 데서부터, 가꾸어 바가지가 되기까지 인간과 상통한 수양의 감정이 있어 인간과는 떼일 수 없는 관계가 되는 것 같다. 예부터 시인 가객들이 박을 읊어, 달밤에 백옥 같은 피부를 드러낸 박과 박이 열리기 전 그 소박하기 더없는 청초한 박꽃, 밝은 낮에는 부끄러워 못 피우고 밤이 되어서야 벙그는 꽃, 그래서인지 박꽃은 우리 전통미를 지닌 여인의 멋이요 또 수줍게 드러낸 여인의 옥 같은 부분으로 연상 되었는지 모르겠다.

내가 지금까지 살면서 박을 이토록 절실하게 느껴 보지는 못했지만, 할머니께서 담장에 올리신 박, 담장을 불안하게 기어올라 연약한 줄거리에 커다란 엉덩이를 붙이고 용마람 위에 불안스러이 덩그렇게 누워 있는 하얀 박을 보며 방금이라도 그 탄력성에 굴러 내릴 것 같아 가슴 조였던 기억과 언제부터인지 어머니께서 현관 앞에 차일처럼 올리시는 조롱박이 질고도 선명한 주황색의 여자 즉 고과(苦瓜)와 어우러진 아주 조그마한 조롱박과 좀 큼직한 조롱박, 형태적으로 보면 무릎을 꿇고 앉은 처녀의 뒷모습 같은 것과 이제 후덕한 인품만이 몸에 남은 원숙한 미를 나타내 허리와 엉덩이 구별이 없는 녀석과 학처럼 긴 곡선을 이루고 밑에 조그마한 방울을 달은 녀석들을 해마다 볼 수 있는 정도이다. 그런데 이 바가지로 다시 태어났을 때는 누구나 욕심을 내며 현관 앞에 조롱조롱 매달린 조롱박을 보는 아가씨 아주머니들은 누구나 예약까지 하려는 매력을 보이지만 그 열매가 바가지로 탄생하여 그러한 아름다움을 영원히 간직하기 위해서는 얼마나 많은 직업이 따르는가를 알면 스스로 부끄러워질 것이다.

박은 서리가 오기 시작할 무렵이면 바늘로 찔러보아 바늘이 들어가지 않는 것이 정상적으로 성숙한 박이다. 그렇지 않은 것을 따서 바가지로 가공하면 마르는 과정에서 오그라드는 안타까움이 있다. 이렇게 성숙한 박을 골라 톱으로 등분을 하거나 밑부분을 약간 도려내거나 조그마한 구멍만 뚫어 그 속에 들어 있는 씨앗과 놀부가 끓여 먹고 당동병 걸린 박 속을 걷어 내야 하는데 홍부의 벼락부자는 박이 아니고서는 재미만 있는 일도 아니다. 등분을 하자면 자꾸 비뚤어지려 하고 밑부분을 도려내자니 칼이 잘 안 들어가고 조그마한 구멍만 내면 속과 씨빼기로 하루는 걸리고 손가락은 불고 아프고 하다. 결국은 해지고 이렇게 속과 씨를 빼낸 박은 솥에 넣고 폭폭 삶아서 다시 한번 어려운 작업을 해야 된다.

처녀 때의 곱고 뿌옇던 피부가 중년의 삶은 고통을 지나 40대의 원숙한 여인이 되기 위해는 삶아서 누렇게 변한 피부를 수저 따위로 박박 긁어 벗겨내고 안쪽 내면세계도 욕심으로 부푼 허망한 속살을 손톱으로 밀어서 벗겨내야 하는데 이 욕망의 속살은 손톱으로 밀어서 벗겨내는 작업이 40대 여인으로 성숙시키는 가장 어려운 관문이다. 수저 따위로 긁어 벗기면 쉽게 생각 되겠지만 수저 따위로 긁으면 박을 말렸을 때 쪼개져 버리거나 쪼개지지는 않더라도 두 번도 물속에 못 들어가 갈라지게 되고 인장력이 약해서 많은 물을 들 수 없다. 그렇기 때문에 엄지손가락으로 가만히 밀어보면 저절로 벗겨지는 결이 있어 그 결을 따라서 벗겨야 한다. 그래야 말렸을 때 속 표면도 반질반질하고 매끈하여 인장력도 커서 쓸모있는 바가지가 된다.

요즈음 가공되고 있는 바가지는 장식적 기능밖에 갖지 않으므로 굳이 손톱으로 벗길 필요가 없다 할 수도 있겠지만, 습기와 건기를 몇 해 지나치다 보면 균열이 가는 경우가 종종 있다. 이렇게 이야기로 결 따라 벗겨간다 하니 쉽겠지 생각하면 큰 오해이다. 요즈음 아가씨 손 정도라면 단 두 개도 못 벗기고 손톱 새가 헤지지 않을까? 이렇게 욕심을 걷어내고 태어난 바가지는 지금에야 하나의 장식물에 불과 하지만 옛날에는 생활용품으로 중요한 위치를 차지하는데 이렇게 어렵게 만들어진 바가지 일 뿐만 아니라 한정된 개수이기 때문에 조심조심 다루어 깨어지지 않도록 해야 한다. 그렇다 보니 자연히 조심하는 마음이 생기고 또 물속에 오래 담가두면 불어서 인장력이 없어지고 썩기 쉬우므로 쓰고 나면 반드시 말려야 하기 때문에 마음이 부지런하지 않으면 안 된다.

이에 비하여 요즈음의 플라스틱 바가지는 깨질 염려가 있는가, 물에 오래 담가둬도 썩기를 하나 참 편리해진 건 사실이다. 그러나 여기에서 우리는 한 번쯤 생각해 볼 문제가 있다. 박바가지는 앞서 말한 불편한 점이 있으니 사용하는 사람은 가만히 놓아야 하고 말려야 하고 화가 나도 함부로 던질 수가 있나 귀찮아도 그대로 들 수가 있나 이렇게 함부로 할 수 없는 마음을 쌓다 보면 인성은 차분하고 유순한 마음을 가지게 되고 이렇게 인고의 젊음을 보낸 우리의 40대 원숙한 덕을 갖춘 여인이 되는 것으로 생각할 수 있지 않을까? 그와는 반대로 PVC 바가지는 내던지기 가장 좋은 것으로 기분 나빠도 훌쩍 화가 나면 바짝 내던져도 잘 깨지지도 않을 뿐 아니라 깨어져도 5백 원이면 몇 개씩 살 수 있어 또 사면 되고 쓰고 나서도 물통을 향하여 휙 집어 던지고 물에 담가놓고도 염려가 없으니 심성이 자연 함부로 하는 마음이 생기고 거칠어지고 사나워지고, 부부간에도 함부로 하는 마음이 생겨 존경심이 없어져 서로 바가지를 긁는 것이 되고 게을러 지는 원인이 되고 있지 않을까?

이러한 폐단을 없이 하기 위하여 하늘은 인간에게 편리한 PVC 바가지보다는 불편한 박바가지를 먼저 선물한 것이 아닐까? 그렇다고 문명의 이기를 거부하자는 것은 아니다. 다만 편리한 PVC 바가지를 쓰면서도 자연이 우리에게 박바가지를 먼저 선사한 뜻을 생각하고 우리의 본성을 잃지 않기 위해서라도 새로운 문명의 이기가 우리를 편리하게 해줄 때마다 한 번씩이라도 반성하여 근본을 잊지 않으며 편리하게도 살아 우리 인간 사회가 더욱 평화로움이 있었으면 하는 바람이 있을 뿐이다.

가작

제719호 1983년 8월 27일 월요일

제28회 학술문학상 : 수필

가난의 미학

· 송용근 (국문과 2학년) ·

오늘도 나는 일과 중, 햇살을 받으면서 할 수 있는, 마지막 단계인 꼴 베는 일을 한다. 이 일은 아프거나 집에 없을 경우 등 특별한 경우를 제외하면 습관화되어 버렸다. 나의 일과 중 가장 좋아하는 일이 있다면 이 일을 꼽을 수 있고, 거기엔 그만한 이유가 있다.

산 그림자가 드리워진 곳은, 어느새 내린 저녁 이슬에, 발목이 젖는 상쾌함도 좋고, 풀을 베다가 문득 행운을 뜻한다는 네옆크로바를 발견하는 날이면, 왠지 아름다운 꿈이라도 꿀 것만 같다. 그리고 무엇보다도 내가 이 일을 좋아하는 이유는 뭔가를 느끼고 생각할 수 있는 여유가 주어진다는 점이다.

저녁이 되면서 눈을 뜨기 시작하는 것들이 있다. 풀잎 끝에 빛나는 이슬이, 별이, 그리고 낮 동안을 쫓기다 쉼을 얻는 영혼이 그렇다. 내가 풀을 베서 망태에 담는 동안에 산에서 부는 바람과 그 바람 속에 묻힌 솜 향기와, 또 이맘때면 으레 우는 머슴 새소리가 함께 담긴다. 그리고 좀 있으면 울 소쩍새 소리, 별의 영혼, 그리고 또 망태에 가득 담기는 것이다.

그런 나에게 언제부터 인가「마음이 가난한 자는 천국이 저희 것이니라」라는 성경 구절이 가슴에 새겨져, 요즘 들어서는 줄곧 그런 생각을 그런 모양을 망태에 담아 왔었다.

그래서인지 저만치 개울 건너에까지 기다랗게 목을 뺀, 무엇인가 그리운 것도 같은 나의 그림자가 가난하게 보이며, 해도 지고 별도 나오지 않은, 냄새를 맡아 보라면 싸한 아카시아 꽃 냄새가 날 것 같고, 만져보면 언젠가 엄마가 입었던 보라색 비단 치마에서 나는 소리라도 날 것 같은 하늘이 가난하게 보인다.

무엇이 가난인지는 모른다고 하지만 어린아이의 티 없는 눈동자 같은 것일 거라는, 아득하고 가난한 예감으로, 오늘도 가난을 꼴망태 가득 담아 본다.

흰색은 가난하다. 연필을 대기 전 노트와 햇살을 구술 지워 이슬로 빛나게 하는 백목련의 목은 가난하다. 어린이는 흰색이다. 총을 가지고 전쟁놀이를 하는 아이보다는 검정 고무신으로 물을 품어 송사리를 잡고, 우렁이를 잡는 아이들이 더 가난하며, 별똥이 나리는 밤이면 내일 아침에 일찍 일어나 앞산에 가서 별을 주워오겠다는 아이의 꼬옥 쥔 주먹의 다짐은 밤껏 고운 꿈이 된다. (부를 아는 아이보다는 가난을 아는 아이가 더욱 행복하리라)

지난 사월 어느 날인가, 화단을 정리하다가 무엇인지 삽에 파여 나온 것을 보았다. 베이지색 꽃무늬가 들어있는, 쓰이지 않은 일기 몇 장을 뜯어서 뭔가를 감싸서 묻었던 거였다. 궁금해서 열어 보았더니, 거기에는 아직 날개깃 하나 빠지지 않고 상하지 않은 채 죽어 있는 참새가 감싸여 있었다. 그리고 일기장 중에 한 장에는「참새야 잘 자라, 사월 십일, 영미」라는 글귀를 보았을 때, 동생의 마음은 쓰이지 않은 일기장처

럼 가난함을 보았다

동해에서 보았던 너무도 맑아서 맛을 보았다가 혼이 난 남빛 바다와 보라색은 아픔이 있어 가난하다. 깊은 골 보는 이 없는 제비꽃과 도라지꽃은 가난하며 분해되고 죽어서 이제는 풀뿌리 밑에서 죽어있는 말들을 겨우겨우 살려내려는 시인의 가슴은 빛이 물이 아닐지라도 빛으로 목을 축일 수 있을 만치 가난하며 그 아픔과 방황과 좌절이 무엇이었을까를 골똘히 생각하며 조금이나마 나누어 가지려 하는 이의 가슴도 보라색 가난이다.

가을날 들을 수 있는 귀뚜라미 소리는 껍질이 닳고 닳아서 영혼만이 남은 가난이고, 이곳에 조금만 더 머무르면 볼 수도 있을 소쩍새 울음소리는 농민의 소망처럼 가난하다.

굳이 올 사람도 아니 오는 사람도 없는 산사로 가는 길과 그 길이 외로울까 동행하는 시냇물은, 언젠가 눈인사가 인연으로 지금도 찾아가면 합장과 미소로써 반겨주시는 사람을 잊지 않으시는 스님의 마음처럼 가난하다. 자신의 가진 하나님의 목소리를 조금이나마 나누어 주려는, 그리하여 악과 혼돈의 세계에서 인간을 구원하시겠다는, 뜨거운 목사의 가슴은 가난할 게다.

붉은색도 가난하다. 우리의 선배들이 가방을 들고 불의에 대항하여 싸우다 흘린 피, 나라를 찾겠노라했던 분들의 혈서는 자신의 아픔을 잊은 가난이다.

지난겨울 손수레를 끌고 아버지께서 일하시던 밭으로 갔을 때, 내가 가까이 간 줄을 미처 깨닫지 못하신 아버지의 흐느러지는 노래, 그리고 내가 가까이 있다는 것을 비로소 알았을 때의 그 겸연쩍은 웃음은 아버지 볼 만큼이나 가난했다.

무엇을 사랑하셨는지 무엇을 바라시는지, 잿빛 노을 진 하늘을 바라다보시는 눈가엔 주름이, 머리엔 세월이 쌓여 있었다. 대를 이어줄 수 없는 노래를 부르시는 아버지는 몸 전체가 가난하시다.

엊그제의 일이다. 밤에서 고추 모를 이식하는데 산에서 노랫소리가 들렸다.

나는 그처럼 절망적이면서 마음을 본적이 없었다.

어머니한테 물어보고 확인하러 갔을 때는, 언제부터 인가 눈물이 나오려고 하면 하늘을 올려다보는 버릇을 고치지 못한 나를 다시 한번 보아야만 했다 그곳에는 아주머니가 나무를 하고 아저씨는 앉아서 노래를 부르고 있었다. 어머니 말씀에 따르면 그분들은 이웃 동네에 사신다 하며, 아저씨는 맹인이란다

산에서 나무를 할 때면 늘 부인의 손을 잡고 와선, 부인이 나무를 해 놓으면 그것을 지고 다시 부인의 손을 잡고 집으로 간단다. 부인이 나무를 하는 사이에 노래를 부르는 것이다. 그 아저씨는 무엇을 그리며 무엇을 바라며 노래를 하고, 아주머니는 어떤 심정으로 그 노래를 들을까? 아저씨 마음엔, 본 것이 아무것도 없기에 그릴 줄 모를 것이다.

무엇이 귀한 것인지도 모를 것이다. 하지만 그러기에 가장 아름답고 귀하고 순결한 것을 그릴 수 있는 가난한 마음일 게다. 남에게 손 벌리지 않고 살 수 있도록 도와주는 부인의 고결함과 희생의 가난!

나는 가난이 결코 무력하거나 감상적이 아님을 보았다. 삶의 의지요 정열이고 생에의 갈구임을 보았다. 가난의 미학을 본 것이다

나는 어느 것이든 그릴 수 있고 귀한 것이 무엇인 줄도 안다. 그러함으로써 혹 중요한 것을 무시하고 귀한 것을 천시한 적은 없는지….

나는 다시금 가난에서 태어난 개밥 바라기를 본다.

가작

제720~722호 1983년 8월 29일~1983년 9월 12일

제28회 학술문학상 : 소설

개구리

· 서영이 (독어독문학과 4학년) ·

『개구리 삶기란 말 들어본 적 있나?』

『아니.』

『두 가지 방법이 있단다. 하나는 말이야, 펄펄 끓는 물에 개구리를 산채로 집어 넣는 거야. 그러면 그 개구리가 어떻게 하겠니?』

『그야 물론 놀래서 펄쩍 뛰쳐나오겠지.』

『맞았어. 그리고 나머지 한 방법은 개구리가 좋아하는 온도의 물속에다 우선 집어넣는 거야. 그러면 아마도 개구리는 좋아라 물속을 헤엄쳐 다니겠지. 그렇게 헤엄치는데 정신이 팔렸을 때 개구리가 알아채지 못하도록 아주 조금씩 물의 온도를 높이는 거지. 태양이 움직이는 것처럼 그렇게 조금씩. 그러면 개구리는 이미 그 온도에 적응해 있기 때문에 어느 한계점에 이르기까지 물의 온도가 높아져 가고 있다는 사실을 거의 깨닫지 못할 거야. 설령 어김없이 깨닫는다 해도 뚜렷한 충격이 가해지지 않는 한 자신이 희미하게 느낀 사실을 인정하기는 힘들어. 그런데 여기서 가장 중요한 것은 바로 그 한계점의 포착이야. 더 이상 물의 온도를 높이면 개구리가 확실한 의식의 세계로 옮겨질 것이라고 예상되는

그 한계점에서 재빨리 물의 온도를 백도 이상으로 높여 물을 끓여버리는 거지. 그때의 개구리, 상상할 수 있겠니?』

뛰쳐나오던지, 삶아지던지 하겠지.

그래, 그것은 개구리의 능력에 따라 다르겠지. 그러나 솥뚜껑이 닫혀 있느냐, 열려 있느냐는 그 개구리의 능력을 벗어난 그 개구리만의 운명일 거야.

내가 흑설골에 도착한 것은 이미 초저녁이 훨씬 지난 꽤 늦은 시각이었다.

나는 발길이 자꾸만 되돌려지려는 것을 온 힘을 다해 억제해야 했다. 초행의 길에, 그것도 눈보라가 휘몰아치는 인적이 드문 산골에 어둠과 함께 혼자 덩그러니 놓여진 상태에 어지간하나 용기를 가지 않고는 목적한 곳을 향해 계속 가기라나 결코 쉬운 일은 아니었다.

나는 버스가 나를 내려놓고 가버린 그 지점에 서서 한참을 망설였다. 차만 타면 목적지까지 쉽사리 도착할 수 있으려니 하고 안일한 생각으로 늦게 출발한 것부터가 애당초 잘못된 것이었지만, 앞으로의 여정을 전혀 예상할 수 없는 곳에서 눈발이 더욱 심해지는 밤을 보며 출발할 때의 목적대로 계속 가기를 결정한다는 것은 거의 불가능하게 느껴졌기 때문이다.

망설임의 순간이 길어질수록 나의 마음은 되돌아가자는 쪽으로 기울어지는 듯했다. 그렇다고 돌아가는 길이 쉽지만은 않으리라는 것을 나는 고려해야 했다. 돌아간다는 것을 전혀 생각하지 못하고 건성으로 지나쳐 온 길에 대해 어둠과 희끗희끗 날리는 눈송이뿐인 그곳에서 이방인인 내가 방향 감각을 갖기란 역시 앞으로 계속해 가는 것만큼이나 힘들 것임이 틀림없을 것이기 때문이다. 그러나 아무리 모른다 해도 온길을 되돌아가는 것이 전혀 생소한 길을 계속해 가는 것보다는 나으리라는 한 가닥의 희망이 나를 망설이게 하였다

차장에게 자세한 것을 묻지도 않고 「흑석골」이라는 안내말만 철석같이 믿고 겁 없이 내린 자신이 후회스러웠고, 이런 곤경에 나를 빠뜨린 을이가 원망스러웠다.

어쨌든 나는 결정을 해야만 했다. 앞으로 계속해가든지 아니면 돌아서 가든지 좌우단간에 그 상태에 계속 머물러 있을 수는 없었다.

을이의 모습이 떠올랐다. 그리고 『와 주겠니』란 단 한마디로 끝나 있던 그녀의 편지가 망설임의 무력함을 일깨워 주었다.

을이를 만나고 싶다는 간절함과 그녀의 편지에서 번져 나온 까닭 모를 절박함이 어둠과 추위에 대한 두려움을 능가하여 마침내 나는 그녀가 있는 곳을 향해 발걸음을 내딛기 시작했다.

바람이 더 거세어지긴 했지만 휘날리던 눈발은 그치고 엄동설한의 별빛이 하나둘 구름 사이 사이로 수정알처럼 빛났다.

『겨울의 별빛은 훨씬 맑긴 하지만 고향을 잃은 사람에겐 춥고 을씨년스럽기 조차해.』

졸업미전을 며칠 앞두고 밤늦게까지 작품 완성에 모든 정열을 쏟으며 지내던 어느 날, 화실 문을 나서며 중얼거리던 을이가 생각났다.

농담으로 받아들이며 아직도 사춘기에서 벗어나지 못한 꿈 낳은 소녀라고 놀려대는 내게 그녀는 웃음기 하나 없는 얼굴로 말했다.

아냐, 이젠 내게 더 이상 고향은 존재하지 않아. 이미 오래전부터 내게서 고향은 사라지고 있었어. 난 알아, 내가 고향을 잃어가고 있다는 것을 깨닫기 전까지만 해도 거울의 빛을 보면 너무나 맑아. 그 아름다움

에 눈물이 날 지경이었지. 그런데 어느 날 그 별빛이 내겐 아픔이 되기 시작한 거야. 춥고 외로우며 고통을 가져다주는 빛으로 변했어.

돌처럼 차가우면서도 사람의 마음을 사로잡는 그녀의 어조에 말려 들어가는 내가 싫어 여전히 농담 섞인 말로 그녀의 감상성(感傷性)을 놀려댔다.

『태어나면서부터 항상 아스팔트만을 밟고 회색빛 건물 속에서만 살아온 너와 같은 사람들은 몰라. 자연을 외면해버린 인간의 모습, 나만은 그렇게 되지 않으리라고 믿었던 내 모습도 이미 변해 버린 거야. 난 그랬지. 이 회색빛 도시에서 시달리다 오랜만에 고향에 내려가면 그 자연의 냄새에 정신뿐만 아니라 온 육신까지도 새로워짐을 확연히 느끼곤 했지. 박하 향기를 맡기라도 하듯 머릿속이 숲속의 신선함으로 깨끗해지는 것이 난 얼마나 감동했으며 행복해했는지 몰라.』

그녀는 말을 멈추고 그때의 그 향기를 맡기라도 하듯이 얼굴을 뒤로 젖히고는 하늘을 향해 코를 벌름거렸다. 그녀의 그런 모양이 어릿광대의 약간은 바보스럽기도 하고 약간은 고의적인 감정을 연상케 하였다. 그녀의 그런 우스꽝스러운 도취의 무아경을 깨뜨리지 않기 위해 나는 터져 나오려는 웃음을 손으로 입을 틀어막으며 참아 보려고 애를 썼다.

그러나 결국 감금당했던 웃음은 장애물을 제거하고는 한꺼번에 더욱 커다란 소리를 내며 밖으로 쏟아져 나왔다. 갑작스러운 폭소에 을이는 어리둥절하더니 곧 자신의 우스꽝스러운 몸짓을 깨닫고는 겸연쩍은 미소를 잠깐 지은 후 이내 숙연해지며 말을 이었다.

도시로 나온 뒤 처음 귀향하였을 때 그때가 가장 강렬하게 그런 인상을 받은 것 같애. 세월의 흐름과 함께 나도 모르는 사이에 그 강도는 약해져 갔으니까. 그러다가 이젠 자연을 대하는 것이 두려워졌고 마침내는 답답하고 지워져 버렸어. 자연을 인위적으로 만든 탓도 있겠지만 내가 이 회색 먼지에 너무 절여졌기 때문에 흰색이 내게 다가와도 그 흰색마저 곧 회색이 되어 버리곤 하나 봐. 그게 난 너무 괴로운 거야. 그래서 결심을 했지. 그래, 얼마 동안이 될지 모르지만, 차라리 잃자, 잃는 것이 파괴라는 것보다 나으니까.

그때 나는 그녀의 말을 이해하지 못했다. 「잃는 것이 파괴하는 것보다 낫다!」 하긴 완전히 부서져 소멸해버리는 것보다는 비록 자신의 소유에서 제외된다 해도 그 자체는 존재해 있는 것이 훨씬 나은 거겠지. 그러나 무엇을 잃고 무엇을 파괴한다는 말인가?

그녀의 말의 해답을 나는 얼마후 완성된 그녀의 그림 속에서 찾았다. 그것은 어쩌면 내게만 주어진 하나의 행운이었는지도 모른다. 그녀를 진실로 이해할 수 있는 계기가 되었으니까. 졸업미전에 전시할 작품으로 을이는 「파괴」와 「분실」의 이름을 가진 그림을 내놓았다. 유화 물감을 사용한 추상화였다. 뚜렷한 형체를 가지지 않은, 색의 조화로만 꾸며진 신비스러운 느낌마저 드는 난해한 작품이었다. 전문인의 눈으로 보아도 무엇을 나타내기 위함인지 쉽게 파악할 수 없었다. 그러나 한 번, 두 번, 세 번… 되풀이하여 보면 볼수록 사람의 마음을 끄는 마력(魔力)을 지닌 작품이었다.

전혀 형체를 가지지 않은 「파괴」 주로 밝은색의 계통을 사용하여 그린 작품이었지만 어두운색만을 사용한 「분실」보다 더 혼탁한 낌과 까닭 모를 답답함을 안겨 주었다. (훗날 깨달은 것이지만 그것은 일종의 절망의 감정과도 상통한 것이었다) 반면 「분실」은 뚜렷하진 않아도 명도가 높은 어두운색 저편에 희미한 대로나마 어떠한 모습이 존재해 있었다. 덧칠한 면을 벗겨내면 확실한 모습으로 나타날 것 같은 착각에 나는 번번이 그림으로 다가가 손톱으로 긁어내려다 주의를 받곤 하였다.

을이에게 있어서 「파괴와 분실」의 문제는 정신의 문제였으며, 「잃는다는 것」은 아직 희망이 있다는 것을 의미함이었을까?

바람이 평온해졌다. 시간이 흐를수록 추위는 심해졌지만, 오히려 그 추위가 정신을 맑게 해주고 상쾌하기까지 했다.

처음보다 마음도 두려움에서 해방되어 여유가 생기고 출발이 다행스러워 여겨지기까지 했다.

울퉁불퉁하여 걷기에는 힘들었지만 길은 다행스럽게 한 갈래였다. 논밭 사이로 뻗은 길 양 편에는 가지만 앙상한 나무가 군데군데 뭉쳐 있는 구름 틈으로 간간이 비치는 달빛에 그림자를 만들었다.

한 모퉁이가 먹힌 보름달이었다. 눈보라가 걷히고 주위에 깔리기 시작한 흐릿한 안개는 보름달의 아름다움을 한층 돋보이게 하였다. 들판에 널려진 달빛. 이미 비어버린 대지 위의 자연의 빛들이 걸음을 멈추게 했다.

숨을 깊이 들이 마시고는 희뿌옇게 비치는 달을 올려다보았다. 코를 벌름거리며.

을이가 떠올랐다. 술에 잔뜩 취해 비틀거리는 걸음으로 무슨 말인지 알아들을 수 없는 목소리로 흥얼거리며 새벽녘이 가까워진, 그녀가 그토록 증오하던 인조(人造)의 도시를 걸어가던 그녀의 초췌한 모습이. 고층 건물에 걸려 제대로 그 모습을 볼 수도 없었던 보름달의 밤, 그녀의 「국전」 대상을 축하하기 위해 몇몇 동료들이 조촐한 파티를 베풀던 밤이었다.

「국전」에의 그녀의 출품은 참으로 뜻밖의 일이었다. 적어도 내게는 그랬다. 평소의 그녀는 무슨 용모 전이든 경멸해오던 터였다. 누가 감히 예술품을 평가할 수 있느냐는 것이 그녀의 주장이었다.

나는 아주 또렷이 기억한다.

그녀의 작품에 대해 높이 평가하고 있던 나로서는 타인들로부터 그녀들을 바로 평가받게 하고 싶었다. 물론 주위의 몇몇 분들이야 그녀의 재질과 각고의 노력의 산물을 인정하고 있긴 했지만 좀 더 많은사람 앞에 진흙 속의 진주를 내보이고 싶은 단순한 생각에 나는 그녀에게 국전에 출품해보는 게 어떠냐고 제의를 하였던 것이다. 처음 말을 꺼냈을 때, 그녀의 농담 어린 거절에 쉽사리 포기했더라면 그런 지경에까지야 이르지 않았겠지만, 나의 무디고 질긴 욕망은 결국 그녀의 감정을 수습하지 못할 정도로 폭발하게 하고 말았다.

그녀의 화실에서였다. 빠레트에서 물감을 섞고 있던 그녀가 갑자기 붓을 내던지며 날카로운 금속성 소리를 질렀다.

나가! 썩 꺼져! 너도 너마저도 그놈의 빌어먹을 명예 따위나 노리는 별수 없는 속물이구나! 나를 제일 잘 이해한다는 게 고작 한다는 소리가 뭐, 국전에 출품하라고? 출품해서? 출품해서 도대체 어쩌라는 거야? 그놈의 똥 같은 것들 밑이나 닦고 다니라는 거냐? 친구인 네가? 가! 지금 당장 꺼져 버려! 그리고 다시는 내 앞에 나타나지 마, 아무도 필요 없어.

눈을 부릅뜨고 악을 바락바락 쓰는 그녀를 보고 나는 그만 아연하고 말았다. 그녀는 마치 간질병 자처럼 얼굴이 하얘져서는 입에 거품까지 물며 부들부들 떨었다. 귀찮게 굴긴 했지만 자신의 작품을 남들에게 올바로 평가받을 기회를 가져 보라는 그 말이 그녀를 그토록 극도의 흥분 도가니로 몰아넣다니 나는 도무지 이해할 수가 없었다. 너무 놀라 넋이 나간 나는 그저 멍하니 발광적인 을이를 바라볼 뿐이었다.

감히 말을 꺼낼 수가 없었다. 지금까지 그녀의 그런 모습을 본 적이 없는 나로서는 내가 어떻게 해야 할지 종잡을 수가 없었다. 온몸이 얼어붙은 듯 꼼짝할 수가 없었고, 숨조차 제대로 쉴 수가 없었다. 한동안 그렇게 모든 것이 정지된 상태 속에서 우리는 마주 보고 있었다.

그녀가 먼저 시멘트 바닥에 맥없이 털썩 주저앉더니 소리죽여 울기 시작했다. 세워진 양 무릎 사이에 얼굴을 묻고서는 어깨를 들먹이며 울고 있는 그녀의 모습을 보고서야 비로소 나는 무의식 상태에서 깨어났다.

그러나 그녀에게 다가갈 용기가 나질 않았다. 울고 있을 때의 그녀에겐 그 무엇도 도움이 될 수 없다는 것을 나는 이미 오래 전부터 너무 잘 알고 있었던 것이다.

종종 그녀의 우는 모습을 보았다. 운다는 것은 을이에겐 고통의 마지막 표현이기도 했다. 자신이 느끼고 있는 바를, 나타내고 싶은 것을 올바로 캔버스에 옮길 수 없을 때, 그래서 자신이 감당해내지 못할 정도로 고통의 위력이 커지면 막바지엔 화실의 한 귀퉁이에 웅크리고 앉아 몇 시간이고 소리죽인 오열을 토해냈다. 며칠이고 몇 주일이고 제대로 자지도 먹지도 못한 그녀가 뼈만 앙상하게 남은 어깨를 들먹거리며 우는 모습을 지켜보는 나의 심정이란 시퍼렇게 날이 선 칼로 가슴을 도려내는 그 아픔보다도 더욱 쓰라렸다. 그녀의 울음은 내겐 참아내기 힘든 형벌이었다.

나는 여느 때처럼 밖으로 나와 천천히 걸었다.

내가 할 수 있는 유일한 일은 그녀가 자주 가는 술집에 가서 그녀가 오기만을 기다리는 것 외에는 아무것도 없었다.

물론 을이가 우는 것을 처음 발견하였을 때야 나는 그녀를 위로하기 위해 헛되이 노력했었다. 위안이 될만한 말들을 열심히 지껄이기도 하고 그녀의 어깨를 감싸 안고 앉아 눈을 같이 나누기도 했다.

그러나 반응이 없는 그녀가 이상해 흔들어보기도 했지만 역시 소리죽여 울기만 할 뿐 그녀에게선 아무런 반응이 없었다. 그리하여 점차로 나는 깨닫게 되었다. 그녀가 울고 있는 동안은 아무것도 느끼지를 못하며 그녀의 정신은 이미 그녀의 육체를 떠나 어느 것의 힘도 미칠 수 없는 먼 곳에 가 있다는 것을 알았다.

나는 아직도 훤한 거리를 상념에 잠겨 고개를 푹 수그린 채 묵묵히 걸었다.

내가 한 말들을 다시 한번 되새겨 보았다.

특별히 가시가 될만한 내용은 없는 것 같았다. 그러면 무엇이 그녀의 가슴에 못이 되어 박혔는가? 역시 알 수가 없다.

을이가 술집에 나타난 것은 나의 이성이 기다림의 초조함으로 인해 정상을 벗어날 정도로 긴 시간이 흐른 뒤였다. 사실은 짧은 시간이었는지도 모른다. 다만 내게 을이를 기다리는 그 시간이 영원처럼 길게 느껴졌을 뿐이다.

피곤하고 지친 모습이었다. 헝클어진 머리와 초점 잃은 눈동자가 그녀를 더욱 초췌하게 하였다.

그녀는 아무 말 없이 내 앞에 앉았다. 물감 냄새가 한꺼번에 풍겨왔다. 아직도 물감이 묻어있는 손을 의자 뒤로 늘어뜨리고 등을 기댄 채 나를 조용히 바라보았다. 그러나 초점이 사라진 그녀의 시선은 나를 지나 내가 닿을 수 없는 생소한 곳에 가 있었다.

그녀를 잘 아는 종업원이 술을 가져다 놓고 돌아갔다.

내 그림은 곧 나야.

억양이 없는 어조로 중얼거렸다.

어떻게 「나」를 나 아닌 다른 사람에게 평가해달라고 내팽개칠 수 있겠니? 그것도 그네들의 취향에 맞게 단장시킨 꼭두각시처럼 해서 말이야. 보편적으로 도달할 수 있는 지점에 있는 모든 인간은 그 각자 각자마다 그들 고유의 존재 가치가 있다고 생각해 아무도 인간을 판단할 수도 평가할 수도 없는 거야. 신까지도, 예술품도 마찬가지야. 어떻게 좋고 나쁨을 결정할 수가 있니? 선(善)의 기준을 만들 수 있는 능력을 부여받은 인간이 있다고 생각하니? 상(上)과 하(下)의 차이가 무엇이래? 과연 그 작품을 제대로 이해하고 있기나 한 대? 웃기는 얘기야.

그 어떤 곳에 가 있던 그녀의 시선이 갑자기 한 곳에 모이더니 불꽃을 발하였다. 그러고는 불쾌한 빛이 을이의 얼굴에 역력히 나타났다.

자기의 빛깔로 남의 빛깔을 판단하여서 하다니…그러다 자기 빛깔에 맞지 않으면 틀렸다고 우기겠지, 자기의 빛깔이 틀릴 수도 있고 비교할 수 없는 빛깔들일 수도 있는데…허파에 바람만 잔뜩 넣고 다니는 것들이 어느 빛깔이 좀 더 나은지 어떻게 알아? 판단한다는 그 자체부터가 불가능해. 불가능한 일이지. 역시 불가능할 수밖에 없는걸…

나는 파티의 주인공을 기다리는 무리 속에 끼여 술집에서 『불가능해』를 자꾸만 되풀이하던 을이를 떠올렸다. 그러던 그녀가 어떻게? 그 이유를 나는 지금까지도 확실히 알지는 못한다. 다만 자신을 시험하기 위한 최후의 몸부림이었던가 하고 어렴풋이 짐작할 뿐이다.

이미 약속된 시간이 훨씬 지났는데도 을이는 나타날 기미조차 보이지 않았다. 기다리기에 지루해진 사람들은 제각기 자기들의 화제 속에 빠져들어 갔다. 몇몇 사람들은 을이의 「국전」 작품에 관해 대화를 나누었다.

그 작품이 대상을 받다니 천만뜻밖의 일이야.

자넨 그렇게 생각하나? 난 받을만하다고 생각하네. 우선 기법부터가 특이하지 않나? 종래의 화법(畫法)과는 확실히 다른 방법을 사용하였는데도 거부감보다는 친숙하면서도 뭔가 가슴을 뭉클하게 하는 신비스러움이 가미된 새로운 감을 주더군.

자네도 역시 별수 없군. 요즘은 그저 새로운 것, 뭔가 자극적인 것들이 훌륭한 것처럼 착각하는 무리의 그 꼴불견이라니… 이번 을이 작품만 해도 그래. 독창적인 면이 있긴 하지만 너무 무모하지 않나? 커다란 캔버스에 형체 하나 없이 완전히 색의 조화만을 사용한 그것을 보고 도대체 뭘 느낄 수 있나? 아무리 생각해도 도무지 이해할 수가 없다네.

실내의 후덥지근한 공기와 사람들의 웅성거리는 소리를 피하고자 나는 뜰로 나왔다. 막 떠오르기 시작한 보름달이 붉게 빛났다.

을이의 그림은 흰색과 회색만을 사용한 「세월」의 제목을 가진 유화였다. 그녀의 그림들을 줄곧 보아온 나는 쉽사리 그 작품에서 그녀만이 지닐 수 있는 독특한 분위기를 느꼈다. 그리고 그녀가 무엇을 나타내고자 하였는지를 확실한 언어로써 표현할 수 없었지만 막연하게나마 가슴으로 감지할 수 있었다.

캔버스 왼쪽에서부터 색이 진행되었다. 아주 맑은 하얀색이 의식하지 못할 정도로 점점 혼탁해지면서 회색으로 변해갔다. 그러다가 캔버스의 오른쪽 끝부분에서는 다시 하얀색이 되었다. 내가 이 작품에서 감탄한 것은 색의 진행이 진행되고 있지 않은 듯하면서 진행되었다는 그 점에서다. 처음 색과 비교해보면 오른쪽으로 진행된 색이 좀 더 혼탁하고 회색에 가까웠다.

더욱 혼탁해졌다가 갑자기 하얀색으로 변했다. 그러나 왼쪽 끝부분의 하얀색과 오른쪽의 하얀색이 같은 것처럼 보이면서도 전혀 달랐다. 오른쪽의 하얀색은 인위적인 분위기가 짙어 보는 이로 하여금 받아들이기 거북한 부자연스러움을 느끼게 했다.

이 작품은 형체를 전혀 사용하지 않고 오직 색의 명도와 채도 그리고 터치(touch)만을 사용하여 자신의 감정을 표현한 작품 중의 하나였다.

시간이 너무 경과해 있었다. 사람들이 을이의 불참에 저마다 특유한 불쾌감을 나타냈다. 내게 귀중한 사람이 뭇 사람들의 비난 대상이 된다는 것은 괴로운 일이었다. 초조해졌다.

그때 문득 을이의 울고 있는 모습이 떠올랐다. 그런데 이상하게도 소리 내 조금은 우스꽝스러운 모습으로 울고 있었다. 한 번도 보지 못한 거의 발작적인 그런 모습이 왜 갑자기 떠올랐을까?

나는 알지를 못한다. 그리고 나는 깨달았다. 결코, 그녀는 나타나지 않으리라. 내가 그녀의 출현을 믿고 있었다니…

술집에 있는 을이를 발견했을 때는 이미 취한 상태였다. 손이 습관적으로 술잔을 들어 입으로 가져갔다. 그리고 맞은 편에 사람이 앉아 있기라도 하듯이 연신 손짓까지 해가며 혼자서 중얼거렸다. 내가 그녀 옆에서 있다는 사실도 의식하질 못했다.

여느 때처럼 긴 머리를 뒤로 묶고 위아래로 흑색 작업복을 입은 을이의 얼굴이 술기운으로 붉으레졌다. 어렸을 적에는 오동통했을 볼이 지금은 광대뼈만 남아 그렇지 않아도 신경질적이고 날카롭게 보이는 그녀의 인상을 더욱 강렬하게 했다. 조그만 눈동자에서는 불빛보다도 더 밝은 빛이 발산되는 듯했다. 힐끗 쳐다보는 그녀의 시선에 나도 모르게 움찔거렸다.

『왔니? 으응, 거기 앉어.』

보기보다 목소리는 아직 또렷했다.

『글쎄 있잖니, 나 보고 물속에 들어가서 헤엄을 치레더라. 내가 제일 좋아하는 온도에 물을 맞춰주겠다고 하면서 말이지. 그래서 호기심에

냉큼 들어갔지. 그랬더니 정말 좋더구나. 이젠 나오기가 싫어진걸.』

히죽거리며 웃는 그녀의 모습에 나는 콧날이 시큰해졌다. 그때처럼 그녀의 초라하고 맥 풀린 모습을 그 이전에도 그 이후에도 다시는 보지를 못했다. 하기야 얼마 지나지 않아서 그녀는 내 앞에서 그리고 우리 모두의 앞에서 갑자기 사라져 버렸으니까.

그녀의 이름이 순식간에 커다랗게 부각되었다. 그리고 그녀에게도 변화가 일어났다. 눈에 띄게 달라진 것은 우선 외출이 잦아졌다는 점이었다. 두더지처럼 화실에 틀어박혀 낮과 밤이 바뀌는지 계절이 바뀌는지도 모르고 지내던 그녀가 이제는 반대로 화실에 머물러 있으려 하질 않았다. 물론 그녀를 만날 기회도 그만큼 줄어들었다.

그녀의 모든 생활의 영역인 화실을 방문할 때마다 거의 비어 있었다.

지하실을 숙소 겸 화실로 사용하고 있는 그녀만의 공간이 어둠에 덮여 썰렁하니 나를 맞을 때면 심연 모를 안타까움에 가슴이 저려왔다.

그러던 어느 날 아마 그녀가 자취를 감추기 전날이었던 것으로 생각된다. 그녀가 국전에 대상을 차지하고 난 후 그녀의 우는 모습도, 붓을 잡고 있는 진지한 모습도 보지 못한 때에 우연히 길거리에서 그녀를 만났다.

내가 먼저 알아보지 못할 정도로 많이 변해 있었다. 풍겨오는 분위기부터가 생소했다. 항상 무엇엔가 집중하고 있어 자기 외에는 아무것도 존재하지 않는 듯한 그녀만이 가질 수 있는 독특한 감정도 사라지고 오직 어디에서나 쉽게 볼 수 있는 그런 평범한 얼굴이었을 뿐이다. 꼭 그녀가 아니어도 되는 그런 표정, 불꽃이 사라진 눈동자, 그녀라고 믿을 수가 없었다. 익숙해 있지 않은 모습으로 태양 아래서 그것도 그녀의 화실이 아닌 많은 사람이 왕래하는 길 한복판에서 그녀를 만난 나로서는 얼른 알아보지 못한 것이 오히려 당연했는지도 모른다.

낯설게 쳐다보는 내게 그녀가 먼저 어색하게 말을 꺼냈다

『나야, 을이 잘 지냈니? 왜 화실에 한 번도 오지 않니?』

대답을 바라는 질문이 아니었다. 적당한 말을 찾지 못하여 무슨 말인가를 하기 위한 인사치레에 불과했다. 기가 막혔다. 그녀의 화실에 가는 길이여서 어이없음은 그 농도를 다하였지만 그런 기색을 전혀 보이지 않고 괜찮다면 화실로 돌아가는 게 어떠냐고 지나치는 말로 물었다.

『지금은 안 되겠는데…』

시선을 돌리며 을이는 말끝을 흐렸다. 그제야 왜 내가 그녀를 화실에서 한 번도 만날 수가 없었던가를 알았다. 다른 날보다 조금 일찍 화실을 방문하려 했던 자신이 후회스러웠다.

사람들 속으로 사라지는 을이의 뒷모습을 물끄러미 바라보았다. 도무지 자신에게 그녀의 모습을 인정시킬 수가 없었다. 흑색 작업복을 입지 않은 「저 여자」가 정말 을이란 말인가?

불을 켜지도 않은 채 이젤 앞에 놓인 의자에 앉아 착잡한 마음을 바꾸어 보려고 지난날에 이 이젤 앞에 앉아 그림 속에 몰입했던 을이의 모습을 되살리려 애썼다. 그러나 조금 전에 만난 을이의 모습 때문에 다른 생각은 좀처럼 떠오르질 않았다.

무엇이 그녀로 하여금 그림에서 그토록 멀리 떠나게 하였는가? 내가 모르는 그녀가 또 있었단 말인가?

이런저런 생각에 잠겨있는데 을이가 들어왔다. 의외의 일이었다.

내가 있다는 것을 알아채지 못한 모양이었다. 사납게 문을 닫더니 숨을 가쁘게 몰아쉬며 성큼성큼 안으로 들어왔다.

나는 벽 쪽으로 조심스럽게 물러섰다. 어둠 때문에 그녀의 표정은 볼

수 없었지만 거친 숨소리로 보아 무척 고통스러운 듯했다.

갑자기 을이는 괴성을 지르며 화구들을 부수기 시작했다. 자신의 생명만큼이나 소중히 여기던 그림들이 와르르 무너지고, 세워졌던 이젤이 넘어지면서 물이 가득 담긴 물통을 엎질렀다. 석고상의 파편들이 산산이 흩어지고 삽시간에 화실은 온통 수라장이 되었다.

어둠 속에서 광란의 상태에 빠진 그녀가 자신에게 해로운 짓이나 하지 않을까 걱정이 되어 나는 불을 켜고 난폭해진 그녀를 붙잡으려 다가갔다. 어떻게 하든 그녀를 진정시켜야만 했다.

갑자기 실내가 환해지자 그녀는 주춤했다. 다가가는 나를 발견하곤 제정신이 든 듯 조용해졌다. 내가 그녀를 품에 안자 그녀는 내가 하는 대로 내버려 두었다. 그러다가 을이는 어린애처럼 엉엉 울기 시작했다. 얼굴을 내 가슴에 묻고 한참을 그렇게 울었다.

『누가 내 고통을 알 수 있단 말이니? 과연 누가 이해할 수 있어? 아무도 그 누구도 한 인간의 처절한 싸움을 알 순 없을 거야. 너조차도 내가 얼마나 고통받는 인간인지 감히 짐작도 못 했으니까.』

많이 진정된 듯 울음 섞인 소리로 을이는 여전히 내 가슴에 안긴 채 중얼거렸다. 그리곤 광적인 흥분 뒤에 피곤해진 듯 그녀의 몸에서 힘이 빠져나갔다. 나는 그녀를 조심스럽게 침대로 데려가서 눕혔다.

『난 항상 까닭 모를 우울과 고뇌에 시달려 있어, 내 심장이 상처투성이가 되어 철철 흐르는 피 속에 흥건히 젖어있는 듯한 고통 때문에 도저히 견디어낼 수가 없었던 거야. 철들고 나서부터 고독과 허무의 고통 속에서 벗어난 기억이 단 한 번도 없었으니까. 자신의 그런 고통을 의식하고 자기 자신에서 도망치려는 사람의 공포심이 얼마나 큰지 아니? 어쩌면 이런 고통 때문에 그림을 그리게 되었는지도 몰라. 그림을 그리고 있는 그 순간만은 모든 걸 잊을 수 있었거든, 적어도 처음 얼마 동안은 그랬어. 내게 위안이 되어주고 나를 구제해 주었다고 생각해. 그런데 언제부턴가 그림마저도 도움이 되질 못 했어. 오히려 이제는 그림 때문에 괴로워졌지. 작품 하나 완성하기까지 치러야 하는 고통이 시간이 흐를수록 나는 두려워졌지 더구나 색깔이 나오지 않거나 내 빛깔이 아닌 남의 빛깔이 내 그림 속에 나타나면 미칠 것 같았지, 그런데도 그림을 그릴 수 없을 땐 제정신이 아니었어, 그래서 어거지로 하얀 캔버스 앞에 앉으면 그 하얀 색이 나를 질식시킬 것만 같아 이내 도망쳐 버리는 때가 점차로 많아진 거야, 그러는 사이에 결국 난 내 빛깔을 잃어버리고 말았지, 붓을 놓은 처음이야 불안하고 초조해서 어느 곳에도 머물지를 못하고 항상 여기저기 서성거렸지, 나의 공기가 희박해서 호흡도 곤란했지만 점차로 나아지더라. 차츰차츰 고통에도 둔감해지고 간혹가다 타인의 고통처럼 여겨질 정도로 아련히 전해오는 고통뿐 오히려 편안한 것 같은 착각마저 들 정도였단다. 그런데 너를 만난 거야, 물론 계속해서 화실에 온다는 것을 알고 있었지만, 너를 만난다는 게 내겐 너무 두려웠어, 내게 잠자고 있는 고통을 다시 불러일으킬까 봐 난 감히 널 만날 용기가 없었던 거야, 너는 곧 다른 나의 모습이기도 했고, 내게 있어서 그림이기도 했으니까. 반가움에 나도 모르게 네게 다가간 뒤 난 뼈저리게 느꼈단다. 언제까지나 자신을 속일 수는 절대 불가능 하다고 말이야…』

그녀의 목소리는 점차로 생기를 잃어갔다. 눈은 감겨 반쯤 잠든 상태인 것 같았다. 나는 화실을 대충 정리하고 불을 끈 후 밖으로 나왔다. 그것이 내가 마지막으로 본 그녀의 모습이었다.

다음 날도, 그다음 날도 화실에서 그녀의 모습을 찾을 수는 없었다.

모든 것은 그대로 있는데 오직 그녀만이 없었다.

그렇게 몇 년이 지났다. 을이의 화실을 찾은 기회도 세월의 흐름과 함께 차츰 줄어들었고 얼마 전부터는 거의 찾질 않았다. 그런데 뜻밖에 그녀의 편지를 받은 것이다.

몸이 오슬오슬 떨렸다.

날씨는 맑은데 온도는 급강하했다. 손과 발에서는 식은땀이 흐르고 입에서는 나도 모르게 한숨이 흘러나왔다. 다리는 천근만근이나 된 듯 무거워 주저앉고 싶은 마음뿐이었다.

걸음을 멈추고 사방을 두리번거렸다. 그러나 마을은 보이지 않았다. 마음이 다시 어두워졌다. 언젠가 보았던 을이의 그림에서 느꼈던 절망의 감정으로까지 옮겨지려 했다.

기분을 돌려볼까 하고 내가 온 길을 뒤돌아보았다. 그런데 뜻밖에도 내가 서 있는 지점에서 등 뒤의 왼쪽으로 비스듬히 비켜선 약간 떨어진 곳에 몇 채의 집들이 시야에 들어온 것이 아닌가? 동산들 속에 숨겨져 있어 그 앞을 지나올 때는 보지 못했던 것이다. 집들이 가까워질수록 나의 가슴은 더욱 거세게 뛰었다. 몇 년 만에 을이를 만난다는 기쁨과 그 동안의 그녀의 변화에 대한 두려움이 나의 발길을 더디게 했다. 만약 그녀가 한 남자의 촌부(村婦)로 변해있다면?

을이의 집은 쉽게 찾을 수 있었다. 달빛을 이고 있는 초가, 울타리도 대문도 없는 초가가 눈앞에 나타났다.

나는 한참을 집 주위를 돌며 서성거렸다. 희미하게 새어 나오는 불빛을 보니 들어가기가 더욱 힘들었다. 차라리 그대로 돌아가고 싶었다. 살아 있다는 것을 알았으면 되지 않느냐는 생각이 나를 강하게 유혹했다.

고음(高音)의 밭은기침이 정신을 번쩍 들게 했다. 기침의 주인은 몹시 괴로운 듯 메마르고 날카로운 기침을 연신 토해냈다.

그 기침 소리에 쫓겨 나는 엉겁결에 주인을 불렀다. 방문이 열리더니 한 아낙이 나왔다. 한 손으로 배를 움켜쥐고 다른 한 손으로는 나를 쳐다보는 그 아낙을 보았을 때 나는 그만 외마디를 질렀다.

나를 쳐다보는 그 눈빛. 쳐다보는 대상의 심장을 꿰뚫고 지나가는 듯한 강렬한 그 눈빛, 결코 잊을 수 없었던 그 눈빛은 바로 을이의 것이었다.

꼭 끼던 흑색 작업복이 훌렁거릴 정도로 야위고 병든 한 늙은 여인의 모습, 열린 방문으로 보이는 가득 쌓인 '캔버스' 앞에서 웃으며 서 있는 그녀의 모습을 난 죽을 때까지 결코 잊을 수가 없을 것이다.

마침내 나는 솥뚜껑을 열고 나왔단다!

〈끝〉

제29회

학술문학상

•

1980~2000

당선

제747호 1984년 6월 4일 월요일

제29회 학술문학상 : 문예부문 소설

복실이

· 정선주 (국어교육과 3학년) ·

오늘은 아침부터 스타일이 확 구겨지는 날이었다. 복실이가 실종이다. 복실이는 만 2년쯤 되는 발바리다. 나와 같이 숙직실 침실에서 한 냄비 밥을 지어 먹으며 살아온 놈인데… 게다가 그 발바리는 똥을 싸거나 배가 고플라 치면 끙 · 끄응 · 끄응하고 울 뿐 짖지도 못하는 벙어리 강아지였다. 기실, 이 점이 또한 주인 곰보 아저씨의 눈총에서 벗어날 수 있는 것이기도 했다. 숙아는 구질 털털한 숙직실에까지 들여놓았다고 성화였다. 그리고는 그녀가 있는 주인집에 가져다주고자 했다. 복실인 2년 전, 추석날엔가 영화 구경이나 하고 하루를 공치고 돌아오는 길에 까닭 없이 졸래졸래 날 따라온 강아지였다. 제기랄 배라먹을…, 하긴 내게는 키울 능력도 없었다. 남에게 주자니 아깝고 해서 그럭저럭 키워 온 것이었다. 김치 조각 · 깍두기 · 라면 쪼가리…. 이것으로 겨우겨우 연명하는 복실이다. 「제가 복이 없으려고 날 졸졸 따라왔지…」라고 나는 밥을 허겁지겁 쑤셔 넣는 복실이 뒤에 대고 말하곤 했다. 대부분 발바리는 옥상이 달린 이층집에서 단백질 공급이 원활한 꼬마애의 손에 안겨 가지고 다닐 테니까.

『김 군, 전화 왔어. 전화, 아가씨한테서야 아가씨.』 구두를 깃고 있던 내게 주인 곰보 아저씨는 입가가 어그러지는 야릇한 미소를 지으며 전화를 건네주었다. 그것은 받아 보나 마나 숙아의 전화일 것이 분명하다. 그녀는 오늘 오후에 전화한다고 했으니까 『응, 나야, 다가공원 아래 벤취에서, 그래, 3시까지 나갈게, 조금 늦을지도 모르니까 기다려…』하고 난 단숨에 전화를 끊어버렸다. 주인아저씨는 무슨 전화를 저렇게 싱겁게 받나 싶은 듯 나를 한참 쳐다보다간 고개를 갸우뚱했다. 나는 곧 아랫입술을 지그시 빨았다. 그리고「아저씨 좀 다녀오겠습니다 그 아가씬 정차 제 아내가 될 사람입니다. 급한 볼일이 있어서요. 저…」

하고 내가 그 너절할 이유를 입이라도 뗄까 할 때였다.

그가 날 저지하듯 『가보라구! 빨리 돌아와, 나도 저녁 무렵에 나갈 일이 있으니까』하고 말했다. 나는 우선 거울을 보고 쓱 머리를 위로 젖히고 숙직실에 걸려있는 물기 없는 옷 중 나은 것을 골라 대략 추스르고 나왔다.

걸어도 되는 거리였다. 나는 장난치듯 훑고 지나가는 봄바람과는 반대 방향으로 걸었다. 바람에 머리카락이 꼿꼿이 세워지곤 했다. 화가 잔뜩 난 고슴도치처럼 혼이라도 빼 갈 듯이 복작대는 남부 시장의 좁은 길목을 겨우 빠져나왔다. 멀리서 다가공원이 자리한 건물이 보이기 시작했다. 희뜩희뜩하게 아카시아가 푸른 나무 사이에서 명맥을 유지하고 있었다. 복실이처럼 나는 킁킁대며 냄새를 맡아보려고 했다.「제기랄, 고놈은 대체 어디 가서 뭘 한담.」 오늘은 숙아에게 아기를 지워버릴 것을 강경하게 밀고 나가리라. 곰보 주인아저씨는 어젯밤 내게 월급을 매달 3만 원 더 얹어주고 추석・설날 말고도 보너스라는 것을 한 차례 더 준다고 했다.

그 돈이 생기면 뭐할까? 철공소 김 씨처럼 양복을 하나 해 입을까? 숙아에게 보석이 박힌 목걸이를 해줄까?…하여튼 그것은 신명 나는 일이었다.

다가공원이 가까이 보이는 곳에 벽보 관이 눈에 띄었다.「시다 구함」하고 전화번호가 매직으로 깔겨서 적혀 있었다. 3년 전 나는 처음 이 도시에 발을 내디뎠던 기억을 해냈다. 그때에도 안내판 덕분이었다.

물론 그 안내판은 팔달로 부근에 있는 것이긴 해도. 구직→안내→취직 순으로 화살표가 적혀있고 전화번호가 몇 개씩 적혀 있었다. 제7 직업소개소라는 간판을 보고 찾아간 곳은 다방 이 층에 있는 사무실이었다. 야간열차 좌석의 칙칙한 의자처럼, 퇴색된 쑥색 용접 세트가 눈에 들어왔다.

한 아저씨가 시골의 면서기나 새마을 지도자처럼 녹색 새마을 모자를 쓰고 부지런히 전화를 받고 있었다. 40 고개 아저씨였다. 그 옆에는 극장간판에서나 보이는 분홍색 얼굴로 기미가 가득 서린 실팍한 여자가 뭔가를 적고 있었다.「나진호」라는 팻말을 써 붙인 아저씨가 나를 올려보며 물었다.『웬일로 왔는가?』『취직을 좀 할까 해서요』하고 나는 문살이 센 징검다릴 건너듯 조심스럽게 말했다.『자넨 어딜 취직하려나』『먹고 입혀 주고 기술만 가르쳐주는 곳이면 다 됩니다』 여기까지 말하고 나자 갑자기 수치스러워져 볼따귀가 새빨개졌다. 실팍한 아줌마가 곁에서『이 총각, 순진하긴』하고 음모 섞인 웃음을 흘렸다. 나진호 아저씨와 그 실팍한 화장기 짙은 실눈이 허공에서 잠시 부딪혀 뭔가를 이야기하고 있었다. 눈으로만.

『자네 나이트크럽은 어때? 아니면 홀 같은 곳의 웨이타는?』하고 투박하게 물어 왔다. 나는 잘 모르지만, 그곳이 별로 안 좋은 곳이라는 것만은 알았고 『기술을 배워야 한다』는 생각이 떠올랐다. 우리 동네깡패 대장 인혁이도 그런 곳에 있다가 그 장대 같은 키와 체격은 다 어디가고 얼굴이 새까맣게 말라서 항상 배를 쥐고 다니는 형국을 하는 것을 생각해냈다. 『그런 곳은 싫어요. 기술을 배울래요.』하고 기어드는 소리로 말했다.

『자넨 허우대도 아깝고 그런 것 해서는 돈못버네…어찌겠는가? 월드컵이나 무랑루즈 정도는 내가 해줄 수 있지』 그가 다가와서 내 어깨를 톡톡 치며 위아래로 물었다. 『그런 곳에 가면 아주 편하지, 팁을 많이 받아낼 수만 있다면 웬만한 사람 빰치게 돈을 벌 수 있다네…』라고 나 씨 아저씨가 말했지만 나는 기어이 기술꾼이 되기를 희망했다.

아저씨는 허기진 나에게 짜장면을 공짜로 사 주었고, 레지를 시켜 커피를 불러다 주었다. 그리고 간판 이름과 전화번호가 빽빽이 들어선 잡지를 꺼내어 전화했다. 몇몇 거만스럽게 생긴 주인들이 와서 나를 둘러보고 갔다. 나 씨는 「순진하고 성실해 뵈지 않았습니까?」하는 웃음과 상술을 그들에게 던졌다. 『저런 애들일수록 못 믿어요. 주민등록증도 안 가지고, 게다가 허우대 값하게 생겼어요.』하는 날카로운 말을 던지고 대부분 나갔다. 나는 언젠가 영화에서 보았던, 노예시장에 있는 노예처럼 비참한 기분이 들었다. 정말이지 값 매겨놓은 노예마냥 나는 한명한명씩 나를 사러 오는 주인 녀석들에게 구조와 동정의 눈길을 보냈다. 취직이 안 되면 어쩌나 하는 불안에 떨던 오후가 지나 밤이 되었다. 한 곰보딱지 아저씨가 어슬렁어슬렁 들어와서 나를 훑어보더니 나 씨 아저씨에게 5천 원을 세어 주었다.

「고용주는 월급의 10%를 소개비로 준다」는 것을 한참 뒤에야 알았다. 나는 내게 먹고 입고 잘 곳이 해결되었다는 데서 안도감을 느꼈다.

그리고는 미로에 있는 생쥐처럼 이 골목 저 골목을 빠져나가 매곡교가 있는 부근의 작은 양화점으로 따라갔다. 한 달 후에 난 내 월급이 3만 원인 것을 알았다. 2만 원은 어디로 사라졌을까.

벽보판에는 그밖에도 여러 가지가 써 붙어 있었다. 부녀사원 모집광고, 「엄마 돌아오세요. 소영인 모든 걸 용서해 드리겠어요」하는 바람 난 엄마를 찾는 광고, 영화배우 전소라의 대문짝만한 누드가 찍힌 「타락극장」광고판…따위를 훑어 내려갔다. 내가 퍼뜩하고 눈을 크게 뜬 것은 「작은 시작, 행복한 가정」이라 쓴 표어였다. 그 아래에는 「예금안내」라고 씌어진 꿀단지 모양의 농협협동조합 마크가 새겨져 있었다.

순간 난 주인 아저씨가 3만 원씩의 월급을 올려준 것과 보너스 약속을 생각해냈다. 「그래 난 아빠가 된다. 아빠가, 저축을 해야지…」하고 가까이 가서 살폈다. 그리고는 내게는 목돈마련 저축이 적합하며 3년제의 저소득 근로자 저축이 적당한 것을 알아냈다. 숙아도 기뻐하겠지. 나는 흘러간 가수 김세월의 「당신을 사랑해요. 이세상 끝날 때까지」라는 노래를 입술을 동그랗게 오므려 휘파람으로 불었다.

세상이 다 기분 좋게 들어와 있었다. 그것의 발견은 굉장히 살 맛 나는 일이었다. 나는 재빨리 공원길이 나올 수 있는 지름길을 찾다가, 완산동 다리를 건너 공원 뒤쪽 계단으로 가기로 했다. 거기에는 흉가처럼 먼지가 쌓인 관 집이 늘어져 있었고 돌 지난 아기에 젖을 물리고 졸고 있는 주인댁이 눈에 띄었다. 회오리바람 속에서, 귀신이 나오는 만화책같이 항상 그곳은 음침하여 나를 쭈빗쭈빗 하도록 했다.

금방이라도 숙아의 오빠라도 뛰어나와 내 목덜미를 잡아당기며 「자아식, 너 지금 뭘 하러 가는 거야」하고 협박하듯 물을 것만 같았다.

숙아는 하얀 손수건으로 입을 막고 얌전한 소녀처럼 날 기다리고 있었다. 지금 막 시내를 오면서 보았던 혈색 좋고 밝은 아가씨에 비해, 굳은 석고마냥 침울한 그녀를 보자 김이 파 새었다. 물론 그녀는 데리고 다니기에 적당한 정도로는 산뜻한 얼굴이지만, 우린 곧 심각해져야 했다. 요즈음 들어 우리는 날마다 이 태아 문제로 넉다운이 되어 헤어지곤 했다. 숙아는 새빨갛게 충혈된 눈을 똑바로 뜨고 내 동정을 살폈다. 『낳을 거예요』 하고 그녀가 말했다.

그것은 아직도 현실을 현실로 인정치 않고 말하는 것이라고 여겨졌다. 『여자들이란 항상 감상적이란 말이야. 돈도 없으면서 자식을 낳겠다고? 누가 키울 테야, 우리 너무 맨몸이잖아?』 하고 내가 흥분된 목소리로 물었다. 『창식씬 돈을 벌고 전 착한 아내가 되어 아이를 키우면 되죠. 그럼 충분히 살 수 있다구요. 부자는 못 되겠지만』 그녀가 갑자기 들떠서 명랑해진 소녀처럼 말했다.

『흰소리 말라구. 무슨 알랑방구야. 뭘 먹고살고 착한 아내가 돼…』 하고 내가 눈을 부릅뜨며 일부러 몹시 화난 것처럼 했다.

숙아는 종내에는 흐느껴 울기 시작했다. 『흠, 난 눈물 따위엔 마음이 움직이질 않는다구』 하고 나는 아무렇지 않다는 여유의 표시로 찌하고 침을 길게 이빨 새로 뱉었다.

숙아는 어깨를 들썩이며 울었다. 우린 쌍다리를 지나 일찍이 봐 두었던 변두리 산부인과로 가고 있었다. 패잔병보다도 더 초라하게. 그걸 뭐라고 표현 해야 할까? 정조? 순결? 아무튼 그런 류의 것을 최초로 내게 보여주어 나를 흐뭇하게 만든 여인! 그녀가 그 숱한 유혹과 극한 상황의 궁핍에서도 내게 보여준 것은 하나의 신뢰였다. 내가 그녀를 소유하기 위해서 바친 정열은 내 역사의 이전에도, 이후에도 없을 만큼 무서운 것이었다. 그녀를 위한 삶은 얼마나 즐거웠던가. 반짝반짝 빛나던 구두코를 지으면서도 나는 종일 그녀와 함께 있는 생각을 하지 않았던가? 그런데도 나는 그녀에게 윽박지르고 있다. 소파수술을 해야 한다고. 그것은 아버지라는 내 무게를 지탱하지 못하기 때문에 내지르는 변명이기도 했다. 터벅터벅 걷는 걸음 사이를 비좁고 과거에 대한 미련이 연민처럼 따라붙다 조용히 사그라져 갈다.

천변 가까운 남녀 고등학교에서 학생들이 운동하는 소리가 호루라기 소리에 섞여 들려왔다. 떠들썩한 응원 소리, 애국가와 응원가를 울리는 장엄한 밴드소리가 퍼져 나왔다. 나는 문뜩 죽은 형을 생각하였다. 승전의 용사처럼 색소폰을 불던 해군 군악대의 형. 날씬한 제복을 입고 계집애처럼 깔끔한 웃음을 짓던 형은 우리 집안의 신(神)이었다. 하얀 가운을 입고, 빗과 가위로 손님들의 머리를 깎던 아버지는 항상 「우홧, 하하하」 하는 폭포수 같은 웃음을 웃었다.

「네 아버지는 의사나 판검사와 같이 「사」자가 들어가는 훌륭한 면허증을 가진 사람이야」 하며, 살이 벨 것 같아 면도를 싫어하는 나에게 면도도 해주었다.

아버지가 이발소에서 폐병 3기의 고통 — 이를 테면 가래와 각혈을 길어 올리거나 고통을 느끼게 하는 기침과 체중감소 —을 몰래 몰래 혼자 고민하며 처리하다가 뒤늦게 형에게 발견되었다. 폐병 3기, 그것은 폐병이면 죽는 것처럼 알려진 당시에서는 손도 못 댈 처지였다. 가끔 어머니는 돈을 긁어모아 비싼 주사를 맞도록 했는데, 그것은 시한부의 아버지에게 할 수 있는 어머니의 최대한의 몸부림이었다. 결국 얼마후 아버지는 어린것들을 두고 먼저 간다는 한마디 유언으로 어머니의 손목을 잡은 채 세상을 떠났다. 어제까지 친구의 아내였던 어머니에게 아버지의 친구들은 유혹자로 둔갑해 달려들기 시작했다.

어머니는 강인했다. 아버지에게 받은 사랑을 위해서라도 꿋꿋이 자식들을 키워 저승에서 당신 앞에 서리라고 했다. 벽돌공장으로, 쳐다보기만 해도 섬짓섬짓한 10층 꼭대기의 청소원으로, 버섯 공장으로 전전하였다. 누나는 빼빼 마른 몸으로 성냥공장엘 다녔는데 가끔 작업 중에 쓰러져 작업반장을 당황하게 하기도 했다. 우리 식구는 쌀 한 톨을 볼 수 없는 꼽쌀밥을 먹고 살며 형을 고등학교에 보냈다. 곧 형은 학비 생활비 일체를 제공해주는 진해의 해군사관학교를 갔다. 키가 큰 형은 밴드 뒤에서 색소폰을 불었는데, 곧 고된 훈련을 못 이겨 퇴학을 맞고 바로 졸병으로 입대하였다.

제대한 형이 찾을 수 있었던 직업은 쌀장사였다. 뚜렷한 쌀가게가 있는 것이 아니라 형이 십 리를 멀다 않고 쌀을 가져다 이윤을 남기고 파는 것이었다. 어머니는 그런 형에게 안정적인 월급쟁이를 요구했고, 육체노동에 지겨워하던 형은 곧 S사에 취직하였다. 형이 취직한 그곳은 방직회사였고 형은 거기서 기계 수리를 하곤 했다.

형은 그곳 기름보일러에 빠져 보상금 하나 없이 시체가 되어 왔다. 우리 식구는 그를 화장시켜 강물에 띄워 보냈다. 어머니는 25년간 믿어왔던 신을 잃었고 넋 나간 사람처럼 우두커니 안장서 하루해를 보냈다. 그리고 어느 날 갑자기 징그러운 번데기가 예쁜 날개를 가지듯이 변해 버렸다. 어머니는 전처럼 물 바랜 스웨터도 입지 않았고 간편하다고 좋아했던 몸빼도 더 이상 입지 않았다.

일찍이 봐둔 산부인과는 시내 병원의 반도 안 되는 가격으로 뒷말 없이 해낸다는 곳이었다. 도시의 쓰레기더미와 주정꾼들이 밤새 갈겨댄 질긴 지린내와 토사물로 인하여 몹시도 지저분하고 음침한 뒷골목에 자리한 곳이었다. 우린 여기를 수소문해 내고 조금은 안심했었다. 시내의 종합병원에서 초라하게 위축되는 우리가 아니어도 되고, 무엇보다도 입원비가 저렴하다는 데 우린 위로를 받았다. 지워 버리자, 지운다…. 여하튼 이 거창한 무게를 감당키 위해 숙아와 내가 쌓아내고 다시 허물어 버렸던 고민과 걱정은 족히 전주천의 물소리 정도는 비교도 안 되었다.

어스름하게 몰려오는 석양 속에서 날 닮은 아기가 신음하며 죽어가는 환영을 보았다. 밤늦게까지 카르랑 거리며 울던 쌀가게의 고양이 울음처럼 음산하고 금방이라도 숨넘어갈 듯한 자지러지는 소리를 지르며, 그 환영이 유년시절의 환영과 허공에서 쓰디쓰게 부딪쳐 피를 흘렸다.

24평, 도시의 아담한 우리 집이 빚으로 넘어가고 버스 한 대도 오가지 않는 도토리 골(도토리가 많이 난다 하여 붙여진)로의 이사는 하나의 굴욕이었다. 마을은 항상 억척스러운 아낙네 냄새와 소금같이 절은 땀 냄새, 비린내와 돈 냄새 등에도 불구하고 항상 구질구질한 궁핍을 내뱉었다. 무엇보다도 내게 참기 어려운 곤욕은 30가구 이상의 북적대는 집들이 단 2개의 변소를 사용한다는 데 있었다. 그것은 나와 같이 소극적이고 내성적인 성격도 인혁, 두일과 같은 인물들을 변소 앞 대열에서 충분히 친해질 기회를 주었다. 하루라도 싸움이 그칠 날이 없고 한번 싸울라치면 식구대로 다 나서는 냉전이 벌어지는 곳이었다.

그러나 내게는 어떤 누구에게도 떳떳하게 보이고 싶지 않은 주거지의 비밀들을 공유한 사람들이었다.

나, 인혁 두일 그 누구 든지 부모나 환경에서는 계통발생이 갖추어지지 않았고, 우리 개체 역시 시원치 않은 인물들이었다. 그리하여 내가 그들과 어울려 세상살이를 배운 최초의 놀이터는 전주천이었다. 지한 똥냄새와 장구벌레와 모기떼들, 여름이면 물살이 빨라져서 몇몇 계집애가 물귀신이 되곤 했다. 흐물대는 물때와 더러운 물줄기에는 실지렁이가 바글대는 곳이었다. 인혁과 두일이는 작살로 개구리를 잡거나 지렁이 등을 잡아내어 팔거나, 휴짓조각이나 플라스틱 조각 등을 모아 팔거나 간혹 훔치기도 하는 넝마 소년이었다. 그리하여 어떻게 하면 돈을 벌어들일 수 있는가에서는 항상 조숙했으며, 그 돈은 대부분 호떡이나 오뎅국물을 사 먹는데 씀으로써 우리의 부러움을 받았다.

그들 둘 다 학교에 다니지 않았고 두일어머니는 그 개천 앞에서 5원짜리 풀빵을 굽고 있었는데 아무도 사 먹는 것 같지 않았고 그나마 그의 어린 동생들이 익기도 전에 다 주워 먹어버려서 항상 그의 어머니는 「아이고, 어쩌지. 밀가룻값도 외상인데…」하며 게걸스럽게 주워 넣는 아이들을 안타깝게 쥐어박곤 했다.

나도 어느덧 학교가 파하고 나면 가방을 던져두고 내닫는 곳이 개천가가 되어 버렸다. 인혁과 두일이가 개천가를 종일 이 잡듯 뒤지다가 6개월쯤 된 버려진 태아를 찾아내어, 뜨겁게 달군 바윗돌 위에 얹혀 두었다. 그들은 서커스 단원같이 어깨를 으쓱거리며 우리에게 구경시켰다. 나를 포함한 아이들이 그것을 지켜보는 시선은 현충일 예식과도 같이 경건성을 빛내고 있었다.

그것은 흡사 발가벗긴 인형과 같았다. 햇볕 아래 자랑스럽게 그의 고추를 드러내고 있는 나체의 병정 인형처럼. 세우면 기다란 눈썹이 떠지고 누이면 두 눈썹을 감는 하나의 잘 닦인 반짝이는 남인형이었다. 머리털과 손가락이 여리게 생긴, 팔뚝보다 작은 태아가 드러난 햇빛이 시어서 눈을 감고 있었다. 바윗돌에 살이 익은 것만 같은 말랑말랑하고 보들보들한 태아, 아이들은 그것이 전주천 상류 부근에 있는 예수병원에서 떠내려왔을 것이라고 속삭이던 유녀의 기억, 숙아의 배 속에 있는 태아도 그러한 형상으로 개천 구석이나 쓰레기 더미에 버려져 떠도는 혼이 될지도 모른다는 생각이 꼬리를 물고 괴롭혔다. 살아남으려는 의지와 종에 대한 애착이 황량한 들판에서 이지러지며 아우성치고 있었다.

초경의 풋풋한 비린내처럼 그해 겨울엔 첫눈이 내렸다. 쓰레기더미, 자갈, 잡초 따위에는 첫눈이 쌓여서 마치 미안수 선전하는 계집애의 얼굴같이 깨끗해졌다. 눈이 오면 필연적으로 땔만한 것의 곤란을 받는 아이들은 패로 나눠 땔 것을 찾아 혈안이 되어 헤매었다. 그중에서도 가난에 필요 이상 단련된 골수분자며 독종인 인혁과 두일이 개천가로 통하는 하수구 속 깊이까지 기어들어 가 찾아내어 온 것은 조그마나한 푸대였다. 아이들은 그 속에 가득 쓰레기와 종이 나부랭이가 들어 있을 것이라고 시덥지 않은 눈치들이었다.

자루는 감아진 것을 풀 때마다 포장이 또 나타나고, 또 나타나고 하여 적이 열겹 정도는 넘게 싸여 있었다.

처음엔 불쏘시개 감이라 하여 좋아하던 녀석들도 차츰 그 속의 내용물에 대한 궁금증과 각자의 추리로 엉켜진 시선들을 집중했다. 소유주인 인혁과 두일도 못지않게 들어서 씩씩 웃음을 짓거나 휘파람을 불어 젖혔다. 맨 마지막 「삼양설탕」이라는 눅눅한 비닐을 벗겼을 때 드러난 것은 얼음에 재워둔 생선 살처럼 꽁꽁 언 하얀살덩이 였다.

예상 밖의 결과에 아이들은 풀이 죽어 시들해졌다. 그러한 분위기에도 불구하고 인혁과 두일인 막대기로 「족다리군, 족다리군」하면서 마치 생물교사처럼 그 살덩이를 뒤집었다. 그때 우리는 으악 하는 비명조차도 지를 수가 없었다.

그것은 고개를 양다리 사이에 고꾸라박고 죽은 계집애였다. 맨 처음 우리에게 보인 것은 계집애의 등줄기 살이었다. 8개월쯤 된 태아였는데 머리카락에는 피가 지저분하게 엉겨 있었다.

나의 소심(小心)은, 더는 보지 못하고 소리 없이 배신자가 되어 그 대열을 빠져나오고 말았다. 그 유년의 기억에 묻힌 얼어 죽은 계집애 태아의 혼이 날 따라 다니며, 지금 이제 성인이 되어 또다시 그 기억을 실습하려는 내게 저주를 퍼부을 것만 같았다. 초설처럼, 그날 연연하게 쌓이던 초설처럼, 온갖 두려움과 망설임과 그 숱한 과오들을, 고막을 터트리고 나오는 태아가 덮어 줄 수가 있다면, 덮어 줄 수가 있다.

어머니는 어느덧 말코 아저씨와 어울렸다. 주로 죽은 형을 「그놈의 자식」이라고 하고 시작되는 넋두리였다. 말코는 우리가 이 골짜기로 이사 오기 전에 이웃에 살던 한약방 주인이었다. 아버지가 돌아가시고 형이 죽은 후에 더 풍부해졌던 하얀 쌀밥과 중국식 과자, 불고기 따위, 버터 냄새 나는 고액권, 모두는 그의 손에서 나오는 것이었다.

그는 어머니의 넋두리에 아주 딱한 표정과 위로의 말을 덧붙임으로써, 쉽게 어머니와 친해졌다. 언젠가 그가 우리 동네 도토리 골에 2톤 트럭을 들고 온 적이 있었는데, 그의 얼굴에는 어울리게 「사람들은 왜 저렇게 가난하지?」하는 아주 순수한 표정을 지으며 어머니에게 지폐쪼가릴 내밀었다.

그 뒤로 말코는 급속도로 어머니와 친숙해졌고 누나와 나는 늦게까지 돌아오지 않는 어머니를 기다리다가 잠이 들곤 했다. 어느 날 난 자다 깨었는데도 오지 않은 어머니를 기다리며 아무 생각 없이 거리에 쪼그리고 앉았다가 말코와 어머니가 소곤거리는 소리를 엿듣게 되었다.

『우리 벌써 세 번도 더 긁어냈잖아요. 대체 언제까지 이런 생활을 해야 하나요…』 나는 갑자기 눈앞이 캄캄해져 더는 내디딜 곳조차도 없는 절벽을 내딛는 기분이었다. 어머니의 성(性)은 어디까지나 신성하고, 추상적인 것이었다. 그것은 피할 수 없는, 아버지에 대한 모독이었다.

『흐음, 벌써 그렇게 됐나. 음, 그것은 좀 생각해야 할 문제군…』하고 여유 있게 이죽거리는 말코의 소리가 들렸다. 나는 내 어머니가 죽어줬으면 하고 얼마나 간절히 바랐는지 모른다. 「아아, 나는 얼마나 바보였던가?」 난 갑자기 내 어머니와 어울리지 않았던 포마드 냄새와 향수 내를 떠올렸다. 하늘처럼 믿었던 형에 대한 보복이었는지도 모른다.

그러나 말코 녀석과 알몸으로 뒹굴었을 내 어머니에 대해서는 어떤 변명도 용납되지 않았다. 어둠침침한 50만 원 전세방에는 버젓이 아버지의 사진이 걸려 있는데 말이다.

길에 앉아 몸을 도사리고 있던 나는 「우엑」하고 구토를 하고 말았다. 어둠 속에서도 어머니는 거의 본능적으로 다가와 등을 두드려 줬다. 『더러운 손 놔』하고 악에 받친 소리를 질렀다. 『쬐그만게 당돌한 구석이 있군.』 말코가 중얼대며, 제풀에 머쓱해져 헛기침하고 어둠을 저으며 가버렸다.

『먹고 살기 위해서는 다 벨 수 없는 일인기다. 니도 이만큼 컸으니까 말이지만, 목구멍이 포도청 앙이가? 수엠이 석자라도 먹어야 양반이고. 니 애비 죽은 후, 여자 몸으로 그래도 니들 남매 밥 안 굶기고 키워 왔다 앙이가?』 어머니는 자신 없는 목소리로 말끝을 흐렸다. 길바닥 쪼그려 앉아 내 손을 만지작거리는 어머니를 팽개치고 집으로 돌아왔다.

그 후 나와 어머니는 침묵이 일관되었고, 난 종일 방구석에 뒹굴며 며칠을 학교에 나가지 않았다. 3기분 수업료, 마지막 수업료를 내지 않았다고 출석부로 머리를 세차게 얻어맞는 것이야 좋았는데… 등 뒤에서 「저러면서 배워 뭘 하지」하는 계집애의 빈정댐이 내 뻔뻔함과 두일, 인혁에게 물려받은 독종 기질의 한계를 느끼게 했다. 그리고 종일 말코 녀석을 어떻게 하면 은밀히 반쯤 죽여줄 수가 있을까 하고 골몰했으나 뾰족한 수가 나지 않았다. 그 작자는 나와 같이 이마에 피도 안 마른 녀석에게는 엄두도 낼 수 없는, 내가 범하기에는 너무 높은 곳에서 항상 여러 사람의 관심과 존경의 울타리에 서 있었기 때문이었다.

가난한 과부라는 삶의 학대로 질겨지고 무디어진 여인, 그리하여 산부인과를 들락이며 서너 번의 소파수술을 감당해내며 그런 것 정도에는 수치심마저 느끼지 않는 내 어머니. 돌이켜 생각하기도 진저리가 나는 일이지만, 말코에게 순결을 잃고 셋방 구석에서 흐느끼던 장작처럼 마른 누이, 말코 녀석, 그리고 청년이 되어 가방 가득 지폐를 벌어들이겠다는 그 모든 희망과 동경이, 그들을 박차고 나에게 돈벌이를 시작하게 했다. 이미 가난이 단련된 내게는 도회지는 힘겹지 않았다. 다만, 도회지가 지폐 한 보따리 정도는 벌게 해줄 거라 여겼던 실망만 빼고. 어머니, 말코, 누이, 그들은 이미 나보다 훨씬 먼 세계의 전혀 모르는 사람처럼 느껴졌다. 도시에 몇 번의 가을이 지났는지도 모르게 내게 최초로 먹을 것과 입을 것, 잠잘 곳을 마련해 주었던 도시 한구석의 양화점에서 나는 집착하고 있었다.

월급날엔 샘표 간장 한 병을 사서 밥을 먹는 생활을 하며, 기술자 근성을 익혀가면서, 나는 휼륭한 구두장이가 되어가고 있었다.

어떤 날인가, 한 아가씨가 샌달을 들고 와서 『아저씨! 이것 여기서 고칠 수 있어요?』하고 다급해진 소리로 물었다. 여자라곤 곰보 주인 아저씨의 부스스하고 실팍한 사모님밖에 접하지 못하고 지내던 나는 그 하얗고 그야말로 산뜻한 그녀 앞에서 어머니나 누이에 대한 기억은 자취를 감추었던 것이다. 『길을 가다 한복판에서 샌달 끈이 끊어져 걸을 수가 없어요.』 그녀가 울먹이듯 말했다. 물론 나는 그따위 남의 발 냄새 물씬거리는 구두나 기워주는 바느질쟁이와는 질적으로 다르다. 나는 몇 년 동안 얼마나 멋진 구두를 만들어 왔던가? 일찍이 초식동물의 가죽이었을 부드러운 감촉을 느끼며 내 숙련된 봉제 솜씨로 주인과 손님들의 칭찬을 받던 귀한 손이 아닌가. 시장 · 군수 · 의사…그들 모두는 내가 만든 구두를 신고 시내를 활보한다는 생각은 항상 나를 자부심에 들뜨게 했다.

그러나 나는 그보다 훨씬 손쉬운 샌달 끈을 잇지 못하고 손까지 떨고 있다는 데 대하여 심한 열등의식을 느꼈다. 『저, 그런 건 안 해 봤죠, 그래서…』

나는 오랜 시간 동안 샌달 끈을 연결하는 데 실패했다. 별술 없이 고성능 접착제를 사용하여 샌달 끈을 산뜩하게 이어줬다. 샌달을 건네주며 내가 『학교에 다니시니 좋으시겠어요.』하고 다소 달뜬 목소리로 말했다. 그녀는 의아한 듯 눈을 깜박이더니 『저…전 공단을 다녀요. 기성복을 만들지요.』하고 차분한 표정으로 말했다.

순간 나는 그녀가 단박에 마음에 들었다. 그녀는 어려운 일을 하더라도 마음씨는 천사와 같아야 한다는 내 가슴속에 그려진 여자와 기막히게 들어맞았다. 더군다나 마구 굴러다니며 살아온 어머니와는 전혀 다른 여자라는 점에서 어쩌면 그녀는 전부터 내 마음에 들었는지도 모른다는 생각이 그녀가 나에게 무관한 것처럼 보이게 했는지도 모른다. 내가 그녀에게 이를테면「고향이 어디죠?」「언제 올라왔죠?」따위 등을 그녀의 신상에 관한 것을 묻다가 마침내 숙아가 나와 같은 K읍에 적을 두었다는 실마리를 찾아내었다. 그리고 그녀에게 끊임없이「재지에서 같은 고향 사람을 만나 반갑다는 것」을 강조했다. 그것은 말코가 어머니에게 보여준 적당히 이해하고 들어주는 방식과 어딘가가 들어맞는 구석이 있는지도 모른다고 여기면서.

숙아는 「건강섬유」 봉제 공장의 미싱사였다. 십 센치도 더 되는 먼지 속에서, 숙아는 한 시간에도 몇 벌의 옷을 만들어야 하는 미싱공이었다. 거무죽죽한 건물에 들어서면 햇볕이 차단되고, 널따란 작업장 틈새로 미싱이 괴물처럼 죽죽 머리를 드러내고 있었다. 작업은 지퍼, 실밥나부랭이, 헝겊 조각이 어지러이 뒹구는 곳에서 숙아는 무덤의 시다를 거느린 가난한 여왕이었다. 그녀는 시다에서 미싱까지 비교적 빨리 올라갔고 이제는 재단까지 꿈꾸고 있었다.

숙아는 가족이 없었다. 그녀의 결혼한 오빠가 광주엔 가에 살고 있을 뿐이었다. 그리하여 일찌감치 가정이라는 따뜻한 보금자리 맛을 못본 점에서 나와는 일면의 공통점이 있었다. 부모가 없다는 공동의 기억과 아픔을 가진 동반자였다.

우리는 작업장에서 일어나는 일들, 시다중 누군가가 미싱을 깔본다는 이야기 누군가가 재봉틀에 손이 찔려 어쨌다는 이야기 따위의 아주 사소한 화제를 가지고도 즐겁게 이야기했다. 숙이의 깔깔대는 웃음은 항상 가슴을 희망으로 달아오르게 했다. 숙아와 나는 또한 돈을 졸졸이 쓰는 검약하는 생활면에서도 공통점을 지녔다.

그녀와의 결혼, 물론 그녀가 내 숙직실로 살림을 합치는 것이다. 그녀의 오빠는 나 같은 보잘것없은 구두장이에게 여동생을 내줄 수 없노라고 하였다. 나는 계속 통사정을 하였고, 숙아의 오빠는 미리 봐둔 곳이 있다고 반대하였다. 숙아는 자신의 일은 자기가 알아서 하겠다고 오빠를 물리쳤다. 단호한 각오가 나로서는 참으로 괴로웠다. 그녀는 단연코 나를 택한 것이었다. 우린 행복했었다. 적어도 우리의 최소한 기본인 생계 문제를 위협하는 숙아의 임신만 없었다면.

숙아는 마취되어 조용히 잠들었나 보다. 간호원과 하루에도 수명씩의 생명을 제거하는 김 박사의 바쁜 발소리만 들렸다.

내 어머니도 세 번도 넘게 귀청을 찢는 듯한 단말마의 비명을, 송두리째 자지러지는 신음을 내뱉었을 것이다. 「벌써 그렇던가! 흐음, 그건 좀 생각해야 할 문제군…」하고 말코의 여유 있게 이죽거리던 모습이 떠올랐다. 그것은 또한 좀 더 진지한 모습으로 표정을 바꾼 나의 모습이기도 했다. 어머니에 대해 말코가 가해자이듯, 나는 좀 더 고상하고 동정하는 체하는 숙아의 가해자였다.

내가 느끼는 아픔과 그녀의 이름과는 같을 수가 없다. 또한, 나의 괴로움이 타는 것도 피상적인 것일지도 모른다는 자책이 내부에서 일었다.

나는 화장실을 다녀왔다가 얼핏 들여다보았던 수술대 위에 배를 천장으로 향하고 미이라처럼 누워있던 숙아를 보았다. 김 박사가 조용히 수술용 고무장갑을 벗으며 나간 뒤 간호원이 바트에 뭔가를 받쳐 들고 나갔다. 죽은 태아이겠지…. 나는 곧 양화점의 라디오에서 들었던 말을 기억해 냈다. 「태아가 정력에 좋다고 돈깨나 만지는 자들은 계약해 두고 먹는 곳이 있어 문제시되었다지……」. 나는 용수철 튀기듯이 일어났다. 그리고 간호원에게 태아를 바트채 빼앗아 들었다. 그리고 미친 무희처럼 병원대기실을 휘젓고 돌아갔다. 그것은 하나의 처절한 굿이었다.

대잡이도 고수도 없는 외로운 혼 맞이 굿이었다. 숙아가 희뿌연 한 눈을 뜨고 밖을 내다보는게 얼핏 보였다. 「아가야, 이 애빌 용서해다오, 용서해다오.」 나는 미친 듯 돌며 춤을 추었다.

그 바람에 의사와 간호원이 날 붙들어 살리려다가 나뒹굴어 지기도 했다.

「아가야, 네 몸을 안고 춤을 춘다. 아가야, 난 기필코 부자가 될 것이다. 니 동생들은 부잣집 애들이 될 거야. 다시는 이런 일을 하지 않을게.

출세를 할 거야 출세를…」 나는 무당처럼 중얼대며 어지럽게 돌아갔다. 얼굴이 하얗게 바랜 숙아가 사시나무 떨듯이 다가와서 뺨이라도 칠듯한 얼굴로 사납게 태아를 낚아채 간호원에게 넘겼다. 하지만 그게 숙안지 간호원인지 알아보지 못할 지경으로 나는 휘돌리고 있었다.

안정을 해야 한다는 의사의 말에도 불구하고 숙아와 나는 입원비를 감당할 걱정이 앞서 구둣집 깜깜한 골방에다 숙아를 뉘었다. 그것은 정말로 우리를 비참하게 만들었다. 파리들이 얼굴 가까이서 앵앵 날며 신경을 어지럽혔다. 숙아는 하혈을 많이 한 탓인가 더욱더 창백해져 갔고 어지럽다고 했다. 축 늘어진 숙아는 가련하게 죽음과 삶 사이를 배회하였다. 나는 숙아를 위한답시고 쪼그리고 앉아서 숙아의 귀에 대고 말하였다.

『숙아, 난 한때 숙아를 위해, 오직 널 위해 아주 공부를 늦게나마 열심히 시작했어. 이래 봬도 난 학교 다닌 때 꽤 공불 잘했거든. 하지만 자격증, 자격증이 안 나오는 거야. 내가 공불 열심히 해서 판사가 되겠어, 검사가 되겠어? 나는 이제 돈을 벌 거야』 숙아는 눈을 감은 채 내 말을 듣고 있다고 생각했다.

그래, 숙아를 더 기쁘게 해줘야지. 『숙아 돈을 벌어서 큰 도시 한복판에 비까비까한 양화점을 차리고 난 주인이 되지. 숙아는 커다란 슈퍼마겔의 여주인으로 만들어 줘야지. 그래서 같이 돈을 버는 거야. 그리고 난, 아주 수줍음을 잘 타거든. 남 앞에서 말을 못 하는 건 숙아도 잘 알잖아? 장차 양화점 주인이 되면 난 웅변학원을 다닐 테야』 숙아는 더 이상 듣고 있지 않았다. 그러나 난 계속 그녀에게 지껄였다. 장차 내가 부자 남편이 되어 줄 수 있다는 것, 그것은 이야기하는 것만으로도 기뻤다. 『그리고 우린 다음부터 낳은 아이에게는 꼭 대학까지 공부를 시키자고,

사장도 판검사도 만들자고…. 나는 훌륭한 양화점 주인이 되고 숙아는 재단도 하고…』

나는 그녀에게 내가 오늘 마음먹은 3년짜리 목돈마련 저축 이야기를 하려고 했다. 그녀가 갑자기 일어나 앉아 『이봐요. 안 속는다구요. 흥, 또 속아 넘어갈 줄 알고. 내 애기, 흑흑…』하고 제풀에 꺾여 흐느꼈다. 갑자기 당한 기습에 놀란 나는 그녀의 팔을 붙들려 했으나 그녀의 힘은 완강하여 오히려 내 머리를 잡아 뜯었다. 미쳤군. 나는 그녀의 뺨을 때려 숙아를 제지했다. 천치처럼 멍해진 그녀를 품으로 안았다. 강아지 털처럼 따뜻한 온기가 품으로 가득히 고여왔다.

나는 갑자기 오늘 아침에 나가버린 복실이 녀석을 생각했다. 이 땅 어딘가에 멋진 양옥집 꼬마 녀석에게 안겨서 낑낑댈지도 모른다.「늦복이 많은 녀석인지도 모르지…」 그리고 나는「강아지를 그렇게 좋아하다간 너도 강아지처럼 되겠구나」하고 근엄하게 꾸짖는 그 애 아버지가 되어 응접실을 왔다 갔다 하고 있었다. 그때 숙아의 『내 아기이—』하고 부르짖는 비명이 귀를 쑤시고 들어왔다.

당선

제747호 1984년 6월 4일 월요일

제29회 학술문학상 : 시

첫눈

· 이재용 (국어국문학과 3학년) ·

I

아버지의 한숨처럼 저녁 안개가 깔리는

빈돌을 걸으면

주름진 예순여섯 해가 보인다

쭉정이란 밟아온 당신 발자국

뒤돌아보면

기울어진 허수아비 긴 목을 늘이고

홀로 서 있다.

II

문간에서 쓰러지던 봄바람을 잡고 일어나

가난을 밝히는 새벽

나는 당신의 나락이 되고 싶었습니다

잔잔한 물결 밀어오는 슬픔에

부대끼던 날들을 잠재우고

나는 당신 꿈의 등불이 되고 싶었습니다.

Ⅲ

꽹과리 날라리 징 소리 장구 소리
상모 끝에 돌아가던 하늘을 흙 속에 묻어두고
이웃들은 하나둘 떠났다
한 우물을 마시며 살아온 인정으로도
붙잡지 못하는 그들의 사연
나는 알았을까
헛간에 오쟁이를 걸어 두고서도 지키지 못하는
그들의 땅을 나는 모두 알았을까.

Ⅳ

보리싹 푸른 들에 가을이 간다
내 뿌리를 묻은 땅에 가을이 간다
빈집을 허물던 손을 씻고
거미줄 엉킨 바람을 벗어나 물길을 간다
이웃했던 이름들 공중에 부려두면
끼욱거리는 기러기떼
그들 스쳐 간 들녘에 조금씩 내리는
첫눈.

당선

제747호 1984년 6월 4일 월요일
제29회 학술문학상 : 수필

자존심의 참맛

· 김금옥 (국어국문학과 3학년) ·

우리가 일상적으로 사용하는 말 중에서 「자존심」이란 낱말만큼 동네북처럼 두들겨 맞고, 코에 붙이면 코걸이 귀에 걸면 귀걸이 식으로 오용되어 온 말이 또 있을까 싶다.

이는 우리네들이 「자존심」이란 말의 진정한 의미는 모르는 채 마구 남발했기 때문에 생긴 일종의 병폐라고 생각된다.

그래서 진정한 의미의 「자존심」을 알고, 그러한 「자존심」을 지닌 채 살아간다는 것은 참으로 값진 일이면서도 어려운 일이 아닐 수 없다.

우리말 사전을 펴들고 「자존심」에 대한 풀이를 살펴보면, 대가 다 「스스로 자기 자신을 높이고자 하는 마음」이라는 말로 요약되고 있음을 알 수가 있는데, 이런 자전적인 의미만으로 참다운 「자존심」은 이해한다는 것은 너무 추상적이고 장님 코끼리 만지기 식밖에 안 될 것 같다.

X X X

달포 전 여였던 듯싶다.

평소엔 늘 손에 깍지를 끼고 그림자처럼 붙어 다니던 두 친구가 그날만큼은 웬일인지 서로 입술을 이죽거리며 얼굴을 외면하는 것이었다.

그래 그중에 한 친구를 만나 스쳐 지나는 안부조로 의중을 떠보니까는 한참을 땡감이라도 씹은 듯한 표정을 짓더니 심정을 떨어놓고 눈물바람을 하지 않겠는가.

사소한 의견 대립 끝에 말싸움까지 번졌는데 먼저 사과하자니 자존심이 허락지 않고, 그냥그냥 지내려니 입이며 낯이 근질근질해 못 참겠다는 거였다.

그 말을 듣곤 관포지교 같은 사이에서 그까짓 자존심이 뭐 그리 대수냐는 말로 엉덩이를 부추기기는 했으나 가슴 한쪽이 허물어지는 듯한 씁쓸함을 감출 수는 없었다.

자존심이라는 것이 고개 끝이 덜 익은 가시나의 쓰잘데기 없는 오만 덩어리는 아닐 텐데, 그것의 본체가 대체 무엇이길래 제멋대로 오용되고 상처투성이의 가시관을 써야 하는 것인지.

일전에 금산사에서 참선을 하면서 화두로 「진정한 의미의 자존심이란 무엇이며 어떻게 행해야 하는가.」를 놓고 밤을 밝히고 새벽을 채운 적이 있었다.

그때 얻은 쪼그마한 생각에 「마음의 빗장을 잘 열고, 걸어라」 였던 듯 싶다.

우리의 마음은 얼마만큼 빗장을 잘 열고 못 여나에 따라서 추해지기도 하고, 아름다워지기도 하며, 그 마음 씀씀이에 따라 인간 됨됨이가 평가되기도 한다.

한데 가만히 보면 대부분의 사람이 그 빗장을 열고 거는 것에 서투를 뿐만 아니라, 아예 빗장을 걸어 잠그고, 자신의 울타리 안에서 쫑쫑걸음을 치는 것에서 희열을 찾고, 권위를 세우려 하고, 만족하는 것 같다.

우리는 거의 본능에 가까울 정도로 자기의 장점은 남 앞에 내세워 더

돋치려 하고, 인정받고, 찬양되길 원하며, 자기 앞에서 남이 움츠러들고, 부끄러워하길 은근히 바라는 우월감을 가지고 살고 있다.

반면에 자기의 단점은 스스로가 인정하려 들지도 않고, 뒤로 감추고, 행여 충고라도 받았을 땐 고개를 요로 들고 모로 들며 못마땅해 하는 이기심을 가지고 있다.

게다가 남의 장점을 장점으로 인정하려 하지 않고, 어떻게 해서든 꼬투리를 잡으려 하며, 설령 온갖 미사어구로 칭찬을 했다 해도 속으로는 질투를 느끼고, 시기 한다.

또 남과 나를 비교해서 남의 좋은 점이 돋보이고, 내게 잘못된 점이 있으면 아집을 버리고 남의 장점을 받아들여 나를 다듬어 가려는 생각보단「나는 나고 너는 너다」는 식의 고집 내지는 자존심을 운운하며, 남의 좋은 점은 배척해버리고, 나의 마음엔 굳게 빗장을 걸어 폐쇄함으로써 자존심을 세운 것처럼 착각하기도 한다.

이 모든 것이 아집과 독선과 위선으로만 뭉쳐진 오만이 빚어낸 자존심 때문이라면 생각해 보라.

한순간의 부끄러움이 싫어서, 또 왠지 초라해지는 것 같고, 자신의 긍지와 자부심에 먹칠하는 것 같아서 마을의 뒷장을 꽉꽉 걸어 잠그고, 오만 덩어리 같은 그릇된 자존심을 내세운다는 것은 서로에게 불신과 이기심만을 조장할 뿐 득이 될게 부에 있겠는가.

그것은 자기기만이고, 폐쇄된 울타리 안에서 퇴보만이 있을 뿐, 좀 더 나아진 모습이란 기대할 수 없을 게다.

진정한 자존심은 내 것만을 주장하는 아집이어서도 안되고, 시기와 질투로 다둬진 오만이어서도 안되며, 턱 끝이 뾰족이 솟아오른 권위의식이 서로 안되며 안으로 안으로 빗장을 걸어 잠가 이끼가 끼고, 곰팡이가 슬픈 마음이어서 더더욱 안된다.

한순간의 부끄러움을 무릅쓰고라도 자신 잘못으로 인정하고, 자신을 활짝 열어젖혀, 남의 좋은 점을 사실 없이 내 것으로 받아들여서 좀 더 나아진 모습으로 섰을 때 비로소 자존심이 세워지는 것, 마음의 빗장을 활짝 열어젖히고 나서 보자.

X X X

어찌 보면 「자존심」이란 바보스러울 만큼 착한 마음에서 우러나오는 격인지도 모른다.

따돌림받고 업신여김을 당하고, 그리고 억울하게 빼앗기면서도 탓하지 않으려 선한 마음과 여기에 비친 사물들이 솔직하게 울려 퍼져서 스스로 흘러내리는 멋이 자존심을 빚어내는 것이라.

잔꾀가 홍수처럼 범람하고 아집과 오만이 그릇된 모양으로 나뒹구는 거리의 한 모퉁이에서 숨 막히는 아픔을 느끼는 건 참 「자존심」을 지닌 채 하얗게 피어난 박꽃 같은 마음으로 살고 싶은 까닭에서 이려니 마음의 빗장을 열고 살 일이다.

가작

제754호 1984년 10월 15일 월요일

제29회 학술문학상 : 수필

체면이 밥 먹여 준다나

· 이기성 (무역학과 1학년) ·

다섯 살 난 조카 녀석의 철모르는 행동을 보면서 한편으로는 귀여운 생각이 들면서도 때로는 얄밉기도 하고 심지어는 한 대 쥐어박고 싶은 생각까지도 들 때가 있다. 『엄마! 저 녀석은 정말……』 이라고 짜증스럽게 얘기할라치면 어리고 어린시절— 이웃집 아저씨가 읍내 시장에 다녀올 때, 수박 한 덩이를 사 들고 오시는 것을 보고 슬그머니 뒤따라가, 이유 없이(?) 울고불고 생떼를 쓰다시피 해서 기어이 수박 한 조각을 얻어먹고 왔다는 기억에도 없고 또한 믿기지도 않는 나 어릴 적 얘기를 꺼내, 내 입을 꼼짝없이 봉해 버리곤 했다. 철이 들고서부터는 친구 집에 우연히(?) 때맞추어 들렀다가, 친구 어머니께서 『밥 먹었느냐』고 물으시면 수 끼니를 걸렀으면서도 『방금 먹고 오는 길인데요.』 라고 서슴없이 대답해 버리곤 하던 나의 사고방식으로는, 어머니께서 들려주신 어릴 적 얘기가 도저히 믿기 어려운 얘기였던 것이 사실이다.

휴지통을 바로 곁에 두고 길바닥에 담배꽁초를 버리고서도 얼굴색 하나 변하지 않는 사람들이나, 버스에 먼저 오르려고 아우성인 사람들을 보면서 눈살을 찌푸린 적도 있었고, 김동인 작 「운현궁의 봄」을 읽으면서, 마치 상갓집 개와도 같은 대원군의 파락호 행세를 마냥 못마땅해 했던 기억도 있다.

나처럼 체면을 많이 챙기는 사람도 세상엔 드물 것이다. 안 먹고서도 먹은 척, 모르면서도 아는 척, 마음에 안들면서도 드는 척, 갖고 싶으면서도 안 갖고 싶은 척…. 나의 일상생활을 뒤돌아보면 온통「척」투성이라는 생각이 든다.

그런데 한번은 이러한 체면, 아니 자존심까지도 적당히 팽개쳐 버린 적이 있다. 고등학교 시절—친구 몇몇과 무작정 상경한 적이 있었다. 모든 것이 생소하기만 했던 서울에서 우리는 당장 세 때 끼니 걱정을 해야만 했다.

하루를 굶고 이틀을 굶고 사흘을 굶었다. 파랗던 하늘이 온통 회색빛으로 느껴질 만큼 허기는 심해졌고,「체면이 밥 먹여 준다냐? 일단 얻어먹고라도 보자」면서 걸인 아닌 걸인이 되어, 들어간 집이 세차장을 경영하는 어느 가정집이었다. 인심 좋아(?) 보이는 주인아주머니께선 소반에 반찬 몇 가지를 챙겨 오셔서, 보기만 해도 침이 설설 녹는 꽁보리밥을 한 그릇씩 꼭꼭 눌러 담아『밥통이 옆에 있으니 모자라면 더 들라』는 말씀을 하시고 나가셨다.

우리는 밥 한 그릇을 맞바람에 게눈 감추듯 순식간에 먹어 치웠지만 열 끼니를 꼬박 굶은 끝이라 쉽게 양이 찰 리 없었다. 얼른 한 그릇씩 더 퍼담아 먹기 시작했을 때야 아주머니의 실수(?)로 반찬이 모자라는 것을 알았다. 벼룩도 낯짝이 있다고 이때에야 내면 깊숙이 숨겨 두었던 체면이란 놈이 살포시 고개를 들었고, 결국에 우리는 위장병 환자가 먹는 밥마냥 맹물에 꾹꾹 말아서 찬 없어도 잘도 먹었었다.

유독 체면을 많이 챙기는 온통「척」투성이의 나여서인지, 지금에 와선 그 일이 행여 누구에게 알려질까 두렵기도 하고, 너무 쉽게 체면과 자존심과 인격까지도 팽개쳐 버렸다는 심한 자책감에 휩싸이기도 한다. 극한 상황, 또는 인생을 사는데 하나의 좋은 경험일 수도 있는 것이라고 자위하지만, 앙금처럼 남는 알 수 없는 감정의 찌꺼기는 수년이 흐른 지금도 지워지질 않는다. 이런 이유에서였는지는 잘 모르겠지만「어떤 사람이 밤거리에서 술을 먹고 방뇨한 사실을 다음날 깨닫고, 떨쳐 버릴 수 없는 죄책감에 벌금 5천 원을 사죄문과 함께 신문사로 보내 왔다」라고 하는 신문 기사는 내 가슴에 찡하게 와 닿았다.

흔히들 하는 얘기로, 우리 한국 사람들은 체면을 너무 세우는 폐단이 있다고들 한다. 수년 전 외국인들이 많이 사는 서울 이태원에서 수년 동안 생활할 때 접한 외국인들의 행동은 마치 고삐 풀린 망아지처럼 스스럼이 없었다. 혹자는 예의범절도 모르는 서양 망나니라고 욕할지도 모르겠으나, 그들의 행동은 나름대로 실용적이고 맺고 끊는 맛이 있어 솔직히 부럽기도 했었다. 전통과 관습에 차이가 있고 오백여 년 동안 한국 사회를 지배해 오다시피 한 유교 · 양반 사회의 단순히 형식적인 잔재라 치더라도 주책없이 행동해서 남의 눈살을 찌푸리게 하는 것보다야, 어느 정도 체면을 차리는 것도 과히 나쁠 것은 없겠다.

송아지가 자라면 고삐를 매듯이 인간은 철이 들면서 체면이라는 보이지 않는 고삐에 매이는 셈이다. 소고삐는 당기면 아픔을 느끼지만, 체면이라는 고삐는 아픔을 느끼지 않는다는 데에 맹점이 있다. 어느 정도 체면을 차리는 것은 인간 생활을 원활하게 하는 윤활유가 될 수도 있겠으나 지나치게 체면 의식에 사로잡히는 것도, 잘못 윤활유 속에 섞인 불순물이 되어버릴지 모를 우려가 없지 않다. 그러나 이보다 더한 인간생활이라는 거대한 기계를 어쩌면 망가뜨려 버릴지도 모를 커다란 돌멩이는 당장 아픔을 느끼지 않는다 해서 안이하게 생각하고 무시해 버리는 우매함일 거라는 생각이 든다.

길거리에서 담배꽁초를 함부로 버리고 교통질서나 행락질서를 어지럽히는 사람들을 보고서도 눈살만 찌푸릴 뿐 나무라줄 용기도 자신도 갖질 못한다.

어린아이의 철이 덜 든 행동은 타이르거나 때로는 나무라서도 고쳐줄 수 있으나 철든 어른 아이의 잘못된 행동은 나무라줄 용기가 나에게 없다는 사실이 못내 나의 심정을 아프게 하고, 그럴수록 오늘 아침 신문에 실린 어느 아저씨의 기행(?)은 내 가슴에 더더욱 찡하게 와 닿는다.

오늘도 다섯 살 난 조카 녀석의 스스럼없는 행동은 내 눈살을 찌푸리게도 했지만, 그 녀석의 티 없이 맑은 눈동자만은 솟아오르는 아침 햇빛을 받아 영롱하게 반짝이는 아침 이슬만큼이나 상쾌한 기쁨 같은 걸 가져다주었다.

제30회

학술문학상

•

1980~2000

새벽

· 김상휘 (사학과 2학년) ·

직사각형의 관이 시커멓게 옻칠을 쓴 채 안개 속에 길게 누워 있었다.

잠깐 그 곳을 노려보는 순간 가슴속으로 쎄하는 서늘한 바람이 일었다.

……

주위는 무대조명이 바뀌듯이 철공소 산소용접 불빛으로 온통 퍼렇게 변해 버렸다.

시커멓게 옻칠한 관은 음양을 구별할 수 없을 정도로 유치원생 그림처럼 싸늘하게만 흔들리고 있었다.

순간 변압 기통에서 스파크가 일어나는 것처럼「짜릿―」섬세하고 가는 벼락이 흡사 불꽃놓이 불똥처럼 쫘악 퍼지면서 직사각형의 검은 관을 냅다 몇 겹으로 덮어 버렸다.

검은 관의 뚜껑은 순식간에 과속의 돌멩이를 맞은 차창처럼 거미줄 모양과도 같이 섬세히도 금이 가버렸다.

무서운 일이었다.

금이 간 사이로 썩은 시체의 손이 공룡 목처럼 아주 천천히 움직였다.

썩은 독사의 흰 뼈가 개미떼에 의해서 움직이듯이…

나는 무서움을 동반한 호기심에 토끼처럼 헐떡이는 가슴을 심호흡한 뒤 움직이는 등 체를 확인코자 숨바꼭질의 술래처럼 아주 살금이 관 속을 다가가 들여다보았다.

이것은 영화 속에서 본 무섭게 저주를 받은 미이라의 형상이었다.

머리 주변엔 눈이 부시도록 파란 광채가 났다. 얼굴은 쑥개떡처럼 거무퇴퇴하고 질컥하면서 썩은 메주덩이와 같았다. 두 눈 또한 오뉴월의 시궁창에서 아주 골아버린 명태 눈과도 같았다.

습기 찬 곳에서 아기 탯줄이나 생선내장이 촉촉이 썩는 듯한 냄새가 뭉게뭉게 오는 것 같아 욱하고 똥줄이 뜨큼 당기는 찰라 저주받은 미이라는 용수철처럼 벌떡! 튀어 올라 사정없이 나를 덮쳐 안아버렸다.

고개마저 움직일 수 없게 나를 서서히 죄어버리는 미이라는 틀림없는 악령의 힘이었다.

어젯밤 꿈은 몸서리쳐지는 악몽이었다.

해는 이미 서쪽에 있는 삼각형 모조잡산과 흡사한 속으로 숨어버린지 오래였다.

정신과 육체가 약해진 나를 더욱 당황케 하는 검붉은 샐로판지 그림자가 성큼 나에게 다가오고 있었다.

오히려 공동묘지의 분기는 으스스한 외적인 무서움보다는 피마 신저녁노을이 지면서부터 내적인 가슴 조임이 무서움을 더해 갔다.

반병쯤 남은 소주를 병째로 목구멍 깊숙이 집어넣고 마셔버렸다.

한 잔만 마셔도 만취가 되어버리는 나는 오늘따라 전혀 취기가 올라오지 않았다.

어제의 악몽과 현재 공동 묘지의 노을이 짙게 저버린 상태, 소나무, 밤나무가 날카롭게 어둠을 감시하는 유령처럼, 서서히 탈바꿈되는 상태. 무겁게 흥분된 심장은 좀처럼 가라앉을 줄 몰랐다.

『아니! 왕년에 힘깨나 안 써본 놈이 있나. 나오라구! 뭣이든 나오란 말이야. 귀신?! 좆도 아니니 소리 말구 나와 보라구.』

상석 모서리에 「바싹」하고 빈 소주병은 파편이 되어 어둠 속으로 각기 날아가 버렸으나 되돌아오는 메아리 음성은 방금 지껄인 내 목소리가 아닌 전혀 다른 밤의 목소리로 더 크게 나를 에워싸 버렸다.

『제길이! 요즘 뭣하고 지네! 지금도 무협지 따위 쓰면서 내공(內空)이다. 외공(外空)이다. 찾는지 모르겠어.』

우연히 오 일 전에 소줏집에서 만나 중학교 동창 녀석의 비웃음 섞인 말이었다.

『…….』

『워낙 사회가 메말라가니 말이지, 난 도대체가 무엇이 실체이고, 허상인지 조차가 구별하기가 힘들단 말이야.』

동창은 철학 비슷한 말을 꺼낸 뒤 씁잘한 듯 소주잔을 기울였다.

『제길이… 난 지금도 자네만 보면 흰 눈처럼 순수해지고 싶은 충동이 든단 말이야. 요즘에도 학창시절 때처럼 양심, 양심 하면서 살아가는지 모르겠어…』

동창은 시장바닥에다 내던지듯 거의가 관심을 두지않는 감 껍질처럼 잡다한 말을 내뱉었다.

사실상 나에겐 상당히 듣기 거북한 발언들이었지만 그날따라 동창 녀석의 말이 왜인지 의설스럽지가 않았다.

난 지금까지 살아온 짧은 생이지만 혼자서 착한 척 정직한 척 했지만 모든 일에서 아무런 의미를 발견할 수가 없었다.

원고지 몇 장만한 침침한 방에서 만삭이 된 아내가 동산처럼 누워있는 모습은 시간이 흐를수록 손가락을 깨무는 고통이다.

아내는 사슴 눈으로 곱게 눈을 흘리지만 나에게 와 닿는 느낌은 심장을 전기톱에 자르는 것처럼 아픈 전율이 온다.

연애할 때만 해도 소설가니 문학을 지향하는 순수문학도니 하며, 열변의 얘기에 남들은 그 얼마나 우릴 보며 부러워했던가!

신혼 때에도 종종 그 추억을 되씹으면서 부푼 희망으로 무협지 원고지를 메꾸며 살아왔다.

『당신 지금도 순수문학에서 뜻을 버리지 않았지요?』

『그럼』

『옛날 연애 시절처럼 당신이 가진 꿈, 희망을 저버려선 절대로 아니되요, 이 모든 것들은 당신과 저와 이 뱃속의 당신 아이까지의 바램이니까요. 대문학가가 되어 현실을 아프게 갈구하는 여러 사람에게 생명수를 주는 거예요. 배고픈 사람에게 배부른 양식을, 약한 사람에게 착한 선을, 미움이 있는 곳에 사람을, 분열이 있는 곳에 일치를…』

『당신 기도문 외우고 있구려…』

『기도문이라니요…. 당신의 생명수를 세상 사람들에게 나누어 줬을 뿐인데요』

『그래? 그럼 난 작은 성인이란 말이야…』

『그럼요…, 저의 작은 성인이에요.』

아내는 캥거루 새끼처럼 살포시 나에게 안겨버렸다.

현재는 무협지도 끝이 나고 할 일이 없어 방 안 구석에서 뒹구는 베개처럼 아무런 일거리가 없어 오히려 적적하고 불안할 뿐이었다. 난 나 스스로 침몰할 정도로 초라해져 갔다.

 그렇게 건강하면 아내가 어깨가 쑤신다. 팔, 다리가 아프다 할 적마다 오히려 내 육체가 대신 좀 아파달라고 말 없는 호소를 보내면서 숱한 한약방의 이름만 떠올렸지 아무런 대책은 없었다.

어느 적부터 적적한 밤을 빙자해서 밤이면 버릇처럼 술을 마셔왔다.

나는 좀 더 새로운 세계를 찾고 있었지만, 현재는 심하게 목이 마르고 언제나 배가 고파 있었다.

난 나 자신이 이루고자 하는 일에 경제적인 사정으로 이루지 못한다면, 이건 얼마나 고통스러운 슬픔인 것인가! 결국, 스스로 자포자기 상태에 빠져 허우적대기도 했었다.

여기서 이런 식으로 술을 마시고 공상 따위에 궁상을 떤다면 최소한 며칠은 외롭고 배고파야 한다.

『왜? 지금도 내가 순수 따위나 찾고, 생(生)의 일에 소심한 인간으로 보이나? 순수! 양심! 휴지통에 쓰레기일뿐이야. 이미 넝마에 내던져 줘버린 지 오래라구.』

나는 순간적으로 전혀 생각지 않던 말들이 마구 튀어나오듯 뒤엉켜 쏟아져 버렸다.

『아니! 제길이. 그동안 험난한 풍파가 제길이를 많이 변하게 했구만…아주 정상으로 말이야…』

동창 녀석은 뭐가 반가운지 두 눈을 번뜩이며 좋아했다.

『자! 우린 이제야 정확한 아니! 꼭 정신적으로 맞는 동창생이야.』

『훗훗.』

『아니? 무슨 얘기야. 정신적이고 뭐고, 아주 저 상은 또 뭐야….』

나는 의아하게 물었다.

동창은 자기 고개를 내 귓속에 삐딱이 대고는 살그미 귓속말로 좋은 돈벌이가 있으니 멋진 동업을 하자는 거였다.

『제길이, 멋지게 한잔 받으라구.』

나는 돈벌이라고 해서 구미는 당겼지마는 동창의 말과 뜻을 전혀 알아들을 수가 없었다.

『그래, 그 돈벌이가. 뭔데….』

나는 동창 얼굴도 제대로 쳐다보지 못한 채 물어보며, 괜히 말했나 하는 생각에 상황도 밋밋해서 소주 한잔을 벌컥 비웠다.

주위를 돌아다본 동창의 얼굴은 햇볕에 쪼가리 거울이 번쩍이듯 빛이 났다.

동창의 얘기는 대충 이러한 것들이었다.

동창 친구 중에 의대 해부학실 조교가 있다는 거였다.

의대생들의 카디발 실습이 시작되는 본과 1년생의 바램은 유능한 의사가 되고 싶어서인지, 아니면 철부지 학년으로 의학도라는 괜한 자부심 때문인지는 몰라도 5년 정도쯤 되는 시체를 소유하는 게 꿈이다는 거였다.

그래서 몇몇 용기 있는 학생들은 직접 등산 도구를 메고 핑계는 밤낚시만 하룻밤을 동료학생과 으스스 떨며 시체를 파오는 수도 있다고 했다.

그렇지만 엉성한 만용도 없는 학생은 전혀 용기를 낼 수가 없어 물건을 파온 학생에게 돈까지 주면서 부탁을 하지만 그 친구는 공포의 밤을 상기라도 시키듯 턱이 달아날 정도로 흔들어 버린다는 거였다.

물건… 속칭 시체를 자기네들끼리 물건이라고 은어 비슷하게 사용하고 있었다. 그래서 조교 친구가 아주 은밀히 부탁을 받았다고 했다.

『제길이 어때… 무자본을 투자하자는 거야… 순수한 용기와 배짱으로서 돈줄쯤 잡자 이거야…』

상당히 나로서는 당혹한 일이 아닐 수 없었고, 또한 전혀 뜻밖의 말에 뒷골에서 짜릿한 충격을 느꼈다.

자신이 무협지를 쓸 당시만 해도 필력(筆力)으로는 세상 천하의 배짱은 모두 가졌고, 용기는 하늘을 꿇을 듯이 대단했지만, 현실의 자신은 그와 정반대였기 때문에 동창 말에 상당히 어지럽게 흥분이 되어갔다.

『이 사람아 이 정도 고비 없이 어떻게 두툼한 호랑이 가죽을 만져 보겠나….

그리고 그 친구들이 머구리 의사가 되지 않고 명의사가 되기 위해서 갈구하는데 왜 못 도와줄 게 또 뭐 있남?』

동창은 담배를 떨리게 끌어물었다.

성냥불에 비친 얼굴, 또한 무척이나 긴장돼 보였다.

『일곱 장 준다는 거야…일곱』

동창은 왼손을 폈다 세 손가락을 쥐어 보였다.

『일곱 장이라니』

나의 의욕 없는 되물음에 그는 귀뺨을 잡고.

『일곱이란, 칠십만 원을 말하는 거야…이 사람아.』

귀뺨이 놓인 순간 심장은 거세게 고동을 치고 있었다.

『글쎄… 난 어떻게 하는 방식도 모르고…』

주저하면서도 거대한 액수 때문인지 자신도 모를 약해진 말투로 약간의 요의 뜻을 보여 버렸다.

『그거야 간단하지』

동창은 대충 방법에서 운반해오는 데까지 일련하게 알려주었다. 그리곤 숨 쉴 여유도 두지 않고 계약을 서둘렀다.

내 생각과 거부할 여유도 주지 않은 채 동창은 현찰 셋인 두툼한 뭉치를 중량감 있게 내 호주머니 속 깊숙이 넣어 줌으로써 아예 저항할 틈을 좁혀 버렸다.

『제길이, 믿을만한 자네기 때문에 이거 알선해 준거야… 아무나 이거 못 한다구…일만 잘되면 종종 부탁하지… 일거리는 계속 있을 거야… 장사는 신용이야, 믿음이라구…』

난 말없이 내 연락처와 일주일 뒤 만날 장소를 약속하곤 동창이 한잔 더 산 뒤 우린 유행가 「친구여」노래를 부르며 헤어졌다.

동창 마신 술기운은 오랜만에 만져보는 거액과 앞으로 일을 착수하는 계획 때문에 오히려 말짱했다.

『오늘부터 다시 글쓰우』

내가 착수계획서를 쓰는 모습을 보고 아내는 애잔하게 물었다.

『아니야…, 당신! 현재 가장 먹고 싶은 게 뭐라 했더라 맞아! 시큼한 파인애플이라고 했지…』

나는 대충 계획서 쪽지를 호주머니에 넣고는 시장을 향했다.

결혼 후 처음으로 아내에게 약을 지어줄 수 있다는 기분은 대단했다. 제일 먼저 한약방에선 산모 건강에 좋다는 보약을 샀다. 또한, 시큰한 파인애플도 열 개나 샀다.

등산용 도구는 대충 골랐다. 모든 걸 위장하여 넣어올 수 있는 배낭, 간단히 토막 내는 대검, 무덤을 파헤치는 야전삽, 후레쉬, 지팡이, 벤치 비닐봉지, 마대자루와 또한 솥과 화공약품상에서 양잿물을 첨가해 더 샀다.

(이것은 아직도 부패가 덜 됐거나 시체를 묻은 지 얼마 되지 않아 살이 많이 붙어있으면 솥에 시체를 넣고 양잿물과 함께 끓이기 위해서 였다. 그래야만 완전히 살과 뼈가 깨끗이 구분된다고 동창은 말했다)

푸짐한 등산 도구를 보곤 아내는 말했다.

『당신 웬일이에요, 등산 도구를 사오시구……?』

『친구와 밤낚시 갈 일이 있어서 말이야…. 이거 파인애플이라구, 당신이 그렇게 먹고 싶어 하던…』

나는 등산 도구를 한쪽에다 치우곤 대충 얼버무리면서 집을 나와 버렸다.

화원에 가서 붉은 장미꽃 몇 송이를 샀다.

시외버스를 타고 과거에 친구 어머니를 묻으러 와본 적이 있는 공동묘지를 찾았다.

공동묘지는 과거와 같이 얼마 지나지 않은 꽃과 아예 손길이 끊겨버린 무성한 봉분으로 쪼가비처럼 엎어져 있었다.

어느 무덤을 작업할까 하는 생각만 잔뜩 넣고는, 쪼가비처럼 다닥다닥 붙은 무덤 사이를 참배하는 모습으로 곱게 지났으나, 동창의 상식을 대입해 칼처럼 날카롭게 무덤 하나하나를 엄밀히 쏘아보고 다녔다. 동창 말에 의하면 흙더미가 약간 부숭부숭한 것이 틀림없다고 했다. 잔디가 파릇하게 잘 얽혀있어 풀을 뽑아주는 척하며 흙을 만져 보았다. 정확히는 알 수 없으나 촉감이 부스럭하여 이 무덤을 작업해야겠다는 생각에 순식간 마음은 오므라들고 심장은 뛰기 시작했다. 언뜻 주위를 돌아다 보았다. 그렇지만 주위는 아무도 없었다.

큰절을 땅에 닿게 했다

『미안합니다.』

그리곤 준비해온 빨간 헝겊을 솔가지에 묶어, 묘 앞에 박아 표시를 했다. 가져온 꽃송이를 아무렇지 않은 듯 놓았으나 꽃잎은 미세하게 떨고 있었다. 이런 것은 동창 말대로 일종의 위령제형식이었다.

어둠은 마치 박쥐 울음처럼 거칠게 갉아 들어오고 있었다.

별들은 밤이 어두워지기 때문에 눈동자처럼 하얗게 타들기 시작한다.

두 눈을 깜박일 적마다 망초 꽃대처럼 희부옇게 흔들거리는 묘비명, 이것은 아름다운 율동 보담은 내 정신을 혼란에 가깝도록 마구 어지럽게 했다.

어둠과 묘비를 든 유령이 어우러져 춤을 추기 시작한 밤 나는 몸이 작아진 채로 바위틈에 웅크리고 안장 소주병 마개를 어금니로 세게 깠다. 소주를 마시는 맛은 싸늘한 무서움이 속으로부터 밖으로 다시금 나와버림이었다.

『여보! 월척 많이 낚아 오세요.』

『언제쯤 오세요?』

아내는 짐을 꾸리는 나에게 뭔가 의뭉스럽게 물었다.

『내일 아침 일찍 올게… 월척 잡아서 말이야! 약속 시각이 지난 것 같애 그럼 내일 아침에 봐요…』

배는 불렀지만 요사이 무척 야워보이는 아내에게 안쓰러움은 금할 길 없었다.

나는 친구와의 약속시간을 어기기라도 한 듯, 성급히 밖으로 뛰어나와 버렸다.

구멍가게에서 다섯 병의 소주와 쥐포 열 마리를 샀다.

현재는 소주 세 병 밖엔 남지 않았다. 이슬 묻은 장비 하나하나를 손감각으로 더듬어 만지는 순간부턴 어둠에 짓눌리듯 답답하고 호흡하기가 힘들 지경이었다. 주위는 온통 나를 중심으로 어둠이 펼쳐져 표시해 둔 무덤 봉분까지 덮어 갔다.

『아니 그럼 나 혼자 작업하라는 말이야?!』

깜짝 놀란 난 소주잔을 마시다 말고 성급하게 되받아 말을 했다.

『제길이… 이 사람아 자넨 뭘 모르는구먼, 그러니까 알선 동업하자는 거 아니야…. 나는 소개 해주고 약간의 껌값 정도의 마진 좀 먹고…』

동창은 말을 뜸했다.

『마셔, 마시자구…. 혼자 하면 어때! 일거리가 문제지…. 그렇지만 이번엔 돈이 좀 필요해서 같이 해볼려고 맘을 먹었는데, 개인적인 사정이 생겨서 말이야.』

동창은 두 손을 쥐어 본 다음

『다음엔 꼭 같이 작업을 하자고, 같이한다면 이윤은 반으로 뚝 떨어지지만 다소곳이 속삭이는 애기와 주고받는 술잔, 여러 가지 스릴과 재미는 최고이지. 하지만 내가 워낙 바쁜일이 생겨서 말이야…. 혼자 해보라구. 그러므로써 중학교 때 교복바지에다 오줌싸기 인간 제길이가 아니란 걸 보임과 동시에 배짱의 어깨를 겨룰 수 있는 동창생이 되어 보자구 이거야….』

동창은 의외로 모든 잠재적인 아픔을 뒤엉키게 함으로서 내 스스로가 작업을 하게끔 만들어 버렸다.

『이 사람…. 그땐 내가 몸이 아파서….』

순간적인 변명 같은 진실을 말했지만, 얼굴은 붉어 올라왔다,

『아무렴은 어때, 아! 그렇지…. 선행상 효행상은 제길이 자네가 독차지했지만, 사회는 그때나 지금이나 똑같더구먼… 이건 농담이야. 훗훗….』

동창 녀석은 나의 원초적인 감정을 확 잡아 비틀어 놓아버렸다. 그때 실지 몸이 아파 오줌을 교복 바지에다 싸놓고는 얼마나 당황하다 결국이 모든 걸 회피하고자 울음을 터뜨렸던 것이다. 나중은 별명이 오줌싸개가 되어 버렸지만, 지금은 그 시절처럼 나약하게 보이고 싶지 않았

다. 날 약하게 보는 사람에겐 무협지에서 나오는 주인공처럼 강인한 자가 되어 인정을 받고 싶은 심정이 간절했다.

시간은 열 시가 조금 지나는 시각이었다.

멀리서 밤 짐승 울음이 간헐적으로 들려오기 시작했다 .

무덤 앞의 꽃과 붉은 깃발을 또 한 번 확인한 뒤 우선 야전삽부터 차례대로 정리했다. 그러고 나서 다시 한번 큰절을 했다.

『정말 죄송하고 어떻게 말씀을 드려야 할지….』

작업순서가 생각나는 순간 긴 어둠을 감당키가 아찔했다. 저 건너 산엔 솔과 양잿물이 기다리고 있었다.

만약 이 모든 행위가 들통이 난다면 저질잡지에서 통속으로 쓰는 큰 기삿거리임에 틀림이 없다. 무협지 따위나 쓰는 저질작가의 변태! 시체유괴, 토막살인…등 어지러운 단어들이었다.

나는 후레쉬로 번쩍 묘 밑부분을 확인하곤 긴 오줌을 쌌다. 등산용 야전삽을 가볍게 들어 괭이모양 ㄱ자로 꺾은 다음 나사로 움직이지 않게 단단히 조였다. 상석 모서리에 살짝 부딪혀 보았다.

"쨍"하는 소리는 상상보다 컸다. 나의 무서움은 용기로 변했지만, 머리끝에서부터 배꼽까지 오돌기는 무더운 여름날 물방울이 이마에 흐르는 것을 육감할 수가 있었다. 미래를 걱정하면서 순간 떨리는 야전 괭이를 장작 패듯 내려찍었다. 풀빵처럼 부푼 흙더미는 예상외로 힘이 들지 않고 야전 괭이는 쉽게 파 내려갔다. 누나의 젖가슴이 강제로 윤간당한 것 처럼…마음은 기실 슬슬하고 음산하였지만 손놀림은 내 정신을 내팽개치듯 빨리 움직였다. 겨드랑이 사이로 보이는 하얀 비석들이 유령처럼 쭈뼛거리며 내게 다가오는 것 같았다.

 이 같은 나의 행위는 틀림없이 어둠 속의 강인한 힘에 망령일 뿐이었다.

생(生)과 사(死)는 낮과 어둠이라 했다.

낮에 보이는 수많은 형태는 나약한 인간에게 선을 약하게 한다. 그것은 욕심과 증오만이 더 크기 때문이다. 이는 욕심 증오를 키우다 결국은 짧은 낮빛에 밀리어 결국 고통과 신비의 노을에 놓이게 된다. 노을…! 후회와 갈등의 시간이며 누구에게든 생각을 아니 할 수 없게 하는 심오한 어둠의 빛을 말한다. 빛은 짧지만, 노을 또한 순간이다.

짧은 순간의 기간을 선(善)의 대립에 서서 욕심과 증오가 뭉쳐, 갈등과 고민을 하다가 생물체 모두는 어둠 속에 잠들어 버린다.

어둠은 조잡하고 수많은 망상을 망각시켜 주는 무서운 힘을 가진 거대한 존체이다. 망각은 무섭기도 하지만 모든 걸 공평과 수평으로 만든다. 또한, 망상을 망각시켜주는 무서운 어둠 속에 살그미 활동하는 우생물체는 알 수 없는 괴력의 힘을 가진 망령에 따라 움직이는 것이다. 망령은 외적의 괴력엔 강철만큼이나 강하지만 내적인 힘을 솜뭉치보다 약하다.

새벽이란 선과 욕심과 증오가 똑같이 출발하는 순간이기도 하다.

『덜컹』

야전 괭이가 관을 찍는 둔탁한 음이 손끝을 타고 말초신경을 건드렸다. 이지러진 그림자가 소나무 위에 걸려 등줄기 땀이 한 번 더 금을 긋게 하였다.

대충 관 밑부분이 잘 보이도록 바쁜 손놀림을 하고 호주머니 속에서 마스크를 꺼내었다. 후레쉬 불빛이 관 밑을 비추었다. 이건 정사각형의 바둑판과도 같이 너무나 생생한 관이었다. 잠시 잠잠했던 심장은 고무줄처럼 다시 흔들거리기 시작했다. 근처에서 선명한 음으로 부엉이 울음소리가 낮게 들렸다. 소주병을 찾았다. 빨리 작업을 끝내고 이곳을 탈피하고 싶은 말만 가득했다. 허리춤에서 대검을 뽑았다. 대검 끝은 별빛을 받아 번뜩였다. 대검의 끝부분은 관 모서리에 짜줏짜줏 움직여서 미세한 틈을 만든 다음, 목에 핏발이 서도록 숨을 멈추었다. 얇게 떨리는 손에 힘을 욱하게 주면 관 밑 뚜껑을 활딱 제쳐 버렸다. 관 밑 뚜껑은 물에 젖은 송판처럼 힘없이 뚜~욱하고 떨어져 나가버렸다.

주위는 너무나 조용하고 적적했다.

다시 후레쉬를 비추는 순간 확 두 눈이 꽉 차도록 들어오는 건 발바닥 주름과 오물오물한 발가락이었다. 빛바랜 발바닥은 꼭 오물자 발바닥처럼 하얗다 못해 창백했다. 관 밑바닥엔 끈적끈적한 물기가 질컥했다. 뱀딸기를 으슥 씹은 것처럼 비린내가 주위에 퍼져 나갔다. 난 이 순간 무섭거나, 당황해선 안 된다며, 얇은 수술용 고무장갑을 덧쌔게 끼었다.

동창 녀석의 말은 무덤 위아래 부분을 판 다음 관 위쪽에서 지팡이로 힘차게 머리통을 밀면 손쉽다고 했다 하지만 발바닥을 본 이상 다시 위로 돌아 윗부분을 파기란 왠지 거북스러워서 그냥 작업을 그 자리에서 하기로 했다. 발바닥이 보이는 거로 보아선 동창이 말한 관과 거의 흡사했다.

관은 새 관이지만 관속의 시체는 반 정도 썩어있었고 옷도 거의 썩은 상태였다. 그래야만 모든 뼈가 제대로 있다는 거 였다.

머리 위엔 유리구슬 같은 별들이 촘촘히 박혀 있었다.

꽉 찬 관속의 ㄱ자 지팡이 손잡이를 넣어 조금은 유동을 준 다음 허벅지 쪽에 「콕」 찍어 보았다. 근육이 꿈틀거림을 느낄 수가 있었다. 마치 통닭집에서 닭 다리 찢는 듯한 예리한 촉감만 주었을 뿐 다리는 잘 찢겨 나오지 않았다. 지팡이를 관속에서 빼 버렸다. 그리곤 직접 양손으로 오물자 같은 한쪽 발을 잡아 정신없이 또 한 번 숨을 멈추고 내 쪽으로 힘차게 당겼다. 이것은 강도 높은 냉동실 얼음덩이 보담더 차가움을 느낄 수가 있었다. 시체 다리는 지팡이로 당길 때와는 달리 의외로 쉽게 떨어져 내 사타구니까지 딸려 나와버렸다.

엇! 발이 떨어져 나온 건 무서운 전율을 남겼다. 비릿하고 역하게 날리는 송장 냄새에 금방이라도, 살괭이 울음소리가 들릴 것만 같았다. 같은 방법으로 역시 다른 쪽 다리도 처리했다

창자가 썩어 문드러져 진물이 흘렀다.

어두운 하늘을 퍼덕이며 부엉이가 날쌔게 날았다.

맘은 동시에 쥐덫 내리듯 덜컹 가라앉았다.

마대자루에 진물이 질질 나는 토막 토막의 시체를 차곡차곡 넣었다.

한때 신문지 상에나 모든 잡지사에서 파다하게 다루었던 토막시체사건! 국민 모두는 경악을 금치 못했다.

인간이 저럴 수가… 외국도 아닌 우리나라에서…

그때 나도 한마디 욕 종류를 거들었다.

『나쁜 자식!』

무서움은 이제 관속의 썩은 시체의 악신 보담 훗날의 자신에게 이 무덤 후손들의 무서운 저주였다.

나는 모든 것이 어느 것 하나 진실한 것도 없고 영원한 것도 없다고 했다. 이 순간순간을 누군가 내 인생을 훔쳐가서 나 대신 살고 있는듯한 느낌이었다.

이 정도의 시체라면 다시 한번 손을 봐야 했다.

동창 녀석이 말한 대로 솥에다 시체를 집어넣을 때는 물렁뼈 있는 곳

을 대검으로 내려치면 손쉽다고 했다.

소물방덩이 자르듯 또한 양잿물을 넉넉히 넣은 후 푹 삶으면 살은 살대로 뼈는 뼈대로 구분이 되는데, 지상 천하의 예술품이 된다 했다.

만약 불을 지피는 동안 등산객이 뭣이냐고 묻는다면 이런 픽션까지 알려주며 웃었다.

『뭣 하슈?』

『뱀탕이유!』

『아니! 뱀탕이면 한 그릇 얻어먹읍시다.』

『무슨 얘기유? 세상 천하의 영약을…』

『노년에 회춘(回春)하는데 좋다는데…』

『좋소… 그렇다면 한 그릇당 한 장만 내슈!』

『한 장이라니…?』

『그렇게 회춘을 원한다면 한 그릇에 백만 원이 문제유…!』

『낵키!! 이 사람아! 젊은 사람이 미쳤어…』하고 퉤퉤 침을 뱉은 뒤 정상을 향하여 뛴다는 거였다.

반쯤 남은 소주를 마저 비우고 물컹이며 능늑한 창자 더미를 돼지 창자 긁어 내리듯 긁어 내렸다. 창자는 고무줄처럼 약간 탄력이 있는 듯하더니만, 그만『뚝~』하고 끊어져 버렸다.

끊어진 창자 속은 돼지 곱창 삶은 것처럼 지저분한 이물질이 한꺼번에 와르르 쏟아져 나와버렸다.

점점 퍼져나간 비릿하고 역겨운 송장 냄새에 밤새와 야생 산짐승 울음소리는 한층 가깝게 들리는 듯 주위는 어수선해져 갔다.

다음은 해골을 긁어내는 문제가 가장 난감했다. 어쩜! 이 해골 때문에 시체를 구할지도 모른다는 해골의 중요성을 동창은 덧붙였다.

후레쉬를 다시 켰다.

관 바닥은 검붉은 피로 다닥다닥 붙어 흘렀고, 물에 불어터진 흰 밥알만 한 구더기가 굼실굼실 오장을 뒤집어 놓았다. 목이 떨어져 간 턱 부분부터 해골은 보기로 보듯 가깝게 보였다.

마치 군 생활 중 M16총으로 턱을 쏘아 자살한 병사의 슬라이드 필름처럼….

입구자(口)형태의 관속에 나는 머리를 약간 집어넣는 순간, 역하게 피 비린내가 확, 마스크를 뚫고 들어왔다 주위엔 피가 산란하게 묻은 관벽이 있음에도 불구하고 어쩔 수 없이 빨리 일을 끝내고 싶은 맘만 앞서 지팡이 앞부분인 ㄱ자로 쪽을 콕 찍는 순간 질컥하고 괴인 물기가 촉 하고 내 얼굴에 튀었다.

얼굴에 물기 따위는 대수롭게 생각하지 않고 조심스럽게 긁어 내렸다.

즈직 즈직 힘들게 내려오는 해골은 마치 물에 젖은 축구공이 억지로 당겨오는 듯했다 후레쉬 정면에 해골이 확 비쳤을 때 나는 한동안「깜짝」놀랐다.

화면이 물살에 구겨지듯 겹쳐 떠오른 것은, 어젯밤 꿈에서 본 저주받은 미이라의 형상과 꼬옥 같았기 때문이었다 조심스럽게 해골마저 다치지 않게 마대 자루에 넣었다.

이젠 작업이 어느 정도 끝이 났다고 생각이 들자, 손발이 할머니가 중풍에 걸렸을 때처럼 거칠게 떨리기 시작했다. 나는 빨리 움직여 마무리를 질러 했지만, 뜻대로 되진 않았다.

배낭에다 비닐로 싼 마대자루 등 모든 장비를 넣고는 흙더미까지 힘겹게 마무리를 지었다 진메주처럼 질컥하며 다소 중량감이 있는 듯 배낭은 무게가 있었다.

간이 허파 위쪽에 완전히 붙은 느낌에 허허롭고 흥분된 상태로 조금 남은 소주를 냉큼 비웠다.

빈속에 막소주를 마실 때처럼 속이 차갑게 느껴졌다.

주위는 어젯밤 꿈처럼 안개가 일기 시작했다.

망초 꽃대처럼 하얀 묘비명은 검게도 보였다.

묘비명이 없는 자리는 삭아내려 버린 목비(木碑)의 형상도 보였다.

넋이 울고 간 자리, 맘이 찢긴 자리는 수은주처럼 봉분이 되었다.

언뜻 배낭의 모습은 어떤 조그마한 봉분처럼 보이기도 했다. 두 눈을 독사처럼 쏘아다 보면 며칠 전 등산 도구집에서 산 색 배낭으로 나타났다. 기력이 점점 떨어진다고 나 자신 스스로가 느낄 수 있었다.

동창이 말이 어렴풋이 활자화돼 시야에 나타났다.

『장사는 믿음이고, 신용이라구… 일거리는 계속 있다구….』

이것은 악령의 힘으로 마지막 발악의 활자였다고 생각이 들었다.

아내가 보고 싶었다.

아내 뱃속에 곱게 숨 쉬는 우리들의 아이도 보고 싶었다. 사슴 눈을 가진 아내는 밤낚시를 간 남편을 기다리기 위해 꼬박 두 눈을 뜬 채 새벽을 맞이할 것이다.

아내는 보약과 파인애플보담, 내가 옆에 있어주길 바랬다.

밤새 또렷하고 하얗게 타던 유리구슬 같은 별들은 어느새 엷게 타들고 있었다.

푸드득 산새 한 마리가 엷아지는 어둠을「퍽」차고 날았다

어제… 그제 밤처럼, 이 밤도 정직한 밤이 되길 나는 자신도 모르게 몇 번을 빌었다. 모든 음모와 증오, 악령의 힘마저 망각시켜주는 정직한 밤을 또한, 출발과 공평을 가져다주는 새벽을….

빛이 동반되고 새로운 생명체를 활동할 수 있게 하는 새벽을! 눈물이 나도록 간절히 맞고 싶었다. 〈끝〉

당선

제772호 1985년 6월 3일 월요일

제30회 학술문학상 : 시

이장(移葬)

· 정형기 (국어교육과 4학년) ·

지관(地官)의 쇠를 따라
숨죽이는 눈길 너머
실구름 한 자락이
삽날 아래 내려와서
꽃다운 희게 웃은 뒤
잔디 속에 숨는다.
구공에 고인 하늘
저승을 굽이 돌아
손끝에 저려오는
카랑한 기침소리
뼈 시린 껍데기 벗어
빈 무덤에 묻는다.

출품

제772호 1985년 6월 3일 월요일

제30회 학술문학상 : 시

석류(石榴)

지는 해 얼싸안고
볼 붉히며 돌아앉아

행여나 누가 알까
고개 숙인 시골 아씨

살포시 옷고름 풀어
타는 가슴 내민다.

정화(情話)로 지센 밤이
가마솥에 펄펄 끓어

담 너머 오는 햇살
얼른 펴서 몸을 씻고

검붉은 가슴앓이를
선지피로 쏟는다.

마이산(馬耳山)

가을

이슬에 머리 감아
바람결로 곱게 빗고

몇억 겹 정성 모아
겨우 한 섬 빚은 약수

품 안에 간직한 뜻이
이때 더욱 깊구나.

겨울

모래재 기어올라
구름재 지나보면

새하얀 면사포에

고개 숙인 암마이산

한평생 든든한 언약
바위 되어 굳었나.

출품

제772호 1985년 6월 3일 월요일

제30회 학술문학상 : 시

작대기

무거워 더 못 가면
외발 괴여 받쳐주고

모난 끝 둥글도록
짚어 넘은 고갯길에

쓰러져 삼각 깨지면
빗변 되어 묶는 이.

딛고 온 세월만큼
지게는 가벼워도
네거리 복판에서
갈 길 몰라 허둥대며
두 발로 못 서는 나를
바로 걷게 돕는 이.

출품

제772호 1985년 6월 3일 월요일

제30회 학술문학상 : 시

녹두꽃은

망을 깨고 뛰쳐나와
부리 여린 새벽부터
설익은 풀빛으로
온 누리 뒹굴다가
별 담은 눈물 한 방울
하늘 위로 띄운다.

보란 듯 향기롭게
피는 꽃이 아닙니다
응어리 씨로 굴려
꼬투리에 숨겨 두고
썩도록 한 알씩 흩어
뿌리려는 불입니다.

꽃잎이 날릴수록

갈앉은 서술 하나
농투성이 어깨 뒤로
땅 깊이 땀이 흘러
청포가 팔리는 만큼
떨어야 할 겨울잠.

출품

제772호 1985년 6월 3일 월요일

제30회 학술문학상 : 시

지팡이

섰다고
외치다가
옷 자주 터는 길에

한 걸음 성큼 앞서
가시 헤쳐 열어주는

발 꼬인 길잡이 되어
뉘 손에나 들리리.

출품

제772호 1985년 6월 3일 월요일

제30회 학술문학상 : 시

봉화봉(烽火峰) 정상에서

어둠을 비로 쓸고
햇살 길어 흩뿌리면

발 시린 세상일도
이슬처럼 빛나건만

강물은 또아리 위에
산을 이고 일어선다.

봉화가 타오르면
백성은 재가 될까

까맣게 멍든 숯이
군화를 또 태울까

사위는 모닥불 곁에
피어 웃는 아침 해.

출품

제772호 1985년 6월 3일 월요일

제30회 학술문학상 : 시

장수천(長水川)

엄마랑 같이 잠든
아가의 숨결처럼

투명한 손길 들어
감싸 안은 둥지 곁에

맴돌며
노래 부르며
길이 흐를 시냇물.

출품

제772호 1985년 6월 3일 월요일

제30회 학술문학상 : 시

나룻배

길손들 부푼 얼굴
넘치도록 북에 담아

늘 푸른 강을 건너
물빛 비단 짜내려고

한 가닥 굵은 씨줄만
기다리는 모래톱

제31회

학술문예상

•

1980~2000

당선

제800호 1986년 10월 20일 월요일

제31회 학술문학상 : 소설

울지 않는 뻐꾸기

· 정태욱 (국문학과 3학년) ·

중학교를 졸업하고 십 년을 빈둥거리다가 동네 장 씨의 친척인「북경 반점」에 점원으로 채용된 것은 햇살이 부셔 제대로 눈도 들 수 없는 늦봄이었다.

쭈뼛한 목련 가지에 만개했던 꽃잎들이 시들고 있었다. 낡은 콘크리트 이층에 자리 잡은「북경 반점」은 그리 큰 편은 아니었지만, 대학교 코빼기에 터 잡고 있어서, 점심시간 때면 날 부르는 소리로 신경질이 날 만큼 정신이 없었다.

흔히 음식점 주인이라면 절구통만 한 엉덩이에 허리통인지 가슴팍인지 모를 드럼통 같은 몸매를 사진 박듯 하겠지만, 이 집 대장이다시피 한 아줌마는 나무젓가락보다 가물어 걸어 다니는지 날아다니는지 구분이 안 갈 지경이었다. 주인아저씨는 그저 낮잠만 흐드러지게 자다가 손님들이 꾸역꾸역 밀려드는 점심 때쯤에서야 장지문 벌커덩 열고 눈꼽도 떼지 않은 실눈으로, 눈코 뜰 새 없이 바쁜 날 불러대곤 했다. 속풀이 하게 짬뽕 한 그릇과 소주 한 병 가져오라고.

아저씨, 아줌마 그리고 주방장 덕배형과 전천후 배달꾼인 송사리 나,

네 명의 기식 처인「북경 반점」은 내세울 만한 자랑거리는 없지만, 신속 배달 하나는 끝내주는 곳이었다.

한 일 없이 빈둥거리며 보냈던 삼 년 동안은 뱃속 채우는 시간을 어떡하면 내 긴긴 하루 중에서 가장 많이 늘려 잡느냐로 골머리 싸맬 만큼 내 생활은 사시사철 무진장한 공휴일이었다. 밥알 세어 먹느냐, 눈 흘기는 어머니의 혀 차는 소리에도 아랑곳없이 세월아 네월아 하던 내게, 막상 이곳에 마파람에 게 눈 감추듯 허겁거리며 젓가락질해대는 학생들의 식사 시간은 한마디로 웃기는 일이었다. 식사를 하는건지 음식을 털어 넣는 건지 감을 잡을 수 없을 정도였다.

손이 열 개라도 모자랄 점심시간이 지나면 빈둥거리며 보냈던 지난 삼 년보다 더 지겨운 시간이 주방 안의 훈김처럼 가슴으로 와락 쳐들어오곤 했다. 처음에는 뼈다귀 아줌마에게 잘 뵈려고 식당 바닥 하며 식탁을 뻔질나게 닦아대며 법석을 떨었지만, 식당 꼬라지와는 무관하게 붐빈다는 사실에 그것도 금시 시들해졌다. 그래서 점심시간이 지나면 유리창 밖으로 목 삐죽 내밀어 사람 구경하는 일이 낙이라면 낙이었다.

알고 보니 대학교라는 곳이 내가 다니던 중학교와는 생판 달라서 시도 때도 없이 교문을 들락거리는 학생들로 붐볐다. 아버지가 침 튀겨가며 욕해대던 먹고대학생이 저런 거로구나 하고 깨닫는 데에는 음식점에 온 지 이틀도 걸리지 않았다.

가끔 교수 연구실이란 곳에서 주문한 음식을 들고 대학 강의실 옆을 지나다 보면 그 속에서 공부하는 놈팽이(대학생이란 작자들이 내겐 틀림없이 그렇게 보였다)들이 교수 나부대는 것에는 아랑곳하지 않고 옆자리 놈하고 뒷전에서 장난치는 꼬라지는 심심치 않게 볼 수 있었다. 짝꿍하고 소곤거리기만 해도 필기하던 분필이 미사일 폭격처럼 날아오던 내 중학교 교실하고는 영 딴판이었다. 한심스런 생각이 줄줄 흐르는 광경이었다. 우리 아버지가 뼈 빠지게 땅을 파서 먹지 않고 일 년을 모아야 될까 말까 한 등록금을 처박아대면서 가방도 없이 책 몇 권 옆구리에 끼고 건들건들 학교에 드나드는 놈팽이들의 종아리를 피 튀도록 치지 못하는 교수 역시 내 보기엔 한심하기 짝이 없는 사람들이었다. 아무튼, 대학교에 가려고 골치 싸매고 책상머리에 앉아 있어야 하는 고생단지를 덜어준 우리 집 형편에 답싹 엎드려 큰절이라도 올려야 할 판이었다.

촌구석, 그것도 시내버스도 다니지 않는 구석진 시골에다 논이라곤 비가 오지 않으면 쩍쩍 갈라지는 손바닥만 한 논뙈기에, 토박한 밭이 비렁뱅이의 옷에 기운 헝겊 쪼가리처럼 뜨문뜨문 있는 산골에서 삼십 리 밖의 중학교라도 마친 짓은 내겐 감지덕지였다. 삼 년 동안 빈둥거리면서도 손에 흙 묻히지 않고 방 구들에 등지진 것은 나까지 나서서 일할 만큼 땅이 없는, 찢어지게 가난한 우리집 형편 때문이었다.

강의실에서는 딴짓거리에 정신없다가도 먹는 시간이면 어김없이 찾아오는 놈팽이들이 반반한 기집애 옆에 끼고 거드름 떠는 꼴이 옆구리 뒤틀릴 뿐, 내가 그 잘난 먹고대학생 되지 못한 것은 어찌 보면 천만다행이란 생각조차 들었다.

한 달이 넘도록 짜장면 그릇 들고 부산히 학교엘 드나들면서도 교문 앞 담벼락에 빼시듬히 모자 걸친 구두 수선공 늙은이에 대해서는 그리 마음을 쓰지 않았었다. 그 늙은이에게 내가 호기심을 가지기 시작한 것은 점심 먹으러 온 놈팽이들의 부탁으로 짜장면 한 그릇을 배달하고 난 후부터였다. 짜장면 그릇을 꺼내놓기 무섭게 한입에 처박아 넣는 늙은이는 손은 손대로 눈은 눈대로 제각기 놀고 있었다. 생김새가 거렁뱅이 빰 치듯 한 몰골이 그리 기분 좋은 꼴은 아니었는데도 그 늙은이와 쿵짝거리는 놈팽이들은 그를 상전 모시듯 받들고 있었다. 그렇다고 수선비 깎으면 얼마나 깎겠다고 저 아양을 떨까, 하면서 속으로 콧방귀를 뀌었지만 어딘지 모르게 끌리는 데가 없는 것도 아니었다.

늙은이는 구두 수선공이면서도 자기 신발은 때 낀 발가락이 삐죽하게 나온 구두였고, 거기다 발장단에 각설이 타령 곁들여 짜장면 가닥을 밀어 넣는 폼은 거렁뱅이를 뺨쳤다. 핑하니 음식점에 올라와 유리창으로 내려다봤을 땐 짜장면 그릇은 벌써 비어 있었다. 또다시 늙은이 주위에는 놈팽이 몇이 둘러앉아 주적거리는 늙은이를 보면서 히죽대고 있었다. 점심시간이 지나면 창문에 목 내밀어 담벼락에 좌판 벌여놓고 구두 고치는 늙은이를 살피는 일이 따분한 오후의 내 일과였다. 그것은 늙은이 주변에 시간마다 사람이 끊이질 않는다는 요상한 일 때문이었다. 그렇다고 구두를 고치기 위해 기다리는 것도 아니었다. 가끔 늙은이 처지나 내 처지나 도토리 키 재기라 생각하고 얘기나 할까 찾아가면 으레 놈팽이들을 자기 아들놈 다루듯 이놈 저놈 하는 꼴이 내겐 이상스러웠다. 어쩌다 단둘이 되어 그래도 되느냐고 소리 낮춰 물어보면 누런 이를 내밀며 웃어댈 뿐이었다.

지나칠 때 무심했던 늙은이의 모습은 자세히 보지 않으면 모를 곱사등에 오른쪽 다리가 짧은 잘름발이인 병신이었다. 그렇다고 얼굴이 반반한 젊은 축도 아니고, 볼품이라고는 젓가락 같은 주인아줌마나 거기서 거기였다.

햇볕이 낯 박살을 간지럽게 핥아대는 사월 중순이 되면서 나도 어느 정도 뺀질이가 다 됐고 주인아줌마 눈치 하나는 총알같이 읽어내는 덕택에 군소리 듣지 않으면서 그날 그날 그날 잘 넘기고 있었다. 내가 아침에 일어나 창문을 열고 일과를 시작하면서 담 벼락께를 내려다보면 늙은이의 구부정하고 후줄근한 모습을 어김없이 볼 수 있었다. 좌우지간 내 녹슨 머리를 아무리 굴려봐도 볼품없는 늙은이 주위에 한 시간이고 두 시간이고 엉덩이 붙박고 눌러앉아 주적거리는 늙은이의 면상을 쳐다보고 있는 놈팽이들을 이해할 수 없었다. 들리는 말로는 이십 년을 넘게 담 밑에서 구두를 고쳤다고 하니까 내 두 달 짜장면 배달 실력에 비하면 도사급에 속하는 경력이긴 했다. 그렇다고 입까지 도사가 되어버린 것일까? 하기야 서당개 삼 년이면 짖을 때도 공공(孔孔) 맹맹(孟孟) 한다고 하니까.

시골에서는 지금쯤 갸릉갸릉 개구리가 울 것이다. 한 밤을 꼬박 새워 짝을 부르는 소리로 고즈넉한 밤을 죄 설치는 개구리울음은 내가 살던 촌구석의 지천으로 깔린 목 새기 풀 한 포기 구경할 수 없는 이런 곳에서야 귓구멍 목욕재계하고 들어도 들릴 리 만무했다. 그렇게 밤새 우는 개구리 소리에 잠들어 아침 해가 뜨기도 전에 뻐꾸기 소리가 들렸다. 내겐 삐국삐국 들리는 소리를 불알친구 순식이 놈은 뽀국뽀국 들린다고 우겨대는 바람에 대판 싸우기까지 했지만, 어김없이 삐구삐국 울었다. 그래도 산골에서 살던 촌놈이라고 살던 데에서 들리던 개구리울음, 뻐꾸기 울음 들을 수 없다는 게 이처럼 숨통 조일 줄은 몰랐다. 이런 내 심사를 달래볼 요량으로 늙은이 주변에 놈팽이들이 없으면 핑하니 내려가 알랑거려 봤지만 내가 생판 알지 못하는 사람들을 들먹여서 인생이 어떻고 해대어 내 야코를 죽이는 바람에 오래 앉아 있을 수 없었다.

한 꺼풀씩 벗겨대는 날씨와는 반대로 내 어깻죽지는 그리 길지 않은 목을 집어넣고 잔뜩 웅크려 있었다. 자전거를 타고 잘나 빠진 학교를 휘젓고 다녀도 돌아오면 금시 시들해지고 말았다. 그런데 맥빠진 나를 번쩍 눈깔 나오게 하는 사건이 벌어졌다. 심상치 않게 잔디밭에 앉아 웅성거리며 토론이란 걸 해대던 대학생 놈팽이들이 어깨동무를 하고 학교 구석구석을 보리밭 밟듯 뒤집고 다녔다. 한여름이 낼모레인데 이순신 장군 갑옷이나 다름없는 옷을 들쳐 입고 만화책에서나 보던 탱크 같은 차를 앞세워 경찰이 나타난 것도 놈팽이들이 어깨동무를 하고 학교안을 누빌 때쯤이었다. 나는 놈팽이들이 짝지어 외쳐대는 소리를 이해하지도 못했지만, 초등학교 운동회 기마전처럼 밀고 당기는 전쟁놀이를 구경거리로 삼은 것은 두말할 나위도 없었다. 누구의 편에 응원할 겨를도 없이 어둑어둑 어둠이 창문을 넘어설 때까지 닭쌈 같은 지랄에 정신을 빼앗긴 나는 개구리울음 소리에서 멀어져 있었다.

아침이면 여전히 늙은이는 좌판을 벌여놓고 창 난 구두를 땜질해 댔고, 난 나무젓가락 너절한 식당 바닥을 쓸어내고 오후면 시작된 전쟁놀이를 기다리는 재미로 시간 가는 줄 몰랐다. 그런데 한동안 심심치 않은 구경거리이더니 그것 역시 내겐 신통칠 않았다. 밤이 밀려오며 그놈의 스크럼인가 하는 것을 들고 제각기 집으로 총총 돌아가고 갑옷 입은 경찰은 아무 일 없었다는 듯이 버스 나눠타고 휭하니 사라져 버리는 것이었다.

「북경 반점」앞 전봇대에 야학 학생모집 광고가 나붙은 것도 그즈음이었다. 광고 내용 중에서 가장 맘에 드는 글귀는 무료라는 거였다. 석 달 가까이 주인아줌마 눈에 난 일 없었겠다. 심심풀이 삼아 저녁 외출하는 것도 그리 나쁠 것 같지 않았다. 밤이면 유독 적적해 오는 이놈의 도시생활이 영 구미에 맞지 않아 덕배형을 따라 당구장, 술집을 졸졸거리고 따라 다녀봤지만 조상부터, 술파는 상종할 수 없는 체질이어서인지 한 모금 술에도 시뻘건 얼굴이 되어 앉은 자리 가리지 않고 핵 쓰러져 잠자는 게 일쑤였다. 당구가 사백이라는 덕배형은 날 당구장에 데려가 몇 번 가르치려고 애쓰더니 운동 신경에는 소질이 쥐뿔도 없는 내가 쳇바퀴 돌 듯 거기서 거기란 것을 알고 난 후로 다른 녀석들과 돈내기 당구에 열중하고 나 같은 건 거들떠보지도 않았다. 유리창으로 들어오는 밤은 내가 살던 촌구석이 괴괴한 어둠과는 달리 간기 비슷한 암내를 풍기며 날 유혹해댔지만 개밥에 도토리 격으로 좀처럼 촌놈인 나를 끼워주지 않았다. 이런 외톨박이 신세로 처량하게 풀죽은 나에게 야학 학생 모집 광고문은 촌구석 초등학교에서 어쩌다 상영하는 가설극장의 공짜 영화 같은 거였다.

놈팽이들끼리 모여 고등학교 검정고시를 목적으로 가르치는 것이라고 구두 수선공 늙은이에게 주워들었지만 내겐 심심한 국물에 간장 처넣는 일쯤으로 공부에는 애초부터 생각이 없었다. 마음 한구석엔 혹시나 무슨 건수 없을까 하는 욕심이 동한 것도 사실이었다.

손바닥에 약도 그려 찾아간 야학교는 지하실을 개조하여 만든, 얼기설기하게 판자쪼가리를 잇대어 교실과 교무실을 막아놓은 창고나 다름없는 곳이었다.

종잇장에 교무실이라 써 붙인 인 곳에 막상 들어가려니까 괜한 내 자존심이 딸꾹질을 해댔다. 대학생 놈팽이들이 선생이라는 것이 자꾸 날 망설이게 했다. 머뭇거리는 내 뒤통수를 찍어 누르듯 바라보던 아가씨가 다가와 건네는 말 때문에 쉽게 돌아설 수도 없는 형편이었다.

음식점에서 아가씨하고 얘기를 주고받는 것은 엽차 더 달라는 말이거나 음식 주문하는 높낮이도 없고 쌀쌀맞기 그지없는 말뿐이었다. 치렁한 머리를 살짝 옆으로 기운 모습으로 다가와 건네는 말씨가 어찌나 부드럽고 상냥한지 눈물이 매려울만큼 내 가슴에 절구질 같은 충격으로 부딪혀오는 것이었다. 더구나 여긴 식당이 아니고 일대일로 마주 대한 것이 보면 벌러덩거리는 가슴이 오히려 정상일 거란 생각이 들었다. 밑져야 본전이라고 손해날 일도 없겠거니와, 아가씨가 말을 먼저 걸어왔으니 부닥쳐 볼 수밖에… 딸꾹거리는 자존심 분질러 놓고, 지나다 우연히 들렀다. 이곳이 무엇하는 곳이냐 하고 물어보려 했지만 고양이 앞에 쥐새끼 뱀 뱀 거리 듯 입안에서 뱅뱅거리는 말은 목구멍을 지나올 때부터 사시나무 떨듯 떨고 있었다. 그것은 그렇다 치더라도 군 고구마라는 별명이 말해주듯 까무잡잡한 내 얼굴이 화덕에 데인 것처럼 주책없이 확확 달아오르고 있었다. 교무실을 열고 내 손을 끌어 들어선 아가씨는 그 방의 놈팽이들에게 까닥 웃어 보이고는 날 가까운 의자에 앉혀 놓고 묻지도 않은 얘기를 이것저것 주섬거리면서 날 꼬드겨댔다. 주절거리는 내용이야 내 귀에 들어올 리 만무했지만, 봄바람 피듯 묻어오는 살냄새며, 필 듯 말 듯한 보조개가 하얗게 고른 이를 드러내 웃을 때마다 꼬리를 쳤다. 사근사근한 목소리는 짜장면 배달 삼 개월이 다 되도록 첨 듣는 거였다.

나 같은 놈은 애당초 여대생하고 희희낙락하는 거야 팔자에 없는 일이라고 대못 박듯 가슴에 홀쳐놨기에 생각도 할 수 없던 일이었다. 그런데도 바로 코앞에서 여대생이 웃음 가득 흘리며 내게 친절을 와장창 서비스하는 것이 도시 믿기질 않았다.

난 산롱하게도 절까지 꾸벅하고 물러 나왔다. 이가 제대로 맞지 않은 문을 나오면서 흘낏 본 아가씨는 웃음을 함빡 먹고 날 바라보고 있었다.

한동안 얼이 빠진 내 관심은 교문을 사이에 두고 전쟁놀이하는 짓거리나 늙은이에게서 떠나와 자나 깨나 그 아가씨 생각뿐이었다. 그것은 음식점을 드나드는 여학생만 보면, 행여 그 아가씨가 아닌가 하고 두 근 반 세 근 반하는 내 푼수 빠진 꼬라지를 보더라도 알 수 있었다. 더욱이 머리카락이라도 치렁한 여학생의 뒷모습만 보면 염치 불고하고 배달통의 덜거덕거리는 소리 죽여가며 다가가 확인해 보고 멋쩍어 돌아선 적이 한두 번이 아니었다.

먹고대학생이라던 내 생각은 조금씩 옆길로 퉁퉁 튕겨나고 있었다. 그래도 여전히 놈팽이들의 강의실 뒷전에서 주적거리는 짓거리는 종종 눈에 띄었고, 잔디밭에 뭉그적거리는 할 일 없는 놈팽이는 날씨가 화사해질수록 더욱더 많아지고 있었다.

야학하러 다니면서부터 선주 선생님에 대한 내 심정은 오르지 못할 나무 눈조차 주지 말라는 말을 잊고 코밑 거무스름한 수염보다 잔털도 나지 않은 새파란 놈팽이들이 선생 같지 않다는 애초 내 생각은 변함없었지만 우리 반 담임 선주 선생님의 마음 씀씀이와 모습에는 넋이 빠질 판이었다. 난 잿밥에만 눈독 들이는 중놈마냥 수업시간은 낙서로 메꾸다가 선주 선생님과 몇 마디 나눌 수 있는 쉬는 시간을 기다렸다.

유월 들어 선주 선생님과 단둘만이 만날 수 있는 행운을 얻었다.

중학생들 중에서 왕초 노릇을 한 내 덩치이고 보면 중1 때도 고등학생 알기를 김장철 시래기 취급하던 그때나, 지금 놈팽이들을 우습게 여기는 거나 별반 다를 게 없었다. 이런 내 통대(竹) 같은 자존심을 솥단지 누룽지 긁듯 박박 뒤집어 놓은 일이 있었다.

그렇잖아도 식당에서 놈팽이들이 날 부르는 것으로 심기 뒤틀리는 일이 한두 번이 아니었다. 심지어 어떤 녀석은 꼬마라고 하질 않나 벼라별 잡동사니가 다 있었다. 그래도 아저씨라고 부르는 것은 양호한 편이었다. 그날 「정치경제」를 맡은 놈팽이가 기집애와 함께 식당에 들어오더니 엽차 잔을 주섬거리는 내 등 뒤로 맹호야 물 빨리 가져오라 하는 것이었다. 은근히 기집애 앞에서 폼잡고 싶은 모양인데 내 심술통이 급기야 발작을 하고 말았다. 염불에는 관심이 없는 내가 조상 같은 선주 선생님만 아니면 벌써 야학을 때려 엎었을 것이었다. 어쩔 수 없이 드나드는 꼴이고 보면 피라미 선생들에게 창자 뒤틀리는 내 심통도 무리는 아니었다.

—뭘 믿고 야야 하슈?

라고 딱 쏘아주고 싶은 말이 목울대를 간질거렸지만 꾹 참고 혀 짧은 소리로 몇 마디 불뚱거렸다. 엽차 잔을 내려놓을 때 탁자에 부딪히는 소리가 요란하게 났다. 주문도 받지 않고 카운터 겸 의자에 주저앉아 그 선생 쪽을 훔쳐보았을 때 두 얼굴이 원맨쇼를 하고 있었다. 나로선 고소한 광경임을 두말할 건덕지도 없었다. 한참 허둥거리다 인상 북 긁는 상판으로 날 꼬나보고 나갔지만 그런 인상에 기죽을 나라면 중학생 시절의 건달기는 허풍이라고 할 수밖에…

저녁때 야학에 어그정어그정 들어서자 교무실 분위기는 놈팽이들의 눈총으로 팽팽하게 긴장이 흘렀다. 흡사 싸움판에서 주먹 내밀기 전 긴장과도 같았다. 교무실을 지나면서 꾸벅 고개를 숙이면서 본 놈팽이들의 상판은 한결같이 소래 씹은 얼굴이었다. 태연한 척 날 향해 쪼는 선생도 없진 않았지만, 점심때 「정치경제」 선생에게 한 내 행동 때문이라는 걸 눈치로 때려잡는 일이야 손바닥 뒤집는 일보다 쉬운 거였다. 교실로 들어가려는 날 선주 선생님이 잡아끌고 밖으로 나왔다. 산산한 바람이 불었다. 선주 선생님이 머리카락 가닥가닥에서 꽃 내가 났다. 늦은 시간이라서인지 한산한 다방 분위기는 왠지 코끝이 아리도록 은밀하게 느껴졌다. 선주 선생님이 살강살강 날 달래는 목소리는 눈물이 팽 돌도록 싸아한 느낌으로 가슴을 파고 안겼다. 오늘 일이 죄스러워 글썽이는 것은 아니었지만, 급기야 내 눈가에 괴는 물기에 선주 선생님은 내가 뉘

우쳐서 그런 모양이라 속단하고 다신 그러지 말라는 당부의 말까지 곁들여 다독거렸다. 선주 선생님을 좋아하는 내 실정을 까보이지 못하는 것이 안타까웠지만 이렇게 마주 앉아 시간을 보낼 수 있었다는 것만으로도 오늘 일은 백번 잘한 거였다. 야학교에서 쫓겨나는 한이 있더라도 다시 한번 그러고 싶은 심정이었다.

수업 시간에 노동자, 농민이 어떻고 정부 시책이 어떻고 하는 소리에 관심 없는 것은 물론이고 공부마저도 내 머릿속에 들어올 리 만무했지만, 늙은이에게 얘깃거리 삼아 몇 마디 주워들은 것에 의하면 나 같은 놈이 나라의 주인이라는 희한한 얘기였다. 그래도 여전히 난 짜장면 배달꾼이고 한 달 새경 받는 머슴이나 진배없었다.

교문을 사이에 두고 밀치닥거리던 전쟁놀이의 구호가 처음에는 학원의 자율이 어떻고 떠들어 대더니 시간이 지날수록 험악한 구호를 서슴지 않고 뱉어냈다. 무식이 통통 튀는 내가 듣기에도 뱃속 뒤틀리는 소리였다. 개나발 같은 소리가 높아질수록 갑옷 걸친 경찰의 방패막이도 겹겹으로 늘었다.

늙은이는 대학 정문이 시끌벅적하여도 입술에 침 튀겨가며 주적거리는 데 정신이 없었고 행여 벌여놓은 좌판 박살 날까 봐 이쪽저쪽 눈치 봐가며 구두 땜질에 정신이 없을 뿐, 내가 데모를 왜 하느냐는 물음에는 엉뚱한 얘기나 지껄이며 미꾸라지 도망치듯 말머리를 돌려내고 했다. 이따금 한적한 시간에 찾아가 야학에서 주워들은 정치 얘기며 노동자 문제를 꺼내놓으면 그놈이 그놈이지 뭐 별수 있나, 한마디 던지고 나면 게걸스레 나풀대던 주둥아리는 돌처럼 굳어버렸다. 학교 앞에서 이십 년을 굴려 먹은 늙은이는 온종일, 아니 일주일 내내 주적거리고도 남을 얘깃거리가 무진장하다는 것을 아는 나는, 얄팍한 내 혓바닥으로는 늙은이 말에 장단 맞추는 게 고작이었다. 하지만 야학에서 귀동냥한 정치문제를 풀어놓으면 꿀 먹은 벙어리 된 듯 묵묵부답이었다. 그러다 보니 자연 나는 되지 못한 얘기 쓸어모아 늙은이에게 쏟아부었고 온종일 주절거리던 주둥아리 꽉 틀어막는 재미를 가끔 누렸다.

「북경반점」에서 하는 일이라고는 눈 뜨고 일어나서 누울 때까지 뻔할 뻔 자였다. 교수 연구실에 배달 나가는 일과 야학 지하실 선주 선생님 보러 가는 일 외에는 음식점을 나다닌 적이 없던 나는 한가한 시간을 틈타 토론이랍시고 모여 웅성거리는 광장으로 슬슬 구경 나가볼 요량이었다.

놈팽이들과 경찰의 상판 들이대는 일이 시간이 지날수록 잦아지고, 그럴수록 놈팽이들의 고함은 칼처럼 날캄하게 변하여 갔다. 놈팽이들의 꽥꽥거리는 소리는 짜장면 달라는 소리가 아니었다. 음식점에서도 간혹 깨 심어놓고 기름 먹으려는 성급한 놈팽이들이 없지 않아 있었다. 그러나 그런 놈팽이들도 짬뽕 국물 척 들이대면 언제 음식 나오지 않아 오도방정 떨었냐는 식으로 주둥아리 다물고 음식 퍼넣기에 열중하곤 했다. 그런데 허공에 주먹 질러대며 아가리 제비 새끼처럼 찢어 젖히는 놈팽이들은 매일 똑같은 소리를 해대면서도 젖 줄 사람이 누구인지 모르고 우는 애기처럼 좀처럼 그칠 줄을 몰랐다.

배달 그릇 통 메고 뻔질나게 드나들던 학교를 빈손으로 돌아다닌다는 게 쑥스럽긴 했다. 모두 한 권쯤은 옆구리에 낀 책 때문에 누군가 내 뒤통수를 잡아끄는 것 같아 몇 번이고 휘이 둘러보며 주춤거렸지만, 어느 놈 하나 내 침입에 눈 주는 일은 없었다. 주머니에 찌른 손에 힘을 주며 놈팽이들이 열나게 떠들어대는 광장으로 어슬렁어슬렁 끼어들었다. 확성기에서는 찢어질 듯 동참합시다, 시국의 현실을 방관하지 맙시다라고 장황한 연설 끝에 염불 외듯 질러대는 고함이 퉁겨져 나왔다. 나도 뒷전에서 어슬렁거리는 짓을 숨길 겸 비집고 목을 내밀어 연단을 질러봤을 때 마이크를 잡은 놈팽이가 현실에 목멘 우리를 대표해서 우리 동지 한 사람이 혈서를 쓰겠다는 발표와 함께 한 쪽에 앉아 있던 여학생이 벌떡 일어났다. 다름 아닌 선주 선생님이었다. 치렁한 머리를 나꿔채듯 머리카락을 목 뒤로 제킨 선주 선생님은 마이크를 건네받아 나직이 떨리는 목소리로 곤추서 얘기를 이었다.

…삶의 참모습은 안일에 있는 게 아니라 정당한 권리를 위해 우리 현실의 밀폐된 벽을 부수는 데 있습니다—.

성애를 닦아낸 유리창처럼 투명한 하늘 아래 웅성거리던 학생들은 일시에 입을 봉하고 선주 선생님의 행동에 눈을 집중하고 있었다. 새끼손가락을 어금니 쪽에 밀어 넣고 닭발을 깨물 듯 물었다. 잠시 일그러진 선주 선생님의 얼굴에 경련이 지나갔다. 핏줄기가 입술을 타고 흘렀다. 산수유 같은 피의 맑고 붉은빛이 잔디에 방울져 떨어졌다. 부스럭거리는 소리 하나 들리지 않는 토론장은 숨소리마저 죽어 있었다. 준비된 종이에 한획 한획 단숨에 쓰고서 흐르는 피를 닦을 생각도 하지 않고 마이크를 잡아채어 외쳤다.

—가자. 우리의 젊은 학도여!

침묵에 그늘져 있던 토론장은 우레와 같은 함성으로 깨어나 너도나도 어깨동무의 대열에 끼어들어 교문을 향해 행진해 갔다. 마이크 든 선주 선생님의 목소리가 이곳저곳에서 흩어졌다. 그것은 무당이 물에 빠져 죽은 사람의 혼백을 부르는 것처럼 가슴에 뭉클진 피를 휘젓고 있었다. 예전과는 달리 술렁거림으로 질서를 잃었다. 피를 본 탓일까? 아니면 한쪽에서 들리는 막걸리 술기운 탓일까?

놈팽이들의 눈동자에 핏기가 돌았다. 전에 볼 수 없었던 각목을 든 놈팽이도 보였다. 머리통을 잘끈 동여맨 헝겊에는 붉은 글씨가 혈서의 핏자국처럼 붉게 번져 있었다.

―피를 멎게 하는 데는 오징어 뼛가루가 제일인데…

선주 선생님의 으깨어진 상처가 걱정되었다.

우르르 몰려든 놈팽이들은 경찰이 겹겹이 막아선 교문 밖을 뚫고 있었다. 한 폭에 비켜서서 경찰을 뚫고 거리로 뛰쳐나간 무리의 뒷모습에 흥분하고 있는 나 자신에 흠칫 놀랐다.

―피를 본 탓일까?

「북경반점」에 돌아와 빈 의자에 털썩 주저앉은 나는 큰길의 수라장이 된 놈팽이들의 무리를 쳐다보면서 선주 선생님의 혈서를 생각했다.

시골 운동회가 끝난 후의 어지러운 주변처럼 너절한 식당 바닥을 햇살이 들어와 그 몰골을 흉보고 있었다.

유리창으로 전쟁놀이를 구경하던 덕배 형은 심드렁하게 탁자에 앉아 화투장으로 사랑 점을 치고 있었다. 늘 임과 국수는 떨어졌고 고무줄처럼 국수가락 늘리는 일이 끝나면 이렇게 식탁에 나와 원하는 패가 떨어질 때까지 화투장을 늘었다 다시 거둬들이곤 했다. 한 달에 한 번 쉬는 휴일이면 날 잡아 놓고 진탕 늘어지게 낮잠 퍼자기가 일쑤였고 잠이 동나면 당구장으로 행하는 것이었다.

―그런 덕배형이 민주라는 것을 알까?

국민학교를 졸업하자마자 나처럼 식당 꼬마둥이로 출발했다는 주방장 덕배형은 배호의 이정표가 왔다 갔다 하는 노래를 흉내 내며 비대한 삼겹살 몸집 걱정 없이 하루하루 태평하게 보낼 뿐이었다.

―주인 아저씨는?

 밖이 왜 이리 소란시럽냐며 고무신을 끌고 유리창으로 다가가는 아저씨는, 이놈의 시국 탓 시국 탓하면서도 지난 노동판 십장을 하다가 사고로 감빵에 다녀온 뒤로 아줌마 벌이에 그저 하루를 잠으로 소일하는 일 이외에는 세상사 늘 담 너머 불 보듯 했다. 그래도 놈팽이들 아우성에는 얼굴에 주름을 겹으로 잡아가며 찌푸리는 것이었다. 음식점 앞에서 벌어지는 북새통에 손님들이 들어올 틈도 없이 경찰이 진을 치고 있기 때문이었다. 탓 타령하는 아저씨 역시 「민주」와는 상관이 없는 듯싶었다. 오히려 음식점이 그럭저럭 버티어 소주 나발 불 수 있으면 됐다는 꼴이었다.

벽돌이며 보도블록 조각들이 교문 앞에 너저분히 깔리고, 유리창이 붉게 물들인 햇살을 구역질해대고, 소란했던 수라장도 잠잠해지면서 하나둘 손님이 찾아들었다. 그러자 내 어지러운 생각도 이내 제 갈 길로 가버리고 난 덕배형에게 주문하는 심부름꾼으로 되돌아왔다. 그래도 문뜩문뜩 낮에 있었던 선주 선생님의 일을 머릿속에서 꿈실거렸다. 유난히 손가락 마디가 길어 치렁한 머리카락에 꼭 어울린다고 생각이 들던 선주 선생님은 신음 한마디 없이 물컹 손가락을 으깨어 혈서를 썼다.

—벼엉신 같은 선생님, 「민주」가 아무리 소중하다고 해도 생살을 깨물어 피를 내다니… 내가 배우기론 우리나라는 엄연한 민주국가가 틀림없는데… 얼마나 아팠을까?

오늘은 이상한 일만 자꾸 일어난다 싶었다. 구두 수선공 늙은이만 해도 그렇다. 술에 취해 늘 볼그레한 눈구덩이에 술독을 묻어두는 늙은이는 해도 지기 전에 좌판 때려치우고 음식점에 올라와 소주로 저녁을 때우고 있었다. 혼잣소리로 식당 손님들은 아랑곳없이 떠들어 댔다.

—도는 거야 돌아,

얼른 보기에 고개를 처박아 어깨가 튀어나온 듯한 곱사등을 들먹이며 다시 병나발을 불었다. 바닥 보인 소주병을 내려놓으면서 내뱉는 마디마디가 평소 누런 이 앞세워 히죽거리던 거와는 달리 주춧돌처럼 묵직했다. 대바늘에 실을 꿰어 헌 구두를 수선하며 농치던 얘기와는 다른 고상한 말들이었다.

—젠장 곱사에 절름발이가 취하니까 별 심통을 다 불리는군.

주인아줌마의 꼬장꼬장한 가시가 돋힌 혼자 소리가 숨김없이 들렸다.

공사판이라는 곳은 안 가본 데가 없을 정도로 산전수전 다 겪으며 모든 돈으로 「북경 반점」을 꾸려가는 억척이고 보면 이만큼 재산을 불려놓은 것도 주인아줌마의 젓가락 같은 몸뚱어리가 아니라 걸진 입심 먹임이 분명했다.

주인아줌마의 앙칼진 비아냥거림을 들은 건지 못 들은 건지 두 번째 소주병을 따고 있었다. 볼품없는 몰골이 허물어질 듯 의자에 기대어 잔을 털어 넣을 때 재치는 고갯짓에 곱사등이 굽을 이뤘다.

—병신 새애끼들 세상이 연필로 쓴 사랑 얘긴가? 지우개로 지우려 덤비게.

야무지게 씹어 뱉는 말에 돌덩이가 매달려 있었다. 너털웃음에 겹겹 주름을 잡아가며 주적거리던 모습과는 딴판이었다.

좌판을 일찌감치 걷어치운 것으로 봐서는 오늘 심기가 그리 편치 않은 모양이었다.

야학에 가야겠다는 내 말에 돌 씹은 얼굴로 아줌마는 상을 구겼지만, 야학에 원서를 내려고 했을 때부터 워낙 잘 구워삶아서 뒷말은 없었다. 주섬주섬 책을 챙겨 방을 나왔을 때 한 패거리가 몰려 들어와 늙은이가 차지한 식탁에 둘러앉았다. 아줌마는 볼가진 주둥이로 늙은이를 꼬나보고 있었다. 방금 들어온 놈팽이들은 오후에 나팔 마이크 들고 앞장을 섰던 그놈들이 분명했다. 술기운이 벌건 상판대기가 어디서 한잔 걸친 모양이었다. 저 녀석들이 선주 선생님을 꼬드겨서 손가락을 물어뜯게 했다. 생각하니 피가 거꾸로 솟는 것 같았다.

계단을 내려오다 되짚어 올라와 놈팽이들이 떠벌리는 소리에 귀를 세웠다. 외등도 켜지 않은 식당 출입구에 꾸역꾸역 어둠이 고였다.

젓가락을 두들기며 군가 같은 노래를 합창하더니 건배하며 잘 부딪히는 소리가 흡사 개구리울음 같았다.

손가락 깨져버린 선주 선생님 걱정은 눈곱만큼도 없는 모양이었다. 부아가 목젖까지 치밀어 당장 들어가 머리통을 한방씩 쳐돌렸으면 싶었다. 젓가락 두들기며 노래 부르고 술잔 기울이며 웃고 떠들 때 선주 선생님은 습기 진 지하실 야학 교실에서 아이들을 위해 손가락 동여매고 아픈 것 참아가며 웃음을 짓고 있을 것이다. 저런 놈팽이들의 꼬임에 넘어가 피 흘린 선주 선생님이 불쌍하게만 느껴졌다.

웃고 떠들던 놈팽이들에게 늙은이가 몇 마디 던지면서 술자리는 웃음기가 걷히고 놈팽이들과 늙은이는 말싸움을 시작했다. 떠드는 데는 도사 격인 늙은이는 놈팽이들의 입을 차례차례 봉하고 있었다. 시간이 지날수록 놈팽이들은 술잔만 비울 뿐 떠드는 쪽은 늙은이뿐이었다.

―짜식들. 마이크 없어 입 다물고 있나?

아무튼, 늙은이는 내 가려운 곳을 벅벅 긁어 주었다.

―그럼 민중이 서야 할 곳은 어디요?

늙은이의 말을 잘라내고 놈팽이 한 놈이 악쓰듯 내질렀다.

―흠, 서길 어딜 서. 가만히 앉아서 늙은이에게 쪽 파는 거지.

식당 안을 들여다보지 않더래도 내 손바닥 보듯 훤했다. 놈팽이들은 짜장면 가닥처럼 코 늘이고 젓가락 두들기며 기분 살리던 아까 잔치판이 마른 쪽박 갈라지듯 박살 나 있을 것이다.

첫째 시간이 거의 다 끝나갈 무렵 야학교 문을 열고 들어섰다. 귀퉁이가 제대로 맞질 않는 문이 요란스러운 몸짓으로 엄살을 떨었다. 교무실에서 책을 보던 선주 선생님이 한눈에 들어왔다. 새끼손가락을 묶은 흰 붕대에 피가 배어 검붉게 얼룩져 있었다. 어둠과 탁한 침묵이 선주 선생님의 웃음 뒤편에서 손가락질을 했다. 책장을 넘기는 소리가 등줄기에 올라 미끄럼을 탔다. 나머지 시간을 선주 선생님의 동여맨 손가락을 책상에 올려놓고 이유 대기에 골똘했다.

하지만 아무리 예쁘게 봐주려고 해도 막판에 가면, 벼엉신하고 끝이 났다.

선주 선생님을 꼬드겼던 놈팽이들은 술에 취해 갈지(之)자로 대로를 휘젓고 있을 텐데 밤늦게까지 지하실에서 우리를 위해 남아 있는 모습이 안타까웠다. 가슴에 겨울바람이 숭숭 지나다녔다.

줄지어 선 가로등의 표창 같은 빛이 가슴에 박혔다. 집으로 돌아오는 길에 올려 본 밤하늘엔 별도 뜨지 않은 채 비가 오려는지 거북살스런 천둥이 마른번개를 뒤쫓아 꾲혔다.

밤 새 개꿈으로 괴성까지 질러댔던 모양이었다. 잠에 떨어지기만 하면 둘러메고 가도 모르는 덕배형이 내가 잠결에 옆구리를 걷어찼다며 알밤을 먹였다.

아침은 유리창에 부러진 빗줄기를 매달아 놓고 청승을 떨고 있었다.

밀가루 반죽을 쳐대는 덕배형은 이별의 부산정거장을 열창하면서 장단을 맞춰댔다.

주인아저씨는 아직도 사지 뻗대고 꼬꾸라져 있을 것이다. 이런 날을 촌구석에서야 아침 먹기 무섭게 늘씬 퍼자는 게 상순데, 내 팔자에 그런

호사는 일찌감치 시루 엎은 꼴이니 식당 바닥을 물침 하는 수밖에…

시골에서는 비 오는 날이면 장땡이었다. 뜨뜻한 방구들 지고 자다 깨다 자다 깨다 잠을 뿌리째 뽑을 수 있기 때문이었다. 잠이란 게 깊이가 있는 것도 아니고 많이 잤다고 신물 넘어오는 것도 아니어서 눈에 착 달라붙기만 하면 만고강산이었다.

교문 앞은 어제의 난장판이 언제 그랬느냐는 듯이 말끔하고 적당하게 젖은 물기로 자르르 윤기까지 돌았다.

늙은이가 터줏대감인 담벼락에도 비가 들이쳐 오늘 장사는 볼 장 다 본 것 같았다.

아니나 다를까 늙은이는 아침부터 「북경 반점」으로 출두하여 한쪽 구석진 테이블을 차지하고 신주 모시듯 덮어쓰고 다니는 모자까지 벗고서 짬뽕 국물에 소주를 들이켜고 있었다. 꼴 같지 않게 다 떨어진 노트 장을 넘기며 한잔, 한잔하고 나서는 노트 장을 한 장 또 한 장 넘겨대고 있었다.

이놈의 음식점이라는 곳이 비하고는 상관없이 먹어대는 놈팽이들 덕택에 다른 날보다 오히려 혼잡스럽기 이를 데 없었다. 그렇잖아도 눅눅한 공기가 젖은 옷 털어대며 들어서는 놈팽이들로 짜장면 냄새와 퀴퀴한 냄새가 버무려져 덕배형의 발 냄새는 비길 바가 아니었다.

유난히 바쁜 오늘은 신경이 머리끝까지 차올라 그 뜻을 둘이나 엎어먹고도 제정신을 차릴 수 없었다.

장바닥 같은 점심시간이 지나고 조금 한가해진 식당은 놈팽이들이 버리고 간 쓰레기로 미친년 속곳 같았다. 귀신 씨나락 까먹듯이 구시렁거리는 아줌마의 잔소리도 흘려버리고 습기 진 유리창을 문질러 비 내리는 밖의 풍경에 한숨을 돌렸다. 좁쌀 같은 빗방울이 유리창에 매달려 있었다. 색색의 우산을 받쳐 든 여학생들이 한가히 빗속을 오락가락하고 있었다.

한쪽에서 오전 내내 필름 동나버린 사진사마냥 술만 먹고 있던 늙은이는 갑자기 풍기가 났는지 고함을 쳐댔다. 혓바닥 꼬부라져 제대로 알아들을 수 없는 소리로 약장사를 시작하는 것이었다. 늙은이 외침에 눈에 쌍심지 켠 아줌마는 젓가락 같은 몸뚱어리 세워 되받고 있었다. 장지문 열고 외씨 같은 눈으로 바라보던 아저씨도 바지춤에 삐져나온 와이샤스 자락을 너풀거리며 나왔다. 아저씨는 게슴츠레한 실눈으로 어안이 뻥 해 있었다. 거기에 절름발이인 곱사등이 늙은이가 비칠거리며 식당은 순식간 코메디를 벌이고 있었다.

오십이 낼모레라던 늙은이는 눈에 그렁그렁한 눈물까지 매달고 웃는 건지 우는 것인지 모를 얼굴로 식당을 휘젓고 있었다.

밀고 당기는 몸싸움이 식탁을 엎어 치며 벌어졌다. 주방장 덕배형까지 합세해서 늙은이를 몰아내고 있었다. 난 여전히 창가에 난장판의 홍이라도 깨질까, 걱정까지 곁들어 가며 구경하고 있었다. 그런 날 주인아줌마는 눈이 초승달 되어 흘겨봤지만, 왠지 늙은이의 눈에 맺힌 물기 때문에 도시 편 들 수 없었다. 재미 판과 늙은이의 어줍은 눈물 바람이, 들리다시피 계단 아래로 동댕이쳐졌다. 아무 일 없었다는 듯이 카운터에 앉은 아줌마는 날 향해 식탁 정리하라고 아물지게 쏘아붙이고 나에 대한 분풀이를 대신했다.

늙은이가 떠들던 말들이 조용해진 식당과는 달리 내 귓전에서 뒹굴었다.

―시계 바느른 도이는 거야. 시가는 끌고 가는 게 아니여. 시가네 쪼껴 바느리 가는 거여. 아니지 그래서 안되지 시가늘 끄려야지 엉터리 시

가네 사라미 서두르지 않도록 아므. 시가늘 만들려 하다니…. 시가니 어디 비늘 싸민가?—

아수라장이 된 식당을 정리하며 때에 절은 모자와 바닥에 떨어져 밟힌 노트를 집었다. 그것은 늙은이가 안주 삼아 넘기던 노트였다. 겉표지가 떨어져 나가고 누렇게 변색한 종잇장은 깨알 같은 글씨가 들어앉아 있었다. 메모장 뒷장에 국문과 2학년 박형표라고 쓰여 있었다.

—그 늙은이가 대학물을 먹었단 말인가?

뒤통수를 때리고 지나는 천둥소리에 유리창까지 들먹거렸다. 자꾸만 늙은이의 얼룩진 눈구덩이가 내 눈에 아른거렸다.

3월 X일

소크라테스에게 사약을 먹였던 자들의 독선을 우리도 인정해야 하는가? 3월의 햇살에 부끄러워야 할 15일의 희극은 누구의 대본인가?

4월 X일

동호가 죽었다.

아침을 사랑하고 목련이 피는 계절이면 이젤을 캠퍼스에 세우고 봄을 그리던 녀석이 가버렸다. 그가 한 짓은 사실을 사실대로 외쳤을 뿐이다. 이제 그는 아무것도 얘기할 수 없다. 아니 하늘에서 영원한 자유를 얻었는지도 모른다.

그에게 총을 쏜 자의 어리석음에 통탄한다. 썩어 문드러진 부패에 칼을 든다. 그 환부의 덩어리에 안주한 놈들의 허울에 돌을 던진다.

메모장에 색바랜 종이 질과 번진 잉크의 글씨들이 살아서 숨 쉬고 있었다. 할머니의 얼굴에 핀 검버섯만큼이나 메모장은 세월에 덮여 있었다.

뒷장의 몇 페이지는 훌쩍 몇 해를 건너뛰고 있었다. 모를 낸 논처럼 반듯반듯하던 글씨도 형편없이 휘갈겨져 있었다.

4월 X일. 우리가 싸웠던 것은 누구를 위해서인가?라고 시작한 페이지는 넉 장을 가득 채우고도 더 쓸 여분을 두 장이나 남겨놓고 있었다.

…일본놈들의 끄나풀이 꿰어 같은 조선인을 매질하던 놈들이 여전히 경찰서에서 활개를 치고 있고 식민의 울분을 참지 못해 가산과 목숨을 내던지면서 독립운동을 했던 애국지사들은 가난에 찌들어 문전 걸식을 해야 하는 판인데 금 단추에 기름진 배를 내밀고 다니는 놈들은 동척의 하수인들이다.

…피 흘리며 쓰러졌던 젊은 학도들의 혈기를 가로채어 다시금 부정과 축제를 일삼는 놈들은 다름 아닌 위정자들에게 돌을 던졌던 바로 그 자들인 이 아이러니는 어디서부터 꼬인 뫼비우스의 띠란 말인가?

밖은 여전히 굵은 비가 쉴 사이 없이 내리꽂고 한 웅큼의 침묵이 빗물에 젖어 창밖에서 떨고 있었다. 〈끝〉

당선

제800호 1986년 10월 20일 월요일

제31회 학술문학상 : 시

장터일기

· 김인중 (영문학과 4학년) ·

절이고 절인 세월이
한 줌 세탁비누의 때가 되듯
친구는 그렇게 가고

지금쯤 어느 골목을 휩쓸다
갈대 몇 개나 부러뜨릴 수 있는
바람이 되어 잠을 잘거나

이별은 술잔 몇 개의 씁쓸함이 되고
흘러간 노래 가사가 되어
나무탁자 허름한 모서리
아프지 않은 상처를 남긴다.

그래도 술에 취한 듯
어김없이 찾아 나서는 밤

어둠을 짊어지고
흐느낄수록 깊어가는 계절

낙엽을 밟으면
빠드득 소리 나는 계절은
잔서리 맞는
흐릿한 가로등 밑에
술 찌꺼기를 토해내고
우리는 언제쯤
평범한 가장이 될까? 친구여
솟구칠 세월은 없고.

백성 노래-겨울 기러기

흐르는 눈물에 발등을 찍으랴
먼저 간 아내
낙엽 모아 흩뿌리는
사글셋방 서울 길
이름 석 자 눌러 박고
흐린 세월 뭉툭한 살점
바라보다
흐르다 모이는 물길
피로한 다리는 먼저 일어나
개구리, 우렁이와
흙투성이…
썰매도 지치고 하던 물길
바람은 남도 풍
고향으로 목을 꼬고
이만 이천 볼트

기러기 높이에
꼬리를 물고
꼬리를 물고 사랑할까
창문 열면
지겟다리 탄탄한 균형
어디 가서 사내놈을 떳떳이 할까
흐르다 모이는 것
문밖에 두고
손바닥 싸늘한 성애
하얀 찌꺼기를 만지는 겨울 문이란 문
꽁꽁히 잠그고 싸늘한 바람
밤이 깊을수록
목은 더욱 꼬이는 겨울 기러기.

출품

제800호 1986년 10월 20일 월요일

제31회 학술문학상 : 시

땅의 노래

내게 남은 일이 무엇인가
강을 바로 보는 일이나
물소리가 물소리로 흐르는 일
이 나라 가득 메울 꽃잎을 보는 일
지친 발걸음 쉬어
꽹과리나 징 소리에 귀를 세우고
하늘이 낮아지는 날을
올 땅이 들고 일어나 하
늘이 되는 내가 먼저 땅이
되는 얼

낫을 갈며
이른 봄 들켠을 나서면
물릴 것 같다
온 산이

허리가 아파 들어 눕고 나면
북쪽에 땅을 두고 내려오신
아버님이나
흙물 먹어야 산다는 할머님
제사상 귀퉁이에 반 조각 흙
을 올리고
쟁기 낫을 씻는다
서투른 꽃을 피우는 봄날
저녁

들린다
묵은 날을 갈아 세우고
내가 땅이 되고
땅이 하늘이 되는
모두가 하나로 모여
하늘이 되는
강물이 흐르는 소리.

제32회

학술문예상

•

1980~2000

당선

제814호 1987년 6월 8일 월요일

제32회 학술문학상 : 소설

숨겨진 광맥

· 김후리 (중문과 3학년) ·

「무적의 영예 은색을 흩날리며

쏜살같이 나아가는 저 날개 전선 저 멀리 성난 독수리처럼

대공을 나는 그 모습」

대열이는 무슨 먹이를 발견한 개구리의 불거진 두 눈처럼 바랜 사진을 한참을 응시했다.

「지금껏 이런 사진이 있었다니.」

그는 자신도 모르게 은밀한 전율 같은 걸 느꼈다. 딱히 보겠다는 심정은 아니었다. 그저 무료한 생활이 가져다준 자폐증적 충동이 요기 삼아 앨범을 보게 한 것이었다.

「그래 이걸 보여주면 좀 수그러들지도 몰라.」

허구헌날 염주 알 굴리는 주문처럼 무시로 정력을 과시하는 아버지를 염두에 두고 그렇게 중얼거렸다. 거기엔 아버지의 그런 신경성이 자신 때문일 거라는 강한 추측이 깔렸었다.

글씨가 새겨진 웬만한 수첩 크기의 그 사진은 겨우 형체를 알아볼 수 있을 정도로 바래 있었다. 그 사진에는 천황에게 충성을 뜻한다는 일장

기가 희미하게 배경이 된 채 쌍발폭격기가 날고 있고, 왜놈 모자에 해군 마크가 장식된 아버지의 야무진 모습이 곁들여 있었다.

일제시절 사진은 그 외에도 서너 장이 더 있었다. 착검을 한 구식 총을 그 옆에 키를 재듯 찍은 것도 있었고, 함상(艦上)에서 망중한을 즐기는 사진도 있었다. 사진들은 하나같이 금방이라도 천황의 체취가 묻어나올 듯 펄럭이는 깃발을 삽입한 것이 특색이었다. 그 사진들은 만6년 동안 일제에 부역을 하면서 저들의 고향 땅에 문안편지를 띄울 때 동봉해 보낸 것이었다.

쥐 오줌이 방부제처럼 드리워진 구닥다리 앨범 속에서 대열이는 아버지 사진을 조심스레 추려 놓았다.

지독양반이 부쩍 신경성을 띄기 시작한 것은 농번기가 되고부터였다. 술기가 거나해지면 간혹 일체적 무용담을 강변하기도 했지만 그리 심한 편은 아니었다. 그것은 차라리 아직도 건재하다는 걸 시위하는 것처럼 느껴지기도 했다. 그의 말마따나 「사람은 모름지기 혼이 살아있어야 한다」는 것도 다름 아니었다.

처음엔 대열이는 아버지의 변화가 습지에서 미생물이 생겨나듯 자연스러운 일로 여겼다. 칠순을 넘보는 나이에 혼백이 상할 때도 되었거니 했다.

지독양반의 얼굴은 확실히 전보다 핏대가 솟아 있었고 빈번하게 술을 마셔댔다. 말을 할 때도 무엇에 쫓기는 듯 눈에 띌 만큼 경련을 일으켰고, 그때마다 주체할 수 없는 독설을 뿜어내곤 했다. 그것은 마치 성질이 났을 때 분비되는 단봉낙타의 위액처럼 지독양반의 노기와 함께 수반되는 행동이 되어 있었다.

대열이는 자신도 모르게 어떤 위기감 같은 것에 휩싸여있었다. 도둑이 제 발이 저려 입을 연다고 대열이는 자신의 생활에 몹시 염증을 느끼고 있던 터였다. 과묵한 편, 별말이 없는 집안 분위기만으로도 견디기 어려운 압박감을 느끼고 있었다. 사실 지독양반과 그는 강아지가 저만한 토끼를 만났을 때 느끼는 낯선 이질감에 서먹서먹하듯 좀처럼 혈육의 친화력을 느낄 수가 없었다.

대열이는 제적생이었다. 물론 지독양반은 그런 사실을 모르고 있었다. 설사 알고 있다 해도 무슨 반응이 있으리라고는 기대할 수 없었다.

그가 제적을 당한 것은 졸업정원제가 생기고 난 뒤였다. 시국이 어찌다고 현실에 쌍불을 켠 그도 아니었고, 낭만이라는 것에 심취할 만큼 넉살 좋지도 못했던 대열이는 결국 제 그림자에 밟힌 꼴이었다.

그는 자칭 대단한 운명론자였다. 따지고 보면 제적을 당한 것도 그의 인생역정에서 피할 수 없는 일이었다. 자신이 걷고 있는 길은 전혀 인간적일 수 없는 노릇이었다. 미지의 절대자에 의해 주어진 길을 충실히 이행하는 살아있는 대리인이었다. 일견 제적은 찬미할 만한 일이어야 했다. 그는 도무지 대학에 정을 줄 수는 없었다. 차라리 언젠가는 제적이 될 거라는 예정 속에서 그 시기만을 기다리고 있었다는 편이 옳았다.

그는 자신이 어떤 존재인지를 알고 싶었다. 가능하다면 신체 하나하나를 헤집어 그것들의 기능마저 알고 싶었다. 또 다른 사람들은 자신과 어떤 차이점이 있는가도 확인하고 싶었다.

그러나 대학은 그를 엉뚱한 방향으로 밀어붙이고 있었고 그럴수록 갈등은 걷잡을 수 없이 나락으로 향하고 있었다. 누구든 그렇게 충고했다. 어디 그런 문제가 살아가면서 자연스레 들릴 문제지 일순간에 파헤쳐질 성질의 것이냐고.

그때마다 대열이는 가소로운 웃음을 지어 보였다. 일테면 만물의 영장이 그 정도의 능력밖에 가지지 못한다면 그것은 언어도단이 아닐 수 없었다. 그 누구의 진부한 충고는 터무니없는 위안으로 들렸다.

그때 그는 이미 단단한 원죄의 기원을 설정하고 있었고, 그 업보의 탈출에 몸부림치고 있었다. 사람은 분명히 어떤 예정설 속에 살아감을 직감하고 있었지만 그걸 확인할 능력은 갖추지 못했다. 기껏해야 낮엔 일을 해야 하고, 밤엔 자야 한다는 지극한 순리에 만족해야 했다. 대열이의 고민도 거기에서 조금도 나을 것이 없었다.

「사랑이란 게 다리 밑에서 주워왔다는 데 문제가 있어. 그것은 곧 나와는 상관없이 철저히 타인으로 태어난다는 게 아닌가. 정자와 난자의 결합은 애초에 가장 그럴싸한 인간 행위일 뿐, 부조리의 피치 못할 선택이 아니던가. 성령으로 잉태한 예수가 위대해질 수 있었던 데는 예속되지 않았다는 필연성 때문일 것이다.」

대열이의 회의는 한날 궤변론자의 넋두리라 해도 틀림이 없었다. 그보다는 사람은 왜 눈을 감고 태어나는 가 하는 고민이 훨씬 현실적이랄 수도 있었다. 송아지는 낳자마자 뛰어다닌다고 부러워해도 그것은 대열이의 영역 밖이었다.

그러나 그의 원죄론은 이념처럼 물들어 갔다. 사회에 환멸을 느끼기 시작한 것도 그렇고, 사람의 포악성을 저주한 것도 그 나름의 원죄론에 기인하고 있었다. 하여튼 그의 눈에 투영되는 현실은 하나같이 호기심의 대상이었고, 그것들의 속성을 후벼서라도 새로운 물질을 찾아내려는 욕망에 사로잡혀 있었다.

대학 시절 대열이는 확실히 병적인 데가 있었다. 오르지 못할 나무는 끊어서라도 살펴보아야 하는 게 그의 성미였다. 그러나 자신도 인간의 굴레에서 벗어날 수 없음을 직시하지 못했다. 하다못해 무당의 점괘보다도 신통할 게 없는 그의 예인력이었다.

그는 자꾸만 멀어져 가는 현실감에 제적이란 가속도를 붙인 셈이었다. 연속된 두 번의 학사경고에 잘린 그는 별 무감각했다. 막상 제적 통지서를 받고 나서도 그다지 미련을 갖지 않았다. 앞으로 전개될 상황에도 걱정하려 들지 않았다. 그는 운명의 거수기가 되어 있었다. 자신의 운세에 대한 인간적인 노력을 가미한들 그것이 운명의 개척일 수는 없었다. 설사 개척이라 해도 그건 예정된 운명의 일환이었다. 대열이에게 미래시제는 흥미진진한 관찰의 대상일 뿐, 계획적인 삶의 시제는 아니었다.

제적당한 그에게도 집에 있을 명분은 있었다. 운명을 일컬어 설득을 구해 본들 지독양반에게 먹혀들 리 만무했다.

『어차피 군대는 가야 할 것 같아서요. 또 이번 이학기가 적당한 것 같아 휴학계를 냈어요. 복학하기에도 수월하고.』

대열이는 그런 운명적인 고백에도 별 죄책감을 느끼지 않았다. 지독양반은 그리 말가운 기색은 아니었지만 그려러니 했다.

『군대 갈 때까진 뭣을 허든 니 몸뎅이 운신할 곳에서 가서 생활하라.』

지독양반은 준엄한 계시처럼 한마디 할 뿐이었다. 대열인 탈 없이 휴학생이 되는 것에는 성공했다지만 집을 떠난다는 것은 용이하지가 않았다. 비단 송충이의 단세포적인 식욕을 탓하지 않더라도 그는 영 사회에 적응할 용기가 나질 않았다.

대열이는 참 어이없는 생각을 하고 있었다. 지구촌의 그 수많은 분자가 탈 없이 먹고 자며 생을 이어가는 걸 보면 기이하다는 생각이 들곤 했다. 돈을 번다는 것이 신기루의 꿈처럼 막연하기 이를 데 없었다. 어른들은 죄다 마술사와 진배없었다. 그런 사실들은 어쩜 닿을 수 없는 하늘 같기도 했고, 알 수 없는 깊은 땅속의 묘연함 같은 곳이었다.

감이 떨어지길 기다리는 대열이의 운명은 필경 꿈꾸는 안타까운 열방 같은 것이었다.

그런 감상(?)밖에 가지지 못했던 대열이가 둥지를 박찬다는 것은 외계인이 되는 것보다 두려운 일이었다. 당초에 그는 아무렇게나 먹고살 것이라는 운명적 여유에 기대어 있었고, 그 삶터는 자신의 집만을 연상하고 있지 않았던가. 그에게서 자신의 의지대로 가는 것이지 어떤 환경적 요인 따위에 굴절되는 것은 아니었다.

입대(?)할 때까진 어디든 나가지 않으리라 작정하고 있었다.

제적과 더불어 시작된 지독양반과의 생활을 하루하루가 소태를 씹는 듯한 역겨운 연속이었다. 무관심은 수갑을 채울 수 없는 양심에 옥죄는 가장 큰 형벌이었다. 휴학은 일컬어 거짓말을 했던 학기 초의 몇 마디를 제하고 숫제 길가는 행인 보듯 했다. 밥상머리에서도 그나마 상종할 기회조차 없을 것이었다.

그렇다고 전에는 뭐 화기애애했느냐 하면 그것도 아니었다. 단지 그럴만한 감정을 느낄 필요가 없었기 때문이었다. 차라리 지금은 지독양반의 술주정이라도 자주 하니 사람 사는 집 같기도 했다.

불편함은 대열이 스스로의 발목에 채인 나머지였다. 그건 그만의 일방적인 고민일 뿐, 지독양반의 감정도 그 부인의 감정도 평상 매한가지였다.

그는 여전히 운명이라는 화장한 여인의 냄새에 반해 있었다. 그것이 얼마나 교묘하고 은밀하게 이성의 호기심에 전염되지 않게 하는가를 대열인 알아야 했다. 제아무리 내일을 알려 해도 운명의 흡반은 결코 순순히 풀어주지는 않을 것이었다.

제적을 당한 뒤 그가 느끼는 감정은 운명의 후유증이 아니라곤 할 수 없었다. 그는 무료함과 씨름하는 데도 거의 탈진상태에 이르러 있었다. 지독양반은 그대로 술을 마셨다하면 대꾸할 수도 없는 관심을 주기가 일수였다. 요즘 젊은것들은 답답해 죽겠다는 말투다. 정신머리가 죄다 썩어 문드러졌다는 것이다. 댁네(지독양반은)는 이래저래 「그놈의 영장은 빨리 안 나온다냐. 뭐 빨리 가고 싶어 허는 삶은 빨리 보내준다고도 허더만」하며 푸념을 해댔지만 맹랑한 헛일이었다.

지독양반의 눈초리는 확실히 어떤 적의 같은 걸 띠어가고 있었다. 징용 시절 무용담을 말할 때 보이던 벌겋게 실핏줄이 서던 눈빛이 그랬다. 그러잖아도 죽음 쪽에 훨씬 가까워져 턱없이 사윈 얼굴 모습에도 그나마 눈매만은 끈질기게 생기를 잃지 않던 그였다.

대열이는 또 예기치 못했던 곤혹스러움에 처해 있었다. 운명은 악마처럼 그를 농락하고 있었지만, 그는 별 무방비 상태였다.

「대열이는 모르긴 해도 데모를 하다 짤렸을 것이여.」

누구의 입을 통해 그렇게 와전됐는지 몰랐다. 하지만 지독양반도 그도 거기에 대해 해명하려 들지 않았고 그럴 입장도 못되었다. 사실이지 침묵이 금이라면 대열이네는 이미 떼부자가 돼 있을 터이지만, 재갈 물린 입에 말을 기대하는 것도 모순이었다. 생각해 보면 대열이 1년 선배되는 동네 친구가 서울에서 대학을 다니다 그만 잘린 일이 있었다. 미문화원 사건에 연루되어 지명수배자가 된 명학이는 일간지에서도 활자화된 인물이었다. 그 일로 명학이네는 낮모를 사람들이 상주하다시피 했고, 동네 사람들은 각기 말로만 듣던 데모의 희생자가 생긴데 대해 이러쿵저러쿵 말이 많았다. 그들은 한결같이 그놈의 데모는 뭣 하러 하느냐는 거였다. 간혹 보이던 텔레비전에서도「저놈들 땜이 한시도 안 시끄럴 날이 없고만」하는 식이었다. 명학이는 기껏해야 똑똑해도 병이라는 어설픈 위인의 존재로 전락하고 말았다.

동네 사람들이 알고 있는 유일한 소문의 근거였다. 사실 소문의 성질이 어쨌거나 대열이는 헛소문이 아니길 은근히 바라기도 했다. 지독양반이 명학이의 그런 사실을 알고는「어린자식이 참 안됐고만. 다 이유가 있어서 그릿을 건디」하며 한숨 섞인 담배를 연장 피워댄 일이 있었다. 대열이는 그때 지독양반의 말에 뭐라 거들진 않았지만 묘한 연대감 같은 것 감지했었다. 그가 제적당한 사실을 말하여도 의외의 반응이 올지도 모른다는 걸 익히 자위하고 있었다.

그러나 사정은 엉뚱한 방향으로 그를 몰아붙이고 있었다. 소문이 헛되지 않길 바란 것도 그런 이유였다. 진실이 밝혀질 것이 두려워서가 아니라 확확 타들어오는 현실의 갈증에서 탈피하고자 함이었다. 그보다는 공부 못해 제적당했다는 것보다야 훨씬 더 핏줄에서 오욕스럽지 아니한가.

대열이에게 운명은 현실처럼 억압하여 왔다. 그러나 그는 아직껏 실체를 파악 못 하고 있었다.

가을걷이가 시작되면서 지독양반의 적의는 급기야 흉물스런 모습으로 대열이에게 나타났다. 그 날은 입동을 얼마 안 두고 설악산 정상에선가는 첫눈이 내렸다고도 했다. 하긴 절기(節期)란 게으레 턱없는 시각을 가리키게 마련이어서 입동이라 해도 가을 색이 좀처럼 기세를 꺾으려 하지 않고 있었다. 절기는 다만 예측할 수 없는 사람의 한계에 선명한 경각심을 일으키는 어떤 교시 같은 것이었다.

동진강 변에 세든 동네—원래 원금 마을은 강의 일부였으나 식민지 때 근방 사람들의 노역에 의해 둑을 쌓아 마을로 변했다—인지라 갯바람이 성큼 추위를 불어오던 밤이었다.

지독양반이 마을 청년들에 붙들려 집에 왔고 눈언저리에는 피멍이 든 채 핏자국이 불상 사납게 흘러 있었다. 백열전등에 비친 그 모습은 영락없이 공포영화의 그것처럼 확 이맛살을 끌어내렸다. 지독양반은 발악하듯 떼를 썼고 그때마다 감당할 수 없는 정력은 심한 경련으로 치 떨고 있었다.

노인네에게서 생채기를 보는 것은 마치 길 가던 연인이 맞붙은 개를 볼 때처럼 민망스러운 거였다. 그러나 지독양반은 그런 자신의 모습에서 형언할 수 없는 생명력 같은 걸 확인하고 싶었던 걸까. 그것은 분명히 노망이나 오기와는 다른 무엇이 깊이 침잠돼 있었다.

대열이네 집 앞에는 마을 공동창고가 하나 있다. 그네 집 어깨에 걸쳐 맞바라보고 있는 창고는 본래 벼를 저장하기도 하고 더러 농기계를 두기도 했던 곳이다. 그러던 얼마 전 창고는 버젓이 건조장으로 변해 버렸다. 행여 바람이라도 도울 양이면 그네 집은 먼지받이가 되어버리고 샘물은 쉬이 구정물이 되어도 참을 수 있는 일이었다. 그 동네에 공터라고는 유일하게 그곳뿐이었고, 그곳에 창고가 지어지는 것도 당연한 일이니까 문제는 그 건조장이 하늘에서 별똥 떨어지듯 예기치 못했던 것이라는데 있었다. 지독양반이 반상회에 나가지 않는 것과는 상관없는 일이었다. 건조장은 대문안집—솟을 대문의 그곳처럼 커다란 두 개의 나무 대문에서 유래한 성싶다. 일본식 집의 저택을 방불케 할 만큼 널따란 집채를 가지고 있었고, 마을에서는 제일 많은 농지를 소유하고 있었다—강만혁씨의 소유물이 되어 있었다. 강씨네 피에 절인 몇몇 친척들이 담합하여 일방적으로 설치해 놓은 거였다.

누구 하나 거기에 대해 이의를 제기하려 하지 않았다. 강씨가 특별히 무슨 권력에 유착돼 있다거나, 비밀스러운 힘이 있는 것도 아니었다. 다만 마을 사람들은 구태여 그까짓 일에 나선들 무슨 소용이 있겠느냐 하는 방만한 자유가 팽배해 있을 뿐이었다.

빛살 좋은 농촌은 이제 이웃집 정 따위 운운하며 살기엔 너무 현실적이었다. 촘촘한 측백나무로 담장으로 삼던 정취는 이제 너나없이 파편 박은 블록담을 쌓아가고, 그 속의 인간군은 제 몸 하나 편하리라는 단꿈에 사랑놀이조차 유예하는 형국이었다. 사랑 따윈 겨울비 내리는 대낮에나 보는 텔레비전만큼이나 무료한 감정의 대용품이고, 심심풀이의 눈요기 외에 아무것도 아니었다. 땅은 호젓한 정감을 심는 곳이 아니라, 누추한 삶이라도 이어가야 하는 불가결한 보루였다.

지독양반은 전에도 몇 번이나 대문 안집 강씨에게 권고한 적이 있었던 모양이다. 댁네는 동네 사람들도 죄다 쉬쉬하고 있는데 웬 늙은이가 나서서 설치느냐고 다그쳤지만, 소귀에 경 읽기였다. 지독양반은 부식된 쇠막대처럼 잘렸으면 잘렸지, 어쭙잖게 휘어질 사람은 아니었다.

『사람은 행실이 똑바러야 허는 것이여.』

댁네의 만류에 지독양반이 던지는, 침울을 강요하는 말이 그랬다.

지독양반과 강씨 사이에는 해묵은 감정이 결석(結石)처럼 가슴 한구석에 녹지 않고 응어리져 있었다.

한때 강씨는 좌익의 말단소조직 단원이었다. 해방이 되던 이듬해 이 나라가 좌니 우니, 여니 야니 하여 사상의 전국시대를 맞이했었다. 해방이 된 지도 모르고 누워 떡 먹듯 맞이했던 얼마간의 백성들은 뜬금없는 조류에 부평초처럼 휘말리게 되었었다.

그래도 두 파벌 간에는 그놈의 식민이라는 치욕에서 벗어나자는 데는 목소리를 같이 했다. 부일협력자 처리와 토지분배에 관한 것이 그랬다. 비록 부역자에 대한 강온 양론과 토지분배에 관한 유무상의 문제가 가로놓여 있었지만

그런데 어는 틈엔가 사회주의니 부르조아니 하는 붉은색의 민주주의가 득세하기 시작했고 그 힘은 홍두깨처럼 시골까지 미치고 있었다. 오히려 해방보다 강렬한 색깔로 한적한 동진강 변에로 회오리쳐 왔던 것이다.

강씨는 그때 좌익의 행동대원이었다. 사상을 석고상에도 생명을 불어넣고, 산 생명을 맹수로 돌변시키는 불치유의 발암성이었다. 강씨는 그런 사상의 풍운아였다.

잡히는 날 지독양반은 어떻게 될 것인지는 불 보듯 뻔한 일이었다. 집안으로 떼죽음을 당했다는 소문이 파다했고 더러는 돌에 묶인 채 동진강 속으로 사라진다고도 했다.

그해 유월은 피바람을 불어댔다. 지독양반은 그 바람을 피하기 위해 보리 익어가는 들녘에 깜부기 원망하듯 자신의 신세에 칼질을 해댔다.

「상놈들, 내가 죄인인가, 이 나라가 범인이지.」

보리 숲에 몇 날 며칠을 숨어 지내던 지독양반은 종내 그런 순수한 생각밖에 떠올리지 못했다. 옛적의 떨치던 기개는 속울음조차 되지 못하고 그저 생명 하나 부지하기도 바빴다.

지독양반의 말대로라면 징용군으로 끌려간 걸 부역자의 올가미에 씌우는 건 어처구니없는 일이었다. 그게 어디 자신에 의해 저질러진 거냐는 거다. 식민지가 된 척박한 땅에 누군들 천황의 명을 거역할 수 있었

느냐는 거다. 목숨 하나 건지려던 것이 그렇게 큰 죄가 될 줄은 미처 몰랐던 것이다.

지독양반이 그 보리 끝에서 그렇듯 방망이질을 한 건 식민이 떠맡겨 준 비감이었다. 그리 된 나라에 대한 속절없는 애수였다,

풍운아의 시대는 오래가지 않았다. 풍운아는 으레 기류에 편승하지 않으면 안 된다. 지독양반은 용케도 살아남을 수 있었다. 지독양반은 훗날 일제에 부역했던 6년 동안의 생활보다 해방 후 사상에 휘말렸던 몇 개월이 훨씬 고통스러웠다고 했다. 물리적인 고통이 아닌 힘없는 강산의 백성으로 태어난 업보 때문에.

강씨와 인연을 맺게 된 연유는 대충 그러했다. 이후로 둘 사이에는 두말할 나위 없이 누가 먼저랄 것도 없이 서로 적대시하게 됐다. 더러 강씨는 그깟 일로 원수 척질 게 뭐 있냐며 넉살을 부리지만 지독양반에겐 어림도 없는 얘기였다.

「이놈의 백성들은 이리도 흥, 저리도 흥. 줏대라곤 하나도 없이 그저 저 좋대로 살믄 그마닝여. 화해할 수 없을 일 같으믄 매몰차게 끊어버리야 혀. 인정이란 것이 죄악을 묵인해주는 수도 있는 것이여.」

지독양반의 속셈은 그래서 어쩌자는 건지 몰랐다. 불의든 어쩌든 배척당하지 않고 번연히 살아남는 게 사람의 생리라면 지독야반의 지극한 인생 철학은 무슨 의미를 가질 수 있겠는가. 단지 세월이 지나면서 굳어지는 뼈만큼이나 그의 의식도 화석화돼 갈 뿐이었다. 해방이 된 지 40여 년이 지난 지금도 불편한 관계는 좀처럼 나아질 기미가 없어 보였다. 혼백이 되어서도 그러하겠다는 듯이.

그날 밤 흉물스런 모습으로 나타난 데는 그런 케케묵은 휴화살이 술 기운의 지류를 따라 터졌음이 분명했다. 술 속에서는 물론 하릴없이 놈

팽이가 돼 있는 대열이가 목소리처럼 담겨 있기는 했겠지만.

ㅁ조장을 옮겨달라는 것이 이유였다. 어찌 공동창고를 네 것처럼 사용할 수 있느냐는 거였다. 부아가 치민 강씨는 왜 네놈만 콩이야 팥이야 간섭하냐며 싸움이 되었던 것이다.

지독양반은 가위에 눌려 허우대 듯 허방 짚을 뿐이었고 평소에 젊은 놈도 당해낼 수 있다면 그의 호기는 애초에 전설이었음을 알기나 했을까. 야밀차게 날뛰던 그때의 추억은 이제 너스레 하게 이완된 감정으로 균열해 있음을 강씨는 또 어땠을까.

밤새 노기 띤 경련은 계속되었고 받아주는 이 없는 독설은 지독양반이 삭여야 할 삶의 일환처럼, 되새김질이 소의 생명 질인 것처럼, 진지하게 이어졌다. 대열이 귀엔 그것이 자장가로 들렸음은 적잖은 세월에 풍화된 죄악스런 고마움이었다.

다음날 해가 든 것이 실마리를 풀어줄 하등의 이유도 되지 못했다. 태양은 단지 밤새 품었던 노기에 구체적으로 실행할 기록제가 된 것밖엔.

지독양반은 천황의 명을 받아 의기에 차 있던 징용 시절 일경(日警)을 요리하던 기백이 되살아났고 달음질치듯 지서로 향했다. 뛰어본들 그의 박동 수에도 훨씬 못 미치는 걸음걸이였다.

『야 이 새끼들아. 니놈들이 하는 일이 뭐여. 힘이믄 그만이고 인연이믄 다여. 그려, 나는 왜놈들 등 빨아먹고 산 사람이다, …』

깐깐하기로 소문났던 지서장은 어이없다는 듯 말문이 막혔다. 그가 제아무리 일경을 삶아대던 위인이라 해도 그처럼 초라한 몰골로서는 냉소 외에 아무것도 바랄 수 없는 노릇이었다. 한낱 예의지국의 노인네라는 것 외에는. 더구나 어떤 현실인데 힘이다, 연인이라고 하며 운위하고 있는가.

사건은 다음 해 추수철이 되기 전에 옮긴다는 조건으로 일단락되었다.

개펄에 뿌리박은 강변 동네는 지독양반이 너무했다는 소문과 함께 제 고집에 망할 거라는 해묵은 덕담이 전염처럼 오르내렸다.

대열이는 제풀에 겨워 쓰러져가는 한 그루 나무였다. 제대로 햇빛을 받아볼 수 없는 도심의 가로수는 필경 주눅이 들 수밖에 없었다. 완전한 감정의 빈사상태에서 오는 무력감은 허물을 벗는 누에의 심정 같기도 했고, 땡볕에 드러난 지렁이의 그것 같기도 했다. 지독양반의 눈에 비친 그는 영락없는 머저리였다. 제 핏줄에 그런 자식을 낳았다는 것은 견딜 수 없는 모욕이고 수치였다. 행여 경고 두 번에 제적된 사실을 알라치면 얼마나 어이없어 했을까. 낭패감 외에 어떤 감정을 가질 수 있을 것인가. 그런 사실을 알고 있는 대열이는 허상의 자신까지 키워가야 하는 공명조(共鳴鳥)—하나의 몸뚱이에 머리가 둘달린 불경속의 상상새—의 비감에 사로잡혀 있었다.

지독양반의 기질은 이제 무시로 번복되고 있었다. 꼭 건조장 일 때문만은 아닌 듯싶었다. 그 일이 터진 것만 해도 어쩜 다 큰 자식에게 뭐라 할 수 없었던 우회적인 돌발이었다는 게 그의 직감이기도 했다. 미운 자식에게 떡 하나 더 준다는 선현들의 고견은 배고픈 자에게 밥 한그릇 주는 것과 별 다를 게 없을 것이었다. 지독양반에겐.

내일 모레의 운세마저 알려고 했던 부푼 꿈은 자학하는 몰골로 추하게 해몽되고 있었다. 그렇다고 지독양반의 바램처럼 훌쩍 집을 나갈 만큼 용기있지도 못했던 그는 어쨌거나 집에 붙어 있을 궁색한 이유를 찾아내려 했다.

구닥다리 앨범 속에서 찾아낸 몇 장의 빛바랜 사진은 그런 그의 처지에 비오리라던 이슬만큼이나 순간적인 동요를 일으키기에 충분했다.

사진이 지독양반에게 어떤 감흥을 불러일으킬지는 자못 궁금했지만, 그로선 엉뚱한 변화를 기대하고 있었다.

그것은 조금 역설적이고 해괴한 기대랄 수도 있었지만, 사진이 노릴 수 있는 최선의 것이기도 했다. 다름 아닌 그가 지금 부리고 있는 것은 객기에 가깝다는 걸 인식시키는 일이었다. 맥없이 흐트러져 있는 감정의 분해들을 한데 모아 옛적의 충일한 추억으로 가다듬어 보자는.

연 이틀째 지독양반이 남의 타작 일을 거들고 온 참이었다. 여전히 술은 거나했고 독설은 풀뿌리처럼 밤추위를 견뎌내고 있었다.

구래여 술기운에 웃대어 사진을 보이기로 한 것은 그의 기벽이 술에서 비롯되기도 했거니와 술이 주는 순수성이 또한 가상했기 때문이었다.

지독양반은 차거은 사약(死藥)—부자(附子)의 뿌리로 만든 한약의 일종. 각기 체질이 맞는 사람만이 먹을 수 있는 독성이 있음—을 문지방에 놓고 있었다. 해독을 위해 넣는다는 돼지기름이 하얗게 응고된 채 둥둥 뜬 것이 퍽 비위에 거슬리고 있었다.

『아버지 이 사진 기억나시죠.』

실로 오랜만에 던져보는 말에 대열이는 가벼운 흥분까지 느꼈다. 지독양반의 심경의 변화까지도 캐낼 듯한 맵새 눈은 분명히 가물가물한 추억 속으로 빠져들고 있었다. 으레 저미는 추억은 공들인 발보다는 진지한 눈빛에서 먼저 발산되는지도 모를 일이었다. 벅찬 나머지 말을 잇지 못하고 눈물을 흘린다고도 하지 않던가. 추억은 정녕 과거의 화려했던 전력에도 몰아 시키는 어떤 신비함을 지니고 있었다.

『야 임마. 이 얼마나 멋있고 씩씩허냐.』

지독양반은 지금의 자식인 대열이와 견주기라도 하듯 그렇게 운을 뗐다. 대열이 정도야 어림도 없다는 표정이었다. 새삼스러운 것도 없이 그 눈에 비친 당신도 이젠 여느 복덕방 노인네의 신산한 삶의 형태처럼 좀 자적할 때가 된 것 같소, 라며 속마음은 타이르고 싶었다.

그럴 것이 애써 칩떠본 지독양반의 모습은 익히 보아왔던 것보다 훨씬 삭어 있었다. 그의 표피는 살의 부분이라기보다는 그 위에 덧씌워진 어떤 보호막처럼 적이 흉허물스러웠다. 몇 해된 가뭄에 무질서하게 갈라진 지표의 그것처럼. 나이를 먹는다는 것이 그처럼 추한 몰골로 꽃피는 것이라니 사람의 열매는 참으로 볼품없는 것이었다.

지독양반의 눈은 어느새 적당히 안약을 넣은 것처럼 촉촉해 있었고, 목을 축이듯 부자를 마시기 시작했다.

『그때만 히도 풀떼죽 쒀 먹기도 어려운 세상 아니었냐. 거그다 늘그막에 외아들이랍시고 널 났었던지라 형편이 말이 아니었지. 그때가 18살 때였지 아마. 마침 왜놈들이 돈을 핑계 삼아 남양군도(南洋群島)에 갈 사람을 모집한다고 허드라. 우리 군내(扶安郡)에서는 이백오십 명을 뽑는디 수백 명이 모였더만. 사실은 그놈의 새끼들이 강제적이다시피 하여 쓸만한 놈들은 싹 모여 들인 것이여』

그때 지독양반은 부자를 입에 댔다 댁네를 시켜 데워오라고 시켰다.

『그중에서 내가 제일 나이가 어렸다.』

(그는 이 말을 훈장이나 되는 것처럼 평소에도 여러 번 말한 적이 있었다)

시절이 그런지라 징용군으로 가는 건 그렇다 치고라도 남양으로 가는 줄만 알았지. 망망대해에 던져진 몸뎅이라 어디가 어떤 줄 알았어야지. 근데 도착하고 보니까 그놈들의 해군본부가 있던 좌세보(佐世保)가 아니것냐. 처음에 떨리기도 해고 참 막막허더라. 내 근무지는 본부에서 얼마 안 떨어진 상포(相浦)라는 곳이었지. 그때부터 징용 6년 동안 시작된 거여.

천황의 명을 받았던지라 징용군도 왜놈들과 별반 차별대우는 받지 않힛어. 저그들도 그 길만이 고향 떠난 식민에게 시름을 달래주고, 또 의당 그럴법한 것 같지만, 꼭 그런 것만도 아닌 듯싶더라. 그것이 바로 그놈들이 무섭다는 얘기여. 때글때글한게 영락없이 살아있는 돌멩이들이여. 말이야 바로 말이지 그놈들이 어디 이 나라를 손톱 밑의 때만큼이나 알았간디. 그놈들이 허는 말이 있었다. 조선은 빈 총으로도 팔도강산 어디든 헤집고 다닐 수 있는 곳이라고. 이 나라가 얼마나 뿌리가 없고 지조 없는 땅덩어리였으믄 그런 막말을 힛것냐. 너 이놈들의 작태를 보면 예사말 같지 않어(그의 말은 분명 가시 같은 대열의 존재를 염두에 두고 한 말임에 틀림없었다)

그때 우리 동지들이 많이도 죽었다. 때로 지금 내가 살어있는 것도 더러 그들의 피로 얻어진 걸 생각하면, 어디 그런 사람이 나뿐이것냐 마는, 가슴이 미어지는 것 같어. 너그들은 그런 걸 이해 못 히여.

죽는 것만이 능사는 아니라지만 어디 그럼 충정으로 이 나라를 위해서 죽은 놈이 몇이나 되간디. 너도 잘 알것지만 이놈의 백성들은 남의 들러리 노릇이나 허다가 죽어간 것 말이다. 설사 우리를 위해서 죽어간 것들도 알고 보면 죄다 이 나라 피 빼먹기에 불과한 것들이여. 하여간 이 땅은 그렇게 쓸모없이 죽어간 사람들에 의해 세워진 허울 좋은 나라여.

그런디 고국이 뭐고 고향이 다 뭐다냐. 타향살이를 헌다는 것이 그렇게 힘겨운 세월인지는 몰랐다. 누구는 고향이 어머니 뱃속 같다더만 맞는 말이다. 어쩌다 그쪽 여자를 사귀어 보기도 하고, 정붙일라고 갖은 애를 써도 다 쓸데없어. 지금 생각해본 그것이 다 하늘의 뜻이 아닌가 한다.

그렇게 6년을 보내다 에 오는 맛이 어떴것냐. 그다 해방을 안고 오는 기분이라니 말이다 솔직히 나는 그것이 부역이라고까지는 미처 생각지도 못했고 오히려 이 나라를 위해서 싸우고 온 것처럼 조금 우쭐대고도 싶었었다.

그런디 아닌 밤중의 홍두깨라더니…』

지독양반의 회고담은 실타래 풀 듯 계속되었고 여지없이 해방 직후에 자신이 겪어야 했던 고통을 강씨와 연계시켜 말해나갔다.

종내에는 변변찮은 자신의 신세가 너 보기에 어떻냐며 물었고, 그것은 나는 후회 없는 평생을 살아왔는데 네가 느끼기에 좀 역겹더라도 도리없이 참아달라는 일방적인 대답을 요구하는 듯한 말투였다.

대열이의 촉수 두 눈은 지독양반의 미세한 변화까지도 감지하고 있었다. 그 변화 속엔 그가 의도했던 엉뚱한(□ □ □) 기대까지도 용해된 □ □ □ 모를 일이었지만 그의 □ □의 지렛대를 캐낸 것은 □ □ □ □ □ □. 그것은 대열□ □ □ □ □ □점과도 무관□ □ □ □이었다.

지독양반은 일제 적 노스탤지어에 대한 솟구치는 자맥질을 거듭한 것이었다.

그가 흔히 쓰는 말마따나 「유・무식 간(有・無識間)에 항상 높이 보아야 한다」라든가 「사람이란 항상 혼기가 살아 있어야 한다」라는 의미를 새삼 해독할 수 있을 것 같았다. 상투적인 말이 해결사가 못될 것은 뻔한 일이었지만 그는 극구 그렇게 해서라도 위안해야 했던 가슴이 있었던 모양이었다. 부역했다는 사실이 이 나라의 원죄처럼 여겨지다가도 강씨와의 일을 상기해 보면 또 남의 일 같지 않은 부침이 계속됨을 종용한 나라는 어떻게 설명할 수 있을까.

지독양반은 몇 해 전에 집 앞길에 쭉 연하여, 그러니까 창고를 둘러싸

다시 피하여 무궁화 나무를 심었었다. 솔직히 대열이는 진딧물이 득실거리고 오욕이 점철된 듯한 무궁화에 대해 별 애착을 두지 못했고 초등학교 적 무심코 동요를 불렀던 기억밖엔 관심이 없었다. 그 나무가 꺾꽂이가 되는 줄도 그때 처음 알았다.

지독양반이 무궁화에 대해 해박한 상식을 알고 있었다니 대열인 적이 놀랐었다.

『저것은 토종무궁화는 아니여. 일명 백일꽃이라고도 허지. 백일동안 피고 진다고 히서. 4개의 홑잎으로 이뤄진 무궁화를 어디 사꾸라허고 비교헐 수나 있간디. 내가 저걸 심은 건 다른 게 없어. 죽어서 훨훨 날아가라고, 죽어서.』

죽어서 날아가다니—그것은 무궁화의 꽃명이 뜻하는 바도 아닐 텐데 지독양반은 참회하듯 간절하게 발했었다.

그때의 그의 심정을 대열인 겨우 헤아려볼 수 있을 것 같았다. 무궁화를 심었던 데는 일제 적 밀려오는 향수에 대한 형언할 수 없는 회한이 강하게 작용하고 있음을.

그날 밤 지독양반은 그가 내민 몇 장의 사진을 어미 소가 막 난 새끼를 핥듯 내내 갸륵하고 신기하기까지 한 모양이었다. 하긴 40년의 간격을 두고 잊혔던 자신의 모습을 보는 건 신나는 일이 아닐 수 없을 것이었다.

하여간 사진은 효험이 있을 듯싶었다. 과거의 추억을 재생시켜 환자의 자학증적 병을 고치던 심리요법을 대열인 언젠가 보았었다.

지독양반은 예기치 않게 그 사진들을 자신이 간직하겠다고 했다.

지독양반은 부쩍 삐걱 이는 마루턱에 앉아 있는 날이 많아졌다. 그의 말대로라면 이제 백일의 하루 이틀이나 남겨 뒀음직한 막바지 무궁화를 보기 위함이었다.

그러나 대열이의 운명적 기질은 도통 나아질 기미가 없어 보였다. 지독양반의 변화가 그까지 감응시킬 이유는 되지 못했다. 다만 운명의 언저리라도 그 윤곽을 조금씩 실감하고 있다고나 할까. 그는 전보다 더한 자기 모습에 올가미 씌워 있었다. 제적생이라는 꼬리표가 새삼 악몽처럼 목을 죄어 왔고, 지쳐버린 사념의 헤게머니(그는 때로 생각에 골똘한 나머지 현기증이 일 때는 그런 말을 쓰곤 했다)에 머리빡 어디쯤이 금방이라도 곪아 분출될 것 같은 두통을 느끼고 있었다.

안 되겠다 싶었다. 매연에 지친 한 그루 가로수는 어서 빨리 이식해야 살아날 것 같았다. 그는 탈출을 궁리하고 있었다. 차츰 육신을 휘감고 있던 운명이란 업보에 반기를 들고 싶었고, 뇌리에서 유령 닮은 그것을 추방하고자 했다.

탈출하리라는 욕망은 기정사실처럼 굳어져 갔고 이제 떠날 시기만을 기다리는 한 마리 철새였다.

동진강 변에도 엊그제 눈이 내렸었다. 지독양반과 밤새 얘기를 했던 때로부터 떠나리라 움츠린 깃털을 손질하던 때로부터 한 달 남짓 지났을까.

무궁화는 모질게 남은 몇 개의 이파리를 백기처럼 애잔하게 흔들고 있었다. 그즈음이었다. 봉해지지 않은 흰 봉투에 수발신인이 적히지 않은 편지가 마루에 달랑 놓여 있었다.

그것은 면(面) 마을금고 신축공사 준공을 계기로 이사장 명의로 보낸 모시는 글이었다.

이사장은 강만혁씨였다. 한때 면장이었던 모씨가 정년퇴직을 한 뒤 초대 이사장에 취임했었다. 그런데 1년이나 지났을까. 그는 여직원과 불륜의 관계를 맺고 자진사퇴를 했고 뒤이어 강씨가 이사장에 발탁되었다. 강씨는 전에 조합장이었다는 게 크게 참작이 된 모양이었다.

내용은 바쁘신 중에도 왕림하사 중공을 함께 경축하자는 것이었다.

편지를 감지하기 힘든 전율이 퍼져옴을 느꼈다. 그것은 자신의 의기가 이 땅 어디에서도 먹혀들기가 용이하지 않다는 것에 대한 참담한 패배의식 같은 것이었다.

『어림도 없지.』

무언가 한참 동안 골똘하다 뱉어낸 말에 지독양반 자신도 그것을 의식하지 못하고 있었다. 그것은 죽어가는 자가 하늘에나 있을 법한 진리의 대변자에게 건네는 유언처럼 절박한 한 토막이었다.

문화원 사건에 연루돼 제적을 당했던 친구 명학이가 추운 밤에 운명처럼 대열이 앞에 나타났다. 희끗희끗하니 초췌한 모습이 그 역정이 어떠했음을 쉽게 대변하고 있었다.

영장이 나왔던 것이다. 대열이도 그와 같은 처지임을 모르고 있었고, 부러 밝히고 싶지도 않았다. 대열인 오직 그길로 어디로든 뛰쳐나갈 심정뿐이었다.

그날 밤 둘이는 말을 잃어버린 동물처럼 묵묵한 채진랑 술을 마셔댔다. 명학이에겐 송별주요, 대열이에겐 박찬 철새이길 건배하면서. 〈끝〉

당선

제814호 1987년 6월 8일 월요일

제32회 학술문학상 : 시

히야신스 물가꾸기

· 복효근 (국어교육과 4학년) ·

히야신스
남동향의 창가에 너를 세워두고
겨울을 지나며
가습기를 틀어야 할 만큼
날들이 건조하다 오늘도
남의 집 지으러 나가신
집 없는 아버지의 턱밑에 허연
수염 밭처럼
뿌리내림이란 그리 모질어서
닦고 보아도 성에 낀 유리창 밖
날은 흐리고 그렇게
곧추서서 세상이 뵈지 않을 때는
물구나무를 서서 히야신스,
엉키어 서로 안으며 부르는 몸부림이
눈보다 하얗구나.

가슴 안쪽부터 무너지며
무너지는 그 아픔으로 싹을 키워
파아란 손자 몇 놈, 빼어난
가는 잎새 못 되어도 늘
넉넉히 취해서 돌아오는
아버지의 겨울 그렇듯
울음 웃는 그 자태로
안가슴 불잉걸도 다 삭이고
알뿌리 깊숙이 꽃 심지 불밝혀
봄 기다리는 굴과 성의 네 이마에
내 뜨건 입김을 서려주마
히야신스

출품

제814호 1987년 6월 8일 월요일

제32회 학술문학상 : 시

얼갈이배추

겨울이
발목까지 깊어 해마다
새로운 추위에 쫓겨
어쩌다 찾아오는 고향 집

눈 쌓인 텃밭에는
아직도
잎이 퍼어런 얼갈이배추
몇 포기가 피어 있다.

세월에 눈발이 곱 쌓인
늙은 내외의 이마 말 일력(日曆)에
아직도
동그라미가 그려져 있는
돌아오지 않는 이들의 생일 날짜

무엇이 그들은
얼어 터진 땅속에 뿌리를
뻗게 하는지 무엇이 그들을 차거운 눈 속에서
퍼어런 숨을 쉬게 하는지

흙으로 살다가
흙이 되어도 늘
얼갈이배추 몇 포기는 피워 놓을
그들을 보면
얼어붙은 개울에도 새는 울고
또 물은 흐르는지
눈 덮인 안산이 퍼어렇게 일어서고 있었다.

출품

제814호 1987년 6월 8일 월요일

제32회 학술문학상 : 시

지리산을 주제로한 여섯 개의 변주곡

-하나, 칠불암 부근

별이 어디 구천 깊은
하늘에만 뜨는가

연등에 불꽃이
연비(然臂)처럼 타는 밤

썩은 살 사리를 품듯
눈을 뜨는 산자락.

두견새 지지 울어
피 도는 범종 소리

법의에 굽이 접힌
이승의 방언들이

밤도와 물소리 이뤄
벛 빛 실어 나르네.

-둘, 연하천 내리는 산비 맞으며

그리고, 그다음은 무엇인가. 우리 여행, 그 여정이 다해버린 그다음은 무엇인가. 돌아서서 되짚어 올 수 없는 그다음은 무엇인가. 다시 누가 길을 하나 빚어 우리 앞에 펼쳐 놓겠는가.

연하천엔 신비가 내리고 비는 내 주머니 속 깊숙한 수첩 속에 스민다. 내 몇몇 사랑하는 이의 주소가 젖는다. 돌아가는 버스시간표, 지폐 몇 장(참, 나는 하마터면 부자가 되었을지도 몰라) 다음 주 주택복권 몇 장이 젖는다. 지워진다. 등산안내도가 젖고 갈색 등고선, 돌아가는 길들이 지워진다. 파랗게 번지는 잉크처럼 비안개에 신이 하나 사라진다.

바람이 분다. 집에 두고 온 서랍 속 고장 난 시계를 생각했다. 하마 젖은 태엽이 한없이 뒤 달음질쳐 어느 시생대에 닿았나 보다. 거기서부터 불어오는 바람일 게다. 지금, 너와 나 모두의 시계가 희생한다 해도 이 바람은 멈출 수 없는 것, 누구인가. 그대는 누구인가. 모두가 지워진 그 끝에서 새로이 모성(母性)의 머릿결로 달려와 벼랑 사이에 길 하나 쓸어 놓은 그대는, 제게 지니지 않은 그것으로 바람 소리 이루어 비 내리며 나를 적시는 그대는 누구인가.

그리고 그다음은 무엇인가. 어느 날 나마저 문득 이 등고선 위에 젖을 것을 안다. 그때 다만 나는 내게 지난 그것으로 지워질 것을 믿는다. 이 비 멎고 나면 내 열 가락 손톱 밑에 알던 쪽달도 쌍계사 불이문(不二門) 위쯤 내 고운 지문 묻은 낮달로 솟고 그다음은 그다음은 또 어느 날

나 또한 바람 소리 이루어 비 되어 연하천 부근 내릴 것을 믿는 것이다.

그리고

그다음은….

· 뒷내용 없음 ·

제33회

학술문예상

•

1980~2000

당선

제837호 1988년 10월 10일 월요일

제33회 학술문학상 : 소설

남행(南行)

· 정병수 (국문학과 3학년) ·

『내래 니북에서 왔시오. 삼팔선을 넘어오다 배때지를 다쳤시요. 내래 돈이 있갔수 친척이 있갔수?…』

어디서 어떻게 얻어듣고 배웠는지는 몰라도, 그 녀석은 이미 그런 억양과 몸짓으로 많은 사람을 웃겨왔다 싶게 객차 안의 사람들을 웃기고 있었다.

『내래 병원에 가서 사정을 했시오. 빨간약하고 알약을 주디 않갔어? 내래 빨간약은 마시고 알약은 발랐시오. 그런데 무시기 배가 아팠시오. 똥간에 가서 똥을 쌌는데 온통 빨간똥이 나오질 않갔수?』

요란한 박수가 쏟아졌다. 여기저기서 앵콜소리가 나왔다. 일행 중 누군가가 배낭에서 사이다를 꺼내어 그 애의 손에 들려주자, 그리고 우리가 옆에서 부추기자, 그 녀석은 다시 목청을 가다듬었다.

『내래 니북에서 왔시오. …명동 뒷목엘 갔더니 아 멀쩡허게 생긴 놈이 식칼로 내래 배때지를 쑤시고 도망치질 않겠네? 배때지 밖으로 창사구가 줄줄 쏟아지기에 내래 순대국으로 생각허고 밥 말아 먹었시요.』

다시 한번 객차는 떠들썩한 웃음소리와 박수 소리로 흔들렸다.

그런데 그날은 재수가 없어도 되게 없었다. 양조장 뒤뜰 모퉁이에서 놀고 있는데 갑자기 교무주임 선생님이 나타난 것이다. 나중에 안 일이지만, 양조장 주인이 학교에 전화했기 때문이었다. 하는 수 없는 일이었다. 선생님 앞에 두 손을 내미는 도리밖에 없었다.

체구가 우리의 다섯 배도 될성싶은 교무선생님은 굵은 나이롱끈으로 우리 네 명의 손을 연달아서 꽁꽁 묶었다. 그렇게 하고 학교 앞까지 갔다.

참말로 여간 챙피한 노릇이 아니었다.

그러나 앞으로 이제 얼마 후에 닥쳐올 회초리를 생각하면, 까짓 이 정도쯤은 아무것도 아니었다. 학교가 가까워져 올수록 오금이 저렸다.

나는 쇠창살로 만든 견고한 우리 속에서 끌려 나오지 않으려고 개장수와 씨름하는 개를 자주 보았다. 바로 우리 집에서 한 집 건너가 「개집」이었다. 「개집」에선 늘 고약한 냄새가 났다. 거기선 무수한 개들이 죽어갔다. 매일같이 트럭이 서너 대는 흡족히 개를 싣고 오니까 아마도 하루에 백 마리는 죽어 갈 것이 분명하였다.

일단 트럭에 실려 오는 개들은 여하한 경우에도 살아나지 못했다. 개는 우리에서 끌려나가지 않으려고 온갖 기를 다 쓰지만, 매번 개장수에게 지고 만다. 말할 것도 없이 개는 우리에서 나오는 것으로 끝이다. 왜냐하면, 쇠파이프를 높이 치켜든 건장한 사내가 우리 앞에 지키고 서 있어서 눈 깜짝할 사이에 골통을 박살 내버리기 때문이다.

한쪽 구석에서 꼬리를 잔뜩 오그린 채 무수한 동료의 죽음을 지켜보던 개가, 막상 자신의 목덜미가 끌리게 되었을 때 빛나던 그 이상한 눈빛이 생각났다. 온몸에 쫙 소름이 끼쳤다. 이번에는 우리가 꼭 살육당하기 직전의 개 신세였다. 그러나 막판, 일단 하나님은 사람을 살려놓고 보았다.

무슨 볼일이 있었던지 교문 앞까지 나와서 선생님은 우리를 세워놓고, 꼼짝 말고 있으라며 잠시 문방구에 들어갔다. 마지막 기회였다. 결코, 꼼짝 말고 있을 우리가 아닌 것이다.

아무리 단단히 손을 묶긴 했을망정 나이롱끈은 쉽게 풀린다. 세 녀석이 순식간에 달아나버렸다. 그런데 나만 달아나지 못하고 엉거주춤 서 있었던 것은 순전히 내 사람됨이 개판인 까닭이었다. 숫제 발이 떨어지질 않았다. 그게 안타까워서 눈물까지 핑 돌았다. 더욱 환장할 일인 것은, 재빨리 아이들의 뒤를 쫓아가 보았지만 결국 허탕 치고 돌아온 교무선생님이, 아직도 그 자리에 서 있는 나를 보고 등까지 두드리며, 착한 어린이군……다른 애들은 다 도망을 했는데 혼자만 남아있다니……하고 말한 것이었다.

교무선생님은 곧바로 나를 우리 반으로 데리고 가서 우리 담임선생님한테 인계했다. 아직 3교시 산수 시간이었다. 선생님은 마침 칠판에다 삼각형을 그리고 있었는데, 선생님의 왼손에 들린 회초리가 선뜻 눈에 띄었다. 종아리가 저렸다. 종아리엔 아직도 시퍼런 줄 멍이 그대로 살아있을 것이다. 교무선생님은 아주 작은 목소리로 우리 선생님에게 뭐라고 수군수군하더니 그대로 나가버렸다.

그러나 그날 나는 종아리를 맞지 않아도 되었다. 하지만 나는 대신 산수 공부가 끝날 때까지 교단 앞에서 양손을 든 채 무릎 꿇고 앉아 내내 벌을 받아야 했다. 부끄럽게 아이들 앞에서 벌을 서는 것보다 차라리 종아리를 맞는 편이 훨씬 낫겠다 싶었다. 들어 올린 팔보다 수그린 채 들 수 없는 고개가 더 아팠다. 그건 그렇고 또 이젠 아이들이 내게 손가락질을 해대고 야단을 칠 것이다. 아니나 다를까 끝종이 울리기가 무섭게 녀석들은 내게 우르르 달려들어 웃고 놀려댔다. 나는 좋아라. 웃고있는 녀석들의 그 면상을 한 대씩 갈겨주고 싶었지만, 그것은 언제나 마음뿐이었다. 참는 것이 꼭 이기는 것만은 아닌 것을 알면서도 나는 늘 참을 수밖에 없었다. 현기증이 났다.

머리가 어지러운 것이 멀미를 시작하는 모양이었다. 출발 전에 약을 먹어두었는데도 멀미는 또 멀미대로 한다. 하지만 그것이 꼭 시원찮은 약 때문만은 아님을 나는 안다.

떠들썩한 객실을 빠져나와 승강구에 매달렸다. 바람이 세차게 밀려와서 얼굴을 때린다. 시원하다.

그렇지 않아도 며칠 전부터 잔뜩 벼르고 있던 여행이었다. 하루하루가 목을 옭아매는 듯한 답답한 나날이 계속되었다. 염려했던 대로 새 어미는 가출을 했다. 아버지의 주벽을 견뎌내지 못한 것이다. 사실 그 어떤 여자라도 아버지의 혹독한 매질을 참아낼 수는 없을 것이었다. 이번에는 그것이 더 심했던 모양으로 새어머니는 꼬박 사흘을 누워 앓았다.

일 년쯤 전부터였다. 한 달에 두어 번이었다. 새어머니의 부은 얼굴과 멍이 가라앉을 때쯤이면, 어김없이 아버지는 만취한 상태로 집에 돌아와서 그 난리를 했다.

아아악! 금방 숨넘어가는 듯 고막을 찢는 여자의 날카로운 비명, 설움에 복받쳐 흐느끼는 울음소리, 또는 애끓는 애원의 소리를 들을 때 나는 처음에는 안절부절못하였다. 끝내 아버지는 사람을 죽이고 말겠다 싶었다. 그래서 굳게 잠겨진 아버지의 방문 앞에서 발을 동동 굴렀지만, 그것은 처음 한두 번이었고, 나중에는 아무런 생각도 없이 내 방안에 쪼그리고 앉아 그 절박한 새어머니의 절규를 숫제 감상할 뿐이었다.

그럴 때면 나는 묘한 흥분과 희열을 느끼곤 했다. 성숙한 알몸의 여인이 눈에 선하게 보여오는 것이었다. 그녀는 꿋꿋이 서 있기도 하고 때론 내 옆으로 눕기조차 했다. 새어머니였다. 그러나 새어머니가 아니었다. 좀 더 아름다운 여자다. 희, 숙, 영, 진, 옥… 내가 알고 있는 그들 중 하나이면서 또 아무도 아닌, 아직 한 번도 본 일이 없는 이 여자를, 나는 그때마다 간음하는 버릇을 갖게 되었다.

그러나 그런 날 밤이면 나는 꼭 무시무시한 꿈을 꾸었다. 깊은 한밤중인데, 갑자기 동네 사람들이 손에 손에 횃불을 들고 우르르 몰려왔다. 그들은 우리 집에 다짜고짜 불을 질렀다. 어찌 된 영문인지 집에는 나만 혼자 남아 있었다. 불기운과 연기 때문에 숨이 막혀 캑캑거리고 있는 나를, 동네 사람들은 누구 하나 구하려 들기는커녕 팔짱을 끼고 서서, 나를 한없이 능멸하며 비웃었다.

새어머니가 가출한 다음부터는 거의 매일같이 그런 꿈에 시달렸다. 아버지는 우리가 할 수 있는 모든 방법을 다 동원하여 새어머니를 수소문하였고, 후회와 그리움과 또한 시름으로 나날을 보내고 있었으므로, 우리 부자는 아침저녁으로 바싹 야위어가는 상대방의 몰골을 확인하는 것으로 서로에 대한 동정과 미안함을 대신하였다.

『어디에 좀 다녀와야 할까 봐요.』 결국, 새어머니가 집을 나간 뒤 일주일 만에 내 뜻을 아버지에게 비쳤을 때, 아버지는 그냥 고개만 끄덕거렸다. 그러나 아버지의 섭섭해하는 것이 멀리 창밖을 바라보는 눈빛에 역력히 나타나 있었다. 지금은 하나밖에 없는 자식마저 당신을 멀리하는가 싶어서 일 것이다.

『너무 염려하지 마세요. 한 일주일 정도로 다녀올게요.』

『그러려므나…… 나는 괜찮다.』

당신은 괜찮다고 말씀하시지만, 그렇지가 않으실 것이 분명하다. 그래서 짐은 꾸려놓고도 차일피일 하던 차에, ㅎ으로부터 전화가 왔다. 이

번 졸업여행에 같이 가지 않겠느냐는 것이었다.

나는 대학을 이미 휴학한 상태였다. 상식적으로 내가 끼일 자리가 아니었다. 그리고 내가 생각하고 있는 여행은 그런 게 아니어서, 난 따로 계획이 있으니 안 되겠다 했다. 그러나 ㅎ은, 이왕 준비된 여행이라면 이번에 같이 가자고, 다른 애들도 모두 내가 같이 갔으면 하고 있다고, 지난 학기까지만 해도 함께 공부하던 친구들이 아니었느냐고, 이번이 마지막일 거라고, 끈질긴 설득을 했다.

한편 생각하면 그것도 나름의 의미는 있을 것이었다. 그렇잖으면 끝내 하루 이틀 미루다 말지도 모르니 이왕 이참에 떠나는 것이 좋을지도 몰랐다. 그리고 더는 이대로 있다간 내가 언제 어떻게 공중분해 되어 버릴지도 모른다고 생각되기까지 해서, 또 그의 강권하는 것도 있고 해서, 그럼 같이 가자고 했다.

『다녀오겠습니다, 아버지. 제가 없다고 또 술 드시지 마세요. 길진 않을 거예요. 여수에 닿는 대로 연락드리겠습니다.』하고 현관을 나서는 나를 향해 아버지는 비가 올라나보다고 한숨을 섞어냈다.

나는 난간에 기대어 선체 담배에 불을 붙여 물었다. 오늘 아침 부친의 음성이 다시 들렸다.「비가 올라나보다. ㅡ」

하늘을 바라보았다. 그러나 하늘은 맑다. 오늘의 일기예보에도 우리나라는 전역이 고기압권 내에 들어서 비가 올 확률은 거의 없다는 것인데 왜 아버진 하필 그런 터무니없는 말씀을 하셨는지 모른다.

가당찮은 일이었다. 형이 머리가 돌았다니, 그게 어디 믿어질 일인가 말이다. 지난번 때, 가야 할 학교엔 가지 않고 양조장에서 놀다가 들켜서 혼이 난 이후, 아이들은 내게「빠꾸쟁이」라고 손가락질을 예사로 했다. 중간치기를 애들을 빠꾸라고 불렀다 우리 반만 하더라도 그런 일은 심심찮게 있어왔다. 나는 말하자면 상습범이었다. 그래서 「쟁이」라는 불명예스러운 단어가 내게 붙은 것이었다 그런데, 아이들의 이런 놀림에도 거의 수그러들 때쯤이었다.

『너네 형, 머리가 돌았대며? 히히히』

어느 날 아이들은 다시 나에 대한 화제로 수군덕거리기 시작했다. 뿐만 아니라 어떤 녀석은, 히히… 배꼽 아래가 간지러워… 히히히 하고, 형의 흉내까지를 내어가며 놀리는 것이었다. 미친놈들! 나는 저것들이 도대체 다들 제정신인가 의아스럽기만 했다. 세상에 미친놈들이 따로 있지 어디 우리 형이 그럴 것인가 말이다.

다음날 나는 학교엘 가지 않았다. 아버지의 매질도 선생님의 회초리도 겁나지 않았다. 형을 만나야 했다. 대학교까지 다닌 형의 늠름하고 의젓한 모습을 확인하고 싶었다. 언젠가, 무슨 잘못을 했는지는 몰라도 국가보안법이라는 무시무시한 법에 걸려 늘 숨어다니던 형이 끝내 형사에게 붙들려 감옥에 있을 때도, 형은 대학생답게 멋있고 근사했었다. 하지만, 형은 내 믿음대로 감옥에 오래 있지 않았다. 아무리 나라에서 하는 일이라 해도 그렇게 똑똑한 형을 감옥에 오래 가두어 놓는 것은 옳지 못했다.

그러나 형은 예전처럼 다시 학교에는 나가지는 않았다. 형은 맨날 집에 틀어박혀서 그게 그렇게 재밌는지 두툼한 책만 읽어댔다. 『큰 성, 나 과자 좀 사줘라 응?』 내가 슬그머니 형의 방에 들어가 떼를 쓰면 『너 배고프니?』 하면서 내 손을 잡고 가게로 가서 벼라별 것을 다 사 주던 참 맘씨 좋은 형이었다.

그러던 어느 날 학교에서 돌아왔을 때, 형이 몸이 아파 교회에 가 있다는 것을 알았다. 어머니가 교회에서 여전도회 회장이라는 높디높은 자리에 있기 때문에 형은 교회에서 쉬게 한다는 것이었다. 하지만 어머니는 그 날 밤 내내 내 눈을 피해 애써 복받치는 울음을 참고 있었다. 어머니는 연신 코끝을 누르며 대체 누가 그렇다는 것인지 『나쁜 놈들! 나쁜 놈들!』 하고 눈물을 감추었다.

형이 무슨 일을 또 저질렀을까. 요전 범의 그 형사 놈들이 다시 아무도 없는 집안에 들이닥쳐, 형을 막무가내로 끌고 가서 어떻게 한 것이 틀림없었다. 형의 방에 찍혀있는 무수한 구둣발 자국으로 미루어 내 어린 생각으로도 충분히 짐작되는 일이었다. 그래서, 아프면 병원에 갈 일이지 왜 교회에 가 있을까 하는 생각도 들었지만, 내 딴에는 형이 병원에 가야 할 만큼 그렇게 몸이 많이 아프지 않은 것이라 여겨 오히려 다행으로 생각하였다.

그런데, 지금 교회에서 쉬고 있을 형을 두고 미쳤느니 돌았으니 해대는 애들도 애들이지만, 요사이 형을 보고 싶어 그렇지 않아도 한번 교회에 가봐야겠다고 결심하고 있던 터여서, 이참엔 꼭 형을 만나고 싶었던 것이다.

가슴이 자꾸만 뛰었다. 규칙적인 진동음과 함께 기차가 조그만 산모퉁이를 돌아 나오자 마을이 길쭉이 들어섰다. 마을 뒤편의, 높다란 철탑의 교회 건물이 이상 깊게 시야에 잡혔다.

교회에는 아무도 없을지도 모른다. 그러면 나는 마음 놓고 형을 만나볼 수 있을 것이다. 그런 기대와 함께 나는 어른들이 만류하는 것도 뿌리치고 슬그머니 집을 빠져나와서 교회를 향해 달음질했다.

분명 누군가가 뒤에서 뭐라고 했다. 그건 거의 느낌이었다. 내가 뒤돌아보았을 때, 거기에는 감색 제복을 단정히 입은 차장이 서 있었다. 그는 거기서 벌써 여러 차례 나를 향해 주의를 시킨 듯했다. 나는 그의 험하게 일그러진 표정으로 그걸 알 수 있었다.

『죄송합니다. 안으로 들어가죠.』 미안해하는 나의 말에, 난간에 매달리는 건 매우 위험하니까 객실에 들어가시오 라는 말을 신경질적으로 한 번 더 뱉어내고, 그는 다음 칸으로 건너갔다.

나는 차장이 들어간 반대쪽의 객차를 향하여 도어를 열었다. 이번에 한 여자아이가 선창한 노래를 나의 일행과 그 주위에 있는 몇몇 사람까지 합세하여 같이 따라부르고 있었다.

『동구 밖 과수원 길 아카시아 꽃이 활짝 폈네…』

우리와 같은 역에서 수학여행 길에 오른 일단의 초등학교 아이들이었다. 어째 심심한 것 같다고 해서, 일행 중 누군가가 옆 칸에서 이렇게 대여섯 명을 데리고 왔다. 모두가 반에서 내로라 하는 아이들답게 제법 싹싹하고 노래도 잘했다. 방금 노래를 끝마친, 여자아이에게도 음료수와 과자가 쥐어졌다.

아이들은 차례대로 노래를 뽑았다. 최신 인기 가요도 나오고 춤도 나왔다. 그럴 때마다 박수가 뒤따랐고 먹을 것도 이어졌다.

흐뭇해하는 아이들에게 느닷없이 ㅎ이 나서서는, 아이들을 한 줄로 세우고 앞사람의 어깨를 붙잡게 했다. 아이들은 그대로 했다. ㅎ은 굳이 아이들에게 이참에 노래를 하나 가르쳐 주겠다는 것이었다.

『삼천만 잠들었을 때 우리는 깨어—. 왼발, 오른발, 그다음에 앞으로 한 번 뛰고, 이어서 이번에는 앞으로 세 번 뜀을 뛰고, 알았지? 이것만 계속 반복하면 되니까 금방 따라 할 수 있을 게다. 자, 한번 해 보자. 삼천만 잠들었을 때—. 왼발 내밀고 오른발 내밀고, 앞으로 한번 뒤로 한 번, 다시 앞으로 세 번, 재밌지? 그래 한 번 더 해보자.』

아이들은 잘했다. 다만, 노래를 모르므로 노래는 우리가 불러주었다.

『삼천만 잠들었을 때 우리는 깨어 배달의 농사 형제 울부짖던 날, 손가락 깨물며 맹세하면서 진리를 외치는 형제들 있다. 밝은 태양.—』이렇게 2절까지 농민 가를 하고 나자 아이들은 그만 숨이 차오르는지 헐떡거렸다. 콧잔등에 저마다 큼지막한 땀방울이 솟아났다.

햇볕이 따갑게 내리쬐고 있었다. 폭염이었다. 그러나 그런 것은 아랑곳도 없이, 나는 들판을 가로질러 단숨에 교회까지 내달렸다. 숨이 확확 막혔다. 땀이 비 오듯 쏟아졌다.

그러나 교회의 현관에 들어서면서 나는 등골이 오싹하였다. 교회엔 사람이 없어서 간단히 형을 만나볼 수 있을 것이라 여겼는데, 웬걸 한둘도 아니고 이삼십 명은 족히 될듯한 많은 사람이 모여 찬송가를 부르고 있지 않은가 도대체가 이렇게 사람들이 모일 이유가 없는 것이었다. 나는 혹시 오늘이 일요일이 아닌가 하고 생각도 해보았다. 그러나 나는 오늘 고집을 부려 학교에 가지 않았다. 일요일은 아직 이틀이 더 남아 있었다.

왜 그런지 나는 괜히 두려워졌다. 숨이 가빴지만, 함부로 내쉴 수도 없었다.

이윽고 찬송 소리가 그쳤다. 어떤 젊은 여자의 목소리가 작게 뒤이어졌다. 나는 안을 들여다볼 엄두를 내지 못하고 조금만 더 기다려보기로 했다. 그렇게 속으로 생각하고 있을 때, 나는 하마터면 간이 떨어질 뻔하게 놀라고 말았다.

누가 죽어버렸나 보다. 그렇지 않고선 사람들이 저렇게 통곡을 할 이유가 없었다. 불길했다. 나는 나도 모르게 그만 현관문을 박차고 안으로 뛰어들어갔다. 그리고 소리를 질렀다.

『큰 성!』

너무 조용한 것이 오히려 짜증을 나게 하고 있었다. 아이들이 돌아간 뒤로는 누구 하나 큰 소리로 웃거나 떠들지 않았다. 그때 건너편에서 ㅎ이 나를 향해 손짓했다. 그는 한 손에 술병을 쥐고 있었다.

잘됐다 싶었다. 내가 먼저 술잔을 들었다. 때마침 기차는 성산포를 지나고 있었다. 단숨에 술잔을 입안에 털어 넣고 안주를 집었다. 어떤 시인은 참 어울리는 말을 했다. 술은 내가 마시는데 취하기는 바다가 취하다던가 뭐던가…. 그러나 차창 밖으로 재빠르게 밀려나는 성산포의 바다는 내가 다섯 잔을 거푸 마셨어도 취한 것 같지 않다. 생각하면 나는 시인이 아니다. 그래서 바다는 멀쩡한데 나만 취하고 있는 모양이다. 빌어먹을 놈의 바다. 나는 술잔을 입에 넣을 때마다 창자가 짜릿하게 울리는 것을 즐겼다. 기차는 이미 성산포를 지나 어느 한적한 시골길을 달리고 있었다.

갑자기 나는 머리가 핑하고 도는 것을 느꼈다. 분명 사람들에게 둘러싸여 있는 것은 형이었다. 나는 그만 어이없이 까무러치고 말았다.

그러나 내가 깨어났을 때 나는 형이 죽지 않았다는 것을 알았다. 라는 듯한 더위와 땀 때문에 내가 제정신이 아니었는 모양이었다 하지만 형은, 여전히 집에는 돌아오지 않았다.

형이 살아있다는 그 사실만으로도 수천 번 수만 번 하나님께 감사해야 할 일이었으나, 나는 정작 그때부터 여간 고민이 아니었다. 형의 병세를 알아버린 것이다. 자다가 남의 다리 긁는 잠꼬대도 따로 있지 어찌 그럴 리가 있겠느냐고 아이들이 떠벌리는 말을 모두 거짓부리로 여겼는데, 그러나 그것은 틀림없는 사실이라는 것을 현실로 받아들여야 한다. 나는 이제부터 어찌 해야 하는가. 아이들한테 뭐라고 형을 변명해주어야 할까. 그건 그렇다 치더라도 앞으로 형은 어떻게 되는 거냐. 그 젊은 여자전도사가 장담한 대로, 형이 마귀가 들려서, 그 마귀만 내쫓으면 되는 것이므로 우리가 힘써 기도하고 믿기만 하면 마귀는 사흘을 버티지 못하고 물러갈 것인가. 정말 그렇게만 된다면 얼마나 좋을까. 나는 억만 번이라도 그때 그 사람들처럼 통곡하고, 또 까무러치기라도 할 것이다.

나는 다음날도 학교엔 가지 않았다. 대신 어머니를 따라 아침 일찍 교회에 나갔다. 어른들은 이제 더는 형에 대해서 내게 숨길 아무런 이유도 없었다. 어른들은 그 젊은 여자 전도사를 성령이 충만한 하나님의 사자로 치켜세우고, 형의 병을 낫게 하는 것은 시간문제라고 그분은 전에도 여러 번 그런 경험이 있었다고, 나를 안심 시켰다.

과연 그랬다. 그 젊은 여자는 보통사람 같아 보이지 않았다. 표정이라든지, 눈빛이라든지, 몸짓이라든 지가 정말 하나님이 함께하시는 사자임에 틀림없었다.

그렇듯 미덥기만 한 여자 전도사의 인도로 얼마후 오전 기도회가 시작되었다. 형은 온몸이 꽁꽁 묶인 채로 기도실의 한가운데에 누워있었다. 사람들은 형을 중심으로 동그랗게 둘러앉았고, 나도 그들이 하는 대로 무릎을 꿇어앉았다. 그러나 나는 찬송도 기도도 아무것도 하지 못했다.

나는 그저 모든 것들이 놀랍고 믿어지지 않았다. 나는 형을 저렇듯 꼼짝 못 하도록 묶어둔 사람들이 미울 뿐이었다. 젊은 여자 전도사를 바라보았을 때, 그러나 나는 그 위엄에 눌려서 아무 말도 할 수 없었다.

기도회는 시간이 지나가면서 점점 열기를 띠었다. 그 젊은 여자 전도사는 오랜 경험에서 얻은 능란한 솜씨로 분위기를 끌어나갔다. 한 사람의 사내를 가운데 눕혀놓고, 통성으로 기도하고 찬송하는 많은 사람을 보면서 나는 대체 누가 미쳤고 누가 미치지 않았는지 제대로 분간이 서질 않았다. 나는 견딜 수 없을 만큼 뛰쳐나가고 싶은 충동을 겨우 참고 있었다. 등줄기와 손바닥에 축축이 땀이 배어 나왔다.

그것은 지금 누워있는 형도 마찬가지였다. 형은 사람들이 소리를 지르면 지를수록 더 몸부림했다. 형은 분명 여기서 뛰쳐나가고 싶은 것이다. 팔과 다리를 옭아맨 사슬에서 풀려나고 싶은 것이다.

나는 무슨 꼭 죽어야 할 죄인처럼 노끈으로 수없이 동여맨 형의 팔목에서 눈을 떼지 못했다. 금방이라도 살갗이 툭 하고 터져버릴 것 같은, 시퍼런 자국이 선연히 드러나 보였다. 나는 내가 가만히 있어서는 안 된다는 것을 알았다. 잘못하면 피가 나게 생겼다. 무슨 이유에서라도 피가 날 정도로 사람을 묶어둔다는 것은 용서할 수 없는 일이었다. 내가 알기로는 세상에서 가장 사납고 독한 우리 담임 선생님도 그런 적은 없으니까 말이다.

그러나 나는 꼼짝을 할 수 없었다. 그 젊은 여자 전도사 때문이었다. 그 여자는 사람을 꼼짝 못 하게 하는 비법을 가지고 있었다. 나는 왈칵 눈물이 치솟았지만 꾹 참았다.

사람들이 이렇게 나는 수도 있구나 싶게 기도회는 분위기가 달아오를 대로 달아올랐다. 그것을 확인한 젊은 여자전도사는 이때다 하고 형을 향해 달려들었다. 그녀는 형의 머리를 붙들고 소리를 고래고래 질렀다. 그녀는 형보다 더 몸부림을 쳐댔다.

『나사렛 예술의 이름으로 명하노니 사탄아 물러가라! 사탄아, 물러가라! 주여, 믿습니다—』

그러나 이 무슨 해괴한 일인지, 형은 그 젊은 여자전도사를 향해 침을 뱉었다. 하지만 젊은 여자는 용의주도했다. 미리 예견하고 준비했다는 듯, 손가방에서 마스크를 꺼내어 곧 형의 입을 막아버렸다. 형은 자기 입이 이미 차단되었다는 사실에도 불구하고 계속해서 침을 뱉어내었다.

형은 지치지 않고 발악을 했다. 그러나 형이 그러면 그럴수록 이 젊은 여자 전도사도 더불어서 길길이 날뛰었다. 사람들이 달려들어, 형을, 한 치의 움직임도 허용치 않고 붙잡고 누르고 하여서, 힘이 장사인 형도 별 수 없이 꼼짝 못 하고 있는 것을, 그녀는, 퍽 퍽 형의 가슴팍을 쳐대며 악을 썼다.

『나사렛 예수의 이름으로 명하노니, 사탄아 물러가라! 악한 마귀 사탄아, 썩 물러가라―』

누군가가 나를 잡아끌었다. 두 달 전 내가 휴학하기로 하였을 때, 누구보다도 날 걱정해 준, 그러면서 내 앞에 눈물까지 보인 지희였다. 그녀는 불행하게도 날 사랑하고 있는지도 모른다. 이번 여행에 내가 동행하게 되었다는 그 사실 하나만으로도 그녀는 뛸 듯이 기뻐했다.

『그만 좀 마셔, 취했는걸…』 하고, 그녀는 나를 부추겨 자기의 옆자리에다 앉혔다. 『때와 장소를 가려야지, 마시드래두 적당히 마시든지 말야.』 그녀는 내게 드러내놓고 불평을 하였다. 그러나 나는 그것을 마음에 흡족하게 들으며, 어깨에 머리를 기댔다. 눈을 감았다.

아무런 생각도 나질 않았다. 눈물 한 방울도 나오지 않았다. 다만 기가 막힐 뿐이었다. 모든 사람의 기대와 믿음에도 불구하고, 형은 다음날 새벽 죽고 말았다. 나는 그럴 수만 있다면 그 젊은 여자 전도사를 찾아가 그가 우리 형에게 했던 것처럼, 꽁꽁 묶어둔 채 밥도 주지 않고 갖은 고문 속에 일주일을 지내게 하고 싶었다.

모든 게 정말 미친 짓이었고 엉망이었다. 그 젊은 여자 전도사는 그날 저녁 밤늦게 어디론지 떠나버렸고, 아무런 이유를 모른 채 나는 어른들을 따라 다른 도시로 이사해야 했다. 어머니와 교회 목사님은 거의 애원하다시피 하여서, 아버지의 동의를 얻어 부랴부랴 형을 화장시켜 버렸고, 교회 사람들이 아침저녁으로 우리 집에 찾아와서 무슨 말을 하고 가곤 했는지 몰라도, 아버지는 내게 아무 말도 없이 짐을 꾸려, 내가 태어나 여태껏 10년을 살아온 동네를 떠났던 것이다.

새로운 도시에 이사 와서 아버지는 가게를 내었다. 그러나 아버지는 가게보다도 술에 더 열중이었다. 아버지가 저러는 것은 분명 나처럼 아버지도 형이 죽었다는 사실이 믿기지 않아서 일 것이다. 나로 말하자면, 전학을 하긴 했지만, 아무것도 내 호기심을 자극하는 일 없이 사흘도 안 되어서 학교엔 싫증이 나버렸다. 그래서 나는 나대로 「개미사냥」에만 열중이었다.

나는 학교가 끝나자마자 집으로 달려왔다. 책가방을 던져놓기가 바쁘게 다른 건 돌아볼 틈도 없이 장독대로 갔다. 장독대 주변에는 내가 아침에 떨어뜨려 놓은 과자 부스러기나 빵조각 등이 놓여 있었다. 그러면 그 주위엔 으레 얼마쯤의 개미떼가 모여있기 마련이었다.

나는 아이스크림 막대를 이용하여 한 마리도 놓치지 않고 기어코 다 개미들을 빈 유리병 속에 잡아넣었다. 내 방에는 개미들이 나올 수 없도록 정교하게 만들어진, 한꺼번에 천마리까지도 용수 가능한 대형 유리 상자가 세 개나 있었다. 하루에 백마리 정도의 사냥은 보통이었으며 많을 때는 이삼백마리까지도 실적을 올렸는데, 그건 처음 시작할 때뿐이었고, 요즘은 좀처럼 그렇게까지 잡히지는 않았다. 아무리 그렇다고 해도 일주일만 잡아도 그 수는 엄청났다. 하루에 빵 하나씩은 거뜬히 먹어치웠다.

그런데 나는 거의 일주일 간격으로 그 녀석들에게 축제를 베풀었다. 불의 축제였다. 학교 과학실에서 훔쳐온 시험관 유리에 일정한 수효의 개미를 집어넣고, 밑에서 촛불로 가열을 하는 것이다.

개미들은 얼마가 지나지 않아 혼비백산을 하지만, 어쩔 도리가 없는 모양이다. 유리관 꼭대기 마개 밑에 바싹 달라붙어 있던 놈들도 열기 때문에 겨우 십 분을 견디지 못하고 바닥으로 툭툭 떨어지고 만다. 결코 어느 한 놈도 살아 나오지 못했다. 그 뜨거운 풀무불 속에서도 머리털 하나 그슬리지 않고 살아나왔다는 옛날 이스라엘 친구들처럼, 이 많은 놈 중에 한 놈쯤은 그런 기적을 가질 만 한데, 그렇지가 않은 것이 나는 늘 불만이었고, 또 매번 그런 기대로 가슴을 뛰게 했다. 만일 한 놈만이라도 살아준다면 나는 개미사냥을 즉시 중지할 것이고, 이미 잡힌 녀석들을 석방할 것이고, 장독대 앞에서 개미들을 향해 적어도 하루에 한 번씩은 큰절을 올릴 것이다.

아버지가 술에, 내가 개미사냥에 열중해 있을 때, 어머니는 더더욱 교회에 열심이었다. 어머니가 새로운 교회에 나가시기 시작한 지 한 달이 다 안되었을 때부터, 어머니는 벌써 그 교회에서 가장 으뜸가는 신자로 인정을 받았다. 내가 보아도 그것은 당연한 결과였다. 어머니는 아침이면, 성경을 끼고 아버지보다도 먼저 집을 나섰다. 어머니는 어디 따로 갈데가 있지 않았다. 어디든 개의치 않았다. 언젠가는 내가 학교에서 돌아오는 길에 버스 승강장에서 맞추진 적도 있었고, 언젠가는 그 근처 극장 앞에서도 본 일이 있었다. 그때마다 어머니는 사람들을 붙잡고 뭐라고 뭐라고 얘기하면서 성경을 펼치거나 숫제, 『예수 믿으세요! 예수 믿고 복 받으세요!』 하고 큰 소리로 떠들어대곤 했다.

참말로 어머니는 모범신자였다. 하루종일 제대로 한 끼니 먹지도 못하면서 그렇게 노상 전도를 하면서 이루 말할 수 없이 팔다리가 쑤시고 아플 텐데도, 집에 돌아오면 족히 한 시간은 또 기도하고 찬송을 했다. 말이야 바르게 하자면, 사실 어머니는 잠자는 시간만 빼놓고는 주여 주여 소리와 찬송가가 아주 찰싹 입에 달라붙어 있어서 언제든 끊이는 법이 없었다. 어머니는 「십자가를 내가 지고—」 라는 찬송을 주로 즐겨 불렀다. 그래서 나는 그것의 처음 몇 소절을 지금까지도 어렵지 않게 기억해 낼 수 있었다. 나는 발음이 제대로 되진 않았지만 그래도 가사에 힘을 주어 그 노래를 부르기 시작하였다.

『십자가를— 내가 지고— 주를 따라 가다아—.』

그러나 나는 피식 웃고 말았다. 내가 주를 따라가도다. 했을 때, 여기서 「주」는 「술 주(酒)」자(字)라는 생각이 문득 머리에 떠올랐기 때문이었다. 지희는 옆에서 그런 나를 안타깝게 지켜보고 있었지만, 그녀가 이기가 막힌 뜻을 알 리 없는 것이다.

나는 점차로 말려드는 졸음 때문에 건너편에서 일행이 다시 뭐라고 웃고 떠들어대는 아무런 소리도 듣지 못했다.

우리의 처음 목적지인 여수에 기차가 도착했을 때, 지희는 나를 심하게 흔들어 깨우지 않으면 안 되었다. 나는 자리에서 일어나 걸으면서도 자꾸만 걸음이 뒤틀리는 것이, 정말 내가 취한 모양이라고 생각했다. 그건 ㅎ도 마찬가지였다. 다행히도 오늘 밤은 여수에서 묵을 예정이어서, 다른 일행들은 우리에게 환한 웃음으로 불평을 했다. 나는 여관에 발을 들여놓기가 무섭게 방 한구석에 쓰러지고 말았다.

내가 다시 눈을 떴을 때는 자정이 가까워져 오고 있을 무렵이었다. 뒷골이 지끈지끈 쑤셔왔기 때문에, 나는 더는 잠을 이루지 못하고 깨었다. 아직 옆쪽 큰 방에서는 술자리를 계속하고 있는 모양이다. 요란한 웃음소리가 그칠 줄 모르고 건너왔다.

나는 그들의 술타령을 뒤로하고 슬그머니 여관을 빠져나왔다. 골목을 돌아 나오자 먼저 바닷바람이 시원스럽게 나를 맞아주었다. 몇 걸음을 사이에 두고, 검은 바다가 부끄럼도 없이 몸뚱이를 드러내어 꿈틀거리고 있었다. 나는 바다와 가장 인접한 자리를 골라 앉았다. 자리에 앉아서도. 뼈가 녹아들고 온몸이 후들거리는 것을 깨달았다.

내가 스물셋의 나이를 헤아리는 동안 무엇 하나 기대하고 소망할 것도 없이 나는 너무 무거운 걸음으로, 이 돌 많고 바람 많은 길을 걸어왔던 것이다. 이제는 어디에다 발을 내어야 할지 조차 분간이 잘 서질 않았을뿐더러, 설사 이쪽이다 생각될지라도 나는 더 이상 한발자국도 내디딜 수 없을 것이었다. 힘도 없고 자신도 없었다. 이제 한참 높은 산을 바라보고 올라야 할 스물 셋의 건강한 나이에, 나는 그만큼 피곤하고 지쳐 있었다.

담배 한 개비를 꺼내어 들었다. 바람이 다시 한번 시원하게 머리를 쓸고 지나갔다. 나의 한없이 우울하고 어두웠던 지난날의 삶들이 바닷속에서 살아나서 꿈틀거리고 있었다.

나는 끝내 거기로부터 헤어나올 수 없을는지도 몰랐다. 냉정하게 생각해 볼 때 내가 어디를 가더라도, 일시적으로 충만한 기쁨과 희망을 보게 될지는 모르나, 나의 과거로부터, 과거의 아픔이 속속들이 이어지는 이 현실로부터, 내가 벗어날 수 있으리라는 것은 분명히 처음부터 불가능한 일이었다. 그럼에도 불구하고 나는 나의 오랜 기억과 울음으로부터 떠나리라는, 떠나야 하리라는 그런 생각 때문에 얼마나 많은 나날을 잠 못 이루며 내 초라하고 알량한 짐을 꾸리기 시작하였던가.

나는 내가 그동안 그렇게 수없이 뇌까려왔던, 그러나 지금은 자꾸만 머릿속에 맴돌고만 있는, 어딘지 모르게 정겹기까지 한 단어 하나를 생각해 냈다.

「죽음一」

어이없이, 어머니는 그 아무도 예기치 못했던 「죽음」을 하셨던 것이다. 교통사고였다. 억수같이 비가 쏟아지던 아침 녘, 새벽기도를 마치고 집에 오던 길이었다. 우산에 가려서, 질주해 오던 화물트럭을 발견하지 못하고 길을 건넌 것이 원인이었다. 그보다는 그렇듯 소나기가 퍼 붙는데도 새벽기도회에 빠져서는 안 된다고 집을 났던 것이 원인이었다. 또 그보다는, 형이 죽은 것이 원인이었다. 또 그보다는, 형이 미친 것이 원인이었다. 형은 왜 미쳤을까. 왜 미치고 말았을까. 나는 아직도 내게 그처럼 위대해 보이고 훌륭해 보이던 형을 잊을 수 없다. 어머니가 그렇게 돌아가셨을 때도 나는 형의 죽음을 더 슬퍼했다.

발밑에 출렁이는 바다를 나는 새삼 조심스레 들여다보았다. 나는 거기에서 어떤 연민의 정을 강렬하게 느끼기 시작했다. 그간 내가 지녀왔던 모든 삶이 거기에 고스란히 젖어있었다. 또 내가 앞으로 나아가야 할 삶이 있었다. 정말이지 내가 완전히 나에게서 벗어나서 새롭게 거듭날 수 있는 길은, 온전히 나에게로 되돌아가는 것만이 유일한 방법일지도 모른다.

내가 여행을 떠나야 되겠다고 했을 때, 나는 괜찮다고 하시면서도 어딘지 불안하고 초조해하는 아버지의 눈빛을 떠올리며 나는 다시 담배 하나를 꺼내 물었다. 사실 아버지는 새어머니보다도 나를 더 불안해하였다. 새어머니에게 아버지가 주먹질했던 것은 순전히 내게 대한 불안함이 엉뚱하게 새어머니에 대한 매질로 나타난 것임에 틀림없었다. 아버지는 아무 말씀도 안 하셨지만 나는 그것을 대번에 알 수 있었다.

기적이 일어났다. 내가 중학교엘 진학하면서 그만두었던 개미사냥을 대학을 휴학하고 다시 시작하는데, 다름 아니 기적이란, 예의 그 불의축제에서 끝까지 살아남은 놈을 발견하였던 것이다.

일곱 번째의 축제 때였다. 역시 다 죽었거니 했는데, 웬걸 그 무수한 주검들 속을 비집고 꿈틀거리는 놈이 있질 않은가. 그야말로 기적이었다.

어떻게 알고 찾아왔는지, 지희가 내 옆에 다소곳이 쭈그리고 앉았다. 『새어머니가 빨리 돌아오셔야 할 텐데…』 하고 한참을 말없이 내 젖은 눈길만 바라보던 지희가, 마치 자기 일이기나 한 것처럼 바다를 향해 시름 섞인 말을 뱉어내었다. 그 말에 대꾸라도 하듯 바다는 거센 파도 하나를 갈아 올렸다. 문득, 그 물줄기를 타고 가는 목소리 하나가 떠올라 왔다. 그러나 금세 크고 우렁찬 함성으로 내 귀를 펑펑 울렸다.

「내래 니북에서 왔시오. …내개 니북에서 왔시요!」

나는 떨리는 가슴을 움켜쥐었다. 그리고 가슴을 움켜쥐었다. 그리고 그쪽을 향해 힘차게 두 손을 내밀었다.

「반갑습니다….」

내 목구멍을 타고 어떻게 그런 소리가 나왔는지 모른다.

「정말 반갑습니다. 우리 이렇게 손을 맞잡고 우리답게 살 수 있는 날을 얼마나 기다렸는지 모릅니다. …이제 ㅁ이 살아가는 겁니다. 쪽바리 양키 한 놈도 없는 이 강산 삼천리에서.」

그것은 형의 목소리였다. 나는 하염없이 솟구치는 뜨거운 눈물을 흘리며, 등대의 불빛을 바라보고 있었다.

나는 그녀를 힘껏 끌어안고 있었다.

당선

제837호 1988년 10월 10일 월요일

제33회 학술문학상

흐린날의 고백

· 이용환 (경영학과 3학년) ·

-하나-

슬픔 같은 이슬에 목을 축이고
흩날리는 낙엽이 되어
우리는 지우고 또 고쳐 쓰는 일기에
쉼표를 남긴다.
가녀린 그리움만 살아
쉴새 없이 나열된 숫자들,

-둘-

삽질로 일구던 약속(約束)의 땅
공허한 자리마다
잠들지 못한 자(者)의
피멍 진 노래 무겁게 들려오는
다시 하루는 옷깃이 되고
가득 찬 술잔이 되어

앙상한 나무들
가지 흔들며 홍역(紅疫)을 앓지만
시작되는 것은
여전히 색바랜 편지라서
제각기 희미한 이름과 주소를 확인하는
힘겨운 외출

고린도후서 제일 장
어스름한 시야(視野)를 손질하며
우리는 겨울을 본다.

-셋-
태극 깃발 아래로
적도(赤道)를 지나온 마파람이
한 차례 빗줄기를 예보한다.

일터며 교정(校庭)에서
앙금의 어제를 걱정한 찻집에서
얼굴 마주하며 스치는 이 거리
우리는 기실
우리가 되지 못한 채
가늠할 수 없는 아픔의 깊이로
창틈 사이에 아롱지는
굴절(屈折)의 오후.

석간신문은
판매대에 물구나무 서서
위태로운 낱말을 보이며
우리들의 표정이 되고
바람개비마냥 휘청이는 사람들 곁으로
지친 영혼이 떨어져
휴지(休紙)와 함께 뒹군다.

-넷-

성냥불을 켜면
더 단단해지는 어둠 속을
얕은 지식(知識)이 뒤적이는 밤
가난함에 잊힌 것들을 위해
우리를 거부한
오늘의 몫을 고백한다.
그리하여 들새들
마침내 들새라 부를 때
매듭을 풀고 돌아와
우리들 뜨거운 사랑과 사랑으로
엮어가야 할
그 끝없음에 강물이 흐른다.

출품

제837호 1988년 10월 10일 월요일

제33회 학술문학상 : 시

저무는 장터

지칠 줄 모르는 도시,
꿈꾸는 저마다의 세계는 차라리 멀어
출렁이는 걸음으로 떠돌다간
비린내 싫지 않은 골목에 서면,
왁자지껄 부지런한 사람들의 목소리가
설익은 웃음이 된다.
一자, 옷이요 옷
유행을 앞서가는 순면(純綿) 날개가
골라잡어 천 원씩,一
식솔들의 세끼 식량과
철없는 자식의 학비를 셈하다가도
때로는 쉬이 에누리해주는는
장터 저 삶을 생각한다.
길바닥 광주리 가득
찌들고 부스러진 풋과일도,

구두와 손거울 혁대 라이타 칫솔
볼품없는 머리핀조차,
내일을 준비하듯
이리저리 물건을 고르는 아낙네 곁에서
그들의 지나온 이야기처럼
어지럽게 널려있다.
선술집엔 서둘러 노을이 지고,
장바구니보다 무거운 짐을 멘 채
항상 홀로일 수밖에 없는
월, 저무는 장터를 빠져나오면
다시금 장꾼들은 목청 돋워
어둠을 몰아낸다.
—값싼 고등어나 갈치 있어 새우젓
자, 싸구려 고등어,
싱싱한 물오징어가 떨이요. 떨이

출품

제837호 1988년 10월 10일 월요일

제33회 학술문학상 : 시

박쥐우산

가을 하루를
나는 박쥐우산을 쓰고 떠난다.
한 켜 하늘이 내려앉듯
잠들지 않는 가슴에
쓸쓸한 그림자, 내 기다림은
여기 풀꽃으로 핀다.
더러는 해어지고
이렇게 걸어도 낯선 세상에
애타도록 비가 내리면,
발목까지 적셔오는 싸늘함을
무딘 입김에 삭히고
돌아가야 하는 곳,
밤새 서러운 노래 불러도 좋을
뒤란은 어디에 있는가.
숱한 날들을 적시던 비

비가 그치고 나면

저만치서 울어대는 가을.

이젠 다시

내 초라한 얼굴을 감추기 위해

박쥐우산을 쓰고

망설임 없이 떠나가려 한다.

제34회

학술문예상

•

1980~2000

당선

제856호 1989년 10월 30일 월요일

제34회 전북대신문 학술문학상 : 소설

개

· 박래춘 (법학과 3학년) ·

오랜 형상을 청산하고 무리하게 조그만 가게를 얻어 젓갈 장사를 하던 임씨가 잔뜩 짊어진 빚에 쫓기어 야반도주를 하고 난 뒤, 텅 빈 집에는 임씨가 기르던 하얀 개만 남았다. 하얀 개는 뒤늦게 알고 쳐들어온 빚쟁이들로 법석거리는 집을 피해야 한다는 자신의 처지를 이해하고 담벽에 몸을 바싹 붙이고 그늘에 숨어 구렁이 담 넘어가듯 잰걸음으로 좁은 골목을 빠져나오고 있었다.

골목을 거의 빠져나왔을 때, 하얀 개는 지씨와 마주쳤다. 임씨에게 꾸어준 돈 삼만 원을 하루아침에 떼인 지씨는 삼만 원에 정신이 너무 팔렸었던지 임씨의 하얀 개를 힐끗 쳐다보고는 그냥 지나쳤다.

거의 한 달이 지나서야, 지씨는 이 일을 후회했다. 아침저녁으로 마주치는 임씨의 하얀 개가 언제부턴가 삼만 원으로 보였던 것이다. 그러나 이미 떠나버린 기차였다. 지씨가 찾고 싶은 삼만 원의 보상은 동네 사람들 눈길 때문에 먹혀들지 않았다. 동네 사람 각자 임씨에게 몇만 원씩은 떼인 터라 지씨만 임씨의 하얀 개가 살던 집에서 나와 제일 수퍼 공터를 제집인 양 고동소유물로 되어버렸던 것이다.

그런 마당에 새삼스럽게 지씨가 떼인 돈을 챙기겠다고 나서는 것은 지씨 스스로 생각하기에도 억지인 것 같았고 염치없는 것이었다. 지씨는 내색도 못 하고 『예잇 그깟 삼만 원』 때늦은 자신의 생각에만 자꾸 또아리를 틀었다. 그러면서 하얀 개를 볼 때마다 임씨에게 떼인 돈 삼만 원이 생각이 간절한 자신이 좀스럽고 남 보기 부끄러운 일을 꾸미는 것 같아서 속이 더 끓었다.

그러나 겉보기에는 아무도 개에 대해서 신경을 쓰는 것 같질 않았다. 누구 하나 나서서 하얀 개에게 삼시 세끼니를 챙겨주지도 않았고 임씨의 얘기 끝에 하얀 개에게 대한 한마디 언급도 없었다. 대개 남부시장에서 조금만 점포나 행상으로 겨우 입에 풀칠이나 하며 사는 동네 사람들이라 자기 살기도 바쁜데 버려진 개를 챙겨서 밥 먹일 시간도 여력도 없었을 것이다. 각자가 따지고 들자면 몇만 원씩 연관이 있었지만 하얀 개는 방치되어 있어 주인 없는 개 신세로 스스로 끼니를 해결해야 했다. 지씨의 눈에 띄었을 때는 하얀 개가 자신의 끼니를 스스로 해결하는데 이골이 난 때였다. 하얀 개는 끼니때가 따로 없었다. 속이 출출하다 싶으면 항시 앉아있는 제일 수퍼 앞에서 일어나 슬슬 이 골목 저 골목 돌아다니다 재수보기로 아무 집에나 들어가 멀중멀중 쳐다보는 주인 개에게는 눈짓 한번 주지 않고 깨끗이 밥그릇을 비우고 부른 배를 좌우로 뒤뚱거리면서 나오는 것이다. 이렇게 살아오면서도 털에는 윤기가 흐르고 살이 올라 삼만 원을 놓쳐버린 것 같은 지씨의 마음을 더욱 부채질했다. 더욱이 저녁에 일찍 들어오는 날이면 하얀 개가 쫄쫄 뒤를 따라 오는 것이다. 그래서 하루는 따라오는 하얀 개를 제집으로 은근하게 불렀다.

대문마저 유혹에 맞장구라도 치듯 파란 하늘을 훤히 깔아주었다. 그런데 하얀 개는 대문 안으로 고개를 삐죽 들이밀고 지씨의 다정한 부름에도 흥미 없다는 듯, 꼬리를 살살 흔들면서 제일 수퍼 공터로 돌아서는 것이었다. 지씨는 그꼴을 보고는 그만 헛웃음을 뱉었다.

『아니, 저게 누구 약 올리나』

야반도주한 임씨에 대한 소문과 풍문이 한동안 입에 오르다가 잠잠해지던 어느 날 하얀 개는 언제나처럼 산동네의 골목이라 비탈져서 대발로 기어 올라가야 하기에 마당이라는 조그만 평지를 들어서는 사이 하얀 개는 거만한 모습으로 빼꼼이 열린 대문으로 털레털레 들어갔다. 그러나 반쯤 비운 개밥그릇이 누런 털빛에 덩치가 큰 잡종개는 두발을 괴고 앉아 마당에 수인사도 없이 들어오는 하얀 개를 멍청한 눈으로 쳐다보고 있었다. 항시 그렇듯이 하얀 개는 밥그릇에 곧장 얼굴을 박고 국물을 쩝쩝 건드렸다. 안방에서 새어 나오는 TV프로의 아나운서 목소리는 정겨웠고 토방위에는 따뜻한 별이 비추어 여느 때와 같아 하얀 개는 제일에만 열중했다. 그런데 가만히 앉아있거나 어찌할 줄 모르고 주위를 어슬렁거려야 할 주인 개가 이제까지의 전례를 깨고 갑자기 하얀 개의 목덜미를 덥석 물었다. 완전히 믿는 도끼에 발등 찍힌 하얀 개는 머리를 밥그릇에 처박았다. 힘없이 주저앉아 버렸다. 개밥이 하얀 개의 머리 위로 토방으로 흩어졌다. 하얀 개는 한참 죽은 듯이 주저앉아 있다가 네발을 땅에 단단히 딛고 놓아주려 하지 않는 주인 개를 밀어 내치려 온몸에 힘을 주고 벌떡 일어나며 몸을 틀었다. 밥그릇이 요란스럽게 소리를 내며 튕겨 나갔을 뿐 주인 개는 문 목덜미를 놓아주질 않고 더욱 힘을 주었다. 아무리 발버둥 쳐야 소용이 없었다. 더욱 주인개의 이빨은 파고들었다. 하얀 개의 목덜미에서 피가 뚝뚝 토방위로 떨어졌다. 한참 주인개에게 물린 목덜미를 들이치고 밀며 실갱이를 하는데, 요란한 개소리에 방문을 연 사십 대의 뚱뚱한 주인아줌마는 마당에서 벌어지는 광경에 얼굴이 벌겋게 달아오르며 뛰는 가슴을 어찌할 줄 몰라 뛰쳐나왔다. 막상 나와보니 토방에 발 대기도 무서워 눈앞이 깜깜했다. 하얀 개의 목덜미에는 더욱 많은 피가 흐르고 살기 번득이는 눈빛과 마주친 주인아줌마는 본능적으로 빗자루를 잡았다. 그러나 다가갈 수는 없었고 자주 「저놈의 개」만 되 뱉었다. 토방에는 피가 흥건해졌다. 갑자기 하얀 개가 물린 목덜미를 포기한 듯, 주저앉았다. 물고 놓아주지 않는 주인 개의 허연 배만 헐떡거릴 뿐, 순간적 정적이 싸움판에 깔렸다. 주인아줌마는 마루 끝으로 다가갔다. 빗자루마저 떨렸다. 싸움은 이미 주인 개의 승리로 끝난 것 같았다. 주인아줌마는 자기 개의 승리에 한숨을 돌리고 용기를 내어 마루 끝에 서서 빗자루와 팔을 최대한 뻗으며 내려쳤다. 하얀 개는 주인아줌마의 매질에 맞지는 않았지만, 더욱 놀라 벌떡 일어섰다. 하얀 개는 뒷걸음질을 했다. 필사적인 뒷걸음질에 목덜미를 문 주인 개가 끌려가고 하얀 개의 뒷덜미가 껌 늘어지듯 늘어졌다. 주인아줌마는 토방으로 정신없이 내려와 하얀 개며 자기 개 할 것 없이 빗자루를 휘둘렀다. 하얀 개는 온 동네 떠나가라 깽깽거렸지만, 꽉꽉 숨이 막혀 제대로 나오지 않았다. 매를 계속 맞으면서 하얀 개는 거의 대문까지 발을 디딜 수 있었고 주인 개는 쭉 늘어진 목덜미를 더욱 세게 물면서 네 발을 땅에 딛고 잔뜩 당겼다. 순간, 불꽃이 번쩍했다. 갑자기 하얀 개가 대문 밖으로 튕겨 나뒹굴며 피가 후레쉬처럼 튀었다. 주인 개의 입에는 하얀 개의 살점이 어른 주먹만 하게 물리어져 있고 입에서 피가 툭툭 떨어졌다. 주인아줌마는 머리가 온통 피로 범벅이 된 자기 개를 보고는 얼른 방안으로 도망쳤다.

하얀 개는 며칠 동안 제일 수퍼 공터에 꼼짝도 하지 않고 앉아있더니 보이지 않았다. 모두 간밤에 죽어 누군가 가져간 거로 여겼다. 물고 늘어지던 개는 당장에 팔려가고 일주일쯤 지나 하얀 개는 제일 수퍼 공터로 절룩거리며 돌아왔다.

또 목덜미는 딱정이가 지고 속으로 곪아가는지 딱정이 주위로 하얀 고름이 눌어붙어 있었다.

다시 제자리로 돌아왔지만 하얀 개의 모습은 점점 변했다. 색깔이 회색으로 우중충해지고 얼굴은 추하게 찌푸려지고 몸은 바짝 마르며 더럽고 슬슬 남의 눈치를 보며 짓는 것마저 잊었다. 그러나 여전히 남의 개밥을 먹으며 살았다. 더욱 능구렁이가 되어 흉측한 목덜미를 무슨 훈장이나 되는 듯이 내밀고는 이 골목 저 골목을 돌아다녔다. 그러나 이제는 예전 같지 않았다. 자주 쫓기어 나는 것은 별문제고 발길에 차이기 예사고 아이들의 돌팔매며 놀림을 당하기 일쑤였다. 더욱 몸은 수척해지고 추한 모습은 하나하나 들러붙었다. 그럴수록 아이들의 돌팔매는 심해졌다. 한번은 돌팔매에 목덜미가 정통으로 맞아 안으로 곪아가던 고름이 딱정이가 떨어지며 터져 나왔다. 그리고 터진 고름이 계속 앞발을 타고 흘러내리며 굳었다. 고자리들이 다리를 타고 고물고물 올라가는 것 같았다. 보기에는 흉측했어도 고름이 터진 덕분에 더 이상 곪지 않고 상처는 아무는 듯했다. 하얀 개는 미숙한 어린이가 대충 둘둘만 찰흙덩이에 성냥개비 네 개를 꽂은 모습으로 변해가면서도 온갖 구박 속에서도 언제나 제일 수퍼 공터에 있었다.

지씨는 공공연하게 추해지는 하얀 개를 자기 개이기나 되는 듯이 다루었다. 예전과는 달리 조금은 욕심을 내는 지씨 쪽으로 돌아가는 듯했다. 추한 몰골로 인해 임씨에게 몇만 원씩 떼인 사람들로부터 일차적인 눈길을 피할 수 있었고 술자리에서 대충 둘러댄 거짓말이 효험을 발휘한 것이다. 거짓말을 하게 된 그 날 술자리는 진득거리고 좀이 쑤셨다.

한참 술이 돌더니 임씨에게 떼인 액수를 돌아가며 말했다. 누구는 얼마 얼마 하며 지씨 차례로 순번이 왔을 때 지씨는 아무 말도 하지 않고 안주만 씹었다. 그러니 더욱 재촉하는 눈치였다. 모두 잔뜩 지씨의 대답에 기대하는 듯 눈이 동그래져 있었다.

『지씨, 얼만데』

지씨는 좀 미적거리다가 이왕에 못 받을 것 하고는『삼십만 원』목소리를 깔고 말했다. 이후로는 지씨가 떼인 액수는 삼십만 원이 되고 동네에서는 제일 큰 액수였다. 그리고 지씨는 동네 사람들에게 동정을 받는 입장으로 되어 버렸다. 그러니 아무도 지씨에게 하얀 개를『자네 가지게』하며 내주지 않았어도 지씨가 굳이 생색을 낸다면 눈 감아줄만하네로 돌아갔다. 거기에 편승해서 지씨도 비록 추한 몰골이지만 싫지는 않았다. 그런데 문제는 아무도 하얀 개를 잡아먹는 대상으로 팔 물건으로 여기질 않는다는 것이었다.

『저게 꼴이 저렇지만 않았어도.』

더위는 기승을 부리고 동네 개들이 차근차근 개장수의 오토바이에 실려 나가는데 추한 모골로 인해 아무런 위험도 느끼지 않고 버젓이 제자리를 지키는 하얀 개를 볼 때마다 지씨는 부아가 치밀었다. 더욱이 삼만 원이 종종 둔갑하여 삼십만 원으로만 느껴져 더욱 가려운 데를 살살 매만지며 겉으로는 전혀 내색하지 않았다. 다만 하얀 개에 대한 불평에나 어쩔 수 없는 자신의 속마음이 조금 배어 있을 뿐이었다. 이른 새벽 일거리를 찾아 제일 수퍼를 지날 때마다 하얀 개에 대한 불평을 했다. 하루도 빠짐없이 하얀 개를 물고 늘어지며 지나갔다.

오늘도 예외 없이 그랬다. 하얀 개에 대한 소유권 이전의 가림막일 수 있겠지만, 자신에 대한 불만 같은 것이기도 했다. 좀 더 다부지게 나섰

더라면 저 꼴 되기 전에 어찌할 수 있었을 텐데,

『해장부터 재수 없게』

『만났다 이거지』

지씨는 대꾸하지 않았다. 자기 말을 받으면서 가시가 있는 듯했지만 서로 너무 친했고 꼭 하얀 개로 인한 핑정거림이 아닌 듯했기에 신경 쓰이진 않았다.

『지씨 저 개하고 무슨 원수라도 진일 있어.』

『원수는, 그냥 저 꼴이 보기 싫어서지.』

『내가 보기에도 재수 없게는 생겼어, 그렇다고 노상 있는 것을 그렇게 신경을 쓰면 자네만 손해지.』

『노상 그러는 건 아냐.』

『아무튼, 좀 유별나게 굴어 욕심나는 건 아냐. 저것도 개라고 치면.』

『아휴 저것을…』

지씨는 왜 그리 가슴이 뜨끔했는지 의아했다. 그냥 피식 웃고 지나면 될 일이었다. 하얀 개는 멍하니 지나다니는 사람들을 쳐다보고 앞발을 뻗으며 촉촉이 이슬이 젖은 털을 부르르 털어냈다. 지씨는 자기 몸을 바싹 움츠리며 제일 수퍼 앞을 지나갔다. 하루종일 지씨는 몸이 빼근하고 일에 힘이 들어 괜히 자신을 변명하게 하는 하얀 개 생각에 자주 인상을 찌푸렸다. 그럴 때마다 어젯밤 제일 수퍼 김씨와 대판 싸운 게 하얀 개 때문인 것 같았다.

요즘 들어 부쩍 개장수들의 출입이 잦았다. 개장수들은 언제나 제일 수퍼 공터에 앉아 있는 하얀 개를 놓칠 리 없었다. 잔뜩 눈독을 들이는 개장수들에게 눈엣가시 같은 존재는 지씨와 제일 수퍼 김씨였다. 지씨는 아예 내놓고 하얀 개의 일에 사사건건 상관하고 김씨는 언제나 제일 수퍼를 지키고 있어 하얀 개를 감시하는 입장이 되어 맘대로 하기가 쉽지 않았다. 어제는 개장수가 제일 수퍼 앞에 오토바이를 받쳐놓고 음료수 한 병을 들이키며 김씨에게 은근히 하얀 개를 가리키며 물었다.

『저 개는 누구네 것이요 저런 것 놔두면 안될 텐데』

『왜 사시게』

김씨는 장난투로 한마디 던지고 사뭇 주위를 경계했다. 김씨가 훑어본 제일 수퍼 주위에는 개장수와 하얀 개말고는 아무도 없었다. 번득 김씨는 몰래 팔고 오리발 내밀면 될 것 같았다.

『아뇨, 누가 주인도 없고 병도 들고 해서 가져갔음 하던데』

『아니, 누가 그래 괜한 남의 개를』

『그럼 주인이 있어요.』

『아니 주인이 왜 없어 내가 주인인데 칠 만원 내면 거저 지』

『칠만 원요 저걸,』

딱 홍정을 붙이는 판인데 어디서 나타났는지 지씨가 불쑥 수퍼 안으로 들어왔다. 지씨는 김씨와 개장수 사이를 쑥 지나가 수퍼 툇마루에 앉으면서 담배 한 갑을 샀다. 그리고는 곧장 나가질 않고 아무런 용건도 없이 어물장거리더니, 그늘 한점 없는 평상에 앉아 담배비닐을 뜯었다.

『저것은 한 이만 원이나 될까』

개장수의 말이 채 끝나기도 전에 지씨가 말을 받았다.

『뭐가 이만 원이야.』

『아무것도 아냐.』

제 속을 빤히 들어다본 지씨의 말에 김씨는 어영부영 넘기면서 파리채로 과자봉지를 툭 쳤다. 대뜸 상황이 어떻게 된 지 눈치챈 개장수는 오토바이에 앉아 시동을 걸었다.

『지씨 오늘 일 안 나갔어.』

지씨는 다가와 아부하는 듯한 김씨의 물음에 대꾸도 하지 않고 담배를 쭉 밷고는 담 그늘에 앉아 더위에 헐떡거리는 하얀 개를 불렀다.

『야 임마. 워리 쫑쫑.』

『새삼스레 개는 왜 부르고 그래.』

그늘한 점 없는 평상에 햇볕은 더욱 기승을 부리고 파리 한 마리가 두 사람의 주위를 윙윙 날아다녔다.

여전히 지씨는 들은 척 않고 담배를 피우고는 투덜거렸다.

『씨팔 이것을 담배라고 만드냐.』

『아니 담배가 어때서.』

잔뜩 죽어 들어는 김씨가 다시 말을 붙였다. 지씨는 대꾸하지 않았고 김씨는 너무한다 싶어 가게를 들어가려고 했지만 지씨의 태도에 자신도 모르게 끌려가고 있었다. 지씨는 고목에 붙은 매미처럼 다시 말을 붙였다.

『뭐 오백원짜리 솔이 그렇지.』

『비싼 것은 얼마나 좋나』

『좀 낫지.』

『낫긴. 개좆이라고 나아 이런 것을 파는 놈들이나 사는 나나.』

지씨는 꽁초를 버리며 일어났다.

『맘에 안 들면 양담배 피워.』

『아니 비웃어요.』

비웃기는 아예 담배를 끊어야 속이 편하지「몸에도 좋고」하얀 개가 고개를 쭉 빼며 지씨를 쳐다봤다. 지씨는 뜨거운 햇볕에 번들거리는 얼굴로 살짝 미소를 짓고는 따뜻한 담뱃갑을 주머니에 챙기면서『저것이

나 요런 것이나 팔겠다고.』 자그마하게 혼잣말을 하며 골목 안으로 들어갔다. 그리고 저녁에 지씨는 김씨와 싸웠다. 저녁때까지 지씨가 담배로 자꾸 꼬투리를 잡았던 것이다.

『그놈의 개 때문에 추접은 다 떨고.』

왼종일 지씨는 들고 일하는 연장이 미끄럽고 무겁게만 느껴졌다.

동네 개들은 하나둘 팔려가는데 하얀 개에게는 며칠 전부터 밥그릇이 생겼다. 그리 심하게 쭈그러지지도 않고 파손되지 않은 양푼이었다. 누가 가져다 놓았는지 아무도 몰랐다. 하얀 개는 밥그릇을 꼭 제 앞에 두고 종종 밥그릇을 가지고 놀곤 했다.

『궁상이 하나 더 늘었군』

지씨는 돌멩이를 하얀 개 쪽으로 찼다. 그래도 밥그릇이라고 어쩌다 밥이 있었고 쉬어빠진 나물이나 생선 대가리가 있었다. 대개는 가까이 있는 제일 수퍼 김씨가 넣어주고 동네 아낙들이 가져다주는 모양이었다. 그러나 밥그릇이 생겼다고 해서 하얀 개의 밥 먹는 습관이 변한 것은 아니었다. 여전히 남의 개밥을 먹어야 했다. 지씨는 변함없는 하얀 개의 주인 없는 신세에 콧방귀를 뀌었지만, 신경이 쓰였다. 밥그릇이 생김으로 해서 동네 사람들이 이것저것 챙겨주게 되고 어느 정도 하얀 개의 위상이 다시 동네 일부분으로 자리 잡아가는 것 같았다. 지씨는 하얀 개의 자리 잡음에 밀려드는 듯한 형세를 보며 서둘러 하얀 개 문제를 처리해야 한다고 다그쳤다. 그러나 생각뿐이었다. 제 몰골을 탐내는 자신을 동네 사람들에게 비춘다는 것은 지씨의 자존심으로는 도저히 있을 수 없었다. 지씨가 어떻게 할까 이리저리 머리를 굴리며 잠드는 늦은 밤이면 하얀 개는 훤히 뜨는 달빛을 받으며 아는지 모르는지 쉰밥그릇을 앞에 두고 우두커니 동네를 파수병처럼 지키고 있었다. 김씨와의 싸움은 하얀 개 때문이라고 단정 짓고만 지씨는 유별나게 맨정신으로 들어왔다. 돌아오면서 하얀 개와 마주치질 않아 개도 김씨와의 싸움도 잊고 지씨는 한가한 저녁을 보내고 일찍 잠자리에 들었다. 동네는 조용했고 하루를 마감하는 평온이 온 동네를 감싸며 달은 구름을 가렸다. 촉촉한 물기가 알맞게 습기를 유지하고 이부자리 까는 먼지만 풀썩풀썩 일었다. 일찍 잠자리에 든 지씨는 평온한 꿈의 입구에 막 들어서려 했다. 갑자기 개 짖는 소리에 꿈은 달아나고 잠마저 깼다. 하얀 개였다. 늦은 귀갓길을 재촉하는 취객에게 짖는 것치고는 소리가 깊은 수렁에 빠진 듯 긴박했고 앙칼지며 늦은 시간이었다. 개소리에 모든 동네 사람들이 깨어났지만 아무도 신경 써서 내다보지 않았다. 하얀 개는 이 골목 저 골목 쫓아다니며 계속 짖었다. 하얀 개가 짖으면 동네 개들이 따라 짖고 멈추면 금세 잠잠해졌다. 이렇게 한동안 물에 밀가루를 풀 듯이 개소리들이 밤하늘에 골목골목으로 이겨지다가 어둠과 함께 동글게 펴지는 듯했다.

『야, 조용히 해, 새끼야』

개에게 소리치는 사내들의 목소리가 어둠에 묻힌 담을 넘어오면 잠시 하얀 개는 조용해졌다가 다시 짖었다.

『저놈의 개. 오냐오냐하고 내버려 두니까. 완전히 미쳤군』

지씨는 모로 돌아누우면서 뇌까렸다. 아내라도 깨워 한번 나가 보라고 할까 하다가 관두었다. 하얀 개가 동네 사람들의 고함에 조용해졌다가 다시 짖으며 몇 차례 실갱이를 하더니 누구의 발길에 차이는지 한참 깽깽거리다가 밀물 빠지듯 조용해졌다.

다음 날 아침 제일 수퍼 앞을 수군거리는 아낙네들로 시끄러웠다. 어젯밤 도둑이 동네에 들었던 것이다. 도둑 이야기는 가지를 치며 길어지다가 화제로 어젯밤 그리 안타깝게 짖어대던 하얀 개의 이야기로 넘어갔다. 이야기는 아주 진지했다.

『그렇게 짖어대도 누구 하나 내다보지 않았다며 하긴 자기 개가 짖어도 안 보는데 남의 개가 짖었으니』

『그래도 그렇게 짖었는데』

『아무튼 개가 사람보다 나아요』

『저게 밥값은 했네요. 누가 알았겠어요. 도둑이든지.』

『저 몰골에 속은 있어 가지고 쯧쯧.』

『저것 봐요. 어제 도둑놈에게 맞은 자국 아니에요.』

『그러게 어젯밤 한참 깽깽거리더라구.』

『저것 아녜요. 저것은 지씨가 발로 찬 자국이에요. 요전 날 김씨하고 싸울 때.』

지씨 부인은 슬쩍 빠져나와 집으로 갔다. 하얀 개는 아낙네들의 수덕거림에는 흥미 없다는 듯이 언제나처럼 앞발을 개고 앉아 무사태평 못 잔 잠이나 보충하려고 눈만 껌벅거렸다. 눈가에는 눈곱이 덕지덕지 붙어있고…

『그런데 왜 그리 지씨는 저 개와 원수나 진 것처럼 그래요.』

『어디 지씨만 그래, 온 동네가 다 그렇지.』

『지씨가 좀 유별나긴 해요.』 힐끔힐끔 눈길을 주는 아낙네들의 태도에 심상치 낌새를 느낀 하얀 개는 자리를 간신히 털고 일어나 귀찮다는 듯이 앞발을 쭉 뻗고 기지개를 켰다. 그리고 조심스럽게 발을 떼며 아낙네들의 시선에서 벗어났다. 하얀 개가 사라지자 도둑 이야기는 곧 끝이 났다. 지씨 부인은 집에 들어서자마자 이불 속에서 담배 피우고 있는 지씨에게 핀잔을 줬다.

『당신이 편히 그놈의 개를 차 가지고, 술이 웬수지』

『해장부터 왜 그래 여자가』『왜는요. 아무 일도 아닌 것 가지고 툭툭 차니까 여자들이 입방아나 찢고. 꼴좋수』『아니 누가 그래 내가 찼다고』『입은 살아서 누가 언제 찼다고 했어요. 노상 잡아먹을 듯 그놈의 개에게 유별나게 구니까 그러지』

『그럴 만 하니까 그래』

지씨는 아침부터 여자들의 입에 오르내렸다는 것보다 하얀 개에 관계되는 일이라 욱 치미는 것이 있었다. 사사건건 연관되는 하얀 개의 몰골이 아침부터 속을 뒤집는 것이다. 하지만 이제껏 참아 왔듯이 오늘도 참고 기다릴 수 있었다. 지씨는 담배를 다시 내 물었다.

『그놈의 삼만 원, 빨리 잊어야지』

지씨는 이렇게 생각을 다듬으려 했지만 쉽게 구성되질 않았다. 지씨는 아침 일거리를 찾아 나가면서 아무렇게나 엎어져 있는 하얀 개의 밥그릇을 보고는 들어가 도시락의 따스한 온기가 썩 마음에 들었다. 그리고는 으레 하는『예잇 재수 없게 해장부터』하고는 제일 수퍼 가게 안을 둘러보며 지나갔다.

사건이 지난 후에도 하얀 개에 대한 동네 사람들의 태도는 달라지질 않았다. 잠시 선행에 대한 칭찬만 입에 올랐을 뿐 여전히 달빛 아래 빈 밥그릇은 하얀 개의 뻥 뚫린 가슴처럼 어두웠다. 그러나 하얀 개를 동네 사람들은 무언중에 빌붙어 사는 군식구로서 어디에서나 으레 있는 존재로 여기게 되었다. 하얀 개의 추한 몰골은 눈에 띄게 구박받는 요소로서는 받아들여지지 않고 그저 운동장에 박힌 돌멩이처럼 생각했다. 유독 지씨만이 그 돌멩이에 자주 걸려 넘어지는 하얀 개가 동네의 일원으로 자리 잡아 가는 게 석연치 않고 께름칙했다.

지씨 부인은 삼 년 전부터 편물공장에서 실을 받아 빠는 일을 부업으로 했다. 처음 몇 달을 해보니 수도세가 많이 나오고 작두로 대신하자니 일도 더디고 배나 힘이 들었다. 그래서 궁리 끝에 타고난 지씨의 손재주를 빌려 계량기 달기 전에 있는 파이프에 몰래 수도꼭지를 잇고 수돗물을 거의 삼 년간 별문제 없이 썼다. 그리고 삼 년이나 되었으니 아예 잊어먹었다. 그런데 오늘 윗집에서 수도가 샌다고 신고를 받고 온 수도계원과 인부들에게 들키고 말았다. 그러나 지씨 부인은 뚝 잡아떼며 대들었다.

『우리가 어떻게 알아요. 우리가 이사 오기 전부터 이 모양인데』

『아주머니 우리가 이런 일은 일이년 하는 줄 아쇼』

『하 참 아저씨야 노상하는 일이니 알겠죠. 하지만 우린 몰랐어요. 봐요, 파이프도 오래되어 이 모양이잖아요』

『아주머니 우기지 마십쇼』

『우기는 게 아녜요. 입장을 바꾸어 놓고 생각해봐요. 모르고 쓴 수돗물을 다시 끼워내란 말밖에 더 돼요. 따지고 들면 그쪽이 더 크게 잘못했지 뭐』

지씨 부인이 우기는 데는 별 어려움이 없었고 수도계원도 그리 크게 문제 삼으려 하지 않았다. 그런데 자꾸 실갱이가 길어지게 하는 쪽은 지씨 부인이었다. 뒤가 켕기는 거라 자주 수도계원의 말꼬리를 물고 늘어지게 되고 이기려고만 들었다. 지씨 부인은 급히 영수증을 찾아들고 수도계원 바로 코앞에 내밀었다.

『봐요. 우리도 낼만큼 내요. 우리가 도둑질한 것도 아니잖아요』

『하지만 아주머니』

『모르고 했으니 우리 책임 못 져요』

『알고 모르고가 문제가 아니라니깐 자꾸 그 말만 하십니까』

『아니 아저씨』

버젓이 빨랫감이 쌓인 다라를 마당에 두고 지씨 부인은 모독스럽게 대꾸하며 수도계원의 넋을 뺏다. 거의 수도계원이 물러나며 손을 떼려고 하는데 지씨가 들어왔다. 하루 일거리를 허탕치고 대낮부터 얼큰하게 취해 잠이나 한숨 잘까하며 골목을 들어오던 지씨는 부인의 카랑카랑한 목소리에 인상을 찌푸리고 골목 안으로 터벅터벅 발길을 차며 걸어왔다. 막상 대문 앞에 와보니 켕기던 일이 걸린 것이었다.

『아니 아저씨 자꾸 연체료 연체료 하시는데 우린 못 내요. 우리가 잘못했어야 내지 못 내요.』

수도계원은 골치가 아픈지 그늘로 발길을 옮기고 지씨 부인이 카랑카랑한 목소리로 땡볕에 번들거리는 얼굴을 들이밀며 대들었다. 수도계원은 더 이상 말을 하지 않았다.

『우린 못 내요.』

지씨 부인 아주 단호하게 끝장을 내려 했다. 지씨는 이때다 싶어 문을 차고 들어섰다.

『뭐야 이게.』

지씨는 주위를 한 바퀴 째려봤다. 수도계원은 갑자기 출현한 지씨를 보고 한 발 뒤로 물러섰다. 주위가 지씨로 인해 찬물을 끼얹듯 조용해졌다. 지씨는 술기운이 오르며 얼굴이 벌겋게 달아올랐다.

『뭐야 당신은』

『저 그러니까 말입니다』

인부들이 지씨 뒤로 빠져나가 땅을 파기 시작했다. 땅 파는 모습을 보자 지씨는 더욱 술기운이 온몸으로 퍼졌다.

『그러니까 뭐냐고.』

『댁에서 수도를 몰래 쓰고 있어서…』

『그렇다고 이 새끼야. 니가 몇 살이나 처먹었다고 밑도 끝도 없이 반말부터 해…』

지씨는 당장에 달려들 듯이 자세를 잡았다.

『아니 누가 누구에게 반말했다고 그러십니까.』

『니가 이제 금방 그랬잖아』

『취하신 것 같군요』

『뭐야 이새끼야』

『뭐요』

지씨는 생떼를 쓸려면 처음부터 세게 나가야 한다고 지레 짐작하고는 아예 싸움으로 치달을 기세로 나갔다. 상황판단을 잘못해도 이만저만 잘못한 게 아니었다. 괜히 혹 떼려다 혹 붙이는 격이었다. 그러나 이제는 지씨도 오기 때문에 물러날 수 없었다. 수도계원 어이없다는 듯이 물러났다. 지씨 부인은 지씨에게 다가가 살짝 윙크하며 소매를 잡아끌었다. 지씨는 의기양양하여 기세를 조금 풀며 지씨 부인쪽으로 끌려가는 척 했다. 인부들이 파이프를 떼며 한마디 뚝 던졌다.

『별 더러운 꼴도 다 보는군. 이 짓도 못 해 먹겠어.』

이쯤 해서 지씨도 물러나며 흘려 넘기려 했다. 그런데 대문 뒤에서 어슬렁거리는 하얀 개와 눈이 마주쳤다. 눈곱이 잔뜩 끼어 지씨를 바라보았는지 분간 못할 하얀 개와 눈이 마주친 지씨는 무릎 깨쯤 빠지는 구덩이로 뛰어들어가 인부의 멱살을 잡았다.

『뭐야 이 새끼야.』

그러나 지씨는 구덩이 밖으로 곧바로 튕겨 나뒹굴었다. 무릎이 까져 피가 흘렀다. 보고만 있던 김씨가 대드는 지씨를 막았다.

『야 이 새끼야 내면 될 것 아냐.』

고래고래 소리치는 지씨를 김씨는 막으며 몸싸움하는 동안 인부들은 평탄작업을 마치고 연장을 자전거에 꾸렸다.

『저따위 개나 기르는 게 그렇지.』

『미친개에 물린 셈 쳐요. 아휴 저것도 개라고 기르나.』

『원래 개는 주인을 닮는 거라구. 가며 술이나 한잔해야지.』

인부들이 수도계원을 태우며 골목을 빠져나갔다. 지씨는 아무런 대꾸도 하지 않고 빠져나가는 사람들을 멀중멀중 쳐다보았다. 그러더니 김씨를 밀치며 큰 돌멩이를 들었다. 김씨는 뜨끔했다. 그러나 지씨는 어슬렁거리는 하얀 개에게 던졌다.

『이걸 그냥.』

하얀 개는 제일 수퍼 앞으로 도망쳤다.

지씨는 해가 거의 질 무렵에 술에 잔뜩 취해 제일 수퍼 앞에 나타났다. 사내들이 제일 수퍼 평상에서 소주를 마시고 있었다. 지씨는 형상에 걸터앉으면서 다짜고짜 이를 갈았다.

『시퍼런 놈의 새끼들』

『지씨 그런 걸 가지고 뭘 그래. 잘못은 지씨가 했지.』

『잘못은 무슨 잘못. 다할만하니까 그랬지 저놈의 개 때문에 분할 뿐이야.』

『지씨 괜히 이번에 화풀이하는 거 아냐』

지씨는 대꾸하지 않았다. 아까 터진 무릎이 간지러웠다. 『그래 이번 기회에 저놈을 잡는 거야』 지씨는 작정했다. 하얀 개는 지씨가 자신이 주목하고 있다는 것도 모르고 지씨가 선득 던져준 쥐포를 먹으려 다가

왔다. 백열등 불빛에 하얀 털이 우중충했다.

『우리 동네에 저런 개가 있는 것도 안 좋아요. 아까만 해도 그 새끼들이 그러잖아. 저런 개나 키우는 동네라고』

『자네가 수도 빼 쓴 게 잘 못이지 왜 괜한 개는 들먹여』

『그리고 지씨가 그냥 끝난 것을 자꾸 벌린 거라구.』

『모르는 소리. 내가 왜 그랬는데, 당한 것은 수모가 아니야, 저놈의 개만 없었어도 그리 분하지 않겠어 내가 수도 빼 쓴 게 잘한 짓은 아니지. 하지만 저놈을 보면 이놈의 동네 꼬라지나 보여주는 것 같고 내 꼴을 보는 것 같아.』

『야! 자꾸 저 개와 네 일을 연관시키지 마.』

이제껏 듣고만 있는 사내가 소리쳤다. 말이 뚝 끊겼다. 사내는 소주잔을 단숨에 비웠다. 지씨는 아무도 따르려 하지 않는 소주잔에 소주를 따르려다가 하얀 개에게 소주병을 던졌다.

『내 오늘 저놈을 말 나온 김에.』

『그만둬, 지씨.』

『내가 화풀이하는 줄 알아. 아니야 그것만은 절대로 아냐.』

지씨는 일어나 하얀 개에게로 다가갔다. 하얀 개는 꼬리를 밑으로 내리고 지씨 뒤를 돌아 도망쳤다. 자꾸 악연처럼 이어지는 하얀 개의 몰골이 눈앞에서 사라지자 지씨는 가슴에 응어리 같은 것이 뭉쳐지며 온몸 구석구석 돌아다녔다. 하얀 개의 추한 형상에 겹쳐 보이는 지씨의 살아온 날들이 지씨로 하여금 다시 평상으로 돌아가는 걸 막았다. 지씨는 하얀 개가 도망친 쪽으로 큰 걸음으로 쫓아갔다.

『놔둬.』

소리치는 사내의 목소리가 지씨의 뒷모습에 박혔다. 지씨는 대꾸했다.

『굿이나 보고 떡이나 먹어.』

거의 술자리가 끝날 때였다. 아무도 동네 사내들의 술자리가 고래 심줄이라도 이쯤 마시고 주정하고 노래 불렀으면 끝날 때가 되었다. 제일수퍼 김씨는 가게 문을 한 짝만 열고 슬슬 술자리 눈치만 보았다. 지씨가 접시 하나를 들고 평상에 걸터앉았다. 노린내가 밴 지씨의 몸에서 비린내가 섞이어 술자리를 한 바퀴 돌았다.

『김씨 여기 소주 한 병 줘, 이게 뭔지나 알아』

지씨는 접시에 날고기 한점을 들고 입가에는 신음보다 톤이 높은 웃음을 흘렸다.

『호호호 이게 말야 뭐냐 하면.』

술자리를 둘러앉은 사내들은 전혀 관심을 나타내지 않았다.

『벌써들 취했어. 사람들하곤, 이것이 특별안주야 이것이 말야 그 놈의 새끼들이라고 배를 쫙 가르는데 물컹 요것이 잡히더라구 자세히 보니까, 호호호 그놈이 새끼를 배어서 요만하게 자라고 있었던 거라고. 호호호 주제에 암컷이라고.』

여전히 한물간 눈들을 깔고 사내들은 아무 말도 하지 않았다. 잔뜩 굽은 등으로 한 접시 가득 설어놓은 날고기를 굽어보았다.

『이게 몸에는 최고라고』

지씨는 어둠과 침묵을 입에 물고 아주 단호하게 말했다.

『뭐야 이 새끼야』

사내 하나가 지씨의 멱살을 잡고 평상 밖으로 내동댕이다. 지씨는 땅에 머리를 찧으며 쓰러졌다. 지씨는 술좌석을 바라보지도 못하고 일어나더니 아무 말 없이 제일 수퍼를 빠져나갔다. 제일수퍼 전등 불빛이 지씨의 굽은 등이며 사내들의 얼굴을 공범자처럼 한데 모아 비추었다. 지씨가 빠져나간 술자리는 말없이 소주잔만 돌았다.

다음날 새벽, 김씨는 이슬이 내린 술상에서 빈 소주병들 사이 한 접시 고스란히 남은 고깃덩이를 주워 쓰레기통에 탁 털어버렸다.

가작

제856호 1989년 10월 30일 월요일

제34회 전북대신문 학술문학상 : 시

첼로의 숨결

· 김성희 (국어교육과 3학년) ·

수줍어 누운 두 눈썹에 비친
붉게 여미는 입술
고독을 잉태하는, 이마
라이트를 머금은 투명한 첼리스트.
야무진 다리로 첼로를 안고
머리는 줄베개를 벤 채
음률을 씹는다.

손길마다에 음률의 운명을 걸고
줄을 눌러 흔드는 천지의 움직임.
첼로의 숨결이었다.
흐느끼는
소리의 잔영으로 이어지는
여인의 손목.
부드러운 향기

절정을 향한 우리의 호흡
들어 올린 겨드랑이의 간질움이었다.

가락가락에 스미는 불빛
선율에 도취해 저며 드는 나뭇잎은
첼리스트의 환청,
백색 벽엔 푸르스레한 조명만이 더듬고,
붉은 입술에의 희망으로 열리는 젖 비린
살결.

첼로를 부둥켜안고 어루만져
희열의 외침으로
저 깊은 진실을 담은 눈물,
손마디 마디에 얽힌 인간의 죗값일러라.
감긴 눈썹에로 덤비어
슬근히 솟아오르는 전율로 내디는 눈빛
이어라.

달팽이

달팽이의 정사를 봤다
부딪치고 뒤엉켜 배앝 듯 내어놓은 인사(人史)
느끈느끈한 세상사를 먹어 버린
그의 자태가 당당하다

이제 기느런 몸뚱이를 달고
말없이 넘어가는 황천문.

뒤에 남은 인사(人史)는 달마가 되고.

달팽이가 그 몸을 끄을고
슬그머니 내 볼을 넘어
입술만으로 혀를 핥는다.
아래가 옴씻옴씻 가렵다.

출품

제856호 1989년 10월 30일 월요일

제34회 전북대신문 학술문학상 : 시

희한한 하늘

가뭇없는 하늘
멍한 하늘
말이 없는 하늘.
한 점의 푸드덕거림, 간질임에도,
맨 망 떠는 유혹에도 눈을 감춘 하늘.

간혹
힘없는, 말 없는, 속없는
하늘 앞에
해작이는 날갯짓.
매초롬한 제비의 갈라진 뒤꼬리에도
하늘은 그 사이에서 아무렇지 않은가 보다.

왜
머쓱하게 흔들리는 머줍은 먼지조각 뱉듯,

울가망하여 널러 다니는 잿가루 배알 듯
뱉어내질 못허누!

잉크 빛 자욱으로 어렵사리 시를 쓴다면.
슬며시 웃어 주어도
슬픔시 눈을 떠 주어도
정직하다고만 해 주어도
좋지 않은가.
하늘한테 생채기 내어
화내는 모습인들 보려 하는데,
하늘은, 무덤덤한 재채기도 않는다.

제35회

학술문학상

•

1980~2000

당선

제876호 1990년 10월 29일 월요일
제35회 전북대신문 학술·문학상 : 소설

어떤 광고

· 서회영 (경영학과 3학년) ·

승현이 광고에 관심을 갖기 시작한 것은 이번 학기에 「광고론」을 수강하기 때문이었다. 어느 신문이나 하단에 광고를 싣고 있었지만 승현은 지금껏 한 번도 주의 깊게 본 적이 없었다.

광고는 거기 쓰인 내용을 그대로 믿는 사람이 거의 없다는 점에서 신문기사와 비ㅁㅁ지만 시선을 끄는 제목과 정교한 일러스터레이션을 찬찬히 들여다보는 것은 색다른 즐거움이었다. 함축적인 뜻을 담고 있는 「표제어」들을 읽다 보면 승현은 어느덧 자신이 추리소설의 주인공이 된 느낌이 들곤 했다.

4월에서 5월로 막 넘어간 어느 날이었다. 당시 승현은 전역한 지 4개월이 채 되지 않아서, 꼭두새벽부터 도서관에 나와 공부를 했다. 매일매일 반복되는 생활 속에서 저녁식사 후 광고를 읽는 것은 승현의 유일한 취미였다.

그날도 승현은 여느 때와 마찬가지로 저녁을 먹고 들어와 4층으로 올라갔다. 주머니를 뒤져 100원짜리 동전 하나를 꺼내 자동 판매기에 밀어 넣었다. 찰칵하는 동전 떨어지는 소리와 동시에 불은 들어왔고 습관처럼 커피라고 쓰인 작은 판을 눌렀다. 자동판매기는 「윙」하는 소리와 동시에 커피를 쏟아냈다. 승현은 컵을 꺼내 코앞에 바짝 들이대· 냄새를 깊이들이마시고 신문대로 천천히 발을 옮겼다. 커피를 한 모금 들이마시고 제일 끝에서부터 눈으로 광고기사를 읽어 내렸다. 신문기사는 오전에 다 봤으니 이제는 광고나 보며 저녁 식사 후의 포만감을 즐기기만 하면 될 터였다. 사람들 사이를 어슬렁거리며 승현은 잡지와 영화 광고 문안들을 재빨리 읽어 나갔다. 새로운 것은 눈에 띄질 않았다.

승현이 그 이상한 광고를 본 것은 신문대의 다른 끝에 때쯤 갔을 때였다. 거기에는 1단으로 『다시 온 5월, 내 사랑 동료와 함께 교단에 서고 싶습니다. 해직 교사의 복직을 바라는 XX중 교사 일동』이라고 쓰여 있었다. 아무리 읽어 보아도 이상했다. 이런 글들은 「독자의 소리」 란에나 나올법한 일이었다. 그 광고는 마치 초상집에 반바지를 차려 입고 문상 간 것처럼 어색하게 보였다. 그러나 그런 생경함이 오히려 그 광고를 사진처럼 생생하게 기억하도록 만들었다.

일주일 채 되지 못해서 승현은 비슷한 광고를 또 발견했다. 이제는 제법 많은 면을 차지한 지지 광고는 「진실이 훼손된 시대, 옳음을 말하기에 오늘은 핍박당할지라도 해직 선생님과 더불어 참 교육의 밀알이 되고 싶습니다. 참 교육 실천 XX여중 교사 일동」으로 시작하고 있었다.

승현은 담배에 불을 붙여 한 모금 들이마셨다가 길게 내뿜었다. 중간쯤 읽었을 때였다. 빗길에서 자동차 브레이크를 밟았을 때처럼 승현은 머뭇거리다 천천히 발걸음을 멈췄다. 뭔가 이상했다. 머릿속으로 영화 필름을 되감듯 얼마 전에 읽었던 광고 문안들을 생각해냈다. 걸음을 옮길 필요도 없이 한 칸을 넘어선 곳에 1단 광고로

「우리는 부끄럼 없는 교사가 되고 싶습니다. 우리는 김경철 선생님의

복직을 열망합니다. 전남 XX중학교 교사 일동」

이라고 쓰여 있었다. 『김경철?』『김경철?』『아! 경철이 형!』 승현은 갑자기 담배가 뜨거워져 미처 다 마시지도 않은 커피에 필터까지 타들어간 담배를 떨어뜨렸다. 담배는 「칙」하는 짧은

소리와 함께 이내 갈색으로 물들었다.

승현이 경철을 처음 본 것은 조금씩 찬 바람이 스며드는 늦가을 오후, 지금은 그의 아내가 된 진숙을 통해서였다.

진숙은 승현이 대학에 대한 호기심이 사라지고, 대신 「왜 대학을 다니는가?」로 턱없이 심각해져 돌아다닐 때 우연히 만났다.

그날도 승현은 어슬렁거리며 여기저기 돌아다녔다. 본부 앞을 지나쳐 사대 쪽으로 걸음을 옮길 때였다. 저쪽에서 긴 머리채를 찰랑거리며, 잔잔한 수면에 납작한 돌멩이를 튕겼을 때처럼 한 여학생이 경쾌하게 걸어왔다. 예쁘다고 생각하며 바라보는 순간, 갑자기 그녀가 살풋 웃음을 지어왔다. 승현은 잠시 고개를 갸웃했지만, 곧 형을 아는 사람일 거라고 생각했다. 승현은 얼마 전에 입대한 그의 형과 자주 어울려 돌아다니기도 했지만, 눈매와 입 주위가 닮아 남들이 쉽게 알아보는 편이었다. 그녀가 가까이 왔을 때 승현은 고개를 꾸벅 숙여 목례를 했다. 그녀는 승현을 빤히 쳐다보며 지나쳤다. 여름 방학이 끝날 때까지 이런 만남들은 몇 번인가 이루어졌다.

둘은 새 학기가 시작되면서부터 「안녕하세요?」하는 인사말까지 나눌 수 있었다. 햇살은 따가웠지만 아침, 저녁으로 서늘한 기운을 느낄 수 있었던 어느 날이었다.

승현은 전화를 하려고 주머니 속의 동전을 만지작거리며 걸어가 검정 치마에 흰 블라우스를 입은 그녀를 발견하고 걸음을 멈추었다.

늘 청바지에 하얀 티셔츠만을 입고 다니던 그녀가 갑자기 정장을 하고 학교에 나타났던 것이었다. 파란 가을에 잘 어울린다는 생각을 하며 승현은 그녀 앞으로 걸어갔다.

『졸업 사진 찍는 날이에요.』

그녀는 어색하게 웃으며 말했다. 그리고 잠시 사이를 두었다가 어떻게 자기를 아느냐고 물었다. 잠시 당황했지만 승현은 곧 형 이름을 대며 『친구 아니에요?』하고 자신 없는 목소리로 물었다.

그녀는 두 눈을 깜빡거렸다. 그리고 조금 뒤 고개를 가로 젓더니 갑자기 터지는 웃음을 참지 못하고 허리를 꺾으며 말했다.

『난 지금껏 우리 과 착실한 후배인 줄로만 알았어요.』

『아니 그럼 처음 만났을 때, 날 보고 왜 웃었죠?』

『아! 실은 내가 눈이 나쁘거든. 그래서 아는 사람들도 그냥 지나치기 일쑤고. 그래서 남들이 나를 쳐다보고 아는 체하면 잘 보이진 않지만 웃어주곤 하지. 그런데, 아무리 생각해봐도 이상하잖아. 누군지도 모르겠고. 그래서 오늘은 용기를 내봤지.』

어느새 진숙의 말투는 변해 있었다. 하지만 승현에게는 더 정겹게 들려왔다. 결국 그들은 다시 인사를 나눴다. 승현은 그날 이후 자연스레 「누나」라는 호칭을 사용했다.

그런데 지금 진숙은 나쁜 짓을 하다 들킨 소녀처럼 얼굴을 붉히며 승현에게 경철을 소개했다. 승현은 경철보다 다섯 살이나 아래였지만 얌전한 국민학교 학생처럼 공손하게 인사할 수만은 없었다. 작달막한 키에 비쩍 마른 체격이 맘에 들지도 않았지만 무엇보다 진숙에게 애인이 생겼다는 사실에 괜한 거부감이 일어났다. 그렇다고 대놓고 흉보기도 머쓱해서 승현은 담뱃갑만 만지작거렸다.

『누나, 이 사람 사랑해?』

승현은 경철이 화장실에 간 사이 재빨리 물었다.

『글쎄?』

진숙은 부정도 긍정도 아닌 대답으로 말끝을 흐리고 입가에 웃음을 머금었다.

경철이 돌아오자마자 승현은 자리에서 일어섰다. 경철은 벌써 가려고? 하면서도 웃음을 감추지 못했고 진숙도 잡지는 않았다.

잠시 멍한 기분 속에서 옛일을 기억해낸 승현은 수첩을 뒤적여 진숙에게 전화를 걸었다. 전화를 받은 진숙에게 승현은 어떻게 된 일이냐고 따지듯 물었다. 의외로 진숙은 담담했다.

『걱정하지 말아. 도둑질하다 잡힌 것도 아니잖아. 주변에서 많이들 도와줘서 외롭지도 않구. 』

진숙은 전주에 오면 꼭 들르겠다는 약속을 하고 전화를 끊었다.

『전역한 후 전화했을 때만 해도 고생했다며 한번 놀러 오라던 사람들이었는데…』

승현이 경철의 이름을 다시 본 것은 그로부터 일주일이 지난 뒤였다.

『후배들에게 참 교육을! 저희는 김경철 선생님의 올곧은 삶을 존경합니다. 오늘도 참 교육을 위해 힘차게 싸우고 계실 선생님께 사랑 가득한 지지를 보냅니다. 선생님의 복직을 바라는 XX중 X회 졸업생 일동』

그것은 광고란 제일 윗단에 쓰여 있었다.

첫눈이 내리고 얼마 되지 않아서였다. 그즈음 진숙은 경철과 항상 같이 다녔다. 승현은 점차 주변으로 밀려나는 것 같아 억울했지만 그의 실재(實在)를 인정해야만 했다.

경철과의 껄끄러운 관계가 진숙에 의해 가까스로 이어지고 있던 어느 날이었다. 진숙은 싫다고 하는 승현을 앞세우고 경철의 하숙방을 찾았다. 문을 두드리고 들어선 경철의 방엔 자욱한 담배연기만큼이나 책들이 들어차 있었다. 자리를 권했지만 좋아하지 않는 사람과 좁은 방안에 마주 앉아 있는다는 것은 견디기 힘든 일이었다.

승현은 문득 그가 국어교육과에 다닌다는 것을 기억해내고 책장을 기웃거렸다. 이상한 것은 소설책보다 역사나 철학 서적이 더 많이 꽂혀있는 것이었다. 책을 뒤적이다 한참만에 승현이 겨우 찾아낸 말은 『책이 참 많네요.』였다. 그때까지 방안을 치우던 그는 고개를 들어 『뭐, 별로』 하더니 다시 방을 치우기 시작했다.

「참 멋대가리 없는 사람 같으니라고 누나를 만나서도 저럴까?」

승현은 속으로 투덜거렸다.

조금 뒤 경철은 플라스틱 컵에 커피를 타며 지나가는 말처럼 물었다.

『너, 내가 싫냐? 난 네가 좋은데!』

승현은 진숙을 바라보며 『그런 건 아니지만…』하고 말끝을 흐렸다. 경철은 컵에 물을 부어 잘 저어 온 다음, 승현과 진숙 앞에 내밀고 담배를 꺼내 불을 붙였다.

『넌 대학을 왜 다니냐?』

『… …』

『앞으로 무엇을 위해 살아갈래』

대답하기 막막한 질문이었다. 승현은 그저 컵만 만지작거렸다.

그날 밤, 경철은 그 많은 책 중에서 미리 뽑아내 준비해둔 것처럼 사회의 모순에 대해서, 왜 그런 일들이 벌어져야 했는가에 대해 두 눈을 반짝이며 얘기했다. 그의 말들이 열기를 띨수록 승현이 학교에서 배웠던 많은 사람이 하나둘 나약한 기회주의자나 민족반역자가 되어갔다. 그러나 그의 말은 설득력이 있었다. 더군다나 근대와 현대를 넘나들고 동양과 서양을 함께 얘기하는데 더욱 기가 죽었다.

『난 잘못된 것들은 꼭, 바로 잡아야 한다고 생각해 많은 분야가 있겠지 하지만 나는 내가 가르칠 아이들이 이끌어갈 새로운 세대를 믿어, 난 그들에게 우리 시대를 옳게 살아가는 방법을 가르치고 싶어』

경철은 자신의 포부를 밝히는 것으로 말을 끝맺었다.

승현은 그 후로도 며칠 동안 광고를 뒤적여 보았지만, 경철의 이름은 보이지 않았다.

승현이 경철을 다시 만난 것은 휴학을 하고 초조한 마음으로 영장을 기다리며 매일매일을 지겹게 보내던 때였다. 승현은 진숙에게 안부 편지를 띄웠다. 답장엔 괜찮다면 며칠 놀다 가라는 경철의 날아갈 듯한 글씨가 어지럽게 널려있었다.

승현은 기차를 타고 가면서 그들이 결혼해 사는 「보성」이란 곳을 떠올렸다. 그러나 생각나는 것이라곤 대학 입학시험을 위해 외웠던 「보성-녹차」밖에는 없었다.

미지의 곳을 향해 떠난다는 가벼운 흥분마저 느끼며 승현은 가방 하나만을 들고 보성역에서 내렸다. 손에는 편지에 보내준 약도가 들려 있었다. 승현은 도착하면 바로 전화를 하라는 경철의 당부가 있었지만, 갑자기 찾아가서 놀래주고 싶었다. 생각보다 작은 곳이었고 약도가 자세했기에 집을 찾는데 큰 어려움은 없을 것 같았다. 큰길을 벗어나자 약간 경사진 흙길이 나타났다. 승현은 구멍가게에 2홉들이 소주 2병을 사서 가방에 넣었다. 마을에 들어서자 공터에서 놀던 아이들이 쳐다봤다. 승현이 그들을 스쳐 지나가자 낯설지만 친근하게 감겨오는 남도 사투리가 한여름 땡볕에 울려 퍼졌다.

울타리도 없는 마당에 들어서자마자 어디선가 개가 뛰어나와 자발 맞게 짖기 시작했다. 문이 「드르륵」소리를 내며 열리고 진숙이 마루로 나왔다. 그러나 승현의 가방을 받아 든 것은 「어머」하고 놀라서 서 있는 진숙 뒤의 경철이었다. 경철은 반갑다며 손을 내밀었고 승현은 검게 그을린 그의 손을 바라봤다.

8월의 저녁 하늘은 더없이 맑았다. 시골에서 저녁을 보낸 기억이라곤 야영을 갔을 때뿐인 승현에게는 하늘에 그렇게 많은 별이 떠 있다는 게 신기했다.

마당에는 모깃불이 조그맣게 지펴 있었고 대나무 평상 위에는 승현이 사 온 소주와 안주가 놓여 있었다.

『연락이라도 하고 왔으면 장날에 반찬거리라도 사뒀지.』

진숙은 반가워 하는 것만큼 미안해했다.

작은 소주병을 마주하고 앉은 승현은 휴학 뒤의 일들을 간략히 얘기하고 경철의 생활에 대해 들었다. 경철은 소주잔을 들어 약을 먹듯 입에 털어 넣고 수박을 베어 물으며 말했다.

『너, 왜 소주로 사 왔냐』

『글쎄, 형 술 먹는 건 소주밖에 본 적이 없으니까 지 뭐』

경철의 느닷없는 질문에 승현은 잠시 어리둥절했다.

『그래, 난 소주를 좋아하지 값이 싸거든. 빨리 취하고, 하지만 무엇보다 깨끗해서 좋아. 속이 말갛게 드러나 보이는 술은 흔치 않거든.』

경철은 다시 술잔을 들어 먼저와 똑같은 동작으로 마시고 「탁」하는 소리가 날 정도로 잔을 내려놓았다. 술을 잘 하지 못하는 경철의 얼굴이 어둠 속에서도 표가 날 정도로 달아올라 있었다.

『발령을 받고 이사람 하고 내려와 교육청엘 갔어. 복무선서에 서명하라더군. 하도 좋은 말들이라 지금도 기억하고 있지』

경철은 술기운이 묻은 목소리로 주문을 외우듯 중얼거렸다.

『본인은 국가 전체에 대한 봉사자의 책임과 조국의 번영을 이룩하는 영광스러운 길잡이임을 깊이 자각하고 법령 및 직무상의 명령을 준수 복종하여 창의와 질서로서 맡은 책무를 다할 것을 엄숙히 선서합니다.』

경철은 다시 한 잔을 마시고는 계속 말을 이었다.

『법령, 명령, 복종, 준수라는 말들이 다소 무겁게 느껴졌지만 선생님이 된다는 가슴 벅참에 그런 생각들은 이내 사라지더군. 그리고 남자 중학교에 배치되었지』

경철은 담배에 불을 붙여 물고 먼 곳을 바라보았다. 허공을 바라보는 그의 눈은 옛일을 회상하는 듯 촉촉이 젖어갔다.

『부임 인사는 멋들어지게 했지. 저는 여러분들의 의사를 존중하고 슬픔과 기쁨을 함께 나누며, 어려운 일이 생기면 함께 풀어나가도록 노력하겠습니다…. 그날 저녁, 전입 회식에서 나는 예의를 갖추느라 부지런히 술을 따르고 돌아다녔고 노래까지 불렀지. 회식이 끝났을 땐 나도 얼큰 취했고 길도 잘 모르는 탓에 근처에 사는 선생님하고 같이 택시를 타고 돌아왔지. 그 선생님 「김 선생」하고 나직이 부르더니 밑도 끝도 없이 「여긴 도시와 많이 다릅니다」 하더구나.』

경철은 담배를 힘껏 빨았다. 갑자기 빨간 불빛이 잠시 주위를 감돌다가 사그라졌다.

진숙이 승현의 허벅지를 손가락으로 찌른 건 그때였다. 경철이 취했으니 어서 끝내라는 표시였다. 진숙은 나서기 어려운 일엔 언제나 승현을 앞세웠다. 승현은 피곤하다는 핑계를 대고 자리에서 일어섰다. 하늘에는 전보다 더 많은 별이 떠 있었다. 잠이 쉬 올 것 같지 않았다.

잠자리가 바뀌어 오랫동안 뒤척이다 겨우 잠든 까닭에 승현은 다음날 10시까지 늦잠을 잤다.

『누가 네 각시 될지는 몰라도 아침마다 전쟁 꽤 하겠다』

진숙은 눈을 부비며 나오는 승현을 놀려댔다.

『어쩔래? 밥을 차려줄까 아니면 우유나 한 잔 마실래?』

세수를 하고 들어오는 승현에게 진숙은 수건을 내밀며 물었다.

『커피나 한잔씩 하는 게 어때?』

『그럼 경철씨 방에 들어가 있어. 준비해서 곧 들어갈게.』

진숙은 부엌 쪽으로 걸어가며 예의 그 경쾌한 목소리로 노래를 흥얼거렸다.

서재로 쓰는 그 방은 옛날 그 자취방처럼 사방이 책으로 둘러싸여 있고 비록 복사판이겠지만 한쪽 벽엔 손에 손을 잡고 돌아가는 어른과 아이들을 그런 대형 판화도 걸려 있었다. 승현이 방안을 둘러보고 있을 때 진숙은 찻잔을 들고 방문을 들어섰다.

『얘는, 더운데 창이나 좀 열어놓지.』

진숙이 열어젖히니 창문으론 아직 달아오르지 않은 신선한 공기가 복숭아의 단내음을 싣고 들어와 바닥부터 깔렸다,

『형 어딜 갔어? 아직 방학일 텐데.』

『응, 오늘 일직이거든, 저녁때나 돼야 들어올 거다.』

진숙은 커피를 저어 승현 앞에 밀어놓고 의자에 앉았다. 햇살을 뒤로 하고, 언제나처럼 두 손으로 커피잔을 감싸듯 잡고 있는 진숙의 머리카락은 반짝거리며 빛을 내고 있었다. 마주 앉으며 승현이 담배를 꺼내 불을 붙이자, 진숙은 책상 한구석에 놓인 재떨이를 끌어 당겨주며 중얼거렸다.

『도대체 남자들은 뭐가 좋아 그리 담배를 피워대는지 원, 먹어서 살찌는 것도 아니고, 그렇다고 몸에 좋은 것도 아니고….』

승현은 못마땅해 하는 진숙의 눈을 피해 길게 담배 연기를 내뿜고 창밖으로 시선을 두며 말했다.

『형이 좀 지쳐 보이던데?』

승현은 두 눈을 반짝이며 예전의 그가 아니고 뭔가 방황하는 것 같은 경철에 대한 느낌을 조심스레 털어놨다.

『그래?』

진숙은 긍정도 부정도 아닌 애매한 대답을 하고 잠시 사이를 두었다가 말을 이었다.

『그래, 약간. 경철 씨는 다른 사람들이 당연하다고 생각하는 것들에 대해 다른 생각을 가졌거든. 나이 드신 선생님들 눈엔 치기 어린 이상주의자로 보였겠지. 아이들을 가르치는 동료가 아니라 상하 관계를 더 중요시하는 교감 선생님 눈에 더 안 좋게 보일거구. 이상하지? 선생님이 아이들 때문이 아니고 다른 선생님들 때문에 힘들어 하는 게.』

진숙은 쓸쓸한 웃음을 지으며 그간의 이야기를 들려주었다.

경철은 학교에서 배운 것들을 교육현장에서 실천한다는 설렘으로 수업에 임했다. 아이들이 수업을 지루해 할 때면 경철은「윤동주」와「한용운」의 시들을 나지막이 읊어 주었다.

경철이 교감과 불협화음을 내기 시작한 것은 수업을 들어간지 2주도 채 되지 않아서였다. 수업을 끝내고 들어오는 경철에게 교감은 말을 걸었다.

『할 만합니까?』

『예, 다른 선생님들도 많이 도와주셔서….』

『선생님, 개인적으로 물어볼 말이 있는데요. 국어과 교사로서 「윤동주」를 좋아하는 겁니까 아니면, 일본을 싫어하시는 겁니까?』

『네?』

경철은 무슨 뜻인지 몰라 교감의 얼굴을 쳐다보았다.

『아닙니다.』

교감은 말을 얼버무리고 일어서 나가버렸다.

본격적으로 경철이 교감과 마찰을 일으키기 시작한 것은 담임을 맡고부터였다. 어느 선생님이 신상 문제로 급작스레 학교를 떠나는 바람에 경철은 그 반을 떠맡게 되었다.

사실, 담임을 맡게 되면 귀찮은 점들이 많았다. 하지만 경철은 아이들과 많은 시간을 보낼 수 있다는 생각에 기쁜 마음으로 받아들였다. 경철이 제일 먼저 시작한 것은 생활 기록부를 받아 아이들의 가정환경을 조사한 것이었다. 학부모들은 읍내에서 장사를 하는 경우도 있었지만 많은 수가 농사를 짓고 있었고 고깃배를 타는 경우도 가끔 눈에 띄었다.

며칠 뒤 경철은 오전 수업을 끝내고 자기 자리에서 책을 읽고 있었다.

『무슨 책을 그리 재미있게 읽으십니까?』

교감은 자리에서 일어나 경철쪽으로 걸어오며 말을 걸었다. 교감은 경철의 책상 앞에 서더니 책표지를 넘겨보며 말했다.

『아니, 이 사람은 얼마 전까지 갇혀 지내던 사람 아닙니까?』

『예, 하지만 이 시인은 국내외에서 많은 상을 받은 좋은 작가입니다.』

교감은 그 말이 나올 줄 알았다는 듯 고개를 끄덕였다.

『선생님은 수업 중에 교과서에 없는 글들도 가르친다면서요?』

경철은 얼마 전 현대 시의 경향을 설명하면서 「겨울 공화국」이란 시를 소개했던 것을 떠올렸다.

『……

총과 칼로 사납게 윽박지르고
논과 밭에 자라나는 우리들의 뜻을
군홧발로 지근지근 짓밟아대고
밟아대며 조상을 비웃어대는
지금은 겨울인가
한밤중인가
논과 밭이 얼어붙은 겨울 한때를
여보게 우리들은 우리들은
무엇으로 달래야 하는가

삼천리는 여전히 살기 좋은가
삼천리는 여전히 비단 같은가
거짓말이다 거짓말이다
날마다 우리들은 모른 체하고
다소곳이 거짓말에 귀 기울이며
뼈 가르는 채찍질을 견뎌내야 하는
노예다 머슴이다 허수아비다
……』

라는 대목을 두고 하는 말임에 틀림없었다. 그사이 교감은 『자라나는 아이들에게 긍정적으로 사회를 바라보는 방법을 가르치는 것은 매우 중요하지요』하며 뒤돌아 자기 자리로 갔다.

학급회의가 있는 월요일 5교시였다. 실장의 사회로 회의는 시작됐다. 잡다한 문제들이 거론되었지만 손을 들고 발언하는 애들은 몇 되지 않았다. 나머지 학생들은 그저 멍하니 앉아있거나 옆 사람과 속살거리기에 바빴다. 질문을 하기보다 선생님들의 지식 전달을 받아들이기에 급급한 아이들이었다. 더구나 공부와 관련 없는 질문들은 철저히 배제당하는 교육 환경에서 커온 아이들에겐 어쩌면 당연한 결과인지도 모르겠다. 하지만 그들이 사회에 나가 생활할 때를 상상해보면 아찔한 일이었다. 철저한 무관심은 지금과 같은 우리 시대 상황을 지속시킬 것이다. 아니, 그들은 결국 지금보다 더한 상황으로 내몰릴 것이 분명했다.

맥없이 회의가 끝나는 것을 보고 난 후 경철은 아이들에게 제의했다,

『지금부터 당분간 학급회의 시간에는 너희들이 뽑은 주제를 가지고 이야기하기로 한다. 무엇이든 좋다. 이성 교제라든지, 공부는 왜 하는가? 등등』

교실엔 조금씩 웅성거리는 소리가 커졌다.

오래지 않아 아이들은 자신의 생각을 발표하는 데 익숙해져 갔다. 하지만 경철은 그 일로 교감에게 불려갔다. 『김 선생 요즘 학급회의시간에 재밌는 얘기들만 한다면서요?』 교감은 비꼬듯 물었다.

『예, 아이들이 너무 수동적이고 분위기가 침체되어 있어서 당분간 그렇게 하자고 했습니다.』

『하지만 그런 것들이 학습 분위기를 망칠 수 있지요. 학교는 공부하는 곳이지 국회의원이나 변호사를 길러내는 곳이 아닙니다. 학교에서 주제를 정해 학급회의를 하라는데 다 이유가 있어요.』

『무슨 이웁니까?』

『아니 지금껏 그것도 모른단 말이오? 일정한 주제에 대한 학생들의 의견을 폭넓게 들어보자는 것이 아닙니까? 그런데 김 선생 반만 다른 걸 하고 있으면 어떡합니까? 학교가 이렇게 체계가 잡히지 않고 있어서야

원…』

교감은 한심하다는 듯 경철을 바라보았다,

『교감 선생님, 제 생각에는 학교의 질서 못지않게 중요한 것이 또 있다고 생각합니다. 학교에서 토의하라고 주는 주제는 뻔합니다. 제 생각에는 아이들에게 말할 수 있는 분위기와 능력을 먼저 길러줘야 한다고 생각합니다.』

『아이구, 그래요? 인제 보니 학생들이 김 선생 닮아서 그리 말들을 잘하는 모양이지요? 김 선생 반이 제일 시끄럽습디다.』

교감은 빈정거리고 있었다.

불편한 관계가 며칠이고 계속됐다. 그러나 어느 날 교직원 회의에서 그들은 또다시 맞부딪혔다.

『…마지막으로, 가장 중요한 이야기입니다만 우리 학교도 정부 시책에 발맞추어 「금강산 댐 건설 규탄대회」를 모레 열기로 했습니다. 학생들에게 금강산 댐을 건설하는 북괴의 저의를 잘 설명해서 이번 행사에 차질 없게 해 주시기를 당부드립니다.』

교감은 회의 시간에 그 말을 끝으로 자리에 앉았다.

『저, 교감 선생님.』

모두의 눈이 경철에게 쏠렸다.

『우리가 북한을 경계해야 한다는 것은 저도 잘 알고 있습니다. 하지만 지금 신문에서 보듯이 금강댐의 건설 여부에 대한 의구심이 일어나는 데 유신 시대도 아닌 지금에 꼭 그런 짓을 할 필요가 있겠습니까?』

『그런 짓이라뇨?』 교감은 얼굴을 붉히며 『김 선생은 너무 부정적인 시각으로 우리 사회를 보는 게 탈이에요.』

라고 톡 쏘아댔고 교장은 인상을 찌푸렸다.

『교감 선생님, 일 년도 되지 못한 짧은 교사 생화이지만 저는 교육이 긍정적이니 부정적이니 하는 기준에서가 아니라 진실이라는 측면에서 이루어져야 한다고 생각합니다. 부끄러운 과거도 숨기기보다는 얘기해주고 다시는 그런 일이 일어나지 않도록 해야 한다는 것을 깨닫게 해주어야 하는 게 교사라고 생각합니다.』

다소 목소리가 컸다는 생각이 들었으나 내친걸음에 마음에 담아두고 있던 말들을 토해내니 속이 후련했다.

지금껏 인상을 찌푸리고있던 교장이 천천히 입을 열었다.

『우리는 조국의 앞날을 짊어지고 나갈 젊은이들을 돌보는 것을 보람으로 알고 지금껏 생활해 왔습니다. 선생님마다 학생들에게 강조하는 것이 조금씩 다를 수는 있겠습니다만, 어느 조직에서나 질서는 존재하고 지켜져야 하는 것입니다. 다른 학교들도 다 하기로 되어 있는 것이고, 더구나 나쁜 일도 아니고 북한 괴뢰의 손에서 우리를 지키자는 좋은 뜻 아닙니까? 다들 협조해서 행사에 차질이 없도록 하십시오.』

교장은 다시 한번 못을 박듯 다짐을 하고 회의를 끝내버렸다.

퇴근하는 경철에게 사회를 가르치는 이 선생은 막걸리나 한잔 하자며 소매를 끌었다. 이 선생은 경철과 나이가 엇비슷해 자주 어울렸다. 술집에 들어서자마자 이 선생은 방으로 들어가며 술을 주문했다. 경철이 방에 앉자마자 이 선생은 다그치듯 물었다.

『자네 요즘 왜 그래?』

『뭘?』

『교감하고 말야, 싸워봐야 좋을 것 하나 없다구.』

『그래서 내가 뭘 잘못했단 말인가?』

『누가 그렇댔나.』

문이 열리면서 술이 들어왔다. 술상이 차려질 동안 둘은 말이 없었다. 주인아주머니가 나가자 이 선생은 술을 들어 경철의 잔에 따랐다.

『조금만 성질 죽이고 살자는 얘기지 좋은 게 좋은 거 아닌가!』

『자네는 이런 학교 분위기에서 애들이 바로 자랄 수 있다고 생각하나?』

『자네 하는 말 옳다는 건 다들 알지. 하지만 교감은 일제 강점기와 육·이오를 거쳐온 사람이야. 우리와는 다른 시대를 살아왔으니 많이 다를 수밖에.』

『그럼, 자넨 왜 그러나. 적어도 젊은 우리만이라도 안 좋은 점을 고쳐 나가기 위해 힘써야 하지 않겠나?』

『…… 이곳은 살기 어려운 동네지 농사짓고 고기잡아 살아가고……. 교감에게 밉보여서 좋은 거 하나 없네』

『자네는 너무 빨리 선생이 돼버렸군.』

『…… 모두 걱정한다네. 너무 단단하면 부러지기 쉽다고』

『아이들은 정직하네, 그 애들이 커가며 나를 평가해줄걸세』

『부럽군』

『아니야, 자네도 할 수 있어, 처음 마음먹기가 어려운 법일세』

『글쎄?……』

『우리가 힘을 합치면 할 수 있고 해야만 되는 일이네』

『……』

그날 밤 그들은 자정이 다 되어서야 어깨동무를 하고 「상록수」를 부르며 술집을 나섰다.

학교에선 금강산 댐 건설규탄 대회의 여세를 몰아 북한의 수공(水攻)에 대응하는 「평화의 댐」 공사 성금 모금운동을 벌이기로 했다. 학급 실장단 회의에선 일률적으로 5백 원씩을 걷기로 했다. 실장이 이 사실을 발표하자 웅성거리는 소리가 커져갔다. 경철은 아이들이 이 문제를 어떻게 생각하는지 알고 싶어 정식 토의에 부칠 것을 권했다.

『성금은 誠金입니다. 정성껏 내면 된다는 얘기입니다. 일률적으로 걷는다는 것은 말뜻도 제대로 알지 못하고 하는 얘깁니다.』

실장은 아주 곤혹스러워했다. 순식간에 무식한 놈이 돼버린 실장은 실장단 회의에서 결정된 일에 대해 지금껏 반발하는 일이 없었기에 얼굴까지 벌겋게 상기되어갔다.

『500원이 적다고 생각하는 사람도 물론 있겠지만 많다고 느끼는 사람도 있을 겁니다』

『성금을 내느니 차라리 민철이 차비를 보태 주는 게 낫겠다』 뒷자리에서 누군가 볼멘소리로 말했다.

민철이는 버스를 타고 다녀야 하는 거리에 살고 있으면서도 걸어 다녀야 될 만큼 살림이 어려운 아이였다.

반에는 그런 아이들이 두어 명 되었지만, 그 중 민철이네 집이 제일 어려웠다.

아이들은 전처럼 결정에 따라가는 병약한 아이들이 아니었다. 당당히 자신의 목소리를 내어 잘못된 이들을 얘기했다. 경철은 애들이 갑자기 커버린 기분이 들어 흐뭇했지만, 방향을 잡아줄 필요는 있었다.

『그럼 이렇게 하면 어떨까? 조그맣게 상자를 만들어 맨 뒤에 두고 거기에 형편이 닿는 데로 넣기로 하면. 그리고 실장은 다음부터 중요한 문제는 꼭 아이들에게 물어보고 회의에 참석하도록 하고』

다음 날 상자를 열어보니 생각보다 훨씬 많은 금액이 들어 있었다. 천 원짜리들이 제법 들어 있었다.

친구들을 생각하는 아이들의 마음을 보는 것 같아 경철은 가슴이 찡했다.

말을 마치고 진숙은 식어버린 커피를 훌짝 들여 마시며 밝은 목소리로 말했다.

『하지만 걱정은 안 해. 경철 씨가 잘못한다고 생각하지는 않으니까. 또 아이들이 우리 시대 얘기를 바로 해주는 그를 무척이나 좋아하니까.』

『얼씨구, 찰떡 궁합이구만』

『밥 먹고 학교에나 가봐라, 경철씨 심심해할 텐데. 마침 오늘이 장날이라 나도 찬거리나 사와야겠다』

흙먼지가 일어나도록 바짝 말라붙은 운동장에서 경철은 공을 차고 있었다.

웃옷을 벗고 런닝만 입고 뛰는 경철의 작은 몸은 아이들 속에 묻혀 언듯 눈에 들어오지 않았다. 공을 좇아 일어나는 흙먼지와 고함 속에서 경철은 이리저리 뛰어다녔다.

『요즘 힘들다면서요?』 교문을 나오며 승현은 물었다.

『그 사람 또 쓸데없는 소릴 했구만』

『왜 그렇게 어렵게 살아요?』

『저 애들을 좀 봐』 경철은 앞서가는 고만고만한 녀석들을 가리켰다.

『교육은 참된 것을 그릇된 것으로부터 식별하고 사실을 허위로부터 구별하도록 가르치는데 목표가 있다고 생각해. 학교는 지식을 퍼담아 주는 곳이 아니야. 효과만을 강조하는 교육은 사회에 커다란 해악이 될 뿐이야. 가장 위험한 범죄인은 도덕도 없이 지식만을 지닌 자들이지. 적어도 저 애들 시대엔 그런 사람들이 없어야 하지 않겠니?』

『하지만 혼자 애쓴다고 그게 될까요?』

『그것 때문에 매일 실망하지. 하지만 많은 사람들이 그래야 된다는걸 알아. 그때서 항상 희망을 버리지 않지. 언젠가는 아는걸로 끝나지 않고 그렇게들 가르칠거야…』

나란히 걸어가는 그들 뒤로 태양은 빛을 내고 아이들의 웃음 소리는 커져갔다.

다시는 경철의 이름이 신문에 실리지 않았다. 하지만 광고란에는 매일 다른 이름의 경철이 나타났다. 동료교사와 졸업생들 뿐만 아니라 이제는 재학생들의 지지광고도 자주 눈에 들어왔다.

『선생님 연가가 너무 깁니다. 하루 빨리 선생님에게 우리 아들, 딸을 맡기고 싶습니다.』

승현이 마지막으로 본 것은「참교육 XX시민 후원회」의 광고였다.

당선

제876호 1990년 10월 29일 월요일
제35회 전북대신문 학술·문학상 : 시

어떤 대자보 앞에서,

· 이성희 (치의학과 2학년) ·

수퍼마켙에서 조작조작 군것질을 해대고,
양질의 햇살을 가르며 강의실 복도에 들어섰지.

대자보에 붙은 투사의 결의문이
젊은 날의 유서처럼 복사되어 널려 있었어.

낯익은 글씨체.
글씨가 나를 보고 웃고 있더군.

누구? ……. 아!
멀리 섰던 투사가 내 이웃이었어.

한 교실에서 같은 페이지의 교과서에,
같은 색 볼펜으로 줄을 긋던 아이.

학교 땐 수치로 환산되던 우리들의 능력 때문에
난 항상 그앨 주시했었지.

멀고 먼 기억
그렇게도 곧은 소릴 말발 세게 조잘대던 너였어.

아버지를 걱정하는 네글에서
네 아버지의 희끗한 머리칼이 보인다.

당차게 웃어 재끼던 네 덧니가 보인다.

네가 사명감으로 가득 차서 비장의 길을 준비할 때.
난 쿨쿨 자고 있었을 게다.

너를 이세종광장에서 보았을 때
난 단지 너 개인적 정의감 때문이라고만 생각했었지.

비틀리며 빗어 나오는 내 신음소리.
너에 대한 연민?

아니,
벌써 또 한걸음 나를 앞선 너에 대한 질투?

 여기저기

녹빛 싱싱하던 청춘이
갈증으로 메말라 흩날릴
이 가을이
난 은근히 불안해.

난 너를 모방하지 않는 한도 내에서 내 양심을 퇴색시키지 말아야겠다.

제37회

학술문학상

•

1980~2000

당선

제922호 1992년 11월 2일 월요일
제37회 전북대신문 학술문학상 : 시

작업현황 · 2

· 정미경 (미술교육 4학년)) ·

작업을 해야 한다.
망망대해를 헤엄쳐 건너야 하는 암담함이 살아온다.
이 갈증의 서툰 항변을 들으며 거듭 하루 해를 보내고 또 보내는 아련한 이별.
그 묘한 한기(寒氣)와 꿈의 질곡(桎梏)이여.
낯설게 추위는 닫힌 사각지대에서 춤을 춘다.
허튼 맹세처럼 다지고 다져
마른바람 위로 끌어올려도
실망은 언제나처럼 오는 법
아, 나는 눈이 멀어간다.
멀건 흰자위만 남겨둔 채 작품 앞의 내 눈은 멀어간다.
감은 눈으로도 찾을 수 있는 것들.
그 질긴 해후를 남겨두고 작업은 과거로만 흘러간다.
아직 발화하지 않는 선남선녀의 꿈으로 잉태하여 적어도 구시대-칙칙한 미련으로….

같은 착오 안에서 서툰 흔적이 갇히고 머지않아 모든 것은 실연(失戀)처럼 남으리.

도시를 선회(旋回)하는 들뜬 색조에 열 손가락 곱은 집착이 떼를 이룬다.

움직여라.

신천지(新天地)에 불 뿜던 자만(自慢)처럼.

완고히 다그쳐서 움직여라.

이미 지나간 것에 대한 발버둥은 오늘 내 속에서 움틀 수 없다고.

부딪힐 때마다 한계는 찾아오는 것.

눈 뜬 과거를 밀치고 색이여, 당당한 웃음을 심어 두자.

제38회

학술문학상

•

1980~2000

당선

第946호 1993년 11월 8일 월요일

제38회 전북대신문사 학술·문학상 : 시

가을아침

· 임성구 (산림자원 3학년) ·

지상에 떨어진 자신의 눈동자를 확인하듯
긴 밤 돌아앉은 파연(罷宴)의 창가
새벽 네 시 불꽃 한 점 피어올라
종파(種播) 속에 실려 오는 가난한 시어
빨간 장미 되어 가슴 벽 타들어 갈 때

수면을 향해 날아오르던
햇살 어린 졸음들
슬픈 웃음, 유년의 구름에 휘말려 가고
실핏줄이 말라 가는 파지 가득
하얗게 부서지는 담배 연기만이
시간의 폐부를 조여 오고 있을 때

살아 있는 것만이 죽어가고
죽어 가는 것만이 살아 있는가

사랑은
할수록 부족한 연단
상처 난 어둠도 빛을 사모하는
한 개피 담배에 재가 되는 장미

가작

제946호 1993년 11월 8일 월요일

제38회 전북대신문사 학술·문학상 : 소설

남기위해

· 전미영 (국문 2학년) ·

야산 중턱을 깎아 대학부지로 만든 공터를 지나면 자취촌이다. 언제부터 그 동네를 그렇게 불렀는지 모르지만, 행정구역상의 정식 동명(洞名)보다도 '자취촌'이란 이름이 더 쓰이게 되었다. 천여 명의 대학생들이 사는 터라 그 동네는 대학 학사일정에 맞추어서 움직인다. 방학 때 자취촌에 들어서 대낮에도 썰렁하고 적막한 반면, 학기 중에는 밤이 으슥해지도록 시끌시끌한 분위기가 가라앉을 줄 모른다.

골목은 택시가 들어갈 수 없을 정도로 좁고 꾸불꾸불했다. 벌레들이 새까만 그림자로 가득 앉아 불빛까지 가로막은 가로등 하나가 골목 입구에 깜박거리며 서 있었다. 잊어버릴 만큼 골목을 지나고 낮은 지붕들 사이를 헤매다 멈춰섰다. 지은 지 얼마 안 됐지만 대문의 빨간 칠이 거의 벗겨진 단층 양옥. 지형 선배의 자취방이 있는 곳이다. 대문은 열려 있었다. 조심스럽게 밀고 들어섰다. 옹색하게 켜놓은 창고의 백열등이 대문에서 마당까지를 비춰주는 유일한 빛이었고 몇 번 넘어질 뻔하며 열 개 정도가 죽 이어진 방들을 지나 보일러실 옆방 앞에 섰다. 불이 켜져 있었다. 밤 두 시가 넘은 시간에 저 안에서 뭘 하는 걸까.

"선배…."

두 번을 더 불렀다.

"아아니…."

방은 생각보다 깔끔했다. 책이며 종이뭉치로 어지러져 있는 책상 말고는. 까만색으로 반짝이는 미니 컴퍼넌트, 너무 많아 소쿠리에 쓸어담은 카세트 테잎, 그리고 벽에 걸어둔 여러 개의 말린 꽃다발. 안개 꽃술 몇 개가 그 밑에 뒹굴고 있었다.

"웬 꽃들이에요?"

"시화전 때 받은 거야. 좀 됐지?"

좀 되다니, 벌써 넉 달인데. 지형선배는 작은 거 하나 버리지 못하는 성미이다. 덕분에 책상 속이 가지런할 날이 없었다.

"넌 하여튼 사람 놀래키는 데는 뭐가 있어. 지금이 도대체 몇 시냐?"

지형 선배가 담배를 꺼내 물었다. 하루 한 갑 이상 피워댄다는데 방에선 담배 냄새가 별로 안 났다.

"별로 놀란 것 같지도 않은데 뭐."

"집에서 오는 길이냐?"

몇 개의 짐보따리들을 보며 물었다.

"네."

"며칠 더 있다 온다고 안 했던가. 일찍 왔는데?"

"그냥요. 그냥…."

꼭 대답을 요구하는 질문이 아니었다는 걸 나도 알고 있다. 지형 선배는 아무렇지 않게 집 얘기를 꺼냈지만, 순간 걷잡을 수 없이 울음이 터져 나왔다. 가는 그냥 그 자리에서 엎드려 울었다. 집에 있는 이틀 동안, 그리고 눈물을 찍어대는 어머니를 보지 않기 위해 차창 밖으로 한 번도 고개를 돌리지 않은 채 고속버스를 타고 온 네 시간 여 동안 참고 또 참았던 눈물이 기어이 터져 버린 것이다. 지형 선배는 아무 말 없이 화장지를 갖다 주었다.

"괜찮니?"

자취촌으로 들어서서 한참을 망설였다. 내 방으로 가야 했지만, 어느새 골목 몇 개를 더 지나 지형 선배에게 왔다. 왜 그랬는지는 나도 모른다. 불이 켜있지 않은 썰렁한 방으로 들어서는 게 무서워서였을까. 그건 아니다. 그런 일은 아주 어릴 때부터 익숙한 것이므로.

"죄송해요."

지형 선배는 말없이 담배만 피워 물었다.

"피곤할 텐데…. 여기서 자라."

이불을 펴주고 내가 눕기를 기다렸다가 지형 선배는 밖으로 나갔다. 동아리 최고 선배인 터라 술 먹고 들이닥치는 후배들 뒤치다꺼리 하다 재우고 자기는 얼굴만 조금 아는 옆방에 가서 염치 좋게 끼자는 건 흔한 일이었다. 모두 자취촌에서의 염치란 필요 없는 것이라고 했다.

잠을 이룰 수가 없었다. 선배와 얘기를 하고 싶었지만, 내가 불편해할까 봐 나가는 선배를 붙잡을 수는 없었다. 선배는 이렇게, 일정한 거리를 두고 사람들을 대한다. 아무리 친한 사이, 막연한 사이라도 그 거리를 결코 넘지 않는다. 그걸 알고 있었으면서도 오늘은 선배의 그 '원칙'이 몹시 서운했다.

아버지는 오시지 않았다.

전날까지 어머니는 잠도 몇 시간 주무시지 않고 음식 장만을 했다. 집으로 들어설 때부터 집안에는 음식 냄새가 가득했고, 사람만 조금 더 있어 떠들썩하다면 영락없는 잔칫집 분위기일 터였다. 그러나 시골집은 예전과 다름없이 조용했고 어머니와 언니 둘이서만 앞뒤로 왔다 갔다 할 뿐이었다.

"처제 왔어?"

방앗간에서 떡을 찾아오는 모양이었다. 형부가 짐 자전거 뒷켠에 김이 모락모락 나는 함지를 싣고 마당으로 들어섰다. 그때까지는 나는 남의 집에 온 것처럼 마당에 서 있었다. 형부 목소리를 듣고 어머니와 언니가 부엌에서 내다보았다.

"원 애두, 왔으면 기척을 해야지. 바쁜데 너 오는가만 쳐다보고 있으래?"

샐쭉하게 말은 하면서도 언니는 얼른 부엌에서 뛰어나와 내 가방을 받아들었다. 전을 부치던 중이었는지 기름 냄새가 배어 있었다.

"얼른 옷 갈아입고 나와 도와라. 언니 몸도 무거운데 그만 들어가래고."

부엌에서 나오는 어머니 말씀을 듣고 나서야 비로소 상당히 불러 있는 언니 배를 보았다.

"얘가 뭘 도와요. 할 줄 아는 거라곤 공부밖에 없는데, 그리구 자꾸 움직여야 좋대잖아요. 아직 멀었는데."

언제나 말씀뿐이다. 지금까지 어머니나 언니는 내게 부엌일을 시킨 적이 없었다. 바쁠 때 설거지 정도야 해봤지만, 나는 늘 상전처럼 방에 있거나 밖에 나가서 놀았다. 대학에 들어가고 나서 더욱 그랬다. 어쩌다 집에 한 번씩 내려가면 손 하나 까딱하지 않고 있다가 올라오곤 했다. 옷을 갈아입고 나서 방에 들어앉아 있기 뭐해 부엌을 기웃거렸다.

"아직 많이 남았어요?"

"다 됐어. 떡 찾아왔으니까 갈비 굽고 전만 부치면 된다."

"아버지는요?"

사실, 터미널에서 내려 시내버스를 타면서도, 집이 보이는 비포장도로로 들어서면서도 아버지가 집에 계실 거라는 기대는 하지 않았었다.

"오실 게다. 저녁이면 오실 게야." 어머니의 말은 절대적인 확신이 아니라 기대였다. 이미 마당에는 저녁 으스름이 깔리고 있었는데도 아버지는 아직 오시지 않았고, 밤 열두 시에 오신다 해도 어머니에게는 그때까지 저녁이었다.

"아유, 우리 막내. 속 찬 거봐요. 어머니 선물까지 사 왔네."

열 시쯤 되어서야 음식 장만이 다 끝났고, 잔치 음식들은 덮어둔 채 찬반으로 늦은 저녁을 먹었다. 언니는 호들갑을 떨며 내 가방을 열어보았다. 집에 내려올 때마다 '서울에서 학교 다니는' 동생의 가방을 열어보는 것이 언니의 큰 즐거움이었다.

"쓸데없는 짓은… 아버지 생신이지 어디 내 생일이냐."

어머니는 이렇게 말씀하시면서도 선물을 펴 보셨다. 사실, 누구의 생일이 되었든 아버지 선물을 살 마음은 없었다.

마감뉴스가 끝나도록 아버지는 오시지 않았다. 몇 번의 인기척에 모두 뛰어나갔지만 바람 소리거나, 마당을 끙끙거리며 가는 바둑이 소리였다. 아마도 어머니만 빼고, 아니 어머니까지도 아버지가 오시지 않을지도 모른다는 생각을 하고 있을 것이다. 언니와 형부와 나는 어머니의 눈치를 살폈다.

"그만 건너가서 들 자라. 아버지는 아침 일찍 오실 게야."

그러나, 아버지는 오시지 않았다. 가득 차려진 아버지의 생일상. 맨 아랫목 자리를 비워둔 채 우리는 상 앞에 둘러앉았다. 누구도 말을 하지 않았다. 그렇게, 점심때가 다 되도록 차갑게 식은 음식들을 덥히고 또 익히기를 몇 번이나 했는지 모른다. 아랫목에는 아버지의 생신 선물만 뎅그렇게 놓여 있었다.

"저 갈게요."

더 이상 참을 수가 없었다. 나는 자리를 박차고 일어났고, 어머니는 내 손을 붙잡았다.

"어디 버릇없이. 어른 생신상 앞에서 그렇게 일어나. 재경아. 조금만, 조금만 더 있어라. 점심때니까 오실 게다. 원래 점심을 걸게 드시지 않던."

그러나, 점심을 걸게 드신다는 아버지는 저녁이 되도록 오시지 않았다. 한나절을 똑같은 모양으로 앉아있던 어머니, 언니, 형부, 그리고 내가, 참을 수 없도록 한심했다. 결국, 한번더 아버지는 우리를 가지고 놀았다. 뻔히 알면서도 번번이 놀아날 수밖에 없는 어머니. 평생을 그렇게 살았으면서도 생일상을 차리는 바보 같은 어머니. 나는 그 길로 가방을 짊어지고 일어섰다. 어머니도 더 이상은 말릴 수 없었던지 따라나섰고, 기어코 부엌으로 들어가 상 차리고 남은 음식들을 몽땅 다 싸셨다. 갈비며, 전이며, 수정과며, 자취하면서 배곯기를 밥 먹듯 할 때 미치도록 생각나던 그 음식들을 나는 어머니 보는 앞에서 보자기 째 수채통에 버렸다. 그러면서도 어머니는 기어이 남은 반찬들을 싸셨고, 그 보자기를 안고 따라나서셨다. 언니는 대문 밖에 서서 울었고, 형부는 자전거를 끌고 나오려는 것을 어머니가 말리셨다.

"이거 버리면 안 된다. 죄 받는다."

어머니는 차 안에까지 들어와 음식 보따리를 내의자 밑에 단단히 두고 내려가셨다. 이것이 그리도 중요한가. 고추장 된장을 가지고 가는 것이. 남편이란 작자는 생일날, 작은 집에서 오지도 않았는데… 저렇게밖에 살 수 없는 건가. 내 어머니란 사람은…

"재경아, 밥 먹자."

언제 잠들었나 싶게 눈을 떴을 때 지형 선배는 밥상을 들여오고 있었다. 나는 얼른 자리에서 일어났다. 어느새 8시였다. 이불을 한쪽으로 밀어놓고, 부스스한 머리를 손으로 대충 쓸어넘기고 숟가락을 들었다. 밥상에 낯익은 반찬 통이 올라있었다.

"언제 집에 같이 가야겠다. 어머니한테 요리 강습받으러. 음식 솜씨가 너무 좋으셔."

마을에 큰 행사가 있을 때나 잔치가 있을 때마다 초빙(?)되곤 하는 어머니의 음식 솜씨는 소문난 것이었다. 그러나, 그 솜씨를 자신을 위해 발휘한 적은 한 번도 없었다. 밥상을 대충 치우고 대문을 나섰다. 내 방으로 와서 옷을 갈아입고 책가방을 챙기는 동안 지형 선배는 담벼락에 기대서서 담배를 피우고 있었다.

"들어와서 기다리라니까 굳이 청승을 떨어요."

"아가씨 혼자 사는 방에 들어갔다가 소문이라도 나면 어쩌려구."

자취촌 골목을 내려오는 길은 어쩐지 기분이 좋았다. 간밤에 술 먹고 한바탕 쏟아부은 흔적들이 골목 안 여기저기, 전신주 앞 이곳저곳에서 시금털털한 냄새를 풍겨댔지만 하도 익숙해진 터라 별로 신경 쓰이지 않았다. 어쩌면, 지형 선배와 같이 내려오는 길이었기 때문인지도 모른다.

"참, 너 현주한테 사람 구해달라고 했다며?"

"네."

"그저께, 너 집에 내려갔을 때 하나 데리고 왔었다. 마음에 들었다고 하더라."

현주 언니는 동아리 선배였다. 돈도 돈이지만 혼자 자취하는 게 너무 힘들어 아는 사람 많고 발 넓은 언니에게 같이 살 사람을 부탁했었다.

"그으래요? 정말?"

"방이 암만 맘에 들었대도 글쎄, 널 보면 같이 살 맘도 생길까?"

"그러게요."

지형 선배는 장난으로 한 말이었지만, 사실 걱정이었다. 스스로 보기에도 털털하고 제멋대로인 나를 당해낼 사람이 있을까 하는 생각이 들었던 것이다.

동아리방에 들렀을 때, 칠판에 내 이름이 쓰여 있었다. 오후 두 시쯤 그 사람을 데리고 오겠다는 현주 언니의 글이었다. 지형 선배와 점심을 먹고 왔을 때 그 사람이 기다리고 있었다.

"안녕하세요. 양선영이에요."

미술학과 졸업반. 나보다 두 살이 더 많았다. 엉거주춤하게 서서 내미는 손을 잡고 악수를 했다. 상당히 키가 크고 미인이었다. 단순히 예쁘다기보다 시원시원한 마스크에, 미대생이라는 선입견이 작용한 탓인지 전체적으로 세련되어 보였다.

"저만 마음에 드신다면 같이 살았음 하는데요."

처음 만났다고는 하지만 후배에게 대하는 태도가 너무 깍듯하다. 말투도 조용조용하고.

"급하시지 않다면 며칠 더 있다가 말씀드릴게요. 정리할 것도 좀 있고…"

현주 언니 얘기로는 학교 앞 아파트 지하에서 아뜨리에 겸 방으로 살았는데 주인이 일방적으로 방값을 너무 올리는 바람에 나오게 되었다고 한다. 더없이 착하고 얌전하고 차분한 사람이라고 했다.

"방이 좁아서… 그림 그리려면 힘들지 않을까요?"

"그건 걱정 안 해도 될 거야. 밤늦게까지 학교에서 작업하고 잠만 자는 정도로 한다니까."

그렇게 해서 선영 언니-이렇게 부르기까지 상당한 기간이 필요했다-와 같이 살게 되었다. 사람과 쉽게 친해지지 못하는 나로서는, 선영 언니의 선한 첫인상-사실 첫인상이라는 게 별로 믿을 게 못 되지만-에 모험을 건 파격적인 결정이었다. 날 좋은 일요일을 택해서 같이 도배를 하고 이삿짐을 들여놓았다. 옷장이며 진열장 같은 그럴싸한 살림살이가 들어차자 책상 하나 달랑 놓여있어 썰렁하던 방이 사람 사는 방 같아졌다. 늦게까지 남아 이삿짐 들여놓는 일을 도와준 지형 선배를 골목까지 바래다주고 들어왔다.

"불편한 점이 있더라도 서로 이해하고 살도록 해요."

"네."

존댓말을 쓰는 것부터가 내게는 불편했지만, 차차 고쳐나가기로 했다.

선영 언니에 대한 첫인상은 대충 맞았다. 미대생이라고 티를 내거나 지나치게 깔끔한 체를 하지 않았고 사려 깊은 면도 많았다. 누구에게 특별한 배려를 받고 자란 기억이 별로 없는 터라 어느 때는 선영 언니가 나에 대해 신경 써주는 것이 부담스러울 정도였다. 밤늦도록 책을 읽거나 글줄을 끄적거리다가 새벽에 잠드는 것이 보통이라 아침 늦게 일어나보면 언제나 전기밥솥에 밥이 되어 있고 밥상이 차려져 있곤 했다. 그리고 밥상머리에는 항상 쪽지가 있었다.

-아침 굶지 말고 나가도록 해.-

일을 분담해야겠다는 생각을 안 한 것도 아니었다. 청소나 빨래를 하려고 시간을 내서 집에 와보면 이미 선영 언니가 다 끝내놓고 간 뒤였다.

"밥 얻어먹는 사람 같아요."

언젠가는 이렇게 불만을 털어놓았다.

"나는 그렇게 생각 안 해. 빨리할 수 있는 사람이 하는 거지. 꼭 너는 이거, 나는 저거, 하고 분담을 해야만 하는 건 아니잖아. 그리고 재경이. 일도 잘 못 하면서."

하고 웃어버리는 통에 번번이 넘어가곤 했다. 처음의 부담도 잠시, 그렇게 몇 개월 정도를 같이 살게 되면서 어느새 서로에게 익숙해지게 되었고 많은 것을 알게 되었다.

"지형씨 좋아하니?"

말끝마다 지형 선배를 떠올렸으니 그렇게 생각하는 것도 무리는 아니었다. 나는 선영 언니를 쳐다보며 피식 웃었다. 여름 방학이 얼마 남지 않은 6월의 일요일, 문틈으로 스며드는 따뜻한 햇볕을 받으며-골목 깊은 자취촌에서 햇살을 대하기란 힘든 일이다-배를 깔고 나란히 드러누워 과일을 깎아 먹으며 이런 저런 얘기를 나누었다.

"그렇게 보여요?"

"보인다기보다… 응, 보여. 둘을 보면 있지. 너무 좋아보이거든. 사이좋은 남매나 부녀지간 같아. 그런 말 많이 듣지 않니?"

사이좋은 부녀지간… 동아리 사람들이 매일 하는 말이었다.-둘이 아예 함께 살지 그래요. 호적에다 올리고…-지형 선배도 웃었지만, 나는 웃지 않았다.

정확히 몇 살 때였는지는 기억나질 않는다. 언니는 없었고-아마 학교에 갔을 거다-마루에서 뒹굴며 놀던 나를 어머니가 일으켜 세웠다. 어머니는 집에서 늘 입고 있는 몸빼를 벗고 어쩌다 한 번씩 입던 치마저고리를 입고 있었다.-옥색이었는지 분홍색이었는지 가물가물하지만 어린 내 눈에 비친 어머니의 한복은 너무나 화사했었다-등에는 돌이 채 안 된

남동생을 업고, 내 손을 잡고서 어머니는 집을 나섰다.

-어디가 엄마?-

어머니는 내 말에 대답하지 않았지만, 목적지가 어디라는 건 중요하지 않았다. 학교 들어갈 나이가 안되었기 때문에 기껏해야 뒷마당이나 집 앞 개울, 동구 안에서 뱅뱅 돌며 지낸 나로서는 어딘지 멀리 간다는 사실 자체가 즐거웠던 것이다. 나는 어머니의 손을 놓고 콩콩 뛰었다.

-넘어질라-

좁은 논둑길을 벗어나 신작로로 들어섰을 때 내 흥분은 절정을 이루었다.

-차 타고 가?-

신작로에서 더 이상 걷지 않고 멈춰섰을 때 나는 상기된 볼을 매만지며 어머니에게 물었다. 어머니는 고개를 끄덕였다. 나는 더 이상 뛰거나 호들갑을 떨지 않고서 의젓하게 어머니 옆에 서 있었다. 차를 타고 간다는 것. 그때 내 어린 의식 속에선 '차를 탄다'는 행위는 '어른'이라는 것과 함께했다. 혼자 놀기 지쳐, 학교에서 돌아올 언니를 마중 나와 마을 입구 신작로가 보이는 정자나무 앞에 서 있으면, 뿌옇게 먼지를 일으키며 비포장도로를 달려온 차에서는 언제나 허연 수염을 날리며 두루마기를 곱게 차려입은 동네 유지격인 할아버지가 일 번으로 내렸고, 면서기를 하러 다닌다는, 가르마를 반듯하게 타 기름 발라 넘긴 대추나무 집 아저씨가 두툼한 서류가방을 옆구리에 끼고 내렸다. 그리고 읍내에서 장을 보고 오는 동네 아줌마들. 차에서 내리는 사람들은 모두 어른이었고 점잖은 사람만이 탈 수 있는 게 '차'였다. 나는 누군가 내 또래의 아이들이 지나가기를 빌었다. 의젓하게 차에 오르는 모습을 봐주기를 바랐지만, 신작로에는 아이들 하나도 없었다.

상당히 오랜 시간 달린 것 같았다. 어느새 까무룩 잠이 들었나 싶었는데 어머니가 흔들어 깨웠다. 눈을 비비며 차에서 내렸다. 낯선 곳이었다. 도시라고 알고 있는 곳, 눈이 휘둥그레진 체 여기저기 기웃거렸지만, 어머니가 걸음을 재촉했다.

-어딜 촌년같이 넘실대. 얼른 걸어-

어디가 어딘지 모른 채 어머니 치마에 감기다시피 해서 걷다가 멈춰선 곳은 낯선 집 앞이었다. 어머니는 벨을 누르거나 하지 않고 바로 문을 열고 들어섰다. 얼결에 나는 대문 밖에 서 있었고. 어머니는 그런 나를 챙길 경황도 없었던 것 같다. 마당으로 들어서기 무섭게 어머니는 소리를 질러댔다. 깜짝 놀랄 만큼 큰 소리였고, 욕도 했던 것 같다. 내 가슴이 콩콩 뛰었다. 어머니가 남의 집에 와서 저렇게 소리를 질러대다니, 욕을 해대다니, 얼굴이 수치로 달아올랐다. 부끄러움이 정확히 무엇인지 모를 나이였지만, 어머니의 그런 행위가 너무 놀라웠던 것이다. 등에 업혀 자고 있던 동생이 화들짝 놀라 깨며 울어 젖혔다. 어머니는 소리를 지르는 것뿐만 아니라, 마당에 널려 있던 물건들을 닥치는 대로 집어던지기 시작했다. 그때, 현관에서 뛰어나온 남자, 놀라 맨발로 내려선 그 남자는… 아버지였다. 아버지가 어머니의 팔을 붙잡았다. 어머니는 막무가내였다. 아버지와 어머니가 서로 붙잡고 춤을 추듯이 허우적댄 뒤로 여자가 서 있었다. 열어놓은 현관에 갓난아기를 품에 안고 소매 없는 원피스를 입고선, 피부가 눈같이 흰 여자, 나는 어머니와 아버지가 뭘 하고 있는지 까맣게 잊은 채 그 여자와 아기만 쳐다보고 있었다. 옹알거리는 작은 아기와 눈부시게 아름다운 여자(생김새는 정확하지 않지만, 너무나 아름다웠다)를 보며 나는 언니가 빌려온 백설 공주라는 동화책을 떠올렸다. 아름다운 왕비와 갓 낳은 백설 공주, 그리고 막아서는 아버지를 밀어내며 그 여자에게로 달려드는 어머니는 독사과로 죽이려 했던 마귀할멈이었다.

-어찌 사는지 봐야겠어, 어찌하고 사는지!-

-이런 미친 사람! 여기가 어디라고… 이런 미친!-

-악!-

동화의 세계로 뻗던 내 의식을 일깨운 어머니의 외마디 비명, 나는 아버지가 어머니를 죽이려는 줄 알았다. 아기를 업은 채 어머니는 마당에 나동그라졌고, 그 위로 아버지가 어머니의 목을 조르고 있었다. 내가 달려가서 어떻게 했는지 기억이 나질 않는다. 아버지 팔을 깨물었던 것 같다. 그리고….

그날 밤. 시골집 방안에 누워 있다가 누군가 웅얼거리는 소리에 잠이 깼다. 벽을 바라보고 있었다. 침침한 전등 아래 몇 개의 그림자가 거인처럼 벽에서 출렁거렸고 나는 그림자를 잡기 위해 누렇게 바랜 벽을 더듬었다. 옆에서 언니의 쌔근거리는 숨소리가 들여왔다. 아니, 그 소리는 언니의 숨소리가 아니라 누군가 낮게 흐느끼는 소리였다. 말을 하는지 우는지, 소리가 어져 띄엄띄엄 이어졌다.

"어쩌겄냐, 어쩌겄어, 그래도 살아야지, 저 어린 것들 데리고 살아야지."

누구 목소리라는 건 쉽게 알 수 있었다. 외할머니였다. 할머니에게 안기고 싶어 일어서려 했지만 생각하곤 다르게 가만히 있었다. 분위기라는 걸 짐작했는지 어쨌는지 몸은 자꾸 벽으로 가깝게 붙었다.

『아들… 때문에 그러는 줄…알았더니만…그래서…거렁뱅이 같이 사정해서…아들은 거들떠보도 않고…아들 낳고 싶어 그러는 줄…만 알았더니…』

어머니였다. 말보다 울음이 앞서 제대로 알아들을 수 없었지만 대충 감지한 내용은 이런 거였다. 여섯 살 무렵에 낳은 동생-신기하게 작은 그 아이를 들여다보기 위해 언니랑 나랑 엉덩이를 얻어맞으면서 들락거렸다.

『인제 되얐다. 되얐어, 서서방 오는 건 내일모레다. 걱정 말그라 인자 되얐다.』

그러나…아들이 없어서 작은 집을 얻었다고 믿은 어머니와 외할머니, 그리고 어른들의 예상은 빗나갔다. 얼굴 한번 보고 간 아버지는 오시지 않았고, 아버지를 돌아오게 할 사명을 띠고 태어난 동생은 두 돌이 되기 전에 '뇌막염'이라는 병으로 죽었다. 언니와 나는 손을 꼭 잡고 울었다. 그러나 어머니는 별로 슬퍼하지 않는 것 같았다.

나이를 먹고 철이 들면서 가끔 나는 동생의 꿈을 꾸었다. 눈 · 코 · 입 똑바로 생기지도 못한 어린 생명, 손에 가득 쥐어지는 그 어린 몸, 제대로 살아보지도 못한 2년-지금 생각해 보니 아버지가 오시지 않는다는 사실을 확인하고 난 뒤 어머니는 아기를 쳐다보는 것도 싫어했던 것 같다-의 어린 삶이, 잊힐 만 하면 문득문득 꿈에서 나타나곤 했다. 그럴 때마다, 꿈에서 깰 때마다 베개는 흥건히 젖어 있었고, 아버지에 대한 미움이 사무쳤다.

어머니와 언니를 남겨두고 서울로 올라왔을 때, 아무도 없는 낯선 대학생활에서 나를 지탱시켜줄 수 있던 것은 '아버지에 대한 증오'였다. 아버지와 여전히 아름다운 아버지의 여자와 그들 사이에서 백설공주처럼 자라고 있을 그 아이에 대한 증오는 어떻게든 서울로 가야 한다는, 보란 듯이 대학에 합격해야 한다는 절박함으로 날 이끌었고 그것은 또한 어머니의 간절한 염원이기도 했다.

"공부만 해라. 공부만, 손톱 발톱 다 빠지도록 뒷바라지 해줄 테니, 너는 공부만 해라. 네가 보란 듯이 좋은 대학 들어가고, 훌륭히 출세하면 아버지가 오실 게다. 뉘우치실 게야."

이런 거였다. 어머니의, 아버지에 대한 미움이라는 것이 결국 이런 거였다. 돌아오리라는 믿음, 버리지 못하는 미련.

"암만 기다려봐요. 죽을 때까지 기다려봐! 열녀문이라도 하나 세워줄지 누가 알아요!"

속으로 수없이 소리쳤다. 그러나, 맹목적인 기다림은 어머니의 것만은 아니었다. 두 집 살림하는 것조차 그럴만한 속사정이 있을 거라 생각할 정도로 아버지는 사람들에게 인정받는 인격자였다. 지식인이었고 예술을 사랑하고 온화한 인격자, 그런 사람이 내 아버지였다. 조강지처와 자식을 버리고 자신의 사랑을 찾아 나선 사람이었던 것이다. 한 치의 부끄러움이나 주저함 없이.

지형 선배를 처음 만났을 때, 20년간 쌓았던…아버지로 인한…남자에 대한 철저한 불신과 증오가 무너지는 소리를 들었다.

"왜 그렇게 나를 피하는 거냐? 내가 그렇게 기분 나빠?"

불안했기 때문이었다. 다가서기도 전에 드는 불안감, 남자를 대할 때마다 나도 모르게 움츠러드는 자신이 한심하면서도 어쩔 수가 없었다. 배신당하기 전에 차라리 만나지 않는 게 낫다는 자위가 나를 지배하고 있었다.

천막을 쳐놓고 동아리 모집을 하는 상태에서 지형 선배는 나를 '찍었고'-도저히 신입생이라고 볼 수 없는 허무와 궁상이 눈에 띄었다고 했다-매일 쫓아다녔다.

"왜 그러세요? 제발, 그러지 마세요. 동아리 들고 안 들고 뭐 그리 중요해요. 저 같은 애 입회원서나 채우지, 제대로 활동도 못 한단 말예요."

거의 사정을 했다.

"신입생 하나 끌어들이려고 바둥거리는 것 같아? 처음엔 그랬다. 하지만 단순히 그것만은 아냐, 너 뭐가 그렇게 불안하니?"

뭐가 그렇게 불안하니…내가 지형 선배를 믿게 된 건 그 한마디 때문이었다. 지금까지 내게 그런 말을 물어본 사람이 없었다. 내가 불안한 건 아버지가 아니라, 남자가 아니라, 세상이었다. 그 불안한 세상, 내 새로운 삶에는 지형 선배가 있었고, 그러기에 지형선배는 단순히, '좋다'거나 하는 단순한 감정으로 표현하기에는 너무 큰 사람이었다.

누구에게나 그렇겠지만, 자취하는 학생들에게 겨울은 너무도 '불편한' 계절이다. 10월 초부터 추워지기 시작했다. 여섯 개 방에서 공동으로 연탄을 들여놓고 우리는 이 겨울이 가기 전에 꼭 기름보일러로 바꿔 줄 것을 주인에게 요구하는 모임을 하기도 했다.

연탄 가는 일은 선영 언니보다 내가 나았다. 부잣집에서 큰 탓인지 연탄 냄새를 못 견뎌 했고, 덕분에 밥 얻어먹는 것 같은 기분은 좀 없어지게 되었다.

"연탄 갈러 왔습니다."

혼자 있을 때는 남의 이목 때문에 오기를 꺼려하던 지형선배가 거의 저녁마다 찾아와서 연탄을 갈아주고 갔다.

"할 일 참 없네, 탄불 갈다 죽을 것 같아서 그래요?"

"너 보면 도통 불안해서, 남들 안 하는 짓 하기 좋아하니까, 일삼아서 가스라도 들이마시면 어떡하냐."

"지형씨, 그렇게 걱정되는데 어떻게 따로 살아요?"

선영 언니가 보다 못해 타박을 했다. 지형선배는 바보같이 웃기만 했다.

복학한 3학년. 겨울을 기해 지형 선배는 본격적인 취직 공부에 들어갔고, 선영 언니도 졸업작품전 준비로 몹시 바빴다. 아침이면 도시락을 싸가지고 가서 밤늦게까지 그림을 그리곤 하는 모양이었다.

"작업실 춥지 않아요?"

"견딜 만 해. 가스난로 성능은 별로 안 좋은데 그림 그리다 보면 추운지 안 추운지 느낄 겨를이 없거든."

이렇게 내 주위 사람들은 각기 자기 자리에서 할 일들을 찾아 하고 있었다. 그러나 나는 추운 방 안에서 자꾸 움츠러들기만 했다. 책을 읽다 깜박 낮잠이 들었나 싶었는데 누군가 방문을 두드리고 있었다. 지형 선배였다. 밖이 몹시 추운지 코가 빨갰다.

"곰 같기는, 겨울잠 자냐?"

아랫목이라고 할 것도 없는 방으로 파고들면서 선배는 목에 두르고 있던 목도리를 풀었다. 옷걸이에 거는 그 목도리가 낯이 익었다. 까만색과 하얀색이 세련되게 배치된, 고급스러워 보이는 목도리. 그건, 선영 언니 거였다. 며칠 전에 잊어버렸다고 했던, 나는 멍해서 그 목도리만 쳐다보고 있었다. 지형 선배가 들고 있던 종이백을 내밀었다.

"이제 도시락 싸지 마라. 처음에야 대견해서 받아먹었지만, 너 귀찮은 일 어떻게 시키겠냐. 갖다 주는 선영씨도 못할 일이고."

나는 지형 선배와 종이백에 든 도시락을 번갈아 보았다.

"정 밥 먹이고 싶거든 들어와서 해 주던가."

그러면서 지형 선배가 바짝 다가앉았다. 볼에 와 닿는 지형 선배의 손을 밀쳐낼 생각도 들지 않았다. 머릿속이 멍했다.

선영 언니가 지형 선배에게 관심이 있다는 건 알고 있던 사실이었다.

그건 지형 선배를 알고 있는 거의 모든 여자에게 공통된 사실이었다. '나 같은 애'를 변화시킬 수 있었다는 사실만으로도 지형 선배는 대단한 사람이었다. 그러나, 별거 아니라고 생각하면서도 막연히 고개를 드는 '불안감'을 느꼈다.

열 시면 돌아오던 선영 언니가 한 시간이 지나도록 오지 않았다. 연탄을 갈러 나가기가 겁날 정도로 아침부터 몹시 추운 날이었다. 선영 언니가 아침에 뭘 입고 나갔는지 곰곰이 생각을 해보았다. 얇은 마이었을 것 같다. 앉아서 기다릴 수가 없어 웃옷을 껴입고 나갔다. 방문을 열자마자 밤바람이 무섭게 얼굴을 때려왔다. 가로등까지 나가 섰다. 가로등 밑에서 있으면 멀리에서 잘 보이지 않는다. 놀래 주어야지. 머리를 가슴 가까이 파묻고 발을 동동거리고 있는데 올라오는 사람 소리가 들렸다. 남자 목소리였다. 고개를 들지 않았다.

"정말 징그럽게 춥네,"

"그래요"

"좀 더 붙어요."

처음에는 내가 잘못 들은 줄 알았다. 지형 선배의 목소리였다. 그리고 여자는, 선영 언니였다. 멀리서 보이는 그림자는 둘이 아니라 하나였다.

"재경이 걱정하겠어요."

"겨울잠 자느라 정신없을 걸"

가로등 뒤에 서 있을만한 공간은 없었다. 그런, 담벼락으로 몸을 돌리고 엉거주춤하게 섰을 때 두 사람은 나를 발견하지 못하고 지나쳤다.

다리가 펴지지 않았다. 몇 시간을 쭈그리고 있었을까. 희미하게 깜박거리던 가로등은 이미 꺼져 있었다. 새벽 서리가 앉고 있었다. 후들거리는 다리에 힘을 주며 두 팔로 담벼락을 받치며 일어섰다. 슬리퍼 밖으로 오무라진 발가락을 움직여 보았다. 천천히 걸었다. 춥다는 생각도 들지 않았다. 얼굴을 만져보았다. 끈끈한 액체 같은 것이 눈에서부터 얼어서 달라부터 있었다. 눈물이었다.

아버지의 여자를 본 적이 있었다. 그때 어머니와 함께 찾아갔던 그 집에서 처음 본 후 두 번째 만남은 서울에서였다. 어처구니없게도 학교에 돌아왔을 때 아버지가 자취방에 와 계셨던 것이다. 낯선 구두 두 켤레가 방문 앞에 놓여있는 걸 보는 순간, 소름이 끼쳤다. 아버지와 아버지의 여자가 내 방에 있었다. 10년이 훨씬 지난 그 여자의 모습은 백설 공주의 왕비의 모습은 아니었다 해도 여전히 아름다웠고 젊었다. 어느덧 희끗희끗하게 머리가 세기 시작한 초로의 아버지와 젊은 아내가 어찌나 잘 어울리던지, 댓돌 위에 잘 닦여 가지런히 놓여 있던 구두처럼 그들은 어울렸다. 아버지는 대학 입학을 축하한다며 10만 원짜리 수표가 든 봉투를 내밀었다. 나는 그 돈으로 그 여자의 것과 똑같은 구두를 샀다. 그리고는 면도칼로 갈기갈기 찢었다. 시골집 댓돌 위에 놓이는 어머니의 신발은 슬리퍼 아니면 고무신이었다. 항상 논으로 밭으로 일을 다니느라 한번 가지런히 놓여본 적도 없는 신발들.

방 불이 켜져 있었다. 문을 열어보았다. 선영 언니는 벽에 기댄 채 잠들어 있었다. 목까지 끌어 덮은 이불이 무릎으로 흘러내렸다. 문을 닫았다. 방 문 앞에 그 여자의 구두가 있었다. 집어 드는 대로 그 여자의 구두로 변했다. 모두 집어 들었다. 부엌문을 여느라 떨어진 구두를 다시 집어 들었다. 연탄불이 활활 타고 있었다. 빨갛게 타고 있는 구멍들 속에 아버지도 있었고 어머니도 있었고 그 여자도 있었다. 그리고 어린 동생의 얼굴도 있었다. 나는 그 여자의 구두를 하나씩 연탄불 위에 올려놓았다. 아버지는 돌아올 것이다. 그 여자의 구두를 태우면 아버지는 다시 돌아올 것이다. 연탄불 위에서 그 여자의 흰 얼굴이 타고 있었다. 활활 타고 있었다.

제39회

학술문학상

1980~2000

당선

제969호 1994년 11월 7일 월요일

제39회 전북대신문 학술문학상 : 소설

해뜨기전에 새벽을 열지니

· 전미영 (국문 3학년) ·

그때, 택시에서 내려 '국군수도통합병원'이라는 커다란 현판을 보았을 때, 참 군대 병원 아니랄까 봐 투박하게도 하여 놓았다고 하는 생각이 얼핏 들었었어. 분명, 그때의 나는 그런 시답잖은 생각이나 하고 있을 정도로 한가로운 정신이 아니었는데도 말이야.

3천 원이 넘는 거스름돈까지 잊고 내려 택시기사 아저씨가 앞창을 열고 소리를 지르게끔 했는데도, 그때 병원문 앞에서 본 딱딱한 현판이며 그 나무 현판에 검은 페인트로 각인된 글씨가 햇빛에 반사되어 눈을 찌푸렸던 것. 그리고 내 등 뒤에서 내리꽂던 10월의 가을 햇살이 얼마나 강했는가까지 선명하게 떠올라. 어쩌면 한 가지 현상에 온통 쏠린 감각과는 또 다르게 뇌수에는 저 혼자 자유로이 떠다니는 기억기관이 하나 있어서 전혀 주의하지도 않았던 그런 엉뚱한 기억들을 불쑥 꺼내놓는지 모르겠다는 생각이 들기도 했어.

병원은… 몹시 컸지. 촌스럽게 두리번거릴 만큼 적당한 규모가 아니어서, 처음부터 주눅이 들어버렸던 난, 고개를 꼿꼿이 세우고 들어갔어. 막아서는 헌병에게 무어라고 했는지 생각이 잘 안 나. 당연히 면회객이라고 했겠지. 그랬을 거야. 환자 면회객이라고. 그렇게 말했을 때 헌병은 내 얼굴을 한 번 더 훑어보고는 입원해 누워 있는 장병의 여동생이나 누나나 애인쯤 되리라 생각했겠지. 아, 그래. 그게 후회가 된다. 왜 그걸 말하지 못했을까. 환자 친구라고. 아니 아예 이름까지 붙여 말할걸. 일병 김제원의 친구라고, 아니, 대학생 김제원의 애인이라고 얘기할걸.

어쨌든 다행인 건, 헌병에게 조문객이라고 말을 하지 않았다는 거야. 절대 그렇게는 말하지 않았지. 그렇게 말 안 했어. 조문객이라고.

난, 널 면회 갔던 거야. 널 보기 위해서, 일주일 전 왔을 때 힘든 와중에도 또렷이 눈을 뜨고 날 바라보던, 그 눈 속에 백 마디 천 마디 말보다 더 큰 여러가지들을 담아 보내던, 내 손을 꽉 잡고서 든든한 힘을 보내던, 살아 있는 널 보기 위해서 갔던 거야.

그곳이 몇 층이었을까. 8층, 아마 그쯤 되었을 거야, 엘리베이터는 그리 심한 진동을 하지 않았는데도, 왠지 나는 자꾸 속이 메슥거려 왔어. 사람들 틈으로 뒤쪽 벽에 기대어 서서 울렁거리는 가슴을 손으로 누르고 있었어. 이상하지. 파란 불이 한층 한층 들어올 때마다 심장은 더 크게 뛰었고 자꾸 토하고 싶어졌어. 사람들만 많지 않았다면 아마도 그냥 토해버렸을지도 몰라.

너에게 가는 길이었는데… 다름 아닌 너에게로 가는 길었는데, 내리고 나서 나는 한참 동안 병원 복도에 놓인 의자에 앉아 있었어, 무엇이 날 그렇게 붙잡았던 것일까. 나는 정말 당장에라도 네가 누워 있는 병실로 뛰어가고 싶었어. 늘 그랬던 것처럼. 널 만날 때면 난 항상 뛰었잖니. 약속장소에 가까워지면, 시간은 전혀 늦지 않았는데도 난 뛰었지. 그건 그렇게 뛰느라 가쁜 숨을 몰아쉬며 얼굴이 달아오르게 하려는 거였어. 그렇게 일부러 뛰어서, 널 만날 때면 나도 모르게 달아오른 볼, 뛰는 심장을 감춰보려는 것이었지. 넌 뛰지 말라고 했지만, 안 뛰면 난 널 똑바로 바라볼 수가 없었는걸. 얼굴이 너무 빨개져 있을 테니까. 그런데 그날은, 무언가가 날 자꾸 붙잡았어. 엘리베이터 안에서도 병원 복도에서도, 다리를 꽉 붙잡는 무언가가 있어서 난 뛸 수가 없었어. 그렇게… 얼마를 복도에 앉아 있었을까. 그때, 네 병실에서 나온 네 군대 동기 경철 씨가 나에게 다가오지 않았더라면 난 그대로 계속 의자에 앉아 있었을지도 몰라.

경철 씨는 날 잡아 일으켰어. 그렇게 한 세 번쯤 했지. 내가 자꾸 복도에 주저앉아 버렸거든, 일어날 수가 없었다. 어느새 심장이 다리로 내려앉았는지 다리가 떨려 설 수가 없었다. 어서요. 제원이가 기다려요. 경철 씨는 이렇게 얘기했어. 그래, 그 말을 듣는 순간, 비로소 네가 날 기다리고 있다는 생각을 했지. 널 기다리게 해서는 안 돼. 너는 다른 사람이 웬만큼 약속에 늦어도 끝까지 기다리고, 늦게 나타나는 사람한테 화도 안 냈잖니. 난 그런 네가 답답해서 매일 뭐라고 했고 넌 웃기만 했어. 그런데, 내가 널 기다리게 하다니. 기다림에 이골난 너한테 또 그럴 순 없다고 생각했어. 경철 씨가 내 팔을 붙잡아 주었고 그래서 난 너에게로 갈 수 있었지. 사람들이 많았었나… 하나도 없었던 것 같기도 한데, 그건 잘 모르겠어. 내 눈에 들어온 건 너뿐이었으니까. 침대에 누운 너. 머리통을 붕대로 하도 크게 감아 놓아서 처음 보았을 때 미장원에서 아줌마들이 파마 하고 뒤집어쓴 보자기 같아 순간 웃어버렸지. 네 상체를 나는 물끄러미 쳐다보았어. 네 몸, 나는 네 몸이 늘 건강하다고 생각했어. 좀 마르긴 했지만, 가슴, 어깨, 적당히 균형잡 혔고, 힘이 있었지. 그리고 몹시 하얗고, 그런데 흰 붕대로 감아놓으니 네 몸이 까맣게 보였어. 그냥 상대적으로 까맣게 보인 게 아니라 군대에 간 후로 몹시 탔다는 걸 나중에 알게 되었지만 말야. 그때는 내가 병실로 들어서기도 전에 넌 나를 바라보았고 어서 오라는 손짓을 했었는데, 지금은 눈을 뜨지도 않고 있어.

제원아, 이정 씨 왔다.

넌 고개를 돌리지 않았어. 아니, 돌리지 못했어. 눈을 뜨지도 못했어. 그런데, 그건 내 착각이었을까. 시트 위에 올려져 있던 네 왼손이 움직인 건. 손가락을 움직여서, 분명 나더러 가까이 오라는 표시를 했지. 그건 착각이 아니었을 거야. 나는 네 손을 쥐었어. 아플 거란 생각은 하지 않고 꽉 쥐었어. 그때 네 손은 정말 차가웠어. 너무 차가워서… 소름이 돋을 정도였지. 아아 이 바보야. 누구한테 뺏긴 거야. 네 체온, 네 몸속을 돌던 따뜻한 피, 몽땅 누구한테 빼앗기고 이렇게 춥게 누워 있는거야. 이 바보야. 나는 똑바로 보지 못했어. 네 눈이, 너무도 또렷한 네 눈동자가 날 바라보고 있었는데도, 난 네 눈동자가 안 보였어. 네 눈을 잘 볼 수 있으려면 눈을 감고, 고인 눈을 떨구었어야 했는데, 한순간도 너에게 내 눈을 들여다보는 시간을 빼앗을 수 없어 나는 그냥 눈을 부릅뜬 채로 있었어. 그리고 다시 네 눈이 거짓말처럼 감길 때, 바로 그때 나는 네 눈동자를 똑똑히 보았어. 분명 너는 눈을 감았는데, 넌 눈을 뜨고 있었어. 네 눈동자, 너무나도 아름다운 네 눈동자. 내가 그대로 담긴 채 감긴 네 눈동자. 아아 나는 네게로 쓰러졌는지 몰라. 무겁게 무겁게 흐느끼는 사람들을 뒤로 한 채 나는 네 곁에 눕고 싶었는지 몰라. 이주일을 네가 산 그 침대 위로 쓰러져 너와 함께….

얼마나 많이 얘기했었니. 죽음… 많은 시간 너와 내가 얘기했던 부분. 그러나 우리가 얘기한 죽음 분명 보통의, 세속적인 죽음은 아니었어. 낭만적인 것도, 체념적이고 관념적인 것도 아니었어. 명예로운 죽음… 그래, 우리가 내린 해답은 이것이었지. 황토현 전적비 앞에서, 망월동에서, 노동열사들의 묘 앞에서 손 마주 잡고 다짐한 명예로운 죽음, 그 죽음을 위해 살자고 우린 약속했었지. 언제고 우리 앞에 닥칠 명예로운 죽음을 위해 열심히 살자고, 너의 모든 것을 나는 믿는다. 너와 나의 약속…. 그런데 제원아, 자꾸 눈물이 나오려 해. 울지 않으려 해를 써도 자꾸만 눈물이 쏟아진다. 사람들 얘기 귀담아들을 것 없어. 너의 죽음에 대해… 이러쿵 저러쿵. 아, 더 참을 수가 없어 제원아. 말 좀 해봐, 그러고 누워 있지만 말고, 그러고 말없이 웃지만 말고 큰 소리로 얘길 해봐. 넌 개죽음이 아니었다고. 네 죽음 명예로운 것이었다고. 결코, 개죽음이 아니라고!

네가 병원으로 실려 온 다음날, 내가 병원에 도착했을 때, 중환자실 산소마스크 안에 누워있는 너보다도 너의 어머니는 더 환자 같으셨어. 아, 이분이 언제 이렇게 늙었는가 싶게, 뵌 지 몇 달 되지도 않았는데, 어머니는 할머니가 다 되어 계셨다. 너도 봤지? 이주일만에 너무 늙어버린 너의 어머니. 뽑아드릴 흰머리가 없던 분이었는데. 그날 가서 뵌 순간 나는 그분의 머리에서 눈을 뗄 수가 없었어. 온통 하얗게, 하룻밤 사이에 하얗게 세어버리신 거야. 아니, 어쩌면 붕대로 칭칭 감고 있는 네가 안쓰러워서, 혼자 외로울까 봐 일부러 그렇게 하셨는지도 모르겠어. 너와, 네 어머닌 똑같은 모습으로 있었지. 내가 갔을 때 어머닌 내 손을 잡고 울면서 이렇게 말씀하셨어. 하루 앉아 있었는데, 수도 없이 실려 들어오더라. 수도 없이 죽어나 가더라. 개죽음들이 수도 없이 많더라.

결국, 군대에서 죽는 건 개죽음이라고, 꺼이꺼이 우시는 어머니 앞에서 내가 무슨 말을 할 수 있었겠어. 다른 죽음들은 다 개죽음이어도, 어머니 당신 아들만은 그게 아니라고. 절대 죽지 않는다고. 꼭, 살아서 나갈 거라고. 그것은 나에게 한 다짐. 아니 누워있는 너에게 한 다짐이었어. 난 어머니에게 뭐라 말해야 해! 너 때문에 어머니께 거짓말을 하게 된 거야. 그러지마, 나한테 거짓말 시키지마. 깨어나. 일어나. 제발!

오늘 널 뿌리고 돌아왔어. 어디에다 널 뿌린 줄 아니? 알아맞혀 봐. 항상 네 살과 뼈를 묻고 싶다고 입버릇처럼 말한 섬진강이야. 네 몸을 어디에다 둘까 하는 것으로 네 아버지는 안 된다고 하셨지. 집 나가서 죽은 자식, 더더군다나 개죽음했는데 무덤을 만들어서 될 법이냐고. 아버지는 그렇게 말씀하셨어. 아아 너 죽어서까지 네 아버지는 그러셨어. 한 치의 낮춤도, 양보도 없이 당신 뜻대로. 내가 어떻게 했던줄 알아? 너희 아버지에게 마구마구 대들었어. 이 세상에 왔던 흔적 하나는 만들어줘야 할 것 아니냐고. 어머니도 저렇게 원하시는데 당신 뜻대로만 고집하지 마시라고. 개죽음이든 소죽음이든 불쌍하게 죽은 자식을 꼭 불에 태워야 속이 시원하시겠냐고… 그래, 그때 경철씨랑, 네 동생 재훈이가 말리지 않았더라면 난 이것까지 말해버렸을지 몰라. 바로 당신이 제원일 죽였잖아요! 라고.

미안해, 부질없는 짓이었어. 결국, 어머니와 나만 빼고서는 사람들 모두가 널 뿌리자고 했지. 제훈이와 경철 씨마저, 난… 그게 너무 슬퍼서, 네 눈은 지금이라도 당장 번쩍 뜨여질 것 같고 네 손은 지금이라도 내 손을 꽉 움켜쥘 것만 같은데, 사람들이 널 등 뒤로 하고 묻느니, 뿌리느니 하는 게 너무도 서럽고 슬퍼서 병원 복도에 나와서 한참을 울었어. 네 병실로 들어가기 전날 자꾸 붙잡던 그 의자에 앉아서 울었어. 그것이 서러워서. 넌 겨우 이주일을 버틴 것뿐이었는데, 이주일을 살다 간 것뿐인데 사람들은, 너무 오래 기다렸다는 듯이 널 등 뒤로 하고 그런 얘기 하는 것이 서러워서 금세 울음을 그치고 그만 슬퍼하기로 작정한 듯, 진지해진 사람들이 서럽고 서러워서 난 많이 울었어.

어머니는 자꾸 까무러치셔서 이모님이 모시고 여관으로 가고, 너와 같이 있을 수 있는 하루 동안 난 꼬박 네 옆에 있었어. 네 사진… 아아 그 사진이 이렇게 쓰일 줄이야. 넌 참 잘 생겼어. 그래, 네 얼굴은 시원하다는 말이 어울리지. 어느 때라도 넌 싱싱하고 시원한 여름의 느낌이었으니까. 그 사진 찍을 때 생각나지? 어디였던가. 금산사였던가 선운사였던가. 다른 부호들처럼 넌 유독 긴장해서 자꾸 얼굴이 이상하게 일그러지곤 했어. 사진 기사 아저씨가 자꾸 긴장을 풀라고 하는 게 듣기 뭐해서 난 잠시 다른 후보 먼저 찍으라고 하고선 널 숲속으로 데리고 갔지. 거기서 네 얼굴에 분을 발라 주었어. 넌 처음엔 싫다고 했는데, 이렇게 해야 사진이 잘 나온다고 내가 그랬더니 가만히 있었지. 그때의 그 느낌, 네 얼굴의 감촉이 분솔을 통해 내 손가락에 그대로 전해져 왔어. 그 느낌이 좋아서 난 가만히 오래오래 네 얼굴을 만졌고 그때 네가 내 손을 잡았지. 명색이 부총학생회장 후본데, 왜 그렇게 긴장되는 줄 알아? 네가 보고 있어서 그래. 넌 그렇게 말했지. 그때 네 눈빛을 잊을 수가 없어. 난 지금 몹시 중요한 선거를 앞두고 선정용 사진을 찍고 있는 마당에 다른 생각을 하는 널. 참모의 자격으로 마구마구 혼내줘어야 했는데, 네 눈빛이 날 휘감아 버렸어. 아 그때 포르르 포르르하면서 새들이 울었고 10월의 숲속은 너무 맑았어. 잠시뿐이라고 다짐을 했으면서도 넌 오래도록 내게서 입술을 떼지 않았어. 내 등을 쓸어가는 네 손바닥은 너무 따뜻했고, 네 입술 역시 그랬어. 어쩌면 혼곤하게 녹아드는 그 기운에 정신을 잃었는지 몰라. 밤새도록 거기서 그렇게 서 있었을지 몰라. 그러고 나서 찍은 사진이 바로 이거야. 기억나지? 하얀 와이셔츠에 까만 양복. 전혀 새로울 것 없는 평범한 차림이었지만 네 섬세하게 싱그러운 표정 하나하나로 인해 살아난 사진. 눈, 코, 입술, 가지런한 치아 하나까지도 이렇게 선명한데, 숲속에서 포르르 날든 새소리마저 잦게 하든 네 입술, 지금도 이렇게 생생한데. 제원아, 나 우는 거 아니야. 지금 네 마지막을 보기 위해 사람들이 자꾸자꾸 오고 있거든. 어머니도 계시지 않는 빈소에서 내가 지켜야 하잖아. 옆에서 제훈이가 검은 양복을 입고 의젓하게 손님들을 맞고 있어. 맞절 하고 악수를 하고 아, 너랑 한 살밖에 차이 나지 않으면서도 항상 어린애 같던 그 애가, 학교에서도 가투에서도 연대사무실에서 피곤한 몸을 소파에 누일 때도 항상 네 속에 품고 있던 애잔한 형제의 정, 따숩게 나누어 가질 시간 없어 늘 아쉬워하고 애달아 하던, 몹시도 사랑했던 그 애가 지금 널 위해 저렇게 의젓하게 서 있다. 너랑 정반대의 길을 가면서도, 너 대신 네 아버지의 뜻을 이루기 위해 어거지로 다니는 사관학교, 그 못 견딜 현실을 꿋꿋이 참아내면서도 너를 우상처럼 알던 동생. 아울러 나한테까지 제 정을 흠뻑 쏟던. 그 속에서 끄옥 끄옥 참아낼 깊은 속울음을 너는 볼 수 있지. 아 제원아, 방금 누가 도착했는지 봐. 그들이 왔어. 우리 사람들이. 너랑 같이 총회장 후보로 뛰었던 명훈선배부터 모지리 선배, 토끼, 돈이, 파리, 똑이 언니, 후배 토리 병선이 텔… 모두들 왔어. 빈소가 순간 꽉 차는구나. 내가 누구에게 뛰어갔는지 몰라. 아마도 명훈 선배에게였을 거야. 명훈 선배 품에서 아마 큰 소리로 울었을 거야. 처음으로, 네가 눈 감은 후 처음으로 엉엉 소리를 내 울었을 거야. 사람들은 자리를 떠나지 않고 널 지켰어. 네 곁에서 밤을 꼬박 새우고 널 뿌리러 가는 길에 우리는 노래를 불렀어. 네가 제일 좋아하던 노래 '누가 나에게 이 길을 가라 하지 않았네'와 '영원한 노동자'를 명훈 선배가 불렀고 네가 술자리에서 늘 십팔번으로 부르던 '진짜노동자 3'을 다 같이 불렀지. 큰 소리로 부르다가 마지막 부분에 가서는 꼭 흐느낌으로 흐지부지해지고 말았지만, 노래를 멈추진 않았어. 그리고 내가 뭘 불렀는지 아니? '우리가 어느 별에서' 기억나? 추천으로 캠프를 갔을 때, 부산에서 올라온 노래패 중에 목소리가 제일 멋진 아저씨가 불렀던 노래. 정호승 시인의 시에 곡을 붙인, 그 밤에 듣는 그 노래가 너무 아름다워서 우리는 취한 듯 있었지. 그리고 둘이 테잎을 틀어놓고 배웠었어.

우리가 어느 별에서 그리워했기에
이토록 아름답게 사랑할 수 있나
꽃은 시들고 해마저 지는데
저문 바닷가에 홀로 어둠 밝히는 그대
그대와 나
그대와 나
해뜨기 전에 새벽을 열지니
해뜨기 전에 새벽을 열지니
우리가 어느 별에서 헤어졌기에
이토록 밤마다 별빛으로 빛나는가

그래, 그때 한림대 교정에서 바라본 하늘엔 정말 별이 많았어. 그대와 나. 처음부터 하나인 두 사람이 그리워하고 사랑하고 헤어져 잠들게 되면 저렇게 별이 되어 서로를 비추고 있을 거라고, 노랫말만큼 아름다운 밤하늘을 보며 얘기했지. 해뜨기 전에 새벽을 열어 서로를 깨우고, 사랑이라면 이러한 사랑이어야 한다고 다짐하듯 얘기했었어. 그때… 그때 우리는 3학년이었고 캠프에서 만난 지 이틀째였어. 너와 내가 비로소 서로를 별빛으로 비추어 확인했던 순간. 2년간 밤과 새벽에 엇갈려 뜨던 별 두 개가 비로소 함께 만난 밤. 그대와 나 그대와 나 해뜨기 전에 새벽을 열지니, 제원아, 제원아, 새벽은 혼자 여는 게 아니야. 혼자 뜨는 별로는 새벽을 열 수 없어. 제원아.

하얀 뼛조각들, 네 것이라고 불구덩이에서 나온 몇 개의 조각들, 제훈이는 날 말렸지만 난, 네 마지막 모습까지 기억하기 위해서 사람들과 같이 널 빻았어. 그래 곱게 곱게 하얗게 하얗게 널 빻으며 널 이루 만지며 생각했지. 별이 지면 바로 이런 모습일 거라고. 별 조각을 곱게 빻는 것이라고. 넌 별이었으니까. 나, 손수건을 꺼냈어. 그리고 네 별가루 한 줌을 손수건에 쌌어. 조심스럽게 주머니에 넣었지. 별 하나가 다른 별의 조각을 나누어 갖는 거야. 그렇게 해서 그 별의 빛을 더 하는 거지. 그러면 그 별은 다른 별에서 영원히 빛날 수 있는 거잖아.

배에는 어머니와 제훈이가 탔어. 그리고 마지막 너는 어머니 손으로 섬진강에 묻혔어. 어머니에게서 네가 맨 처음 이 세상에 났듯이 마지막 거두어짐도 어머니에게서였지. 아, 행복하지 제원아, 네가 그토록 사랑하던 어머니 손길이 얼마나 따뜻했니. 10월의 섬진강은 그렇게 말없이 널 안았어. 널 안고 널 어르며 깊이깊이 널 사랑하더구나. 네 사랑만큼.

오늘 경철 씨가 특박을 나왔어. 전화를 받았는데, 먼 데서 들려오는 듯 멍했어. 오랜 잠에서 깨어난 것처럼 머릿속은 텅 비어 있었고.

경철 씨는 군복 차림이었어. 올해 12월은 몹시 춥다고들 했는데, 군복 위에 아무것도 걸치지 않은 모습이 안쓰러워서 난 내 코트를 벗어 주려 했지. 경철 씨는 웃으면서 군인은 추워도 춥지 않은 거라고 그러더구나. 그래, 더워도 덥지 않아야 하고 추워도 춥지 못한 군인. 그들이 무슨 사람이겠니. 경철 씨가 조심스럽게 얘길 꺼냈어. 널 때린 병사 두 명이, 군법에 따라 영창에 갔다고. 몇 주 전에 재판을 받고 들어갔다고. 오래 있을 거라고. 그래, 경철 씨 말을 들으니 그들이 생각났어. 얼굴을 본 적은 없지만, 그들은 분명 이렇게 생겼을 것 같아. 눈이 크고 얼굴이 하얗게 질려 겁을 먹은 표정이겠지. 재판소의 살벌한 분위기에 질려 말도 못 하고 그냥 머리를 푹 숙인 채 손목에 채워지는 섬뜩한 수갑에 끌려 들어가는 그들의 모습이 보여. 이상하지? 어째서 그들을 생각할 때. 그들이 널 때릴 때 지었을 흉포하고 끔찍한 표정은 하나도 연상되지 않는 걸까. 어째서 그들이 나쁜 사람이라는 생각이 들지 않는 걸까? 이상하지 난… 그래. 그 일병 둘이 널 죽인 건 아닐 거라는 생각을 해. 그래, 그들이 널 죽이려고 그랬던 건 아니라는 생각이 자꾸 들어. 그들을 용서했다거나 그런 건 절대 아냐. 왠지 그들은… 누군가 시킨 일을 했을 뿐이라는 생각. 큰일 날 생각이지? 나는 경철 씨에게 물었어.

제원이가… 그들에게 원수진 일이라도 있었느냐고. 참 바보 같은 질문이지. 경철 씨는 고개를 저었어. 경철 씨가 그러더구나. 사고가 난 뒤 매우 크게 놀란 것은 바로 그들이었다고. 내무반에 일병은 너와 경철 씨, 그리고 그들 둘 네 명뿐이어서 평소에도 서로 이해하고 잘 어울렸었다고. 재판에서는 그들이 술을 마시고 서로 다투다가 우발적으로 저지른 일이었다고 그랬다지만 경철 씨는 고개를 갸웃거렸어. 사고가 난 날 밤 그들이 술을 마신 일이 없다고. 내무반에서 회식이 있던 것도 아니고, PX 가서 술을 홀짝거릴 만한 군번도 아닌 일병들이 어디 가서 술을 마셨겠냐고. 어쩌면 경철 씨도 나랑 똑같은 생각을 하고 있는지 몰라. 경철 씨는 보관해 두었던 네 물건을 내게 주었어. 사진, 편지들, 작은 수첩 하나 펜 하나. 옷가지들은 집으로 보냈고. 이것들은 날 주기 위해서 빼돌렸다고. 난 네 물건을 안았어. 아, 이리도 적더구나. 그 몇 년간 갖게 하는 물건들은 이리도 적구나 싶었지.

집으로 돌아와서 네 물건을 정리했어. 편지들 속에서 내 것만 따로 골라 냈는데, 30통이 채 안 되더구나. 2월부터 10월까지 네가 군에 있던 8개월간, 겨우 스물 몇 통의 편지에 네가 얼마나 목말랐을까 생각하니 가슴이 저렸어. 내가 뭘 하느라 이렇게 편지를 적게 보냈을까. 학교생활이 바빠서? 그래. 그랬는지도 몰라. 선거에서 패한 이후에 학교생활을 정리하는 게 좀 힘들었으니까, 아냐 이건 변명이야, 나만 그런 게 아닌걸. 모두 힘들었고, 모두 바빴는걸. 어쩌면 난 네가 미웠는지도 모르겠어. 더는 버티지 못하고 도망치듯 가버린 네가 야속했는지도 몰라. 어쩌면 너에 대한 미운 마음이 편지 쓰는 걸 방해했는지도 몰라.

만약에 지면 몽땅 다 때려치고 군대엘 가고, 제대하면 공부만 하겠다는 약속을 네 아버지한테 했다는 사실을 선거 끝나고서야 얘기했을 때, 난 놀라지 않았어. 그렇게라도 해야만 출마할 수 있었다는 걸, 네 아버지에 대해 잘 알고 있었으니까. 제원아, 난 널 알고 난 후 제일 먼저 네 아버지를 생각했지. 어떤 분일까. 딸을 보면 어머니를 알 수 있듯이 아들은 아버지와 닮았을 테니까, 네 아버지를 상상하는 것은 즐거운 일이었어. 네 따뜻함, 솔직함, 그리고 무엇보다 정의로움이 네 아버지에게서 물려진 것으로 생각했었어. 네 서늘한 눈매랑 부드러운 콧날도. 그런데… 그렇게도 닮지 않은 부자가 있더구나. 넌 네 아버지에게 기대 하지 말라고 했지. 대령으로 예편한 뒤에 두 아들에게 거는 기대는 오직, 사관학교에 가서 별을 따는 것. 한처럼 남은 그것밖에 없다면서, 고등학교 때 진학 문제로 네가 두 번씩이나 가출했던 사실에서 비로소 알았지. 아버지와 대화라는 걸 해본 기억이 없다고. 절도 있고 권위 있는 집안, 명령과 복종이 철저하게 이루어지는 집안, 아버지의 말 한마디에 모든 게 진행되고 빈틈없이 이루어지는 집안. 그래, 그런 집안에서 너 같은 아들이 나왔으니. 믿었던 큰아들이 운동권이 되고 화염병을 던지고 다니다니, 제원아 이런 것들을 인정하시기엔 네 아버지는 너무 옛날 분이고, 군대에 너무 오래 계셨던 거야. 군대는 화석과 같은 것이라고 네가 얘기했었잖아. 머리도 몸도 정신도 모두 화석처럼 딱딱하게 굳어져 쌓이고 쌓인 곳이라고. 네 아버지를 볼 때면 아주 오래된 공룡이나 매머드의 화석 하나를 보고 있는 것 같다고. 하지만 결코 그건 아니야. 화석이 살아서 자식을 낳을 순 없는 거니까. 네가 견디지 못한 것, 네가 견디기 힘들어할 때 나는 더 괴롭고 힘들었는데, 아버지와 싸우는 건 애초부터 불가능한 일이야. 자식 이기는 부모 없다고 그러지만 그렇게 되기까지 부모와 자식 모두에게 가해지는 엄청난 고통은 누구도 얘기하지 않아.

제원아, 작년 겨울 그래. 딱 1년 전이구나. 밤늦게 제훈이가 자취방으로 날 찾아왔을 때. 골목에 눈이 많이 쌓여 있었어. 그럴 리는 없겠지만 혹 형이 여기 와 있지 않으냐고 물었지. 나는 선거 끝난 후에 잠적해 버리다시피 한 널 애타게 찾고 있었고, 제훈이가 네 소식을 물어왔을 때 너무 놀라 까무러칠 뻔했어. 제훈이마저 모르고 있다면 네가 도대체 어디서 뭘 하고 있을까 생각하니 눈앞이 아뜩해졌고, 형이… 아무래도 병역기피를 할 모양이에요. 아버지가 손을 써서… 영장이 나왔거든요. 벌써 일주일도 넘었어요.

제훈이의 말이 귓속에서 윙윙거려 서 있을 수가 없었어. 제훈이가 언제 갔는지도 모른 채 난 골목에 그대로 주저앉아 있었지. 눈은 자꾸자꾸 내렸고, 차가운 눈이 눈물에 섞여 볼을 타고 흘러내렸어. 이렇게 눈이 많이 오는데, 이렇게 추운데….

아, 그때 누군가 다가와 내 어깨를 짚었어. 그리고 류이정 하고 나직이 불렀어. 이미 예감이란 걸 하고 있었을까. 밤늦은 시간이었는데 난 놀라지도 않고 고개를 들었지. 거기… 네가 있더구나. 어디서 얻어 입었는지, 허름한 파카에 얼룩얼룩 눈이 녹아 젖은 채로. 참 이상하지? 밤이었고. 가로등도 없었는데 그때, 네 머리칼이 많이 길어 귀를 덮었던 것하며 파카 색깔, 접어 입은 빛바랜 청바지에 묻은 페인트 자국, 모두가 생생하게 기억이 나. 끈 풀어진 운동화까지도. 그 모습이 너무 춥고 허름해 보여 난 널 와락 끌어안았지. 눈 쌓인 골목에서 그렇게 껴안고 있었어. 낭만도 뭣도 아닌, 바로 우리들의 현실이었어. 허름한 바로 현실이었어. 그 현실은 네 것만이 아니었지. 내가 함께한, 내가 뛰어든 현실. 기억나니? 그날 밤, 지상에서 서로를 안고 빛나던 별 두 개. 아, 나는 너무도 생생해. 하나하나가 모두.

들어봐, 이정아. 난 도바리를 칠 거야. 네가 그랬지? 아버지와 싸우는 건 애초부터 불가능한 일이라고. 아냐, 그렇지 않아. 언제까지고 도망다닐 거야. 화석에 묻힐 순 없어.

방안에서 네가 그랬지. 내 손을 잡고서. 그때가 12월이었고, 넌 여기저기 전전했어. 생각 같아서는 내 방 깊숙이 널 숨겨 두고 싶었어. 널 아주 작게 만들어서 옷장 속에 책상 속에 이불 속에 숨겨놓고 싶었어. 너도 그랬지? 어쩌면 그때, 네가 고집했다면 나도 허물어졌을지 몰라. 하루라도 보지 못하면 미칠 것 같던 그 겨울을 함께할 수 있었을지 몰라. 그렇지만 너는 가끔 와서 골목에 서 있다가 돌아가곤 했어. 많이 길어서 덥수룩해진 머리칼, 볼 때마다 그걸 잘라줘야겠다는 생각이 들었었는데… 멍청이, 이렇게 어처구니없이 멍청할 수가… 그깟 머리칼 좀 긴게 어떻다고, 아, 그때 나한테 뭔가 씌였었나봐 제원아, 그렇지? 그렇지 않고서야, 골목에서 돌아서는 널 붙잡았을 리 없어. 파카 목덜미를 내리덮은 네 뒷머리. 그걸 보는 순간 왈칵 눈물이 난 거야, 그 머리가 꼭 엄마

없이 제멋대로 자란 아이 같아서…

책보를 감고 넌 얌전히 앉았고 난 서툰 가위질을 했어. 조심스럽게 조금씩 네 머리를 잘랐지. 아, 그 부드럽고 숱 많은 머리칼, 마치 출가할 때 머리를 자르듯 난 자른 네 머리칼을 흰 종이 위에 올려놓았어. 너무도 진지한 시간이었던 거야. 그러니까 아무 소리도 못 들은 거야. 문이 열리고 쿵쾅거리는 발자국 소리, 내 방 미닫이문을 거칠게 열고 네 아버지가 들어오실 때까지, 아무것도 모른 채 그러고 있었던 거야. 둘 다, 너무 바보같이… 어이없게도.

내가 정신을 차렸을 때는 이미 모든 게 끝난 뒤였어. 너는 없고, 나는 가위를 손에 든 채 그대로 멍하니 앉아 있었지. 네가 끌려가면서 거칠게 벗겨졌을, 네 목에 감겨있던 붉은 보자기. 작년 11월 노동자대회에 갔을 때 전야제에서 만난 노동자 아저씨가 주신 거였어. 그 보자가기 열린 내 방 문턱에서 마루까지 축 늘어져 있었지. 나는 네 머리칼을 주워 모았어. 그래, 어쩌면 잘된 일이다. 어차피 한번 겪어야 할 일이라면 더는 피하지 말고 당당하게, 제원아 당당하게 맞서는 거야. 방바닥을 기며 네 머리칼을 주워 모을 때 난 이렇게, 속으로 이렇게 했지. 그때… 울지 않았어.

그렇게 네 도바리는 두 달 만에 끝났고, 2월 14일. 거리가 온통 국적 없는 명절로 들썩거리던 날, 이백 원짜리 쵸코렛이 삼사천 원으로 둔갑해 날개 달던 발렌타인 데이. 하필이면 그날이 네 입대일이었어. 그래 나는 전날, 나하곤 너무나 상관없이 보이는 사람들로 가득한 시내를 온통 쏘다녔어. 뭘 하겠다는 목적이 있었던 건 아니야. 그냥 도저히 마음을 진정시킬 수가 없어서 사람들 사이를 나섰던 거지. 열악한 소비의 도시, 우리가 사는 도시를 우리는 이렇게 정의하곤 했었지만 그래도 그 소비와 향락이 물결치는 거리는 곧 우리들 싸움의 장이었어. 성당 맞은편 백화점 좁은 광장에서부터 오거리에 이르고 증권회사 앞 광장. 그 길로 해서 죽 이어지는 대로, 이어지는 거라곤 한 집 건너 옷가게, 음식점, 술집. 온통 먹고 노는 일로 만들어진 그 거리에서 우리는, 우리를 멀찍이서 쳐다만 보는 사람들을 향해 소리를 질렀고 호소했고 때론 눈물을 뿌리기도 했었지. 유인물을 돌리느라 들어선 골목골목, 다급히 쫓겨 들어간 시장통 좁은 리어카 사이를 뛰면서도 언제나 가장 무서웠던 건 바로 그들이었어. 갑충처럼 단단한 몸으로 돌진해 오는 전경이거나 최루탄 물대포가 아니야, 정통을 겨냥해 맞추는 직격탄도 아니었어. 그것은, 역사의 주인이라고 배웠고 옳은 것에는 언제든 따를 줄로만 믿었던 그들. 우리가 민중이라 이름하는 그들. 그들의 폭력보다 더 큰 무관심에 저편으로 맞닥뜨렸을 때였어. 아, 어째서 그랬을까. 어째서 우리가 이 거리에서 만난 우리의 민중들을 하나같이 그렇게 겁을 내고 있었을까. 작은 일에 분노하고 큰 것을 외면하고, 아등바등 자신의 것만을 끌어안은 채 고개를 돌리지 않았을까. 왜 양손으로 귀를 꽉 닫은 채 고개를 저으며 우리를 내몰았을까. 그때 우린 어쩌면 절망했었어. 그걸 깨닫기까지. 민중은, 이 세상 모든 사람이 아니라는 것. 하늘에서 뚝 떨어진 사람도 아니고, 날 때부터 깨어 있는 사람은 없는 법이지. 시장에서 장사하는 아주머니, 농사짓는 아저씨가 저절로 민중이 되는 건 아니라는 것. 스스로 민중이기를 원하는 사람에게만이, 깨어있고 싸우고 자기 삶의 진보를 이루려는 사람에게만이 그 몫이 돌아간다는 사실을 우리는 비로소 깨달았지. 모두가 잠든 세상에서 나 혼자 깨어 있기. 그래, 너와 나의 운동이란, 우리의 민중운동이란 바로 그런 것일 거야. 흔들어 깨우는 새벽. 한사람 두 사람 전부 일어나 깰 때까지 북을 두드리고 쇠를 쳐서 맞는 아침. 2월 13일에 나는 키득거리며 지나치는 수많은 사람들 틈을 지나며 어느새 이런 생각까지 했었어. 좁은 시내의 이 끝에서 저 끝을 반복해서 걷다가 문득 깨달았지. 네가 군대에 간다는 것. 그래, 3년은 아무것도 아니야. 온갖 굴욕과 비겁함과 거짓 질서가 판을 치고 모든 비민주와 허위의 명령이 네 머리를 짓누르고 네 목을 조일지라도 제원아 잊지 마렴, 절대 잊으면 안 돼. 네 삶터는 네가 딛고 선 바로 그 자리라는 걸. 어떤 교묘한 메커니즘이 자유민주주의 체제의 수호라는 허울 좋은 명목 하에 네 푸른 어깨 위에 멍에를 씌우고 네 군홧발을 낚아챈다 할지라도 이 악물고 김제원… 이를 악 문건 바로 나였어. 그래, 연인이거나 남자친구거나 어제 미팅에서 만나 그애에게 줄 쵸코렛을 고르느라 선물가게에 진을 친 여자들 틈 속으로 나는 오기 부리듯 비집고 들어갔어. 어떤 첨단의 상품이 내용보다 몇십 배 우위에 선 형식으로 우리 앞에 버티고 있는지 보기 위해서. 아, 정말 예쁘더구나. 갖가지 모양, 갖가지 포장지의 앙증맞은 쵸코렛들, 저걸 먹을 수 있을까 싶을 정도로 화려하게 꾸며진 그 상자들을 보면서 누구라도 그걸 사고 싶지 않고는 못 배길 거라는 생각이 들었어. 그 말은, 바로 내가 그걸 사고 싶었다는 거고. 그리고 나는 샀어. 하트 모양으로 된 작은 쵸코렛이 담긴 상자, 가장 흔하면서도 가장 보편적인 그 마크. 그래 제원아. 예전 같았으면 내가 그걸 산다는 건 상상도 못했을 것이고, 설사 사서 너에게 주었더래도 너는 화를 냈겠지. 더구나 너는 쵸코렛보다는 인절미나 콩떡을 더 좋아하니까. 하지만 제원아. 그럼에도 나는 샀어. 네게 주고 싶어서. 그래. 발렌타인데이나 화이트데이, 그리고 크리스마스를 악착같이 찾아 선물을 주고받는 이 거리의 숱한 젊음이 아님을 우리는 안타까워한 적은 한번도 없었지만 격리되지 전 마지막 이 사회의 흔적이라고, 이 거리의 풍속이라고 나는 생각했어. 네가 애정을 가졌던 만큼 쓰디쓴 배신으로 짙게 다가온 세상, 그것의 상징 같은 것, 아니 아니, 솔직해지자. 그래, 세상이 어쩌구 하지만 사실은 나도 똑같이 해보고 싶었는지 몰라. 너와 내가 연인이라는 사실을, 이 쵸코렛의 달콤함을 빌어 설명하고 싶었는지 몰라.

그리고… 그날이 왔어. 역 광장에서 널 보았어. 2월의 늦은 추위가 한창 기승을 부리고 있기도 했지만 그날은 너무 추웠어. 넌 두텁게 파카를 입고 있었는데도 왠지 네가 추울 것 같다는 생각이 들어서 자꾸 마음이 쓰였는데, 한참 지나서야 이유를 알았어. 그래, 모자를 눌러쓴 밑으로 네 까만 머리칼이 하나도 보이지 않았어. 망연히 네 머리를 쳐다보고 있으려니 네가 모자를 벗었지. 그리고 멋쩍게 웃으며 모자를 흔들었어. 순간, 내 뺨 위로 뭔가가 뚝 떨어졌어. 후드득 떨어졌어. 눈이 오나 했는데… 비였어. 내 눈에서 흐르는. 너무 짧더구나. 너는 웃고 있지만 네 머리를 거칠게 헤집고 지났을 그 쇠 가위의 섬뜩함이 자꾸만 내 가슴을 찔러댔어. 머리를 그렇게 만드는 이유는 무엇일까. 감옥의 죄수와 군대의 사병과의 차이는 무엇일까. 둘 다 공통점은 세상에서의 격리인데, 그렇다면 인간의 머리칼이 지닌 사회성이 그렇게 큰 것일까. 제원아, 지지마. 머리칼을 자린 삼손은 손발이 묶이고 눈이 파내 졌지만, 누구도 네 머리칼 밑에 숨은 것을 잘라내지 못할 테니. 절대로 지지마. 멍청해지지마. 아무 생각 없이 그냥 엎드려 지내지 마. 어떤 일이 있어도 땅바닥에 네 자존심을 떨구진 마렴, 어째서 나란 아이는 이런 생각만 한 것일까. 기다리겠다는, 사랑한다는 말을 할 수도 있었을 텐데, 너도 나도 말없이 바라만 보다가, 손을 한번 잡고 내가 준 쵸코렛을 들고 너는 역 안으로 사라졌어. 사라진거야. 그리고서 8개월 후, 11월에 나온다는 9박 10일의 긴 휴가를 손꼽아 세던 너는 죽어서 돌아왔어. 역시 9박 10일, 온전히 널 안을 수 있고 네 얼굴 하나하나를 확인할 수 있는 날을 기다리던 내 앞에 넌 죽음으로 돌아왔어. 누가 널 죽였는지 나는 알아. 누가 네게서, 네가 그토록 꿈꾸어 오던 명예로운 죽음을 빼앗았는지 나는 알아. 나는 알아.

거의 바닥이 드러나 비치는 강, 이걸 강이라고 할 수 있을까. 가뜩이나 수량이 적은 곳에서 댐이 물을 막고, 강 한가운데는 강바닥의 모래를 퍼올리는 콘크리트 장비들이 들어차 있어. 2월의 섬진강은 언제나 가는 물줄기로 보는 사람을 목마르게 하지만 올해는 그 목마름이 더욱 심하구나. 나는 자꾸자꾸 그 강바닥을 들여다본다. 긁히고 긁힌 커다란 생채기를 등판에 내고서 납작 엎드려 있는 모습에서 난 뭔가를 찾는 것처럼 들여다보고 있어. 그래, 그 엎드린 등판, 흉한 생채기에서는 곧 새살이 불끈불끈 돋기 시작하더니 이내 벌떡 일어나 선다. 내리꽂는 뙤약볕, 살을 태우는 모래밭에 엎드려 짐승처럼 기던 네가. 가쁜 숨이 턱까지 닿아 개처럼 할딱이던 네가 벌떡 일어선 모습. 그래 그 모습을 지금 나는 보고 있어.

제원아, 너무 오랜만이지. 해가 바뀌었어. 해가 바뀌고 벌써 3월에 다다랐단다. 그래, 넌 제일 먼저 느끼겠지. 강이 얼고 강이 풀리고 하는 계절의 변화, 그 속 세세한 움직임까지도 너는 네 살갗, 핏속으로 느끼고 있겠지. 너, 춥지 않았니, 지난 겨울은 몹시도 추웠는데, 몇 년만의 추위라고 다들 떠들어댔는데, 네 걱정에 겨울밤을 넘기기가 힘들더구나. 이젠 다행이다. 강이 풀리니까…

오기 전에 집에 들렀어. 졸업장을 가지고서. 알고 있었지? 나, 졸업을 했단다. 5년 만의 졸업. 졸업장을 가지고 네 집에 가서 네 어머니께 드렸어. 어머니는, 아직도 몸이 편찮으신 네 어머니는 많이 우셨어. 그러려고 찾아갔던 건 아니었는데…

이정아, 다 안다. 네 속 다 안다. 이제는 그만 잊어도 돼… 아니, 잊어야지… 그만해도 괜찮다 이정아.

어머닌 내 손을 잡고 이렇게 말씀하셨어. 그리고 보따리 하나를 주시더구나. 그속에는 대학에 들어와서 네가 죽 써온 일기장들이 들어있었어.

네가 해라. 이렇게 하는 게 도리야. 내가 없앨까 했다만… 펼쳐보니 네 얘기가 많아서… 이정아, 꼭 그렇게 해라. 태우든지, 강물에 띄우든지… 이건 네 몫으로 두었다. 하나도 간직하지 말고… 아 없애. 그게 도리야.

나는, 아무 말도 못 하였어. 어머니의 까칠한 손을 붙잡고 울었어. 뭐라고 대답해야 하는데 한마디도 나오지 않았어. 목에서는 뭔가 쓴 것이 자꾸만 울컥울컥 솟았고.

제원아, 나는 지금 네가 묻힌 강기슭에 앉아있어. 내 모습 보여? 얼마나 빽빽이, 많은 날들을 써왔는지 두권 째 읽는 사이에 날이 저물었어. 그리고 저녁에 안은 강둑은 몹시 춥구나. 입춘이 지나고 봄소식이 들린다 해도 아직은 2월이니까. 이 강이 완전히 풀리려면 얼마나 있어야 할까. 나는 네 일기장을 다시 가방에 집어넣는다. 산 사람은 살아야 하지 않느냐는 비정한 속세의 말은 상관없어, 설령 네 어머니 말씀대로 그것이 너에 대한 도리라 해도. 그래, 어쩌면 그날이 빨리 올지도 모르지. 세월이 약이 되어서 어느 날 네 일기장, 네 편지, 네 사진들, 네 손때와 네 냄새와 네 감촉이 묻어 있는 모든 것들을 하나씩 불 속에 던지거나 찬찬히 강물에 띄워보낼 날이 올지도.

그렇지만 제원아, 무엇이 널 잊게 할 수 있겠니. 네 얼굴, 네 목소리, 네 손짓. 모든 것이 내 얼굴 내 목소리에 내 손에 와 달라붙었는데, 네 정신, 네 사상, 모두 내 머릿속에 깊숙이 들어와 앉았는데, 네 마음, 네 사랑 모두 내 심장에서 쿵쿵거리며 건강하게 살아 있는데 무엇이 널 떨칠 수 있겠니. 저 강물이 마르는 날, 그리고 내 핏줄이 마르는 날, 그날이 곧 널 잊는 날이 될 거라는 걸, 너는 이미 알고 있잖아. 네 몫으로 남겨진 세상, 내가 다 살아내기 전까지는 결코 널 떨칠 수 없음을 너는 잘 알고 있잖아. 별 하나 스러져도 남은 별은 스러진 별만큼 더해서 빛나는 걸.

그래, 네가 날 깨우렴. 네 빛으로. 나는 새벽을 맞을게. 두 몫의 새벽을 열어젖힐게.

그대와 나
그대와 나
해뜨기 전에 새벽을 열지니.
해뜨기 전에 해벽을 열지니.

당선

제969호 1994년 11월 7일 월요일

제39회 전북대신문 학술문학상

달무리

· 성일한 (국문 4학년) ·

가끔은 저렇듯 번지고 싶을 게다

황폐한 세상
씻어내기 위해 비는 내려도
씻겨내리는 건 잠시의 순간일 뿐
전설마저 사라져 버려
자신이 무엇인지
무엇을 위해 빛을 발하고 있는 건지도
까마득히 잊어버린 달
그래도 밤만 되면 떠올라야 하는
쓸쓸한 행로
별 하나 뜨지 않는 우울한 날에는
더욱 외로워…

그래도 세상에 보여줄 건 이것뿐이라며
가끔은
저렇게 내뿜고 싶을 게다

제40회

학술문학상

•

1980~2000

당선

제993호 1995년 11월 6일 월요일

제40회 전북대신문 학술문학상 : 소설

기회비용(機會費用)

· 김진수 (독문 4학년) ·

"원용 아빠! 우리도 신문 하나 보자!"

아직 일어나지 않은 네 살 된 원용이의 이마를 살살 쓸며 미희는 출근 준비를 서두르는 태준을 바라보았다. 이제 막 넥타이의 매듭을 매고 있었다. 그제 사다 놓은 굵은 가로줄 무늬였다. 넥타이며 양말, 손수건은 미희가 골라 주지 않아도 언제나 태준이 알아서 챙겼다.

"갑자기 신문은 왜? 내가 사무실에서 보고 가져오잖아!"

"갑자기는 무슨…. 뭐, 신문 하나씩은 다들 보더라. 신문값도 한 달에 칠천 원밖에 안 하고…. 당신 매일 사무실에서 눈치 보이잖아?"

태준은 장롱에서 양복 윗저고리를 꺼내 들고 마지막으로 거울을 본다. 빗으로 앞머리를 한 번 더 다듬은 후 태준은 아무 말 없이 밖으로 나갔다.

"여보!"

냉큼 따라 일어서는 미희는 현관까지 와서도 무표정하게 구두만 신는 태준을 물끄러미 바라보았다. 태준은 그런 미희에게 구둣주걱을 건넬 뿐이다.

"집 장만할 때까지 자질구레하게 돈 들어가는 건 줄이자. 응?"

'쾅'하고 닫히는 문과 함께 한 줄기 바람만 휑하니 맴돌았다. 지하 계단의 메케한 시멘트 냄새와 꿍한 곰팡냄새가 섞여 들어왔다.

"…그게 신문이냐? 남들이 다 보고 구겨질 대로 구겨져서 종이도 후줄근하고…. 보푸라기도 너저분한테, 신문이라는 게 척 받았을 때 네 귀퉁이도 잘 잡혀 있고, 또 좀 어딘가 톡 쏘는 기름 냄새가 짜르르 흘러야지…. 누굴 뭐 바보 멍청이로 아나? 아침 내내 뉴스에 다 나오는 거 저녁때 신문 보면 뭐해? 그나마 그런 신문이나 제대로 있으면 몰라! 중간에 빠진 거, 한 귀퉁이 찢어간 거…. 도시락 먹다가 김칫국물 흘러서 벌겋게 물든 거…. 그게 휴지지 신문이냐?"

미희는 구둣주걱을 홱 집어 던졌다. 괜한 심통을 부려 본다. 현관문에 맞고 튕겨 나온 구둣주걱은 몇 안 되는 신발들이 어지럽게 널려 있는 문 아래쪽으로 스르르 소나무 씨앗처럼 떨어져 내렸다. 원용이의 낡은 운동화가 보였다. 무슨 우주선이 그려져 있는 손바닥만 한 애들 운동화였는데 지난봄에 사주었으니까 8개월이 좀 넘었을 성싶었다. 그리고 그 옆엔 미희의 보라색 플라스틱 슬리퍼와 파란색 구두가 있었는데 플라스틱 슬리퍼는 앞이 닳아 가느다랗고 하얀 섬유질이 꼭 나이 많은 노인네의 궁상맞은 턱수염처럼 다닥다닥 풀어져 나와 있었고 굽이 낮은 구두는 앞창이 갈라져 입을 헤 벌리고 있었다. 그리고 맨 가장자리에는 그래도 메이커 있다는 회사의 하얀 운동화 한 켤레가 있었다. 태준의 운동화였다. 지난번 회사 직원들 체육대회 한다고 샀던 건데 족히 오만 원은 넘었던 것으로 기억된다. 미희는 천천히 앉아 바닥에 떨어진 구둣주걱을 주웠다. 흐트러진 원용이의 운동화와 자기 신발을 가지런히 모아 두고 방으로 향했다. 이불 속에서 꼼지락대는 폼이 곧 원용이도 일어날 것 같았다. 굳이 깨우지 않아도 TV만 틀어 놓고 '뽀뽀뽀'에 채널만 맞추어 놓으면 시작 음악과 함께 일어나는 기특한 녀석이긴 했지만…. 미희는 동글동글한 원용이의 엉덩이를 슬쩍 흔들어본다.

"일어날 시간!"

도리질을 천천히 하며, 뭉그적거리며 일어나는 모습이 영락없이 제 아빠를 똑 닮았다. 그래서 그랬는지 몰라도 순간적으로 아이가 미웠다.

'닮을 게 따로 있지….'

미희는 나머지 이불을 갰다. 아침마다 반복되는 일이지만 오늘 아침은 더욱 힘이 들었다. 꼭 들어줄 것만 같았던 부탁을 단호하게 거절해 버리고 무뚝뚝하게 나가 버린 태준에 대한 실망도 있었고 '왜 이러고 살아야 하나?'하는 해묵은 체념이 다시 솟구치고 있었기 때문이다. 열어젖힌 장롱 속에선 나프탈렌 냄새가 알싸하게 밀려 나왔다. 꾸역꾸역 이불을 밀어 넣고 베개를 집어 놀리고 막 일어나 눈을 비비며 앉는 원용이를 밀어냈다. 잠결에 원용이는 기우뚱거리며 한쪽으로 나가떨어진다. 아이 이불까지 접어 넣고 장롱문과 또 한 차례 씨름한다. 힘껏 문을 들이밀고 닫아야 겨우 이가 물리는 장롱은 아침마다 미희를 짜증 나게 했다.

'딸깍'

짧은 작은 소리지만 이 소리는 성공적으로 장롱문이 닫혔다는 신호다. 손을 탈탈 털고 창문을 열었다. 지하실 방이라 열어도 반은 흙이고 반은 땅과 붙은 하늘인데 오늘 아침엔 그나마 주인집 개가 아직 일어나지 않은 건지 창문가에 와 있지 않아 다행이었다. 종종 창문을 열면 킁킁대며 그 시커먼 코를 디밀던 검정 개는 생각만 해도 소름이 돋았다. 그래도 창문이라고 바람이 들어왔다. 얄팍한 된장국 냄새가 함께 스며드는 걸 보니 주인집 아침상을 대강은 상상할 수 있었다. 저녁나절에 고기 굽는 냄새라도 들어오면 속상할 때가 많은 저 원수 같은 창문. 원용이를 세숫대야 앞으로 보내고 간단하게 아침상을 본다. 늘 아이와 하는 밥상이 제대로일 리 없다. 원용이가 좋아하는 계란 후라이 하나, 그리고 찌개에나 넣어야 하는 시큼한 김치와 아침에 남은 태준의 식은 밥이 고작이다. 세수를 마치고 나온 원용이는 용감하게 계란 후라이를 먹어 치우고 밥 한 공기를 다 비웠다. 원용이가 아빠를 닮지 않은 유일한 부분이다. 여기저기 김칫국물 흔적이 남아 있는 태준의 밥그릇은 정말 짜증이다. 밥공기 주변에 하나둘씩 달라붙은 밥알은 얼마나 태준이 밥을 떠서 망설였는지를 여실히 보여준다. 남아 있는 밥 역시 폭격 맞은 산처럼 듬성듬성 패어 있는 모습이 영 꼴사납다.

'남자가 밥을 먹으려면 다부지게 먹던가 아니면 아예 먹지를 말던가? 흘릴 것 다 흘리고 남기는 건 또 뭐야? 뭐? 남은 건 먹지 말고 가져다 버리라고? 돈 아끼자면서?'

닥닥 긁어낸 밥그릇에 그래도 모자라 물까지 부어 싹싹 닦아 후르르 들이키고 그대로 집어다 싱크대에 담근다. '꼬르륵'하고 물바가지에 잠기는 밥공기에 태준의 얼굴이 살짝 나타났다 사라졌다.

'미워 죽겠어. 진짜.'

"옷 입어! 유치원 차 오겠다"

양말만 꺼내어 주면 원용이는 자기가 알아서 아무 말도 안고 옷 입고 가방 챙겨서 우유 한 잔 마시고 방을 나섰다. 야무지게 현관에 앉아 낡은 운동화를 신고 '다녀오겠습니다'하고 꾸벅 인사까지 하면서…. 태준처럼 따라 나가서 구둣주걱을 받아 주지 않아도 되었고 괜히 어려운 말 꺼내기 위해 아양 부릴 필요도 없었다. 그러고 보면 애 하나는 참 잘 낳았다. 누구 재주가 더 좋았는지 모르지만 말이다.

신문을 펼쳤다. 물론 어제 날짜다. 역시 별다를 게 없다. 이미 뉴스에서 다 본 이야기이고 그 뒷이야기까지 알고 있기 때문에 미희의 실망스러운 눈은 오직 광고로만 쏠렸다. '세계 일류'가 되겠다는 한 기업의 대대적인 전면 광고는 요 며칠 새 계속이다. '정말 세계 일류가 되기 위해서는 광고도 세계 최고로 많이 해야 하는가 보다'하면서 미희는 천천히 다음 장으로 신문을 넘겼다. 역시 전면 광고다. 한 면 빽빽이 들어찬 각종 대출, 대부, 융자에 관한 조각 광고들이 그물처럼 얽혀 있었다.

'얼마나 돈이 많으면 카드에 자동차만 맡겨도 저렇게 '싸게 드린다'고 광고까지 할까?'

미희는 짧게 한숨을 쉬었다.

국제면 하단에는 남성용 물리 기구 광고가 났다. 인쇄 상태가 조잡한 조출한 사진이 눈길을 끈다.

남성 단련 기구. 뿌리가 튼튼해야 열매가 실하다!

얼마 전에 주인집 아주머니가 이런 물건을 샀다고 이야기한 기억이 났다. 한숨 끝에 피식 웃음이 새어 나왔다. 안쪽으로 갈수록 광고는 약해지고 있다. 칼라는 흑백으로 바뀌고 미끈한 모델들이 즐비하던 것들은 그저 단순한 활자 배열로 바뀌었다. 역시 흑백이었지만 그 가운데에서도 몇몇 인물의 눈을 검정 막대로 가린 이 신문의 자매 여성지 광고가 자못 화려하다.

본지 특종! 인기가수 OOO 해외 공연 중 여자 댄서와 염문설-진상 조고서

책 속의 책! 완전 밀봉, 여성(女性) 페이지!-여자가 모르는 남자의 性
연속 남편 탐구 3. 당신의 남편은 안전(安全)한가?
강한 남자(男子) 만들기 – 꼭 끼는 삼각팬티=고개 숙인 남자
특별조사-내 아이 키울 때 드는 돈은 얼마?
……
특별 사은품 증정(최신 유행 패션 아이템) 행운을 잡으세요!
8월 특대호! 정가(定價) 7,000원

"야, 사무실이 다 화사한데…. 누구 솜씨야? 미스김이야?"

태준은 사무실로 들어서자마자 중앙 테이블에서 꽃꽂이를 하는 미스김과 그녀가 다듬고 있는 탐스러운 장미며 안개꽃 다발을 보고 탄성을 질렀다.

"오던 길에 꽃이 너무 예쁘기에 샀어요. 어제 팔다 남은 거라고 값도 싸더라구요."

"안개가 오천 원이고요. 안개꽃만 사려니까 너무 이상해서 장미 이천 원어치 섞었어요. 아직 꽃보고 설레시는 거 보니까 김주임님도 엑스 세대인가 봐요?"

"어? 에이, 뭐 그런 거 가지고 엑스 세대는…. 아, 그런데 말이야. 역시 감각이 있는 여자는 다르구만!"

"어머, 아침부터 너무 비행기 태우시는 거 아니에요?"

"아니야, 아침은 늘 이렇게 화사하게 시작해야 하는데 말이야…. 아! 칠천 원으로 모든 직원의 기분이 좋아진다? 이거 괜찮은데…. 안 그래?"

태준은 안개꽃 사이에 손가락도 집어넣어 보고 장미 꽃잎도 만져 보고 꽃병도 쓰다듬어 보았다. 그리고는 슬며시 테이블에 놓인 신문을 집

어 들었다.

문을 잠갔다.

현관문은 장롱문처럼 속을 썩이진 않았다. 열쇠를 빼 들고, 원용이의 한쪽 손을 잡고 미희는 집을 나섰다. 근처 서점까지는 얼마 되지 않았다. 가는 길에 수영장 다녀오는 주인집 아주머니를 만났다. 아직 머리에 촉촉한 물기가 남아 있었다.

"어머 원용이네 어디 가?"

"네. 저…."

"어머 어쩐다니? 난 원용이 엄마 믿고 미장원에서 머리 좀하고 가려고 그랬는데…. 집 비었겠네?"

"아니에요! 문간방 학생 있던데요. 아무려면 제가 집을 비우고 나왔겠어요?"

"어머, 그래요? 역시 원용이 엄마는 사람이 됐어! 그럼 나 머리하고 들어갈게요-오."

"네. 그러세요."

미희는 왜 그랬는지 이유를 몰랐다. 주인집 여자를 만나는 순간, 원용이 손을 잡고 있던 손은 어느새 앞으로 모여서 애꿎은 치맛단을 붙잡고 초조해하고 있었다. 온몸의 열기가 양손으로 몰린 듯 맞잡은 손을 뜨거웠다. 그런데도 뗄 줄을 모르고 맞잡고 있었다. 엄마의 손을 잃은 원용이는 한 손은 곧장 입으로 나갔다.

"아저씨! 이 잡지 사은품이 뭐예요?"

"모자요."

계산대 뒤편에 걸려 있는 샘플(Sample)을 가리키며 주인은 미희를 물끄러미 쳐다보았다. 하얀색 인조 왕골로 된 둥그런 모자였는데 앞에 달린 큼지막한 해바라기 장식만이 보기만 해도 시원했다. 옷가게라면 '한 번 써 봐도 돼요?'라고 물어보기라도 할 텐데 손님도 없는 동네 서점 안에서 그것도 사은품으로 나온 모자를 탐낸다는 게 자존심이 상했다. 미희는 씩 웃어 보이고는 집어 든 잡지를 펼쳤다. 화려한 광고와 원색의 사진들이 지나갔다. 염문설이 일고 있는 가수와의 인터뷰와 남자의 성(性), 당신의 남편은 안전한가? 등 광고에서 보았던 기사들을 대충 살펴보았다. 그리고 미희는 해바라기 장식이 화사한 모자를 한 번 더 눈여겨보았다. 아무리 봐도 해바라기는 정말 예뻤다. 굳은 결심을 하고 계산대에 잡지를 올려놓고 핸드백으로 손을 옮기는데 허리 아래서 있던 원용이가 보였다. 손에 하얀 책 한 권을 들고 서 있는 김원용. 네 살짜리. 미희의 외아들.

"엄마, 나 이거 사줘!"

"이게 뭐니?"

"색칠공부"

깔끔한 하얀 색 표지엔 미키마우스, 바람돌이, 밍키, 슈퍼그랑조 등의 만화 주인공들이 그려져 있었다. 안을 살펴보니 아이들이 제시된 그림을 보면서 똑같이 색을 칠할 수 있게끔 밑그림이 그려져 있는 색칠 연습용 그림책이었다. 미희는 뒤표지를 뒤집어 보았다.

장가 7,000원

'세상에 몇 페이지 안 되는 게….'

계산대에 올려놓은 여성 잡지와 번갈아 보면서 이~삼천 원 정도 하면 같이 사야지 했던 마음이 싹 달아났다.

"원용아, 다음에 사줄게."

"싫어. 그랑죠 색칠하고 싶어."

겨우겨우 애를 달래서 서점을 나왔다. 미희는 결국 사려던 잡지도 못 샀다. 애가 사 달라는 건 못 사주면서 여성 잡지 사고 사은품으로 주는 모자까지 쓰고 나올 용기가 그녀에겐 없었다. 너무 뻔뻔한 엄마가 되는 건 아닌가 하는 자책감도 있었다. 서점을 나서면서 미희는 모자를 한 번 더 쳐다보았다. 불꽃 같은 해바라기 꽃잎은 이제 정말 탐스럽기까지 했다.

'이렇게 그냥 나올 줄 알았으면 '강한 남자(男子) 만들기'기사까지 보고 나올걸….'

미희는 쓴 입맛을 다셨다.

"김주임! 우리 점심은 뭘로 할까?"

"글쎄…. 뭐가 좋을까? 한식으로 할까? 이거 점심때만 되면 매일 고민이야."

태준은 회사 동료 박주임과 근처 식당가로 나섰다. 미스 김은 신문을 펼쳐 놓고 도시락을 준비하고 있었고 윤과장은 과장급들과 약속이 있다고 먼저 나간 터라 내근으로 사무실에 남아 있던 사람은 입사 동기인 박주임뿐이었다. 다른 때 같으면 후배 기수 포함해서 서넛이 더 있었을 텐데 모두 영업소나 거래처에서 해결한다는 연락이 왔다.

"시원하게 냉면이나 먹지?"

박주임의 제의였다.

"좋지!"

물냉면과 비빔냉면이 있다는 종업원의 말에 둘은 모두 물냉면을 시켰다. 시원한 거 먹으려고 온 사람들에게 고추장 양념에 비벼야 하는 비빔

냉면은 눈에 들어오질 않았다.

계산서

물냉 2 단가 3,500

합:7,000원

신김치와 아침밥 남은 걸 비벼서 대충 점심을 때우고 있을 때 옆집 지현이 엄마가 왔다. 길 건너 아파트 단지에 있는 점포에서 속옷 할인 판매를 한다는데 같이 가 보자는 제의였다.

"아유…. 어떻게 이렇게 점심을 먹어? 내가 부를 걸 그랬다. 우리 오늘 콩국수 해 먹었는데."

"어머? 세상에 지현이 엄마는 어떻게 혼자 있으면서 그런 거 해 드실 생각을 하셨어요? 난 원용이만 아니면 그냥 건너뛰고 싶어요."

계란 후라이를 찢고 있던 원용이가 흘끔 미희를 올려다보았다.

"혼자면 나도 그냥 먹지 뭐…. 근데, 오늘 지현이 아빠 일 안 나갔어. 그래서…."

"왜요? 또 아프세요?"

"뭐, 공사판 일이 다 그렇지…. 어제 좀 무거운 거 들다가 옆구리를 삐끗했나봐!"

"어머나, 괜찮으세요?"

"그 양반은 괜찮다고 하는데, 난 안 괜찮아! 당장 아침에 애들 참고서 값도 못 줬어. 쯧…."

미희는 서점에 두고 온 '색칠공부'가 생각나서 원용이를 한번 쳐다보았다. 찢은 계란 후라이의 노른자가 막 입으로 들어가고 있었다. 색도

곱지….

세일 매장에는 벌써 많은 주부가 북적대고 있었다. 란제리며 브라, 팬티가 여기저기 매달려 있었고 환한 백열등 조명을 받아서 그런지 그 얇고 고운 촉감이 그대로 드러나고 있었다. 하지만 할인된 가격도 만만치 않았다. 수입품 코너에도 제법 많은 사람이 모여 있었지만, 그 앞에서 돈을 꺼내는 사람은 몇 안 되었다.

그들도 차림새는 비슷한 주부들이었는데 이번 기회에 큰맘 먹고 한 번 장만해 보자는 결심들이 꼭 다문 입술에서 여실히 나타나 있었다. 그리고 대부분 주부는 이삼천 원에 몇 개씩 묶어서 파는 아이들 팬티며 싸구려 국산 브라를 샀다. 지현이 엄마도 아이 팬티와 자기 입을 브라를 샀다. 아주 오래전에 나온 브라였다.

잠그는 고리도 뒤에 있었고 무늬도 없고 어깨끈도 굵은 제품이었다. 입고 있으면 답답하고 입었다 벗으면 조였던 부분에 흉하게 붉은 자국이 남는 그런 거였다. 미희는 한동안 여기저기 둘러보다가 남성 속옷 코너 앞에서 이것저것 들추어보더니 요즘 잘 팔린다는 남성용 사각 박스 팬티를 하나 집어 들었다.

"이거 얼마예요?"

"그거만요?" "예?"

"박스 팬티만 하면 칠천 원이고요. 상하 세트는 만사천 원이에요. 실크라 촉감도 좋고요. 괜찮아요."

결국, 미희는 한참을 고민하다가 세트는 포기하고 팬티만 샀다.

오는 길에 지현이 엄마는 약국엘 들렀다. 누워있는 아저씨 갈비뼈에 붙여 준다면서 파스를 사 왔다.

"세상에 무슨 놈의 파스 하나가 칠천 원씩이나 해?"

지현이 엄마는 놀랐다. 평소엔 그저 이백 원짜리로 꼭 화투짝만 한 비닐 파스가 두 장씩 붙어 있는 것만 쓰다가 모처럼 '습포제'라고 찜질 효과도 있고, 굴곡 부위에도 잘 붙고 좀처럼 떨어지지도 않는 것이라고 해서 샀더니 칠천 원이라고 했다.

"이럴 줄 알았으면 내 브라자는 안 사는 건데. 어쩌지…. 저녁에 돼지고기라도 볶아 드리려고 했는데…."

미희는 그렇게 안타까워하는 지현 엄마를 보며 함께 속이 상했다. 대체 얼마나 잘 살아야 돈 걱정 없이 옷 살 것 사고, 먹을 것 다 먹고, 아픈 데 다 고치나 하고 둘이서 씩씩대며 한동안 걸었다. 돈이 있었다면 어디 가서 순대라도 먹으면서 풀었을 수다를 맨바닥에 플라스틱 신발을 짓이기며 바짝 마른 공기를 씹어 대며 그렇게 달래야 했다.

전세방이라고 해야 지하실을 개조해서 만든 것으로 간단한 세면장이 딸린 주방 겸 거실로 쓰는 공간에, 세 식구 자는 방 하나와 이것저것 넣어 두는 작은 창고 같은 게 전부였다. 화장실은 대문 옆에 있는 바깥 화장실을 사용하고 있었다. 계단은 비만 오면 배수로가 되어서 주인집 옥상에서부터 2층과 1층을 훑어 내린 진한 흙탕물이 주르르 흘러내렸다. 따로 물 빠지는 구멍이 있긴 했지만 아무래도 지하다 보니 아래로 아래로 내려오는 물을 한꺼번에 감당해 내기에는 역부족이었다. 사랑은 낮은 곳에 있다지만 물까지 그 사랑을 찾아오는 것은 반갑지 않았다. 그리고 이 지하실 방엔 그나마 사랑이라는 것도 찾아볼 수 없었다. 공기도 탁했다. 환풍기도 없었고 방에 있는 창문 두 짝이 전부였는데 주인집 개의 예고 없는 등장에 하루종일 열어 두는 것은 생각도 하지 못했다. 쓰레기 냄새를 담은 마당의 먼지가 딸려 들어오지 않으면 그나마 다행이었다. 이렇게 살다 보니 모든 게 어두워졌다. 집안이 어두워지니까 모든 게 어두워진 것이다. 오로지 목표는 이 '땅밑'에서 벗어나는 것이었고 그것을 위해 무조건 안 쓰고 안 입고, 안 먹고 하기로 결정을 내렸다. 오히려 이런 결정을 내리는 데에는 태준이 더 열성을 보였다. 남자가 좀 호탕한 맛도 있고 그래야 하는데 돈 앞에서 이 남자는 유달리 강했다. 아니 좀 치사했다.

방엔 그 흔한 오디오 한 대도 없다. 14인치 컬러텔레비전은 80년대 중반에 나왔던 모델로 채널도 로터리식이고 라디오 역시 빨간색으로 까만 스피커 하나를 달고 있는 구식이었다. 라디오 주파수도 손잡이를 돌려서 맞추어야 했고 그런 라디오 마저 원용이의 장난에 안테나는 절반이 부러져 나가 끝부분에는 약간의 녹이 슬어 있었다. 그리고 세 칸짜리 장롱 하나. 원래는 한 칸이 더 있었는데 지하실 방으로 오면서 도저히 들여놓을 수가 없어 팔아 버렸다. 장롱을 팔던 날 미희가 얼마나 울었는지 모른다. 혼수라고 해 온 걸 나중에 더 좋은 거 사면 된다고 매몰차게 중고품 가게에 태연히 던져 버리던 태준이 너무나 미워서 속상해서 울었고, 없는 살림에 혼숫감 마련해 준 어머니가 생각나 슬퍼서 펑펑 울었다. 지금도 가끔 장롱을 닦다가 눈시울을 붉히기도 한다. 그렇게 살림살이는 간단했다. 아이가 생기고 나서 몇 가지 장난감이 생겼고 빨래가 더 늘어났을 뿐이다. 냉장고며 세탁기, 선풍기는 있었다. TV와 마찬가지로 80년대 중반에 생산된 모델들이다. 모두가 기계식 작동으로 '탁. 탁.' 하고 스위치 작동 소리가 나는 투박한 버튼식이었고 세탁 시간 예약이나 인공지능 냉동도 꿈도 꿀 수 없었다.

결혼하면 모든 게 환상적일 것만 같았다. 최소한 1년 정도까지…. 그러나 미희에게 그것은 그야말로 '환상(幻像)'이었다. 태준은 남달랐다. 결혼과 동시에 그는 철저한 생활인으로 돌아갔다. 한마디를 해도 낭만과 멋을 섞었던 태준은 덤덤하고 무뚝뚝한 평범한 말투로 일차원적인 생활에 대한 이야기만 했다. 책도 많이 읽던 사람이 책 한 권 사 들고 온 적이 없다. 오디오가 없으니 레코드판이나 CD는 꿈도 꿀 수 없었지만 그렇다고 싸구려 테이프 하나 사 오지 않았던 것이다. 처음부터 눈치를 챘어야 했다.

'너만 사랑하면 되니까 아무것도 필요 없어! 부담스럽게 거창한 혼수 필요 없어. 너나 나나 처지 비슷하고 어려운 거 다 아는데…. 우리 살아가면서 하나씩 장만해 가자. 어때? 결혼이 그런 재미로 사는 거지!'

첫날 밤 잔뜩 땀을 흘린 태준의 가슴에 꼭 안겨 그가 속삭이던 이 말을 듣고 미희는 그 넓은 마음과 사람됨에 얼마나 고마워했는지 모른다. 어머니도 이런 사윗감은 보기 힘들다면서 다른 것은 몰라도 신혼 방에 장롱은 하나 있어야 한다고 태준의 만류에도 극구 장롱 하나를 들여놓았다.

그런데 그런 재미는 무슨 재미? 그 넓은 마음은 무서우리만치 강한 생활욕으로 변해 갔다. 우선 집이 문제였다. 태준의 눈엔 집 외엔 아무것도 보이는 것이 없었다. 아이도 태준은 집을 마련한 후에 낳자고 했다. 처음엔 미희도 그런 강한 의지에 감동했고 쉽게 동의했다. 그러나 1년이 지나고부터는 불안해졌다. 생각처럼 모이지 않는 돈과 갈수록 오르는 물가에 언제 장만할지도 모르는 집, 아이가 없는 부부, 그리고 사랑을 외면한 남자, 돈을 위해 두 눈이 잔뜩 충혈된 남자를 보면서 먼저 피임(避姙)을 하지 않은 건 미희였다. 콘돔을 미리 사두지 않았던 날 미희는 피임약이랍시고 아스피린 하나를 먹었고 좌약이라면서 손가락으로 넣는 시늉을 했다. 그래서 그랬을까? 원용이가 생기고 미희는 그 흔한 귤 한 조각 얻어먹지 못했다. 해산하던 날까지 태준은 부푼 배에 귀 한 번 대어 보지 않았다. '바보 같은 여자'라고 핀잔만 주었을 뿐이다. 하나씩 마련해 가면서 사는 재미를 느껴보자던 살림살이는 비좁은 집이 미안해서 아무것도 마련하지 못했다. 보험회사 영업 사원 봉급으로는 참 빠듯했다. 이렇게 봉급생활이 힘들다는 것을 알았다면 처음부터 다시 생각해 보았어야 했다. 사랑을 접어 두고 아주 이성적으로 말이다.

'언제쯤 집을 마련할 수 있을까?'

미희에겐 늘 의문이다. 통장의 돈이 모이는 만큼만 집값도 올라 주었으면 좋으련만 집값은 그런 미희의 마음은 아랑곳하지 않는다. 밑 없는 독에 물을 붓고 있는 것만 같았다. 아무리 부어도 늘 제자리다. 전세금마저 오른다 어쩐다는 소리가 들리면 털썩 주저앉기 일쑤였다. 흥건히 젖은 독 밑창의 땅바닥만 긁고 있는 듯했다. 어쩌면 손톱이 다 빠질 때까지 긁어야 할지도 모른다. 태준은 오늘도 다 헐어 빠진 낡은 신문을 도둑놈처럼 양복 안주머니에 둘둘 말아 찔러 넣고 들어올 것이다. 해바라기 장식 모자가 눈앞에 아른거렸다. 하지만 펑퍼짐한 파마머리엔 어울리지 않는다고 위로해본다. 원용이가 들고 왔던 하얀 '색칠공부' 책 생각에 아찔했다. 그걸 사주면 크레파스도 사주어야 한다. 지현이 엄마는 파스가 비싸다고 속상해했다. 그렇다고 안 사면 내일 일은 어떻게 나간단 말인가? 할인 매장에서 사 온 태준의 박스 팬티를 14인치 TV위에 턱하니 올려놓았다.

싱크대 물을 틀었다.

찬밥 비벼 먹고 담가 둔 점심 그릇들이 물속에 천천히 잠기기 시작했다.

"퇴근하고 약속 있어? 김주임?"

"음? 나? 아니. 왜?"

"우리 당구나 한 게임 치지!"

"당구? 난 잘못 치는데…. 그거 못 치는 사람하고 가면 게임비만 엄청 나오잖아? 잘 치는 사람하고 가. 종만씨나 호형씨하고…."

퇴근 시간이 다가오면서 하나둘씩 영업 사원들이 들어왔다. 저마다들 꿰찬 검은색 하드박스에서 그날의 실적들을 끄집어낸다. 새로 가입한 사람들의 가입서가 단연 주목받기 마련이다. 후배 기수 한 사람이 오늘 무려 다섯 사람을 잡아 왔다. 이 사무실에서는 보험에 가입한 사람들을 '잡아왔다'라고 한다. 영업1과 윤과장의 격려 속에 그 친구는 박수를 받았다.

이번 달엔 두둑한 보너스 좀 받을 것 같다. 그리고 수금(收金)한 것은 입금 사원인 미스 김에게 넘기고 단말기 앞에서 실적을 정리하고 나면 업무 마감이다. 오늘 영업장을 지켰던 태준도 내일 저 정도를 잡아 와야 후배 기수 사원과 비슷한 월급을 받을 수 있을 것이다. 하지만 내일도 저 후배 기수 사원은 외근이고 영업 활동을 할 것이다. 어쩌면 오늘보다 더 많은 사람을 잡아 올지 모른다.

"못 치면 배워야지! 재미있어. 뭐 게임비라고 해봐야 한 시간엔 칠천 원 안짝인데."

태준은 극구 거절을 했다. 아무래도 점심값을 낸 박주임쪽에서 못내 아쉬워서 당구를 명목 삼아 태준에게 게임비를 뜯어내려고 하는 것 같아서였다.

'차라리 내가 냉면값 칠천 원을 냈어야 하는 건데….'

다음 기회로 하자면서 태준은 사양했다. 맞은 편에서 오늘 최고 실적을 올린 후배 기수 사원이 자기가 가겠다고 소리를 쳤다. 박주임은 금세

주의를 그쪽으로 돌려버리고 만다. 후배 기수 사원은 당구 점수가 제법 나오는 모양이다. 저렇게 이길 수 있다고 호언장담(豪言壯談)하는 걸 보면 말이다.

'아무렴 돈 벌었는데 무슨 짓을 못 하겠어….'

태준은 씁쓸했다. 박주임과 후배 사원이 당구장 어쩌고 하는 얘기를 하는 사이 미스 김은 책상을 치웠다. 아침에 사 왔던 꽃을 다시 한번 살펴보고 향기를 맡아본다.

"김주임님! 이 꽃 그냥 둘까요? 내일까지 안 갈 것 같은데…. 많이 상했어요."

"음…. 괜찮아 보이는데 그냥 두지그래? 오랜만에 사무실 분위기 좋아졌는데 금방 치우기가 좀 아깝잖아?"

"하긴 그래요. 근데 이거 시들면 내일 아침에 되게 칙칙할 텐데. 어쩌죠? 내일은 좋은 아침 만들 자신 없어요."

미스 김은 꽃병째 들어 자기 책상 밑으로 가져다 놓는다. 내일 아침에 봐서 시들었으면 버리고 그럭저럭 쓸만하면 다시 올려놓을 계산이었다. 태준이 봐도 안개꽃 봉오리가 잔뜩 오므라든 것이나 장미 꽃잎 가장자리가 새까맣게 타들어 가는 걸로 봐서 내일 아침까지 가기는 힘들어 보였다. 사무실이 건조하긴 건조했던 모양이다. 박주임은 후배 사원과 약속이 된 듯 흐뭇하게 웃으며 자리로 와 마지막 전산 입력을 마쳤다. 고객들에게 보내는 DM발송 정리를 마무리 짓고 태준도 컴퓨터 전원을 내렸다.

마지막으로 사무실을 나서며 태준은 서랍 속에 넣어두었던 신문을 집어 들었다. 유난히 오늘은 방문 고객이 많다 싶었는데 신문 역시 펼쳐본 사람이 많았는지 여덟 장 되는 신문면 하나하나가 다 제각각이다. 아무리 추슬러도 여기저기서 한쪽씩 빠져나왔다. 억지로 둘둘 말아 안주머니에 넣었다. 태준은 이 신문을 볼 미희를 생각하며 잠깐 흐뭇했지만, 한편으로는 미안한 생각이 들어서 어정쩡한 웃음을 흘렸다. 사무실 불빛에 길게 떨어지는 그의 그림자가 가느다랗게 흔들리고 있었다.

태준은 지하실 문을 벌컥 열고 들어와 웃옷부터 벗어 놓았다. 방바닥에 '툭'하고 떨어지는 옷과 함께 둘둘 말린 신문이 나왔다. 옷을 집어 들어 옷걸이에 걸어 놓으며 미희는 신문을 빼놓았다. 손끝에 닿는 자잘한 종이 부푸러기들이 찜찜했다.

수많은 손이 비비고 문대며 접고 쓰다듬었을 더러운 살갗처럼 섬뜩했다. 미희는 바지를 벗을 때까지 기다렸다. 태준은 바지를 벗어 역시 바닥에 놓고 반바지를 찾았다. 이미 미희의 손에 들려 있는 반바지를…. 옷을 갈아입으면서 태준은 TV를 보고 있는 원용이에게 한 마디도 건네지 않는다. '잘 놀았니?' '유치원에서 뭐 배웠어?' '어디 보자, 우리 원용이!' 이런 말 중에서 한 마디라도, 아무런 사랑이 없어도 좋으니 그냥 한 번 내뱉어 주었으면 좋겠다. 아직 가지고 싶지 않았던 아이에 대한 미움이 가시지 않은 걸까? 그저 말없이 머리만 한번 쓰다듬어 주고 만다. 말이 좋아 쓰다듬는 것이지 누가 보면 두어 번 툭툭 치고 마는 것 같았다.

그래도 원용이는 아빠라고 좋아 헤헤거릴 뿐 TV에서 눈을 떼지 않았다.

'속도 좋다. 저건 지 어미 똑 닮았다. 저거 믿고 사는 거지. 남편이라고…. 에이그….'

"이거 웬 거야?"

TV앞에 앉으면서 발견했는지 태준은 박스 팬티를 집어 들었다.

"하나 샀어. 세일한다기에. 요새는 다 그런 거 입는대."

"왜?"

"몰라. 입어 보면 알겠지 뭐."

"그래? 팬티만 샀어? 런닝은 없고."

"세트는 만사천 원이래. 그래서 팬티만 샀어. 왜? 세트 아니면 안 입게?"

"아니! 입지. 얼마 줬어?"

"칠천 원."

"어? 어어…."

태준은 박스 팬티를 펼쳐 이리저리 둘러보고 허리에 대보고 얼굴에 비벼 보면서 미희의 말을 믿지 않고 있는 듯했다.

저녁 식사상에 앉아서도 태준은 말이 없다. 항상 그랬다. 식사가 끝나면 TV를 보며 설거지 소리 좀 작게 하라고 한마디 할 것이고 영업 가방 한 번 살펴보고 이내 잠을 청할 것이다. 그러다가 잠결에 미희의 몸이 만져지면 금방이라도 일을 낼 것처럼 하다가 스스로가 흥분을 가라앉히며 베갯잇을 뒤져 콘돔을 찾을 것이다. 저녁상도 아침이나 점심과 다를 게 없다. 원용이는 계란 후라이 하나에 끔벅 넘어간 지 옛날이고 미희는 시어 버린 김치를 섞어 넣은 반(半) 비빔밥이다. 태준만 콩나물국을 가끔 훌쩍이며 약간 마른 흰밥을 먹고 있었다.

일기를 쓰며 꾸벅꾸벅 졸던 원용이가 잠들었다. 태준도 한 곁에 누워서 선풍기 바람을 쐬고 있다. 미희만 꿍하게 앉아 드라마에 열중이었다. 아무도 말이 없다. 선풍기 돌아가는 소리만 요란했다. 엔진이 고장 난 비행기가 두 대 정도 지나가는 것 같았다. 주방 쪽문을 열어 놓아서였는지 반찬 냄새가 약간 났다.

"여보, 선풍기 타이머로 시간 맞추어 놓고 자. 알았지?"

"응."

"근데 이 팬티 좋긴 좋다. 사각이라 따로 반바지 안 입어도 되고 촉감도 좋은데! 쨍기지도 않고."

언제 갈아입었는지 말하기 전까지는 몰랐는데 어느새 넉살 좋게도 태준은 박스팬티를 입고 있었다. 미희는 힐끔 한 번 바라다보고는 다시 드라마에 집중한다. 드라마에선 여자가 뺨을 맞고 다시 남자의 따귀를 때리고 있었다. 아주 냉소적인 미소와 함께. 반격을 당한 남자의 당황한 얼굴이 클로즈업(Close-up)되면서 자막이 올라갔다. 항상 드라마는 내일 방송분을 안 보면 안 되게끔 끝이 난다. 미희는 성냥을 찾았다. 모기향에 불을 붙여 문턱에 올려놓고 태준이 이야기한 대로 선풍기의 타이머를 맞추었다. 조절 손잡이가 뻑뻑했다.

50분.

분명 오십 분 후에 '탁'하고 꺼지는 소리가 나면 다시 일어나 오십 분으로 한 번 더 돌려놓아야 할 것이 뻔했다. 오십 분 안에 잠을 이룬다면 참 고마운 일이겠지만 미희는 그 시간 안에는 절대로 잠을 이루지 못했다. 주인집 선풍기는 전자식이라 바람도 '수면 풍'이며 '자연 풍'도 있고 시간도 길게는 두 시간까지 맞추어 놓을 수 있다는데 선풍기 시중까지 들어야 하는 미희는 그런 자신이 한심스러웠다. 짧은 한숨을 내쉬며 현관문을 다시 한번 살펴보고 아침 준비할 쌀을 확인했다. 주방에서 나오면서 싱크대 밑에서 기어 나오는 바퀴벌레 한 마리를 손바닥으로 힘껏 내리쳐 잡았다. 고약한 냄새가 났다. 세제를 묻혀 대충 닦아 내고 주방 형광등 스위치를 내렸다. 천천히 방으로 돌아와 물끄러미 아래를 내려다보니 사지를 벌리고 팬티만 입고 드러누운 원용이와 새우처럼 잔뜩 허리를 구부리고 벽을 향해 돌아누운 태준이 보였다. 태준도 메리야스와 팬티만 입고 있었다.

누워있는 두 남자.
입을 반쯤 벌린 원용이와 팔짱을 낀 태준.
원용이는 지금 '색칠공부'에 열심히 색칠하는 꿈을 꾸고 있을 것이다.

그 아이의 아빠 태준은 염치도 좋게 그 '색칠공부'를 입고 있다.
한 달 치 신문을 입고 있다.
해바라기 모자를 엉덩이에 쓰고 있는 남자.
아프지도 않으면서 앞뒤로 파스를 붙이고 있는 저 남자.
내일이면 말라비틀어진 장미꽃이 앙상한 사무실로 갈 태준.

저만치 장롱 아래에선 오늘 신문이 돌돌 말린 채 내일 아침에 미희를 기다리고 있었다.

당선

제993호 1995년 11월 6일 월요일

제40회 전북대신문 학술문학상

섬

· 소근희 (서문 2학년) ·

나는 아직 여름의 그 섬을 잊지 못하네

푸르게 출렁이는 바다와
나무숲을 오르면
쓰러지지 않은 채 서 있는
빈집 뒤로 펼쳐지는 시야
축축한 흙 속에 고개를 박고
썩어가는 나무들 틈에서
독으로 피어난 버섯들은
슬프게 우는 바람에도
홀씨로 일어나 꽃밭을 이루었는데
예전에 여기 살았던 그리움들
물살을 가르던 고기떼와 함께
뭍으로 떠나 돌아오지 않고 있네

어둠이 오면 아직도 푸르게 흔들리는 등대가 있는
섬.

제41회

학술문학상

•

1980~2000

당선

제1020호 1996년 11월 11일 월요일 제41회 전북대 신문 학술문학상

해바라기

· 강진영 (국문 4학년) ·

해바라기는 언제나 하늘을 본다.

나는 종종 그런 해바라기를 보면 눈시울이 붉어지곤 한다. 일단 나면서부터 하늘을 바라보아야 하는 그 수고로움이 애처롭고, 해 종일 뙤약볕 아래 목을 늘이고 있는 해바라기의 까칠한 얼굴은 닿을 수 없다는 것을 알면서도 힘껏 발돋움하는, 한-인간의 절규를 보는 듯한 착각을 하게 하기 때문이다.

우리는 끊임없이 무언가를 찾는다. 그것을 절실하게 찾다 보면 우리가 어느새 그 무엇이 되어 버리는 때가 있다. 그러나 우리 자신은 늘 그것을 보지 못한다. 그것은 우리가 모르게 은밀히 찾아와 빛을 내기 때문이다.

어느 날 해가 되어버린 해바라기처럼…

눈을 뜨니 모든 것이 막막해졌다. 이따금 신문 뒤적이는 소리와 누군가의 코 고는 소리만 얇게 들릴 뿐. 사방은 걷어낼 수 없는 장막처럼 어둠이 짙었다. 마치 오랫동안 꿈을 꾼 느낌이었다. 어린 시절 꾸지람을 듣거나, 화가 나면 소리치고 울어 버리기보다는 아무도 나를 찾지 못하

는 곳으로 숨어 버리곤 하던 버릇. 그곳은 나에게 일종의 안식처요. 도피처이곤 했다. 좀약 냄새가 나는 장롱 속, 볏짚을 쌓아놓은 헛간. 아카시아 향기가 찾아들던 뒷동산 방공호 속에서 나는 어쩌면 현실에 대처하는 힘보다, 현실에서 비껴가는 허약한 상상력을 키웠는지도 모를 일이다. 하루의 고단함이 진득진득하게 묻어 나는 막차 안에서. 몸통은 작고 머리만 큰 내가 붕 떠오르는 것 같아 몸서리가 쳐졌다.

수영언니는 내 목을 끌어안고 울음을 터뜨렸다.

휴학을 생각하고 있었지만 미안해서 말을 못 하고 있던 나는. 휴학하기 이틀 전, 급기야 그 사실을 이야기했던 것이다. 그렇지 않아도 갑자기 군대에 간 동기들이 많고. 이리저리 힘들어하던 사람들이 많던 터에. 나의 휴학 소식은 그들에게 적잖은 실망과 안타까움을 주었다. 그중에서 수영언니는, 나를 학습시키고 지도했던 선배로 누구 보다도 나의 휴학을 만류하였다.

‥‥지선아.

왜 하필이면 지금이어야 하니?

‥‥

-그리고, 무작정 떠난다고 해서 문제가 풀리는 건 아니잖아? 조금만 마음을 여유롭게 가지고 생각해 봤으면 좋겠다.

‥‥

-지선아

‥‥

- 지선아, 네 후배들은? 네가 그렇게 떠나버리면 그 애들의 요구들은

누가 담보해 주고, 삶은 누가 이끌어 주겠니?

…… 알아요, 언니… 그렇지만 자꾸 그런 식으로 몰아세우지 마세요. 제가 휴학을 한다는 것은 아주 운동을 그만두겠다는 것은 아니에요. 다만 껍질을 깨고 싶다는 것 뿐이에요. 언니 정말 답답해서 미치겠어요. 언니 가끔 운동이란 것이 무엇인가 하고 생각할 때가 많았어요. 대학이라는 한정된 공간에서 운동이라는 이름 아래 제가 하는 일이 도대체 어떤 의미가 있는지 모르겠어요. 결국은 나의 감정 헛치레가 아니었나 하는 생각이 들더니, 이젠 한순간도 버틸 수 없을 것만 같아요. 무언가 내가 이것이라고 하고 꽉 잡히는 것이 있다면, 그때는 어떤 일이 있어도 돌아 올 거예요. 어쩌면 제가 이러는 것이 언니가 말하는 것처럼 관념적인지도 모르지요. 이게 아닌데 하면서도 자꾸 저 자신을 끌고 가고 싶진 않아요. 제가 휴학을 하겠다는 것을 이해해 달라는 말은 못 하겠어요. 가뜩이나 어려운 시기니까요. 그렇지만, 헛껍질처럼 살아갈 순 없어요…미안해요.

- …그래, 지선야. 내가 왜 널 이해 못 하겠니? 하지만, 그렇게는 문제가 풀리지 않아. 이 자리에서 네가 그런 고민을 풀 수 있도록 우리가 공간을 마련해 줄게. 모두 버리고 떠나지는 말아줘. 너는 너무나 극단적인 면이 있어. 지금도 그래. 이렇게 허약하고 관념적인 모습으로 쓰는 너의 글이 과연, 몇 사람의 마음을 움직일 수 있을까?

- 언니는 너무 경직되어 있어요. 도대체 자신이 감동하지 못하는 글을 어떤 이가 보고 감동하겠어요? 설사 감동한다 해도 저는 그런 식의 생명이 없는 글은 쓰고 싶지 않아요. 문학동아리의 역할이라는 것이 집회나 학생회 행사 있을 때, 시 낭송 몇 번 해주고, 멘트 몇 번 써 주는 것이 아니잖아요? 남의 사상을 그대로 문학이라는 형식을 빌려 대필해 주고

그것이 내 문학적인 자질을 높여 준다고, 올바른 문학, 올바른 삶을 살아가고 있다고 생각하며 자신을 자위하고 싶지는 않요. 그리고… 도대체… 올바른 것이 무엇인지도 모르겠어요.

마지막 나의 그 말 '바른 것이 무엇인지도 모르겠어요'는 수영언니의 눈에 눈물이 고이게 했다. 모든 것을 부정해 버리는 나의 모습은 그렇게 상처를 주곤 했다. 사랑하는 사람들에게, 그리고 그 누구보다도 나 자신에게.

결국 나는 수영 언니의 눈물을 보고 휴학을 철회하기로 하였다. 적어도 그때만은. 나로 인하여 아파하는 사람은 없어야 한다는 생각이 강하게 들었던 그때만은, 수영언니는 고맙다면서 나의 목을 끌어안았다. 그리고 같이 노력해 보자고 했다. 그렇지만 이게 아닌데 하는 미련이 오히려 더 짙게 남았다. 나는 자신을 속이고, 사람들을 속이고 있느냐고 있는 건지도 몰랐다.

… 그런데, 이즈음 그녀가 또다시 나를 괴롭히기 시작한 것이다.

언젠가부터 씨앗을 내리고 자라기 시작한 검은 뿌리, 가슴에서 돋기 시작하더니 종내에는 온몸을 마비시키곤 하던… 그녀가 또 생각이 났다. 운동해 가면서 잊었던 아니, 잊은 듯했던 죄의식이 또다시 엄습해 오고 있었다. 내가 삶을 자신 있게 살아가지 못한다고 생각을 할 때마다 찾아오는 그녀. 언제나 해바라기로 다가오던 소녀.

봄은 이제 그 원숙한 내음을 물씬 풍기고 있었다.

열린 창문 사이로 불어 오는 바람에는 플라타너스의 푸르스름한 소리와 아카시아의 단내가 시시때때로 묻어오곤 했다. 그 바람 따라 우리들의 젖망울도 제법 여물기 시작했고, 나른한 수업 시간과 단조로운 시골 중학교의 일상이 무료한 우리는 제비 춤을 추며 '아, 바람이여'를 열심히 부르던 남정 오빠의 사진을 교탁 밑에 붙여 놓고 다리 춤을 추거나, 서쪽 복도에 있는 남학생 교실로 한눈을 팔며 하루하루를 소일하고 있었다.

그 날, 아카시아 꽃향기가 너무도 진하여 괜시리 가슴이 두근거리더니…

나는 평소처럼 아이들과 교탁 아래에 둘러앉아 점심 도시락을 먹고 있었다. 이른 아침 교실로 찾아와 나에게 편지를 건네준 은우라는 아이 때문에 둘러앉은 친구들이 '지선아, 좋겠다! 가시내야!'를 연발하고 있었고, 나는 그 자리에서 찢어버린 편지 때문에 귀밑까지 붉으락푸르락 하던 그 녀석이 우스꽝스럽기도 하고, 한편으로는 내가 너무 했나 하는 후회와 아이들의 은근한 부러움 섞인 질투 때문에 어깨에 적당히 힘이 들어가 있었다.

그때였다. 일찍 점심을 먹고 복도를 뛰어다니며 놀고 있던 아이들, 책상에서 책을 보고 있던 아이들이 갑자기 소리를 지르기 시작하였다. 엉겁결에 들고 있던 숟가락을 놓친 채, 나는 소리 나는 쪽을 바라보았다. 아이들이 나를 부르고 있었다.

"실장! 실장! 선생님 불러와!"

나는 채 씹지 못한 밥알을 입안에 가득 문 채 아이들이 모여있는 곳으로 뛰어갔다. 누군가가 교실 뒷문에 쓰러져 있었다.

열린 창문으로 불어오는 바람에 노랗게 닳아 빠진 커튼이 나부꼈고, 운동장에서는 남학생들 공차는 소리, 동그랑땡을 하던 여자아이들의 다투는 소리가 꿈결처럼 아득하게 들려 오고 있었다.

그런데… 내 앞에서 한 소녀가 말라 빠진 걸레처럼 구겨져서 세상의 밑바닥으로 빠진 듯이 허우적거리고 있었다.

어릴 적, 동네 장터에서 입에 거품을 물고 한참을 누워 발작하더니, 아주 오랫동안 편안한 잠을 잔 사람처럼 일어나 헝클어진 머리를 매만지고 입가에 묻은 침을 쓱 하니 닦던 거렁뱅이의 고요하고 맑던 눈.

나는 그 자리에 붙박인 듯 서 있었다. 그 순간이 왜 그리도 오래처럼 느껴졌을까? 갑자기 나는 그 순간이 비현실적인 것처럼 느껴졌다. 금방이라도 천둥 번개가 내려칠 것 같은 여름날, 들녘 한가운데 혼자 서 있는 듯한 착각이 들었다. 아이들의 음성거리는 말소리, 겁에 질린, 호기심 어린 눈망울들이 하나도 들리지도, 보이지도 않았으며 그 자리에는 처참한 모습으로 발작하는 그 아이의 하얀 얼굴과 두려움에 창백한 나의 모습뿐이었다. 갑자기 온몸이 나른해지고 식은땀이 나기 시작하더니 아까 먹은 김치 조각이며 밥알이 넘어오기 시작했다.

나는 정신없이 화장실로 뛰어갔다.

웩웩거리며, 토사물은 쏟아졌고, 이러는 내가 도무지 이해되지 않았다. 한참을 화장실 벽에 기대어 서 있다가 교실로 돌아오니 선생님이 와 계셨다. 내가 나간 사이 다른 아이가 모시고 온 것이었다. 선생님은 발작하고 있는 그 아이의 입에 손수건을 감싼 손가락 굵기의 나무토막을 끼워 넣었다. 발작하면서 돌돌 말린 혓바닥이 기도를 막는 것을 막기 위해서였다.

-실장, 실장, 지선아, 서지선!

…… 예,

-어디 가서 그렇게 정신을 놓고 있니? 4반 가서 동녀랑 항상 같이 다니는 애, 미영인가하는 애 있지? 걔 좀 데리고 와라. 그리고 너희들은 양호

실로 가서 운반용 침대 가져오고,

동녀, 동녀… 그래. 그 아이의 이름이 동녀였던가? 푸른 혈관이 보일 정도로 창백한 얼굴에 갈색이 많이 도는 눈동자를 가졌던 아이. 그래, 며칠 전 영어 시간에 해석을 못 해 영어 선생님께 불려 나가 꾸중을 들었었지. 칠판에 한문으로 자기 이름을 쓰고, 부모님이 자기에게 어떻게 살라고 했는지 말해보라는 선생님의 말씀에 칠판에 더듬더듬 '朴東女'라고 쓰던 아이, 선생님이 '동쪽의 여자?' 하자, 아이들이 왁자지껄하게 웃어대고, 푹 숙인 그 아이의 얼굴 위로 너무도 창백해서 감출 수 없었던 혈관들이 붉게 꿈틀대던 것이 보였었지.

왜 여태껏 그 아이의 이름이 동녀였던 것을 모르고 있었을까? 언제나 조용한 편이었으나, 가끔 실장, 실장하고 부르며, 수줍게 아는 척을 하지 않았던가?

미영이는 교실에 없었다. 벌써 점심을 먹고 나갔다는 것이다. 미영이를 찾아 학교를 한 바퀴 도는 동안 자꾸 으슬으슬한 한기가 돌았다. 마치 어둡고 긴 터널 안으로 내가 빨려 가는 느낌이 들었다. 교문 앞에서 남학생들과 노닥거리고 있는 미영이를 발견한 것은 내가 아니라, 같이 갔던 영선이였다. 계속 넋을 놓고 있는 나에게 영선이가 농담을 하였다.

-야, 서지선! 뭘 그렇게 생각하냐? 아까 그 은우라는 애 생각하냐?

나는 영선이의 그 아무렇지도 않아 보이는 태도와 나에게 일어나고 있는 알 수 없는 변화에 누구에게랄 것도 없는 화를 내고 말았다.

교실로 돌아 도니, 선생님이 반 아이들에게 이야기를 하고 있었다.

-너희들은 이제 친구의 아픔을 나눌 수 있는 나이라고 생각한다. 만약 너희들, 동녀에게 상처를 주거나 하면 내가 가만 놔두지 않을 테니까, 인신공격 같은 것은 하지 말길 바란다. 옮는 병 아니니까, 따돌리지 말고, 이상!

선생님이 말을 마치고 미영이와 함께 나가자마자, 아이들은 웅성거리기 시작하였다.

-정말 불쌍하다. 그 간질병은 평생 못 고친대,

-아이고, 무서라. 아까 발작하는 거 봤지? 난 꿈에 보일까 무섭드라.

-나, 지난번에 동녀가 가져온 떡 먹었는데, 어떡해? 옮으면?

-야, 이 멍청아! 그건 안 옮는다고 선생님이 말했잖아.

-동녀가 그런 병이 있는지 몰랐다. 얌전하고 착했는데…

아이들은 저마다 지지 않겠다는 듯, 한 마디씩 떠들었다.

나는 진공 상태에 빠진 듯했다.

오후 수업이 끝나고, 종례 시간이 되어서야 동녀는 돌아왔다. 희던 얼굴은 더욱더 창백해져 있었고, 머리카락은 헝클어져 있었는데도, 이상하게 눈은 비 갠 하늘처럼 맑았다.

아이들은 선생님의 말씀처럼, 내색하지 않으려는 것 같았으나, 힐끔힐끔 동녀를 곁눈질하곤 했다. 동녀는 무엇에 주눅 들린 사람처럼 고개를 들지 않았다.

종례시간이 거의 끝나 갈 무렵, 동녀는 또 한 번 가벼운 발작을 일으켰다. 인사를 하려 고개를 살짝 들더니 그대로 고개를 내리지 못한 것이다. 동녀 짝꿍의 '어, 어 선생님'하는 소리에 돌아보니, 동녀는 고개를 뒤로 젖히고 눈을 뒤집은 채 껄떡거리고 있었다.

며칠 밤을 발작하는 꿈을 꾸었다.

동녀가 나와서 발작을 하기도 하고, 내가 동녀가 되기도 하는 것이었다. 불면증에 숱하게 시달리고, 잠이 들어도 꿈 속에서 헤매기 일쑤였다. 그러면서도 더욱더 나를 미치게 하는 것은 내가 왜 그러는지를 모르겠다는 것이었다.

아이들은 동녀를 멀리하였다. 원래 말이 없어 친구들이 많이 있는 편은 아니었지만, 그 발작이 있고 난 후에, 아이들은 겉으로 표시하지는 않았지만, 의식적으로 동녀를 멀리하는 눈치였다.

가을 소풍날, 동녀는 또 발작을 일으켰다.

하늘은 시리도록 맑았고, 쑥부쟁이며 구절초가 하늘 자락에 닿고라도 싶은 듯 한들거리고 있었다.

도착하여 점심 도시락을 먹으려 자리를 잡을 즈음, 동녀는 하늘을 향한 채, 고개를 내리지 못하였다.

왜 그랬을까? 그런 동녀가 꼭 해바라기처럼 보였던 것은, 동녀가 노란 옷을 입었기 때문이었을까? 하늘을 향해 무언가를 간절히 바라는 몸짓. 그 모습을 보면서 나는 눈물이 날 것만 같았다. 아이들은 잠시, 두 눈을 동그랗게 떠 보였을 뿐. 이미 알고 있었다는 듯, 무심하게 도시락을 열고 있었다. 발작이 끝난 후, 동녀는 도시락을 들고 아이들을 찾았지만, 아무도 동녀를 부르지 않았다. 동녀는 아무 말 없이 구석진 곳을 찾아 들었다. 멀리에서도, 동녀가 눈시울을 훔치며, 파리한 얼굴로 김밥을 먹는 것이 또렷이 보였다. 왜 나는 동녀를 부르지 못했을까.

한 줄기 바람이 얼굴이며 김밥 위에 모래를 한 움큼 쓸어 넣고 갔다.

버스는 전주에 도착하였다.

인터체인지를 돌 무렵 캄캄한 창문으로 빗방울이 떨어지기 시작하였다. 사람들은 버스의 속력이 늦춰지자, 도착하였음을 알았는지 눈을 뜨기 시작하였다. 안전벨트 푸는 소리, 기지개 켜는 소리가 들리더니, 사람들은 점점 굵어지는 빗줄기를 보면서 집에 갈 일을 걱정하였다. 예기치 않게 찾아오는 일들, 전혀 생각지도 않게 찾아오는 것들 때문에 낭패를 본 일이 얼마나 많았던가. 지금, 예기치 않게 오는 비처럼….

열다섯 살. 그 나이에 동녀는 나에게 죄의식을 심어 주었다. 세상이 모든 사람에게 그렇게 호의적이지만은 않다는 것을 나는 그녀를 통해 알게 되었다.

2학년 2학기가 되자마자, 나의 성적은 급격히 떨어지기 시작하였다. 집과 학교에서는 남학생들을 만나기 때문이라고 하였지만 나는 그따위에는 별로 관심이 없었다. 오히려 내 마음속의 혼란을 잠재우기 위해 나는 그들을 이용하려 했는지도 모를 일이었다. 전교에서 5등 안에 들던 내 성적은 50위 안으로 처지고 있었다. 담임 선생님은 자주 상담을 원해 왔고, 그때마다 별 신통한 대답을 듣지 못하였다. 그즈음의 나는 심한 결벽증에 시달리고 있었다. 내가 그동안 누려 왔던, 나 자신이 행복해했던 그 모든 것과의 단절을 시도하기 시작했다. 그동안 모범생으로 불렸던 나는 그 행복이 사치와 위선이라고 치부하였다. 남학생들과 어울려 다니고, 수업을 거의 빼먹기 시작하였다. 친구들과 어울려 술을 마시다가 들켜 1주일을 정학당하기도 하였다.

그러나 그 무엇도 나를 달래지 못하였다.

나는 그녀에게 매일 매일 쪽지를 남기곤 하였다. 그녀에게 가지는 죄의식을 그렇게라도 달래 보고 싶었는지도 모른다. 그녀에게 나는 시를 적어 보내곤 하였다. 그 시의 대부분은 어려움을 극복하는. 그런 희망을 내포하고 있는 것들이었다. 그녀의 생일날에는 해바라기가 그려진, 머리 묶는 천을 넣어 놓기도 하였다. 물론, 아무도 모르게 였다. 그러나 그것 또한 내가 누리는 동정을 가장한 위선의 행동으로 밖에 여겨지지 않았다. 나는 그녀에게 마음을 열고 다가가지 못하였다. 왜 그랬었을까? 나는 그녀를 통해 알게 되는 세상의 절망과 괴로움에서 도망가고 싶었는지도, 그렇지 않다고 부정하고 싶었는지도 모른다. 내가 잠시 잠깐 웃고 있을 때도 동녀가 어두운 동굴에서, 원망이 가득 찬 눈초리로, 하얗게 이쪽을 노려 보고 있는 환영에 시달려야만 했다. 나에게, 내가 누리는 행복에 대한 혐오감을 느끼게 한 동녀에게 나는 더욱 냉정한 사람이 되어 갔다. 간혹 나에게 다가와 말을 건네기도 했지만 나는 그때마다 더욱더 차가워지곤 하였다. 그것이 심하면 심해질수록 나는 나 자신에게, 그리고 동녀에게 더욱더 잔인해져 갔다.

3학년이 되자, 진학 상담을 하기 시작하였다. 담임 선생님은 부모님과 나에게 여상을 가기를 권하였다. 그러나 '부모님은 나에 대한 미련을 버리지 못하였다. 나는 될 대로 되라는 식이었다. 동녀는 집안 사정으로 하여 산업체 고등학교에 진학한다고 하였다. 무슨 방직 공장에서 왔다는 버스들이 아이들을 실어가고, 남아 있는 아이들은 눈물을 짜는 진풍경이 벌어졌다. 나는 교실 창문에서 그 모습을 바라보면 이 지긋지긋한 시절이 빨리 지나가 버리기를 바라고 있었다. 그때 노란 옷을 입은 아이가 버스 안으로 오르고 있는 것이 보였다. 하얀 얼굴에 금방이라도 눈물이 쏟아질 것 같은 눈을 하고, 동녀였다. 나는 고개를 뒤로 돌려 버렸다.

가슴과 눈에서 뜨거운 것이 뭉텅이로 빠져나가는 느낌이었다.

중학교를 졸업하고 나는 전주로 유학을 오게 되었다. 이곳을 떠나 전주에서 새로운 친구들과 새로운 생활을 시작하면서, 나는 이따위 죄의식과는 멀어질 수 있겠지 하는 어렴풋한 희망을 품고 있었다. 그러나 그것은 단지 마음뿐이었다. 학교 옆에서 자취를 하던 나는 어쩌다 시골집에 가는 버스 안에서 중학교 동창을 만나면 꼭 동녀의 안부를 묻곤 했다.

동녀가 잘살고 있다는 이야기를 들으면 숨쉬기가 편해질 듯하였다. 그러나 동녀의 안부를 이는 사람은 없었다. 2학년 여름방학이 끝나 갈 무렵, 집에 가는 버스 안에서 미영이를 만났다. 공장에서 휴가를 주어 집에 오는 길이라는 미영이는 짙은 화장을 하고 있었다. 미영이의 공장 이야기를 듣다가 나는 조심스레 동녀의 안부를 물었다. 미영이는 한참을 뜸을 들이더니

-응…동녀, 같은 공장에 있었는데 일이 힘들어서 그랬는지 전보다 더 심하게 발작을 했어. 그것도 한두 번이 아니라 자주… 그래서… 공장에서… 쫓겨났어. 지금, 집에 있을 거야.

나는 미영이에게 동녀의 안부를 물은 것을 후회하였다.

버스에서 내리니 빗줄기는 장대비가 되어 있었다. 택시를 잡으려고 가는 동안, 몸은 흠뻑 젖어 버렸다. 자정이 넘은 시간인지라 거리에는 사람의 그림자가 뜸하였고, 네온싸인만 비에 젖어 흘러내리고 있었다. 택시는 한참 후에야 잡혔다. 기사 아저씨가 장마도 끝났는데 왠 비냐며, 감기 걸리겠으니 방에 불을 넣고 자는 게 좋겠다고 사람 좋게 웃는다. 중년의 나이로 보이는 그 아저씨의 얼굴 가득 따뜻한 주름이 잡혔다. 나도 저 나이가 되면 저런 웃음을 웃을 수 있을까.

대학에 와서 학생 운동을 하면서 나는 동녀와 세상에 가졌던 죄의식을 어느 정도, 아니 아주 지울 수 있으리라고 생각하였다. 단지 나를 위해서만 존재했던 삶에서 사람과 세상 속에서 더불어 행복해지는 삶, 문학 동아리 활동을 해 나가면서 나는 스스로가 자랑스러워졌고, 더는 자학하지 않게 되었다.

주머니를 털어, 돼지고기 반 근을 사, 후배 자취방을 찾아가는 길에 보았던 밤하늘의 별. 나는 그것들을 보며, 저 별들을 위해서라면 어두운 밤하늘이 되어 줄 수도 있으리라 생각 하였다. 집회나 학습, 수련회 등 모든 것을 빠지지 않고 참석하였고, 그 육체의 피곤함 속에서도 투명하고 또렷한 정신을 가질 수 있었다.

새벽이 다 되어서야 자췻집에 들어가면 고등학교에 다니던 남동생은 연탄불이 다 꺼진 방에서 감기에, 열이 오른 얼굴로 잠들어 있곤 하였다. 창밖이 하얗게 셀 때까지 밀린 빨래며 설거지를 하면서, 동생과 부모님에게 주는 상처 때문에 눈물을 흘리다가 언젠가는 이해해 주실 것이라고 자신에게 말하곤 했다.

나는 내 사람이 아름답다는 생각을 하였다.

그러나 그것은 오래 가지 못하였다. 2학년 가을이 시작될 무렵, 내 마음속에는 서서히 균열이 생기기 시작하였다. 그것은 후배의 죽음으로부터 출발하였다. 죄의식이 또 하나 늘었다.

평소 그 녀석은 별로 말이 없던 편이었다. 과 대면식을 하러 강의실로 올라가던 중에 그 녀석은 쭈빗쭈빗 서 있었다. 새내기라고 보기에는 좀 나이가 들어 보이는 얼굴이었지만 그 녀석의 행동이나 정황으로 보아

대면식 자리에 들어갈까를 망설이는 새내기임이 틀림없었다. 나는 다가가서 인사를 했다. 그 녀석은 참 순해 보이는 큰 눈을 가지고 있었지만, 어딘가 반항기가 보이는 말투였다. 그 녀석의 이름은 '김재희'였고, 과 후배였다. 같이 들어가자는 이야기를 했지만, 약속이 있다고 했다. 나는 내 소개를 하며 아울러 동아리 소개와 위치, 그리고 찾아오라는 말도 했던 것 같다. 한 일주일이 지났을까, 재희는 찾아왔다.

언제나 재희는 파란색 배낭을 메고 다녔다. 왜냐고 물으면 그 녀석은 언제나 떠나고 싶을 때, 떠나기 위해서라고 말해 선배들의 마음을 안타깝게 하였다. 아이들과 언제나 논쟁을 벌여 싸움을 하곤 하였으나 본래의 마음이 유순하고 따뜻하다는 것을 모두 알고 있었기에 아이들은 그 녀석을 좋아했다.

재희는 대학 생활에 잘 적응하지 못하였다. 학교를 안 나오는 날들이 많았고, 집에도 잘 들어가지 않았다. 방명록에 '대학은 진리의 상아탑이 아니라 부패 탑이다' 라는 말을 재희는 종종 쓰곤 하였다. 나는 재희가 너무 안타까웠다. 어떻게든 재희가 자신의 자리를 찾도록 도와 주고 싶었다. 여름 방학이 끝나고, 새 학기가 시작하고 일주일이 지났을까? 재희가 동아리 모임이 끝날 무렵 술에 취해 들어 왔다. 재희는 울며 말했다. 학교를 그만두고 싶다 했다. 재수를 하는 친구들과 만나고 오는 길이라고 한다. 그들에게 대학이 다닐만한 가치가 있다는 말을 해주지 못했다며 재희는 울고 있었다. 나는 재희와 눈물을 닦아주며 절대로 재희의 괴로움을 그냥 놔 두지 않겠다고 다짐하였다.

일주일 후, 재희는 말쑥한 모습으로 나타나 동아리 아이들에게 맥주를 샀다. 서서히 안정이 되어 가는 모습 때문에, 나는 내심으로 안심을 하고 있었다. 재희는 술자리에서도 언쟁을 하지 않았고, 고요한 눈으로 사람들의 이야기를 들어 주기만 하였다. 아이들이 재희에게 평소에도 오늘 같기만 하라고 농담을 하였다. 그때 집으로 향하던 재희의 뒷모습이, 왜 그리도 눈에 밟혔을까?

평소와 다른 모습이기 때문이었을까?

재희의 죽음을 안 건 이틀 후 월요일, 강의실에서였다.

병원 영안실로 가는 동안에도, 분향소에 놓인, 검은 천을 두른 재희의 사진을 보면서도, 재희 어머니가 몇 번을 까무러치며, 나를 보고 '재희야 어디를 갔다 이제 오냐'고 할 때도 재희의 죽음은 나에게 낯설었다. 눈물이 나오지 않았다. 일요일 저녁 식사를 마친 후에 잠깐 나갔다 오겠다고 했던 재희가 발견된 것은 국도변 풀숲에서 였다고 한다.

뺑소니 교통사고였다.

밤길을 가며 재희는 무슨 생각을 했을까. 뺑소니에 치여 몸이 붕 떠오르는 동안 재희는 무슨 생각을 했을까. 풀벌레 소리만 아득한 풀숲에서 피를 흘리며 재희는 또 무슨 생각을 했을까. 이대로 죽을 수 없다고, 재희는 나오지 않는 목소리로 얼마나 소리쳤을까. 아 아 재희야.

입관을 하기 전 재희의 얼굴을 보았다. 수의를 입고 잠든 듯 누워 있던 재희, 손을 뻗어 재희의 얼굴을 만졌다. 난 눈물을 터뜨리고 말았다.

재희는 얼음처럼 차가웠다.

재희는 죽은 것이다.

나는 절망하고 말았다. 운동적 삶으로 재희의 모습을 변화시키려 했던 나의 자만과 욕심이 보이기 시작하였다. 난 재희에게 먼저, 설득이 아닌 이해로 다가갔어야 했다.

산 중턱에 재희의 뼛가루를 뿌릴려는 날은 바람이 몹시 불었다.

재희의 뼛가루는 멀리 날아가지 못하고 우리들의 얼굴과 입속으로 자꾸만 들어왔다.

택시에서 내려도 비는 그치지 않았다. 자취방 창문은 불이 꺼져 있었다. 동생이 벌써 자나 했는데, 방 안에는 아무도 없었다. 오늘이 토요일이지. 동생은 아마 집에 일을 도와 주러 갔을 것이다. 고추며 생강 때문에 눈코 뜰 새 없이 바쁜 때였다. 언니한테 말한 대로라면 나는 지금 집에 있을 것이었다. 나는 공장 집으로 가지 않고 왜 진수를 찾았을까?

있는 그대로를 맑게 비추지 못하고 내 곁에 있는 모든 것들을 같이 어둡고 습하게 만드는, 나는 늪인지도 모른다.

공장일을 그만두고 며칠을 멍하니 앉아 있다가 나는 어제, 집에 간다며 언니 집에서 나왔다. 나는 진수를 만나려고 광주행 고속버스를 탔다.

광주에 도착하니 저녁이 다 되어 있었다. 진수는 전국 문학 동아리 모임을 통해 만난 아이였다. 같이 동아리 일을 하면서 어려운 것들을 나누며 우리는 친해졌다. 우리는 편지도 주고받고 가끔 만나기도 하는 등 친한 사이였지만 작년 겨울 진수가 친구 이상의 마음을 보여 한동안 나는 그를 멀리하였었다.

진수는 예전보다 훨씬 초췌한 모습이었다. 동아리 회장 일을 맡아 많이 힘든 모양이었다. 나는 진수에게 술을 사달라고 하였다. 진수는 아무 말 없이 근처 호프로 나를 데리고 갔다. 언제나처럼 진수는 이야기를 들어 주었다. 휴학했다는 소식은 들었지만 이렇게 불쑥 찾아올 줄은 몰랐다고 하였다. 나는 연거푸 술을 마시기 시작하였다.

진수가 몇 번 내 술잔을 뺏었으나, 나는 술잔이 없으면 병째 마시곤 했다.

수영언니에게 휴학하지 않겠다고 약속했던 나는 끝내 휴학을 하고 말았다.

집에 있던 문건이며, 책을 모두 태워 버린 나는 처음부터 다시 시작하고 싶었다. 먼저 사람들의 전화와 방문을 피해 집을 나왔다. 집에서는 나의 휴학과 책을 태우는 모습들이 운동을 그만두려 하는 것인 줄 알았는지 말리지 않았다.

일주일의 여행을 끝내고 나는 천안에 있는 언니 집에서 머물기로 하였다. 언니에게는 아르바이트한다고 하고, 하청의 하청을 맡아 팬티며 브래지어 등을 만드는 조그만 공장에 취직하였다.

나는 그곳에서 나 자신과의 싸움을 시작하였다.

나의 출발은 순조로웠다.

아파트 주위에 있었던 탓인지 그곳에는 21살 영숙이라는 아이부터 시작하여 60살이 다 되는 할머니까지 있었지만 대부분 주부들이 많았다. 매일 아침 8시 30분에 시작하여 저녁 6시까지 일을 하였지만, 물량이 밀리는 날에는 자정을 넘기기가 일쑤였다.

나는 시다 일을 했다. 팬티에 묻은 실밥이며 보풀 등을 떼어내고, 미싱을 돌리는 재봉사 옆에 서서 옷감을 챙겨주는 일을 하였다. 처음 일주일은 하루 종일 서 있기 때문인지 다리가 통통 붓곤 하였고, 콧속에서는 그날 만진 옷감 색을 띤 코딱지가 나오곤 하였다.

나는 의식적으로 사람들과 접근하려 하였다.

중학교에 다니다 말고 집안 사정이 어려워 공장에 들어왔다는 영숙이는 야학하러 다니고 있었다. 짙은 화장을 하고 대학생과의 사랑을 꿈꾸는 아이였다. 매일 나에게 대학생들과 어울려 다닌 이야기를 자랑스럽게 떠들곤 하였다. 쉬는 시간이 되면 진한 블랙커피를 타서 마시며 다리를 꼬고 앉아 '뮈헨의 노란 민들레'를 한 달이 넘게 읽곤 하였다. 나는 그녀를 가르치려 했는지도 모른다. 10년이 다 되는 재봉 일로 손톱 몇 개가 쪼개진 반쪽으로 자라버린 그녀를, 책에서 보았던 몇 마디의 말로.

공장일이 2주일을 넘기려 하던 무렵, 그녀는 내가 내민 전태일 평전을 내 앞에서 집어 던졌다.

"웃기지 마! 나는 이런 지저분한 일 따위 더는 계속하고 싶지 않아! 평생 재봉질하다가 뒈지라고? 언니가 왜 나한테 이런 책을 읽으라고 주는지 모르겠지만 내 앞에서 잘난 체 하지 마! 대학생이 뭐 할 일이 없어서 이런 공장에서 아르바이트야? 누구 약 올리는 거야? 처음 올 때부터 난 언니가 싫었어! 제발 나한테 말 걸지 마! 재수 없어!"

나의 민중에 대한 선입견은 너무 얄팍하였고, 사람에 대한 애정 또한 빈약하였다.

나는 결국 두 달을 빠듯이 채우고, 공장을 그만두었다.

제 삶 하나도 제대로 꾸려 나가지 못하면서 그동안 나는 누구를 동정하였던가.

나는 내가 거추장스러워졌다.

얼마나 마셨을까,

시간은 이미 자정을 넘어 있었고, 선배 자취방으로 가자던 진수에게 나는 한사코 싫다고 하였다.

나는 진수에게 여관으로 가자고 하였다.

-야! 너, 나 좋아한다고 했잖아, 나 가져버려! 이따위 쓸모없는 가시내,

맘껏 짓밟아버려! 자, 가자니까!

-서지선! 정신 차려! 너 왜 이래? 네가 이런다고 아무것도 풀리지 않아! 자학하지 마!

-뭐? 웃기지 마! 난 서지선이 아냐. 아무것에도 쓸모없는 고깃 덩어리야! 자, 가져! 짓밟아 버려!

나는 내 팔을 잡고있는 진수의 손을 뿌리치고 앞 단추를 풀어 제쳤다

순간, 퍽 하는 소리와 함께 귀가 먹먹해지고 입안에서 비릿한 냄새가 났다. 나는 길모퉁이에 쓰러졌다. 진수가 와서 미안하다며 나를 일으켜 세우고 앞 단추를 여며주었다. 가슴 속에서 뜨거운 것이 치솟았다. 나는 소리 내어 엉엉 울고 말았다. 진수가 나를 가만히 안아 주었다.

진수는 나를 선배의 집으로 데리고 갔다. 나는 밤새도록 잠을 이루지 못하였다.

다음 날 아침, 나는 진수와 함께 망월동을 찾아갔다. 돌아오는 길에 진수가 말했다.

-지선아, 자학하지 마라, 너 자신부터 사랑할 줄 알아야 해. 그래야 다른 이도 사랑할 수 있을 거야, 문학도, 운동도 거기서부터 시작이야.

쓰레기 차의 음악 소리에 눈을 뜨니 비가 개었는지, 창문 가득 아침 햇살이 쏟아져 들어 왔다.

엊그제 마신 술 때문인지, 며칠 동안 잠을 이루지 못한 탓인지 온몸이 쑤시고 한기가 들었다.

어제 택시 기사 아저씨의 말처럼 보일러를 켜고 잘 일이었는데 하는 후회가 들었다. 일어나서 보일러를 켤까 하다가 몸이 움직이지 않아 그만두었다. 다시 스르르 잠이 들려 하는 즈음 전화벨 소리가 들렸다

-여보세요

-집에 들어 왔고만. 그제 늬 언니가 집에 갔다고 던디, 어디 있었냐? 이것아! 집에 전화도 못 하냐? 도대체 뭐를 허고다니는지 모르것다.

-…미안해요, 엄마. 친구 집에서 잤어요.

-목소리가 또 왜 그러냐? 어디 아프냐?

-감기 기운이 있나 봐요.… 괜찮아요.

-…그러지 말고 집에 와라. 아플 때는 집에 와서 쉬어야지. 올 수 있지?

-……

-지선아.

-예 …. 알았어요…. 엄마.

눈물이 났다. 부모님이 쏟는 사랑의 기대치에도 못 미치는 나약한 자신을 생각하니.

비가 그친 뒤여서 그런지 산들이 한 발자국 성큼 다가와 있었다. 집으로 가는 군내버스는 일요일 오전이라 한산하였다. 군내 버스의 찢어지고 달아 빠진 뒷좌석은 개발새발로 '애인 구함'이라는 낙서들이 널려 있었다.

'키 160, 몸무게 48 이하 깜찍하고 발랄한 16세에서 18세의 여성이면 누구나 환영, 연락처 OO-OOOO' 피식 웃음이 나왔다. 친구들과 모여 앉아 공들여 이런 낙서를 썼을 그 또래의 남학생의 여드름 난 얼굴을 생각하니, 문득 나도 저런 낙서를 써 놓고 친구들과 버스 뒷자리에 모여 앉아 키득키득 거리며 웃을 수 있는, 그런 천진함으로 돌아가고 싶다는 생각이 들었다. 그런 시간이 허락되지 않고 햇살 아래 서 있어도 가슴이 아프던 그때 …동녀가 생각이 났다. 어떻게 살고 있을까? 창밖으로 보이는 논에서는 제법 자란 모들이 바람을 따라 몸을 엎디었다가 일어서면서 살아 있음을 표시하였고, 도로 옆으로는 개망초들이 차들이 지나가는 서슬에, 가녀린 몸을 움츠렸다. 풍경은 나와 그렇게 무관하게 있곤 하였고, 나는 박제된 인형이 되어 세상에 덩그러니 놓인 듯했다.

-저, 지선… 서지선씨 아니세요?

상념에 젖어 창밖으로 넋을 놓고 있는데 누군가가 나를 부르는 소리가 들렸다. 나는 소리 나는 곳으로 쳐다보았다. 버스를 탈 때 만삭의 몸을 하고 먼저 앉아 있던 여자였다.

별로 주의를 기울이지 않고 지나쳤었는데, 누굴까, 어디서 많이 본 듯도 한데, 저 갈색 눈, 동녀, 혹시 동녀가 아닐까.

내가 그녀를 보며 기억을 떠올리고 있을 때, 그녀는 무거운 몸을 이끌고 내 쪽으로 기우뚱거리며 왔다. 그 순간 나는 내 눈을 의심하였다.

기미가 낀 얼굴에 헐렁하고 낡은 해바라기가 그려진 임신복을 입고 그녀는 예감대로 동녀였다.

하필이면 이런 때 만나다니. 내 자신도 제대로 가누지 못하는 때에, 그리고 저리도 초라한 모습을, 나는 또 얼마나 많은 불면의 밤을 새워야 한다는 말인가?

-동…동녀구나

-지선아, 정말 오랜만이다. 집에 가는 길이니?

나는 동녀의 얼굴을 쳐다 보았다. 이상하다. 예전 동녀의 모습이 아니었다. 언제나 말이 없고, 어두워서, 나를 한없는 죄의식으로 끌고 가던 예전의 그녀가 아니었다.

예전보다 야위어 보였지만, 그 갈색 눈은 슬퍼 보이던, 옛날의 눈빛이 아니었고, 밝은 광채까지 품고 있었다. 그 눈을 보고 있자니 숨이 턱 막힐 것만 같았다.

-어…디, 가니?

-응, 친정 아니, 우리 집에

친정이라는 말을 하고 어색하게 웃던 그녀의 얼굴을 보다가 나는 그제야 동녀의 만삭이 된 배로 눈길을 돌렸다. 내 눈빛을 느꼈음인지 동녀는 아랫배를 쓰다듬으며 말했다.

아랫배로 향하는 동녀의 눈길이 따뜻해지더니 창백하던 볼이 불그레하게 물들었다.

-다음 달이 해산일이야, 나 결혼했어. 전주에 살아.

-몸…은 괜찮니?

아차, 나는 이렇게 물은 것을 후회하였다. 나는 아기를 가진 동녀의 건강을 물은 것이었으나, 동녀는 어쩌면 자신의 병을 생각하고 괴로워할지도 모른다.

-몸이 많이 아파서 아기를 못 가질까 했는데… 우리 그 사람이 ….

발그레하게 수줍어하는 동녀를 바라보며 나는 갑자기 내가 그동안 수도 없이 고민하고 방황했던 것들이 모두 나의 편견인지도 모른다는 생각이 들기 시작했다.

동녀는 나를 쳐다보더니 빙그레 웃었다.

-지선아, 왜 이렇게 살이 빠졌니? 예전에는 그래도 지금보다 좀 더 통통했었는데, 그때 너 되게 이뻤는데…. 꼭 앓다 일어난 사람 같다. 지금 몇 학년이야?

-으, 응 3학년

난 한참을 말을 잃고 창밖을 쳐다보았다. 동녀가 몇 번 내 쪽을 쳐다보았으나, 나는 아무 말도 생각이 나지 않았다. 동녀가 질끈 묶은 머리를 가리키며 나를 쳐다보았다.

-이거 생각나?

나는 동녀의 손끝을 쳐다보았다. 놀랍게도 동녀의 머리에는 예전에 내가 몰래 동녀의 책상 속에 넣어 둔 머리끈이 묶여 있는 것이었다.

-내 자리에 아침이면 발신인 없이 편지가 놓여 있곤 했지, 처음에는 누군가 날 동정하는 것이라고 생각해서 찢어 버린 적도 많아, 그런데 일주일에 한 번꼴로 계속 편지가 오자 이번에는 내 쪽에서 오히려 그것을 기다리게 되는 거야. 누굴까 하고 궁금해하다가 아침에 일찍 와서 망을 봤지, 그런데 그 사람이 놀랍게도 너였던 거야. 이상한 생각이 들더구나, 내 앞에서는 굉장히 쌀쌀한 듯싶었는데 편지의 주인이 너였다는 것이, 사실 나는 네 편지를 보면서 힘을 얻곤 했거든, 그런데 너 왜 그랬니?

나는 자꾸 눈물이 나올 것만 같았다. 나는 얼른 동녀의 아랫배를 바라보며 다른 말을 꺼냈다.

-아기는 잘 노니? 힘들겠다.

동녀는 또 애잔한 눈길로 아랫배를 쳐다보았다.

-내…병 있잖아, 그것 때문에 아기를 안 가지려고 했었는데…그 사람… 공장에 있을 때 만났는데… 그 사람이 용기를 줬어, 네가 왜 그랬는지 모르지만 나는 너하고 그 사람한테 항상 고마워. 나도 누군가를 위해 뭔가를 할 수 있다는 자신감을 주었거든.

가슴 속에서 둔중한 것이 서서히 목구멍으로 올라왔다. 갑자기 숨이 막혀 오더니 머리가 아찔하였다.

순간의 착각이었을까? 나를 쳐다보는 동녀의 눈에서는 찬란한 빛이 쏟아져 내렸다. 동녀의 옷에 그려져 있는 해바라기들이 일 순간 튕겨 나오는 것만 같더니 솨 하고 빛살을 내 뿜었다. 그러더니 내 가슴 속에 있는 검은 뿌리가 쨍하고 금이 가는 소리가 났다.

눈이 부셨기 때문이었을까? 자꾸만 눈이 시더니 맑은 액체가 흘러나오고 있었다. 나는 고개를 창 쪽으로 돌리고 말았다. 아득하던 풍경들이 내 눈 안으로 폭하고 안겨들었다. 푸른 모들이 일제히 넘실거렸고, 늦여름 햇살이 도롯가 스레트 지붕 위에서 반짝거렸다.

나는 눈물을 닦고, 동녀의 야윈 어깨에 손을 얹었다.

나를 돌아보고 배시시 웃는 동녀의 얼굴 뒤로, 미루나무 이파리 위에서 놀던 햇살들이 '챙'하고 쏟아져 들어 왔다.

나는 또 눈이 부셨다.

간밤의 몸살 기운이 어디로 사라졌는지 내 몸 안에서는 따뜻하고 부드러운 숨이, 가슴 속 깊은 곳에서 흘러나왔다.

당선

제1020호 1996년 11월 11일 월요일

제41회 전북대신문 학술문학상 : 시

작은 잎새 하나

· 고경수 (국민윤리 1학년) ·

그토록 눈부시던 햇살이 나뭇잎 하나에
묻히어 가네 그바람에 나도 묻히어 가네

내 모습 하나 가리운 그늘 속에
내 마음 모두 빼앗긴 아픔 담아
길게 줄지어 걸어온 세월의 실타래 속에
허위어위 엮어온 슬픈 담아
바람 불면 지고 구름 걷히면 밝아올 일인데
그 그늘 속에 그 수간의 아픔 속에 묵어 묵어
짧은 세월 긴 아픔 엮어 왔네

흔들리는 나뭇잎 사이 비추어지는 빛 속에
또다시 바람 자면 그 빛 가려지고
다가올 아픔 두려워 아픔 두려워서
오는 기쁨 슬픔으로 눈물 흘렸네

차라리 그런 아픔 많은 밤이 좋았네
아픔 속에 그렇게 묻혀가는 밤이 좋았네
다가올 기쁨 바라지 않고
고된 삶 별이 되어 밝아오는
밤이 밤이 좋았네

그곳에 우울함과 눈물로 가득 찼지만
모두가 목련꽃 같은 순수한 눈빛을
가지고 있었다네

그곳엔 부둥키며 치여가는 몸부림도 없다네

그곳엔 썩어가며 피어나는 그 무엇도 없다네

오직 이슬 맺힌 눈빛 가득 별빛만
반짝이고 있었다네

바람 일고 낙엽 져 햇살 가득 비추어오면
웃음 가득 그 기쁨 속에 묻히어 갈까

아니, 그냥 그 아픔 속에 묻히어 가려 하네
그래야 그래야 내일 또 친구들 만나지 않겠어

제42회

학술문학상

•

1980~2000

당선

제1042호 1997년 10월 13일 월요일

제42회 전북대신문 학술문학상 : 시

가네

· 김용준 (공법 3학년) ·

가네.
떠나온 곳 모르기에
돌아갈 곳 모르지만
가네.
난 돌아가네.

흙 내음. 풀 내음 스며
들판에 누워보고
안개빛 구름. 높다란 기상 쫓아
흙 무데기 올라보고
맑게 흘리우는 물결 따라
바다도 한 아름 안아보지만,
소맷바람에 흔들리는 마음. 무심히 건네본 걸음 따라
가네.
가아네.

바쁘디바쁜 세상
등 떠미는 이도 없건만
나는 가네.

무작정 건넨 걸음 속
내일은 어떤 인연 이을까 하는 생각에 잠 못 이룬 적도 있지
이슬이 깨운 아침. 석양이 보내는 저녁을 모두 안고는
다시금 나를 떠나보내네.

숨 한 모금 들이키며
지나온 여행 돌이키다
살폿이 내려논 신발 뒤로하고
가려네
이젠…. 가려네.

가작

제1042호 1997년 10월 13일 월요일

제42회 전북대신문 학술문학상 : 시

느티나무 이야기

· 김윤석 (국어교육 2학년) ·

육이오 때 폭탄을 맞은 느티나무는
콘크리트와 돌무더기를 자신의 몸인 양
끌어안고 오십 년을 살아왔다.

느티나무에서 평화롭게 살던 구렁이는
비 오는 날 선생과 아이들의 성화에 쫓겨
학교에 내려진 축복과 함께 떠났다.

구렁이가 사라지던 그때,
모두가 기뻐했지만,
구렁이가 떠난 후에
느티나무가 만들어주는 그늘은
해가 갈수록 줄어들고
구렁이와 함께 떠난 축복은
다시는 학교로 돌아오지 않았다.

느티나무는
콘크리트와 돌무더기만 가득한 옆구리를
다시는 자신의 피와 살로 채울 수 없고
구렁이 또한
사람이 떠나기 전까지는
다시는 돌아오지 않을 것이다.

그래도 사람들은 여전히
그들 주변에 무감각했고
무지한 사람들의 무감각은
이제, 서서히 그들을 죽여가고 있다.

육이오 때 폭탄을 맞은 느티나무는
콘크리트와 돌무더기를 피와 살처럼
끌어안고 남은 시간을 견디어 갈 것이다.

가작

제1042호 1997년 10월 13일 월요일
제42회 전북대신문 학술문학상

버스 안에서

· 박현아 (지구환경 4학년) ·

빈자리 없는 버스 안
한 정류장에서
어린 두 남자가 올라탄다.

손잡이에 몸을 기댄 채 있던 그들이
서로 마주 보고 손을 움직인다.

그들의 대화는 서로의 가슴을 향하고파 하나
그보다 먼저
그들의 몸부림이 타인의 눈길을 잡는다.

수화를 아는 이들이 지켜보는 한
그들의 대화는 공개적이다.
속삭임이라는 걸
비밀이라는 걸 버려야 하는

가장 조용한 대화

조금씩 그들의 몸짓이
표정의 변함이 빨라진다.
어느새 그 대화 속에서 다툼이 있었던가
한 남자가 먼저 내린다.
남아있던 이가 놀란 눈으로 보라보다
이름조차 부르지 못한 채
팔을 허우적대다
이내 막 출발하려던 버스에서 뛰어내린다.

여기저기서 지켜보고 있던 이들의 목소리가
알지 못할 수근거림이 들린다.

달리는 버스 안에
목소리 큰 세상을 좇아 살려던 내게
더 크게 더 크게
그들의 몸짓이
그들의 눈빛이
그들의 가슴이 남는다.

가작

제1042호 1997년 10월 13일 월요일

제42회 전북대신문 학술문학상 : 소설

동전 뒤집기

· 이수연 (국문 4학년) ·

미희가 그러한 환상에 사로잡혀 있었다는 사실을 이미 오래전부터 알고 있었다. 그러한 조짐들은 이미 내가 그녀를 알기 전부터 소리 없이 싹을 틔우고 있었을지도 모르겠다. 하지만 미희 자신조차도 그러한 사실을 몰랐던 것은 아닐까.

미희는 이전부터 나와 줄곧 같은 반이었다고 했다. 미희에게 그 말을 듣고 초등학교 졸업사진에서 얼굴을 찾게 되었을 때야 비로소 희미하게 떠오르는 형상을 잡아낼 수 있었다. 내가 오랫동안 그녀를 잊고 있었던 것은 어쩌면 극히 당연한 일이었는지도 모르겠다. 우리는 이름에서 풍기는 이미지부터가 달랐으니까. 그녀는 미희(美姬)였고 나는 수련(修練)이었으니까. 서로 이가 맞지 않는 우리 두 사람이 이후에 엿가락처럼 끈적끈적하게, 오랫동안 달라붙게 된 것은 어쩌면 서로 간 백 퍼센트 불일치 때문이었을지도 모른다.

반을 나누는 배치 고사의 1등은 나에게는 따놓은 당상이었다. 선생님의 칭찬에 이미 익숙할 대로 익숙해져서 무어 그다지 즐거워하고 기뻐할 것도 없었지만 내심 높아져만 가는 자존심의 벽돌쌓기는 중단할 수 없었다. 하지만 그러한 두꺼운 벽에 못으로 상처를 내는 사건이 3월 4일 등교 첫날 아침에 생기게 되었던 것이다.

아침 일찍 텅 빈 교실 맨 앞자리에 제왕처럼 당당하게 자리를 잡고 있었다. 하나둘 등교하는 아이들 구석구석 내려다보고 그들의 어리숙함을 조심스럽게 관찰하면서 중학교 생활에서도 예상되는 밝은 빛을 훑어내고 있었다. 이러한 서광도 잠시 그날 첫 시간에 등장한 담임선생님은 모든 기쁨을 한꺼번에 앗아가 버렸던 것이다.

"지금부터 자리를 정하도록 하겠다."

소란하던 교실이 칠판에 이름을 쓰시는 선생님의 분필 소리만 들릴 정도로 고요해졌다.

"내 교육방침은 누구나 비슷하게 공부하도록 만들자는 데 있다. 그러니 잘하는 사람은 못하는 사람을 끌어주고, 못하는 사람은 잘하는 사람에게 배웠으면 하는 바람이다. 내가 출석을 부르는 대로 자리에 앉길 바란다. 이제부터 서로 도와주며 사이좋게 지내도록 해라."

젊은 선생님의 열성으로 똘똘 뭉친 담임의 의도대로, 우리는 칠판 앞 중심을 기점으로 짝을 정하게 되었다. 결국, 내 짝은 의심할 것도 없이 우리 반에서 가장 뒤떨어지는 아이로 결정되었다. 그게 우리 둘의 첫 대면이었다.

이전에 내가 상상했던 학습부진아는 조금은 허름하고 지저분한 옷차림에다 멍한 눈빛을 더하고 있는 모습이었다. 하지만 미희의 모양은 내 모든 선입관을 뒤집어 놓았다. 그리고 이러한 선입관은 나 뿐만의 것이 아니었나 보다. 가끔 새로 오신 선생님들이 처음 미희를 보고는 호감을 느끼고 많은 관심을 드러내셨던 것이다. 번번이 그녀에게 묻곤 하셨다.

'네가 똑똑하기로 유명한 그 수련이냐?'

흰 피부에 검게 빛나는 눈, 무언가 유심히 관찰하는 듯한 진지함이 그녀에게서는 자연스럽게 묻어 나왔다. 게다가 빨간색 외투가 그녀의 자태를 한층 더 빛나게 만들어 주었다. 외모만은 똑똑하고 깜찍한 소녀의 그것이었기 때문에 그러한 그녀의 모습에 약간의 불만과 자존심은 회복되는 듯했다. 하지만 그녀에 대한 경계의 정도를 쉽게 줄이지는 않았다.

그렇게 짝을 정하고 선생님께서는 학생들에게 당부 말씀을 하시고 교실 문을 나가셨다. 이미 가셨겠지 생각하고 왁자지껄 떠드는 사이에 다시 교실 문이 드르륵 열리면서 선생님께서 나를 부르셨다.

"수련아 틈틈이 네 짝에게 공부도 가르쳐주고 같이 잘 어울리도록 해라…… 내가 말을 안 해도 잘할 거라 믿지만…… 잘할 수 있지?"

복도 끝에 서서 내 눈을 깊이 있게 바라보면서 선생님은 진지하게 말씀하셨다. 그때 나는 모범생답게 착하고 성실해야 했던 이유도 이유였지만 선생님의 간곡한 부탁에 미희를 미워할 수도 없는 처지였다.

그날 이후 나와 미희 사이에는 암묵적인 상하관계가 성립되었다. 미희는 열렬한 나의 팬으로 자처했고 그에게 보답하듯 나는 그녀의 독선생으로서 그녀의 공부를 도와주었다. 사실 나의 역할은 간단했다. 가끔 시험시간에 책 내용을 요약해주거나 예상문제를 찍어주는 정도. 하지만 내 노력은 언제나 구멍 난 독에 물 붓기로 귀결되었다. 때문에 나는 배고픈 거지에게 10원짜리 동전 하나 의미 없이 던져주듯, 그다지 큰 손해 보는 느낌 없이 그리고 그다지 큰 자존심의 상처 없이 그러한 희생을 쉽게 감내할 수 있었던 것이다.

정상에 혼자 선 자는 항상 외롭듯이, 내가 승승장구할 때 대다수 아이들은 이유 없이 미워하고 따돌렸다. 하지만 미희만큼은 나를 대변하고 감싸주곤 했다. 봄과 가을에 있는 체육대회에서도 내가 출전하는 경

기마다 따라 다니며 유독 열심히 내 이름 부르며 응원해 주는 이도 미희 혼자였다. 여러 학급회의 시간에서도 마찬가지였다. 학급회에서는 한 달에 한 번 정도 선행상을 정했는데 미희가 적극적으로 추천해준 덕분에 행위 없는 상장을 졸업할 때까지 1년에 한 번은 어김없이 타게 되었던 것이다. 결국, 우리는 서로의 불일치 덕분에 단짝이 될 수 있었고 서로에게 가장 필요한 존재가 될 수 있었던 것이다. 그런데 우리의 단단한 상하관계에 균열이 생기기 시작한 것은 어느 때부터였던가.

미희는 내가 지원을 했다는 이유 하나만으로 나와 같은 대학에 원서를 냈다.

"대학교도 너와 같은데 다니면 좋을 텐데. 우정이여 영원하라. 친구 따라 강남 간다."

미희는 꿈많은 소녀처럼 눈을 반짝이며 멜로디를 넣어 노래하듯 이야기하곤 했다.

애초 대학에 들어갈 수 없을 정도로 형편없는 성적임에도 불구하고 순전히 운이 좋아서 그녀는 턱걸이로 들어갔다. 나와 재단도 같고 바로 옆에 붙어있는 XX전문대였고, 나는 같은 이름의 4년제 대학에 들어갔던 것이다,

그런데 합격통지서를 받던 그 날, 당연히 합격에 감사해야 할 미희는 이미 예상했던 일이니 뭐 그다지 놀랄 것도 없다는 듯이 코웃음을 쳤다. 그때 나는 사방 군데 전화를 하고 기쁨에 넘쳐 합격 소식을 알리고 있었기 때문에, 미희의 그런 급격한 반전에 전화기를 내려놓으면서 턱까지 올라 차는 배신감을 애써 감출 수밖에 없었다.

개강을 하고 두 달이 지나도록 미희는 바쁘다는 이유로 통 볼 수가 없

었다. 가끔 길에서 멀찌감치 지나가는 미희의 모습을 보았을 때 소문대로 성형한 얼굴이 낯선 타인으로 다가왔다.

항상 그러하듯 그날도 도서관에서 읽을 책을 고르고 있었다. 도서목록을 하나하나 훑어가며 책을 찾고 있는데 옆에서 한층 높은 톤의 낯익은 목소리가 들려왔다. 설마 하면서 고개를 이리저리 돌려 보았을 때 출렁이는 공기층 사이로 퍼져오는 진홍빛 장미향수가 코를 통해 뇌 속에 퍼지는 것을 감지할 수 있었다. 향수의 진원지에는, 어떤 남학생과 다정하게 책을 고르고 있는 미희가 서 있었다. 길게 늘어뜨린 머리에는 갈색이 깊게 물들어 있었고 강렬한 립스틱이 입술에 코팅을 한 듯 착 달라붙어 있었다. 또한, 움직일 때마다 몸을 팽팽하게 지탱해 주는 꽉 조이는 바지가 보는 이를 위태롭게 만들었다. 새롭게 변신하기 위해 벗어낸 뱀의 허물을 그녀가 자연스럽게 둘러쓰고 있는 듯했다.

두두둑! 내 앞에 있는 책 몇 권이 바닥으로 떨어졌다. 미희의 행동을 살펴보다가 무의식중에 손으로 건드렸는가 보다. 한꺼번에 핏기가 얼굴로 몰려오는 것이 느껴지는 순간, 바닥에 떨어진 몇 권의 책을 성급히 들고 그 자리를 빠져나왔다. 그리고 그날 오후 내내 빨갛게 도드라진 미희의 입술이 내 귓가를 유유히 맴돌며 높은 톤의 웃음으로 깔깔대고 있는 것을 떨쳐 버릴 수 없었다.

그날 오후 미희가 찾아온 것은, 혼란한 머리를 베갯잇 사이에 끼우고 침대에 누워 있을 때였다. 내 방에 불쑥 들어온 미희는 내가 베개 사이에서 고개를 들기도 전에 가방에서 무언가를 꺼내어 턱 앞으로 쑥 내밀었다.

"너 이 책 읽은 적 있니?"

미희가 내미는 책을 받아들고 제목을 살펴보니 그것은 대학생들이면

한 번쯤 읽어보았을 흔한 사회 · 과학 부류의 책이었다.

"지난달에 읽었던 책이야. 그런데 갑자기 무슨 이유로……"

기대했던 대답을 들었다는 듯이 그 큰 눈을 더욱 크게 뜨고 반짝반짝 흥미 있는 표정으로 내 앞으로 바짝 다가왔다. 그리고는 고개를 약간 한 쪽으로 기울이고 싱글싱글 웃으면서 본론을 이야기하기 시작했다.

"사실 어제 미팅을 했는데 그 사람이 철학과에 다니거든. 그런데 그 사람이 내가 맘에 쏘옥 들었는가 봐."

미희는 쏘옥이라는 단어에 강세를 주면서 서두를 꺼내고 그다음을 말하기 전에 내 표정을 잠시 살피기나 하는 듯 말을 끊었다.

"오늘 만나자고 하더라. 만나자마자 대뜸 한다는 소리가 자신은 책을 많이 읽는데, 그래서 내게도 좋은 책을 골라 주고 싶다고 해서. 그러면서 이 책을 골라주는데 말이야, 사실 너도 내가 책만 보면 자는 것 잘 알잖아. 그런데 어떻게 그냥 돌려주니…… 체면이 말이 아니야. 수련아 부탁이야. 예전에 우리가 같이 시험공부 할 때처럼 네가 핵심을 내게 설명해주면 안 되겠니? 응! 부탁이야."

이렇게 간절하다 못해 애절할 눈빛으로 부탁을 하는데 거절할 수도 없었다. 그래서 그녀의 말처럼 예전의 스승과 제자의 입장으로 돌아가서 차근차근 목소리를 가라앉히고 그 내용을 자세히 요약해 주었다. 그러니 틈틈이 어려운 용어를 첨가해서 그녀에게 혼란을 일으키기도 했다. 약 30분가량의 설명이 끝나자마자 그녀는 꽤 지루했다는 듯이 긴 머리를 좌우로 흔들면서 기지개를 켰다. 그러다가 다시 자세를 바로잡고 그동안 참고 있었던 그 남자에 대한 자랑에서부터 두 달 새 겪었던 여러 사건을 조잘조잘 이야기했다. 매미가 여름 한 철에 온 힘을 다해서 자신의 존재를 드러내듯이 그녀는 그러한 매미를 흉내 내고 있는 듯했다. 그녀는 모든 사건에 대한 결론을 마지막 한마디로 일축해버렸다.

"그런데 내가 예쁘기는 예쁜가 봐. 한두 명이 아니라니까."

미희가 던진 마지막 말에 여러 가지 충고를 해주고 싶어 입이 근질근질했지만, 어떠한 말도 지금의 그녀에게는 소용이 없을 것 같다는 생각에 한 편으로는 측은함이 앞섰다. 시간이 지날수록 자꾸만 시선이 그녀에게서 벗어나 손을 향했다.

"너 지금도 그 버릇 못 고쳤니?"

미희는 내 손에 있는 연필을 재빨리 빼앗아 책상 위에 올려놓았다. 오래된 버릇이었다. 무언가 깊이 생각을 할 때나 누군가의 지루한 말을 들으면서 견디기 힘들 때면 손에 잡히는 대로 집어서 그것을 이리 돌리고 저리 돌리고 가지고 노는 버릇.

그녀의 이야기가 좀 길었나 보다. 이미 밖은 오래전부터 어둠이 깔려 있었다. 10시를 가리키는 시계를 보고 그녀는 헐레벌떡 일어나면서 집을 나섰다. 10시 30분에 받을 중요한 전화가 있다고 했다. 대문 앞에 서서 미희는 작별인사 대신에 갑자기 우울한 표정을 지으며 말을 했다.

"수련아, 나 어떻게 해. 네가 아까 책 요약해 준 것 다 까먹은 것 같애."

아마 내일은 다시 또렷하게 생각날 거라고 위로해주면서 미희를 보냈다. 미희의 등을 보고 방에 돌아온 후 오후 내내 계속되었던 빨간 립스틱의 환영이 사라졌다. 그 대신 땀이 송글송글 맺힌 코끝에 부옇게 뜬 화장을 한 미희의 얼굴이 새롭게 등장했다. 소리 없이 웃음이 쏟아졌다. 창을 통해 보이는 밤하늘에는 우울한 낯빛의 별이 희미하게 깜박이고 있었다.

그 날 이후로 미희는 자주 몇 권의 책을 가지고 나를 귀찮게 하더니, 어느 때부터인지 그러한 발길도 서서히 끊기는 듯했다.

처음 맞이하는 대학의 축제였다. 길가에 핀 벚꽃들은 서로들 꽃잎 피우기에 바빴다. 화사한 벚꽃들 사이에서 사람들은 마음속까지 술에 취한 듯 비틀거리고 있었다. 이런 분위기에 흥분되는 것은 나도 마찬가지였다. 오후에는 과에서 주최하는 축제가 예정되어 있었다. 과 사람이면 누구나 참여할 수 있는데 꼭 쌍쌍이어야 한다는 조건이었다. 내심 기대를 하고 있었던 거라서, 전부터 친했던 사촌오빠에게 부탁해서 처음이자 마지막이 되었던 소개팅을 하게 되었다. 잔뜩 부푼 기대의 풍선만큼 성사되지 않았을 때의 김 빠지는 소리도 한층 컸다.

마땅히 갈 곳이 없기도 했지만 억하심정으로 새벽부터 도서관에 죽치고 앉아 있었다. 볼록렌즈로 초점을 맞추듯 시선을 책으로 모았다. 하지만 자꾸 밖을 쫓고만 있는 귀를 추스를 수는 없었다. 속없는 귓바퀴는 밖에서 생기를 뿜어대는 그네들을 동경하고 있었던 것이다. 스르륵! 조용히 책을 싸 들고 일어났다. 거의 텅 비어 있는 도서관이라 신경 써서 소음을 줄일 필요는 없었지만 어떠한 환경에도 동요되지 않는 듯 묵묵히 앉아 있는 그들의 비위를 건드리고 싶지 않았다. 그렇다고 그런 이유만은 아니었다. 그러한 그들 틈에 끼어서 동료인 듯, 흔들림 없이 공부하는 척했던 내 자신의 거짓이 탄로 날까 봐 두려웠던 것이다.

묵직한 가방을 어깨에 메고 걷는 교내 안이 유난히 길게 느껴졌다. 막 교문을 나서려는데 환한 햇빛에 반사되어 빨갛게 달아오르는 스포츠카가 내 앞에 멈춰섰다. 요즘 광고에서 한창 잘나가는 차였다. 미끈하게 쭈욱 뻗은 다리를 유연하게 꼬는 모델이 한껏 각선미를 자랑하던 차. 돈 많은 부모 만나서 허영을 한껏 부리고 있구나 하고 빈정거리고 있을 때 차의 창문이 미끄러지듯 열리면서 녹색 선글라스의 여자가 고개를 내밀었다.

"수련아! 벌써 집에 가니?"

낯선 여자가 선글라스를 벗으면서 내 이름을 부르니까 순간 화들짝 놀랐다. 미희였다. 푸른색 아이섀도가 다소 천박하게 그려져 있었고 갈색 물에 만족을 못 한 사이사이에 붉은색으로 덧칠을 한 머리가 많이 상해 있었다. 그 순간 그녀가 나와 아는 사람이라는 게 창피하기조차 했는데, 그녀 또한 나와 같은 생각이었을지도 모르겠다.

"여전히 도서관만 쫓아다니니? 답답하긴…… 이런 날은 좀 놀기도 해라."

미희가 한심하다는 듯 바라보면서 혀까지 끌끌 차는 모습이 여간 불쾌한 것이 아니었다. '기껏 날나리 주제에'라는 말이 입언저리까지 튀어나왔지만, 그것을 가까스로 집어넣어 대강 얼버무리고 그 자리를 피했다. 생각해주는 척 같이 놀자고 하는 미희도 아마 형식적인 말이었겠지만, 그녀 옆에 앉자 운전대를 잡고 있는 남자를 보는 순간 덜컥 겁이 났던 것이다. 꼿꼿하게 무스로 세운 머리는 그런대로 봐줄 만 했다. 하지만 귀걸이가 모자라서 코걸이까지 한 것을 보니 추운 날씨도 아닌데 닭살이 송글송글 일어났다. 눈으로 확인할 수는 없지만 아마 그 남자는 배꼽에도 구멍을 뚫었을지 모르겠다.

미희의 범위에서 쉽게 벗어난 것에 처음에는 안도의 한숨을 쉬었지만, 시간이 지날수록 뜨거운 불덩이가 가슴 속에서 화끈화끈 열기를 뿜어댔다. 감히 저 같은 게 나에게 충고를 해? 머리는 텅텅 빈 날라리 주제에…… 아무리 속으로 씹고 곱씹어도 열은 쉽게 가라앉지 않았다. 이미 내 주머니 속에 있는 버스표는 손으로 주무르는 내 버릇에 형체를 알아볼 수 없을 정도로 망가져 있었다. 쓸모없는 쓰레기로 남겨진 채.

집으로 가는 버스를 타고 창밖에 시선을 두었다. 그때 버스 안은 FM

라디오에서 흘러나오는 음악 소리로 가득 차 있었다. 김건모의 「잘못된 만남」이 떠들어대고 있었다. 요즘 한창 인기있는 노래였다. 어딜 가나 틀어주어서 좀처럼 관심이 없는 나도 거의 가사를 외우는 노래였다. 가사는 친구에게 애인을 뺏겼다는 흔하디흔한 상투적인 내용인데도, 김건모의 가창력과 새로운 분위기 때문인지 사람들을 사로잡고 있었다.

옆에 있는 남학생이 노래를 따라 흥얼거리면서 실수로 내 옆구리를 쳤다. 그 남자를 내 얼굴을 힐끗 보더니 고개만 약간 끄덕이고 금방 돌아섰다. 갑자기 그에게 부딪친 옆구리의 통증이 가슴으로 이동하며 더욱 쿡쿡 쑤셨다.

창은 스크린처럼 어떤 장면을 펼쳐주고 있었다. 어디에선가 본듯한 잔잔한 음악이 흐르는 커피숍이었다. 어색하게 손으로 컵을 만지작만지작하고 있는 여학생과 약간은 세련된 듯이 보이는 여유 있는 남학생이 앉아 있었다. 나는 애써 손을 흔들어 그 화면을 지웠다. 하지만 화면은 부옇게 낀 유리창의 오래된 먼지처럼 쉬 지워지지 않았다.

"수련이는 요즘 여자들 같지 않게 화장도 안 하고 별로 꾸미지도 않네?"

소개팅의 남학생은 재수를 했다고 하면서 처음부터 쭉 반말을 했다. 그리고 그의 화제는 줄곧 재수할 때 사귀었던 여자들 얘기뿐이었다. 그의 말을 들으면서 나는 마치 복잡한 무용담(武勇談)을 듣는 듯한 착각에 빠졌다. 그의 결론은 그랬다. 여자가 아무리 똑똑해도 결국 남자를 기쁘게 해주는 보조물밖에 되지 않는다고…… 그러한 얘기들이 모두 불쾌했지만, 더욱 기분 나빴던 것은 요즘 여자 운운하면서 나를 조선 시대 사람쯤으로 취급하는 것이었다. 그것도 단지 외모라는 단 한 면만으로써.

끼이이익! 급브레이크 밟는 소리와 동시에 몸이 앞으로 쏠려서 옆에 있는 남학생의 어깨에 부딪혔다. 그는 불쾌하다는 듯이 어깨를 털어냈다. 나는 그가 조금 전에 했던 그대로 똑같이 고개만 약간 숙였다. 운전사 아저씨는 무어라고 씨부렁거리더니 갑자기 속력을 더욱 세게 내면서 달렸다. 소위 오렌지족이라는 무리가 겁도 없이 신호를 무시하고 사 차선 도로에서 버스 앞으로 가로질러 갔던 것이다. 황당한 승객들의 시선이, 뚜껑이 없는 빨간 외제 차에 탄 남녀의 아무런 죄책감도 없는 화려한 질주를 어리둥절하게 쫓고 있었다. 다행히 아무런 문제는 없었다.

잠깐 술렁이던 버스 안은 다시 FM라디오 소리에 귀를 기울였다. 잔잔한 음악의 쉼표 사이사이로 사람들을 한 바퀴 휘둘러 보았다. 어쩌면 그 남자가 나를 평했던 말은 진실인지도 모르겠다는 생각이 들었다. 그의 말처럼 요즘 사람들은 거의 다 화장을 하고 옷에 많은 신경을 쓰고 있었는가 보다. 그 버스 안에서만은 모두 그러했다.

텅 빈 집안으로 공허함이 한꺼번에 밀려왔다. 열린 창으로 소슬(蕭瑟)한 바람이 불어와 빈 곳을 채워 허한 감정을 더욱 불어 일으키게 했다. 허한 공기를 밀치며 큰방에 들어가 화장대 앞에 앉았다. 화장대에는 화장품들이 정갈하게 놓여 있었다. 그리고 그 옆 사각형의 사진첩 속에는 5년 전에 찍은 가족사진이 엷은 먼지에 얼룩져 조용히 미소 짓고 있었다. 몇 해 전에 돌아가신 할아버지, 꼭 다문 입술이 고집스럽게 보이는 할머니, 키가 유난히 크신 아빠, 조용하게 웃고 있는 엄마, 그리고 언니와 나. 차례차례 순서대로 하나하나 현미경으로 들여다보듯 자세하게 뜯어보았다. 그중에서도 얼굴이 하얗고 유난히 눈이 커다란 언니의 얼굴이 도드라지게 보였다. 할아버지의 말씀에 의하면 할머니의 젊었을 때 모습을 쏙 빼닮았다고 했다. 그런 이유 때문일까? 어릴 때부터 할머니께서는 언니를 유난히 귀여워해 주셨다. 그리고 항상 언니에게는 '우리 강아지'라는 호칭을 꼭 붙여서 부르곤 하셨다.

"우리 강아지! 예쁘기도 하지. 누가 데려갈는지 그놈 복도 많다."

어려서부터 지겹게 듣던 소리였다.

옛날 어른의 사고방식으로 여자 팔자는 두레박과 같다고 말씀하시곤 했다. 그래서 나의 고집스러운 면을 달갑지 않게 생각하셨다. 그리고 여자가 너무 똑소리 나면 팔자가 사납다고 말씀하시곤 했다. 할머니의 예언에 맞게 언니는 좋은 집에 시집을 갔다. 항상 평범하기만 하던 언니는 조용하고 예쁜 외모 덕을 톡톡히 보아서 남들이 부러워하는 의사 신랑을 얻을 수 있었던 것이다. 언니의 결혼식 날 할머니는 학처럼 덩실덩실 춤을 추셨다. 하지만 그런 귀여움과 선망에 싸여 살던 언니는 뜻밖에도 나를 부러워했었다. 화려한 웨딩드레스를 입던 날, 언니는 내가 부럽다는 말을 몇 번이나 되뇌다 신행(新行)을 떠났던 것이다.

한참 동안 보고 있던 사진을 거꾸로 돌려놓았다. 그리고 화장대에 정갈하게 정돈된 화장품들을 순서대로 얼굴에 발라보았다. 스킨, 로숀에서 시작해서 페이스 파우더와 립스틱으로 끝마쳤다. 그리고 숨을 죽이고 가만히 멀찌감치 서서 거울에 비친 모습을 보았다. 거울 속에는 관객 앞에서 두려움으로 잔뜩 움츠러든 한 명의 어리숙한 광대가 서 있을 뿐이었다. 내 바람과는 너무도 동떨어진.

"수련아! 일찍 왔구나!"

바스락거리는 봉투 소리와 함께 엄마의 음성이 날아왔다. 건성으로 대답을 하고 헐레벌떡 욕실로 숨어 들어가서 비밀스럽게 문을 잠갔다. 세면대 앞에 있는 거울 앞에 서니 환한 형광등 아래에 있는 투명한 거울 표면에 모든 것들이 거짓 없이 드러나고 있었다. 거울 속의 나는…… 현실이었다.

쫘아하고 수도꼭지에서 물이 쏟아져 나왔다. 코끝이 싸아 해지고 온 기운이 얼굴로 몰려나왔다. 간신히 누르고 있었던, 그리고 어떻게든 부정하고 감추고만 싶었던 덩어리들이 가슴으로부터 기어이 눈가로 밀려왔다. 그것은…… 미희와 얼굴이었다. 얼굴들은 세면대의 물구덩이 안으로 하나둘 방울져 깨어졌다.

기어이 낯선 화장 도구들이 커다란 손지갑 안에 꽉 들어차 있었다. 미희는 그것들을 마치 보물을 다루듯 소중히 여기는 듯했다. 그런 이유에서인지 그녀는 한 시간에 한 번씩 그 보물들을 꺼내서 점검해 보곤 했다. 그것을 열어서 여러 번 얼굴을 비추어보고 혹시나 해서 그건지 그 내용물을 얼굴에 묻혀서 확인해보고 이런 행위들을 규칙적으로 반복하고 있었다. 분장에 분장을 거듭하는 미희의 모습을 이렇듯 가까이에서 관음하게 된 것은 그녀의 연극적인 덫에 단단히 걸려들었기 때문이었다.

그 덫은 철저했다.

한창 2학기가 시작되어서 수강신청이니 개강모임이니 해서 바쁘던 날이었다. 늦은 귀갓길이라서 잔뜩 움츠러들었는데 솔솔한 바람이 옷 사이에 끼어들어 더욱 소름이 오싹오싹했다. 뛰다가 걷다가 하면서 거의 집에 다다라서 안도의 한숨을 쉬는 순간, 대문 앞 쓰레기더미 옆에 시꺼먼 물체가 움직이는 것을 보았다. 아악! 내가 지르는 소리에 메아리치듯 검은 물체가 벌떡 일어났다. 언젠가 한 번 똑같은 상황을 겪은 듯한 기억이 떠올랐다.

6년 전이었다. 주머니에 손을 꽂고 발을 동동 구르며 빠른 걸음으로 집 앞에 이르렀는데, 웅크린 아이가 대문 앞에 있었다. 쓰레기 더미 옆에 빨간 외투를 입고 추위에 딸그락딸그락 이를 부딪치고 있는 아이는 전날 짝이 되어서 아직 이름도 서먹하던 미희였다. 그 애가 용케도 우리 집을 찾아왔던 것이다. 고개를 든 그 애의 모습은 너무나 처량해서 꼭 껴안고 싶을 정도였다. 오래전부터 울고 있었는지 추위에 언 볼따귀는 눈물 때문에 더욱 상기되어 있었다. 그때 미희를 집안으로 들이고 그 애의 긴 얘기를 다 들었을 때의 놀라움과 복잡함은 정리가 잘되지 않았다. 지금 잘 기억나지 않지만, 미희의 가정사를 듣고 어린 나이에 힘들겠다는 생각을 했었던 것 같다.

확인할 필요도 없이 미희였다. 옛날처럼 날이 그다지 춥지 않아서 애처롭게 보이지는 않았지만, 무엇 때문에 이렇게 늦은 시간까지 나를 기다리게 되었는지 그 이유가 무척 궁금했다. 집 안으로 들어가서 본 미희는 예전과는 많이 달라져 있었다. 울긋불긋하던 긴 생머리는 검은색으로 차분하게 돌아와 있었고 진하고 선명했던 두꺼운 화장도 연한 색의 제자리를 찾고 있었다. 밝은 빛에서 자세히 보니 얼굴의 윤곽도 수척해 보였다.

하지만 시간이 지날수록 미희의 우울했던 표정은 점점 나아졌다. 갑자기 쏟아 뱉는 미희의 말들은, TV에서 나오는 이산가족의 상봉장면을 상기시켰다.

"수련아! 삶은 고단한 것일지도 몰라. 내가 꿈꾸었던 것들은 모두 어디로 사려져 버렸는지……"

그녀의 풀죽은 듯한 눈엔 고단한 빛이 역력했다. 그녀의 회포는 독백으로 이어졌다.

"나 그동안 정말 많은 사람과 만나고 사귀어 봤는데 그게 모두 부질없다는 생각이 들었어…… 변하지 않는 것이 있을까? 하지만 너와 나 사이에 우정은 아직도 유효한 거지?"

오래전, 집에서 얻을 수 없었던 평화를 내게 의지해서 얻고자 했던 미희가 이제 또다시 사회에서 느꼈던 패배감을 내게서 잠재우려 하고 있었다. '아쉬울 때만 찾아오는 이기주의자' 그녀에 대한 정확한 정의였다. 그녀의 말에 특별한 동요도 긍정도 없는 나의 낯빛에 미희는 두려운 듯 갑자기 눈물을 터뜨렸다.

"수련아! 나 이제부턴 달라지고 싶어. 그런데 나는 혼자 힘들어. 너도 잘 알잖아. 우리 예전에 같이 공부하던 때처럼 네가 도와줬으면 해. 그땐 우리 잘 어울렸잖아, 실과 바늘처럼……"

눈물이 한방울 한방울 흐르는데도 그것을 닦을 생각도 하지 않고 그냥 흐르게 내버려 두었다. 마치 나에게 실컷 감상하라는 듯이.

매번 미희의 행동은 뻔히 속이 들여다보이는 것들이었지만 단호히 거절하고 그녀에게 냉정하게 대하지 못하는 나의 태도는 무엇 때문이었을까? 그녀의 주장처럼 우리 둘의 관계가 진실로 실과 바늘과 같아서일까…… 입안에 쓴 침이 고였다. 고인 침이 입안을 맴돌며 혼란스럽게 했다.

찰깍! 보물 1호인 콤팩트를 보물상자에 가지런히 넣어두고 있다. 미희의 보물 1호에는 얽힌 사연이 있었다. 그녀의 3번째 남자친구였던 의대를 다닌다던 그 남자는 능력은 좋은데 집안 형편이 어려웠다고 한다. 처음 그녀는 깔끔한 인상의 그가 당연히 부잣집 외동아들 명함쯤은 달고 있는 줄 알았는데, 알고 보니 그 반대였다나. 그녀에게 온 마음을 빼앗긴 그는 호감을 사기 위해 평소에 그녀가 갖기를 원했던 프랑스제 이 콤팩트를 무리를 해가면서 선물로 사주었다고 한다. 선물을 받고 기뻐하던 그녀는 결국 가난한 고학생의 가슴에 장승만 한 못을 박아주고 4번째 남자에게로 떠나 버렸다.

"너 너무한 것 아니니! 그러면 그 콤팩트도 다시 돌려주지 그랬어. 찝

찝하게 그런 것은 왜 가지고 다니니?"

그녀의 과거 사건에 대해서 강한 어조로 핀잔을 주자, 그녀는 대답 한 마디로 내 입을 다물게 했다.

"사랑은 동정이 아니야. 이미 그런 시대는 지났어. 난 행복한 현실주의자로 남고 싶어."

씁쓸한 사연을 가진 콤팩트였다. 미희는 결국 며칠간 나를 따라다니며 도서관에서 공부를 하더니 자기의 체질에 맞지 않는다고 하면서 점점 지겨워하기 시작했다.

전날 미희의 수다를 들어주느라고 늦게까지 전화통을 붙잡고 있었기 때문에 잠을 설쳤다. 등에 큰 짐을 짊어진 듯 어깨가 무거웠다.

피곤한 몸을 이끌고 겨우 학교에 도착하니 평소보다 꽤 늦은 시간이었다. 그래서인지 도서관 안쪽 창문가 끝에 늘 앉던 내 자리를 누군가가 먼저 차지하고 있었다. 어쩔 수 없이 아쉬운 마음으로 그 옆자리에 가방을 내려놓았다. 책을 펼쳐 들고 정리를 하고 있을 때 옆자리에서 정갈하게 접은 종이쪽지가 내 쪽으로 밀려왔다. 한 올 한 올 풀어서 펼친 종이에는 큼직큼직하게 쓴 글씨로 무언가 쓰여있었다.

〈항상 있던 자리를 빼앗아가서 미안합니다. 제가 군대 가기 전에 늘 애용하던 자리였는데 돌아와 보니 댁이 일찍 와서 앉더군요. 오늘은 제가 실례했습니다.〉

'뭐 이런 사람이 다 있어. 병 주고 약주는 거야.' 속으로 중얼거렸지만 왠지 그다지 불쾌하지는 않았다. 그 이후 그를 MT에서 다시 보게 되었는데 알고 보니 같은 과 선배였다. 그것도 인연이라고 그와 점점 가까워지게 되었다.

귀신처럼 냄새를 맡은 미희는 이런 나의 변화에 흥미를 느끼고 살금살금 참견해 왔다.

"너는 순진하니까 내가 선배로서 코치해주는 거야."

미희에게 무엇인지 들어보자고 손을 가볍게 겨드랑이 사이에 끼우고 고개를 끄덕였다.

"먼저 너의 외모부터 바꿔야 해. 아무리 네 남자친구가 너의 수수한 면에 매력을 느꼈다고 해도 그게 처음은 통해도…… 남자들은 이중적인 면을 가지고 있어. 옛말에 이런 말도 있잖아. 이왕이면 다홍치마라고…… 얘, 그 말이 그냥 생긴 게 아니라니까. 그동안 쭉 그래왔으니까 생겼던 거지. 너 왜 이렇게 화장 기술이 발달했는지 아니? 그게 바로 그 때문이라구. 이왕이면 다홍치마……"

큰 깨달음을 얻은 달관자처럼 진지하게 이야기하는 미희는 다홍치마에 강조점을 찍었다.

"그래도 그 선배는 그런 사람이 아니야."

"순진하긴, 남자는 다 똑같아. 너 나중에 후회하지 말고 내 말 들어."

아무리 옆에서 북 치고 장구 치고 굿을 해도 평소에 달갑지 않게 생각했던 무리의 행동을 모방할 수는 없었다.

밤부터 내리던 비가 먹구름의 품에 안겨 있었다. 일기예보에 의하면 하루종일 계속 비가 내릴 것 같다고 했다. 습기를 머금어 축축해진 이불깃을 끌어당겨 침대 위에서 늘어지게 기지개를 켜고 있는데 요란하게 전화벨이 울렸다. 몸을 뱀같이 길게 늘어뜨려 가까스로 들어 올린 수화기 안에서는 선배의 인내가 풍겨왔다.

"오늘 오후 7시에 고등학교 동창들을 만나기로 했는데 너도 나와라. 걔들 오래된 친구니까 너 내 체면 생각해서 예쁘게 하고 나와라. 신경 써서 꼭 그렇게 해라. 그럼 늘 만나던 곳에서 6시 30분에 기다릴게. 이따가 보자.”

일방적이고 짧은 통화 내용이었다. 미처 내가 대답할 틈도 주지 않고 전화를 끊는 쿵 소리에 막연한 불안함이 피어올랐다. 수화기를 가만히 내려놓으면서 무겁게 짓누르던 수마(睡魔)의 완력이 달아남을 느꼈다. 예쁘지 않은데 어떻게 예쁘게 하란 말인가?

그칠 듯 내리던 비가 하늘에 뚫린 구멍의 틈을 통해 샤워기의 물처럼 요란하게 떨어졌다. 이렇게 궂은 날 낯선 옷차림보다는 평소대로 입는 게 마음이 더 편할 듯했다.

그는 우산을 깊이 받쳐 들고 교문 앞에서 장승처럼 서 있었다. 예전의 그답지 않게 옷깃을 세운 폼이 어색하게 보였다. 아직 주름이 채 펴지지 않은 검은색 바지에 물방울이 튀어서 조금 젖어 있었다.

“옷 꼴이 그게 뭐냐?”

뜻밖의 냉소적인 첫마디에 그냥 가버릴까 생각을 했지만, 궂은 날씨에 잠시 짜증이 났으려니 생각하며 말 잘 드는 개처럼 뒤를 따랐다.

그가 소개하는 친구들에 대한 첫인상은 놀라움이었다. 늘 수수하게 하고 다니던 그에게 이렇듯 끼 있는 것처럼 보이는 친구들이 어울릴까 하는 생각이 들었다. 어쩌면 고리타분한 선입관일지도……

정해진 코스에 따라서 그들은 모처럼 탈출을 시도하는 듯했다. 시간이 지날수록 일탈의 범위는 경계를 잃었다. 빙빙 도는 불빛 아래에서 알코올이 목까지 찬 그들과 나 사이엔 술병들이 형성한 벽으로 경계 지어졌다.

“뭐해? 너도 나와서 춤 좀 춰라. 이런 데 와서도 분위기 잡냐. 그렇게 멍청하게 앉아만 있으려면 뭐하러 따라왔어. 분위기도 못 맞추고……

쟤들 애인들 좀 봐. 화끈하잖아."

시간이 지날수록 도를 넘는 그의 비아냥거림을 물기 어린 눈으로 뚫어지게 쳐다보았다. 술병을 입에 대고 순식간에 흡입하는 그의 가슴에서 하얀 그림자가 빠져나오는 것을 본 듯했다. 비틀거리는 음악에 장단을 맞추듯 자리에서 그는 일어났다. 그의 뒷모습이 여러 사람의 흔들거림으로 가려지자 가방을 들고 그 자리에서 나와 버렸다.

밖은 비가 그친 지 오래였다. 언제 그랬냐는 듯이 하늘은 구름 한 점 없이 말끔했다. 그곳에서 가지고 나온 하얀 그림자를 가방에서 꺼내 하늘로 날려 보냈다. 하얀 덩어리는 축축한 공기에 쉽게 섞여 날아가 버렸다. 나는 길게 늘어선 네온사인들이 내뿜는 그 차가운 불빛에, 그를 신뢰하고 사랑했던 내 감정을 애써 식히면서 걸었다.

평범하고 수수했던 그의 내면에 변화가 일어난 것은 내 책임일지도 모르겠다. 깊은 낭패감. 몇 년 전에 봤던 영화의 한 장면이 떠올랐다.

작가인 여자는 남편감의 진심을 시험해 보기 위해서 친구에게 데리고 갔다. 그 친구는 외모가 출중하고 바람기도 다분한 섹시한 배우였다. 배우는 항상 친구의 애인을 질투심 때문에 빼앗곤 했다. 작가는 이번에는 속으로 자신이 있었기 때문에 남자를 데리고 갔던 것이었다. 예상은 쉽게 빗나가고 남자는 여배우의 남편이 된다. 결국, 그것에 충격을 받은 작가는 친구에게 복수를 결심해서 어떻게 어떻게 된다는 코미디 영화였다.

그날 이후 그의 모습을 통 볼 수 없었다. 가끔 소문에 의하면 그가 어떤 여자와 자주 다니는 것을 보았다고 했다. 그 어떤 여자가 누구라는 것은 짐작할 수 있었다. 그것은 그리 놀랄 만한 일이 아니었다. 그가 내게 노골적으로 불만을 표시하기 전부터 그의 관심의 방향을 쉽게 잡아낼 수 있었기 때문이었다. 그러한 통찰력은 어려서부터 현실에 적응하기 위해서 개인적으로 몰래 익혀온 처세술 중의 하나였다.

내가 보기에 그의 눈빛은 심하게 흔들렸었다. 그것은 평소의 그것과는 확연히 차이가 났다. 나는 그것을 욕망에 대한 갈증이라고 이름 붙이리라. 그날 난 미희와 같이 쇼핑을 하고 돌아오던 길이었다. 아직 공장의 냄새가 채 빠져나가지도 않은 덜 길들어진 옷을 옷가게에서부터 걸치고 나온 미희의 모습은 더욱 돋보였다. 그녀는 나르시스적 환상에 사로잡혀 같이 걷는 중에도 길거리에 커다란 쇼윈도가 보이면 걸음을 늦추며 자신의 모습을 비춰보면서 만족해하고 있었다. 높은 구두의 뚜벅뚜벅 소리에 박자를 맞추어 붉은 석양에 검은 구름이 서서히 끼고 있었다. 우리 두 사람을 향하여 걸어오는 그를 본 것은 그때였다. 그는 허름한 청바지에 검은색 T셔츠를 입고 있었다. 그의 이름을 불렀을 때 나를 쫓던 시선의 끝이 내 옆으로 고정되는 것을 보았다. 그리고 그 순간 나는 그 눈빛을 확실하게 읽어낼 수 있었다.

사람들의 말처럼 그는 많이 변해 있었다. 친구들의 칭찬처럼 멋있어졌다고도 할 수 있을 것이다. 하지만 나에게 그의 모습은 학교 앞 번화가에 나가보면 쉽게 볼 수 있는 개성이 소면 될 "남 따라 하기" 운동의 표어처럼 흔하디흔한 모습이었다. 남들이 건성으로 하는 칭찬 소리에 만족해하며 입을 다물지 못하는 그의 모습이 추해 보였다. 이런 평가는 그가 나를 차버렸다는 것과는 하등의 관련이 없다. 나는 그저 불안할 뿐이었다. 깨진 도자기를 억지로 짜 맞추어 세워 놓은 위태로움처럼.

갑자기 비릿한 내가 콧속에 파고들었다. 비위가 상했다. 수업이 마저 끝나기도 전에 책을 들고 다리를 책상에 부딪히며 강의실을 급히 빠져나왔다. 그리고 집을 향해 무작정 걸었다. 귀에서 윙윙거리는 창백한 외침과 함께 낯익은 노랫소리가 빙빙 돌았다…… 그 어느 날 너와 내가 심하게 다툰 그 날 이후로 너와 내 친구는 연락도 없고 날 피하는 것 같아 이제야 난 느낀 거야 모든 것이 잘못이라는 걸…….

좀처럼 멈추지 않는 노랫소리에 자꾸만 현기증이 계속되었다. 세상은 곧 무너질 것처럼 엄청난 소리로 울부짖으며 빙빙 돌았다.

나의 존재를 무시하듯 무의식의 세계에서는 수많은 자아가 일제히 일어나 쟁의를 한다.

"수련아! 오빠 왔다."

창문을 열어놓아서인지 두꺼운 공기층이 형성되어 완력으로 문이 쾅하고 닫혔다. 마침 누군가가 망치로 머리를 두드리는 꿈을 꾸는 중이었다. 모든 기(氣)가 혼란을 일으키듯 온몸에 전류가 섞이는 듯했다.

"오빠 웬일이야. 지금 몇 시지?"

윗몸을 일으키며 조용히 웃고 있는 오빠에게 물었다. 오빠는 손을 내 쪽으로 내밀면서 시계를 보여주었다. 7시 30분이었다. 오전인지 오후인지 분간이 안 되었다.

"큰어머니께서 걱정하시더라. 너 어제부터 지금까지 계속 잔다고. 어젠 일찍 들어왔다면서…… 괜찮니?"

오빠의 말을 듣고 창밖을 보았다. 밖은 더욱더 진한 어둠으로 발길을 서두르고 중이었다. 내가 이 세상의 촉수를 마비시키는 데에 얼마나 많은 시간이 필요했던 것일까.

오빠는 우리 집안의 보배다. 딸만 내리 난 아버지를 이어서 작은아버지께서 겨우 그를 낳은 것이다. 힘들게 태어난 그는 우리 집안에서 더없이 소중한 사람이다. 귀하게 자란만큼 그에게는 귀티가 넘쳤다. 그리고 그런 귀티에 어울리게 그는 여러 가지로 우수한 점들을 많이 가지고 있었다.

부엌에서 분주하게 음식을 준비하는 엄마의 동작이 빨라졌다. 사촌오빠의 방문 덕분에 식탁은 화려한 음식의 옷을 갈아입었다. 온 가족이 모처럼 모여서 먹는 저녁이었다. 아버지께서는 갓 취직한 오빠의 직장에 관심이 많이 가는 듯했다. 오빠는 아버지의 질문에 대답하느라 입안에 밥을 넘기는데 시간이 오래 걸렸다.

입맛이 없어 밥을 거의 비우지 않는 나를 보시고 할머니께서는 못마땅해하시며 혀를 끌끌 차셨다.

"무슨 잠을 그렇게 퍼 자냐. 미련하게…… 그러니까 밥맛이 없지."

"할머니! 야단치지 마세요. 수련이는 어릴 때부터 그렇게 오랫동안 잠을 자고 일어나면 한 뼘씩 쑥쑥 컸잖아요. 아마 지금도 10센티는 더 컸을걸요."

장손의 말에 할머니께서는 곧바로 소리를 그치고 고개를 끄덕이셨다.

그의 말대로 나는 지금 한 단계 달라져 있었다. 어느새 수많은 자아의 분쟁이 잠잠해졌기 때문이다.

9시쯤 오빠가 다시 내 방을 노크했다.

"수련아! 오빠 이제 가 봐야겠어. 공부 열심히 하고 잘 지내."

오빠가 내 어깨를 가볍게 감싸주었다. 친절한 사람이었다.

"오빠 조심히 가. 나 그냥 방에 있을게. 잘 가아!"

배웅하는 가족들 틈에 끼기 전에 오빠가 넌지시 내게 물었다.

"요즘에는 네 친구 안 오니?"

"누구?"

"예전에 같이 등산한 적도 있었잖아. 얼굴 하얗고 눈이 크던 애."

"미희 말이야? 갑자기 왜?"

"며칠 전에 그 애를 길에서 봤거든. 처음에 몰라봤는데 먼저 아는 체를 하더라. 많이 달라졌던데…… 내 명함도 받아갔어."

빨리 나오라는 성화에 오빠는 내게 눈을 깜박거리며 현관으로 나갔다.

왜 하필이면 오빠가 명함을 주었을까. 미희는 평소의 습관처럼 남자의 명함을 주머니에 넣었을까. 나는 또다시 알 수 없는 불안감이 이는 것을 부정할 수 없었다,

오빠가 성급하게 나간 뒤 그의 주머니에서 흘러내린 듯한 은색 빛의 동전이 내 앞으로 또로록 굴러왔다. 나는 그 동전을 조심스럽게 손 위에 올려놓았다. 선명한 100이라는 숫자가 손바닥 위로 드러났다.

문득, 지금 나와 미희의 삶이 이 동전과 같다는 생각이 들었다. 예전에 내가 끊임없이 인정받았던 중 · 고교 시절에 이 100은 내 차지였다. 그리고 지금 방울방울 터지는 축포의 불꽃처럼 화사하고 환하게 터지는 미희의 모습은 나를 대신해 이 면에 연결되어 있다.

오래전 20세 전후의 우리들의 학교에서는 오직 공부 한가지만을 요구했었다. 그리고 지금은 그 한 가지만이 전부는 아니다. 여러 가지로 다양한 조건들이 우리에겐 필요한 것이다. 지금 돌이켜보면 당시에 나도 주위를 한 번쯤 돌아보아야 했지 않았을까 하는 뒤늦은 후회가 밀려오기도 한다. 또한, 미희도 지금 눈길을 끌지 않는 저편을 한 번쯤은 돌아보아야 하지 않는가. 어둠에서 웅크리고 있는 우울한 한 쪽의 입장이 되어서….

언제나 주머니 안에 넣고 다니는 동전의 귀가 많이 달아서 뭉툭해졌다. 졸업은 그 뭉툭한 정도에 비례해서 다가왔다. 그리고 오늘 아침의

눈도 거기에 비례하나 보다. 유난히 소복한 눈빛이 너무나 환해서 시계의 도움 없이 일어날 수 있었던 것이다. 잠이 깨자마자 벽에 잇는 달력부터 경쾌하게 뜯어낸다. 새해 아침이다. 1월 1일이라는 숫자의 빨간색이 예쁘게 웃고 있다.

이른 아침부터 거울 앞에서 드라이를 하는 소리는 온 집안에 생기를 뿌리고 있다. 엄마는 거울 앞에서 이 옷 저 옷 갈아입고 화장품을 찍어 바르느라고 정신이 없다.

작은아버지와 작은어머니께서는 한복으로 정갈하게 차려입고 축하하러 온 하객들에게 인사를 하시느라고 고개를 들 틈이 없는 듯하다. 할머니께서는 식장의 한쪽을 바라보시며 대견한 눈빛으로 고개를 끄덕이고 계신다. 모처럼 친정 나들이를 하는 언니는 분주한 사람들 틈에서, 노란 어린 조카와 한참 실랑이를 벌이느라 이마에 식은땀이 흐르는 것을 닦아낼 여유도 없다.

나는 벌떼처럼 웅성거리는 사람들 틈을 헤집고 신부대기실로 향한다. 연지곤지 찍어 바른 미희는 어느 때보다 정숙해 보인다. 분위기를 맞추는데 천부적인 기질을 가진 미희는 오빠와 그렇고 그런 사이가 된 이후부터는 예전의 모습을 어디에서도 찾아볼 수 없게 되었다. 가까이 가서 본 미희는 정숙하게 보이다 못해 차가운 냉장고 속의 생선처럼 딱딱하게 굳어 있다.

"미희야, 좀 웃어라. 너무 긴장한 것 아니니?"

내 말에 미희는 눈빛에 촉촉한 기운이 감돌면서 한층 더 대리석처럼 단단해지는 듯하다.

"신부는 긴장 좀 풀고 친구는 그 옆에 다정하게 서 주세요."

 능란한 사진기사가 한순간을 포착한다.

잠시 후 식은 시작된다. 귀티 있는 신랑은 연신 입을 헤 벌리고 있다. 그 옆에 서 있는 신부의 드레스가 움직일 때마다 위태롭게 흔들리고 있다.

식은 쉬 끝난다. 폭죽을 터뜨리는 소란스러운 틈바구니에서 잔뜩 찌푸린 채 어색하게 서 있던 선배가 사람들을 비집고 유령처럼 빠져나간다. 나는 얼굴의 근육이 자꾸만 위로 당겨지는 것을 참을 수 없어 짧은 웃음을 뱉어낸다.

하객으로 온 동창들은 점심을 먹으면서 한참 동안 수군거린다.

"얘들아! 미희 쟤 연기력 대단하다. 그렇게 여러 남자 사이에서 전전하더니 언제 그랬냐는 듯이 내숭 떨고 있는 것 좀 봐. 웃기지 않니?"

대학 때 특히 미희와 많이 어울려 다니며 미팅을 주선하곤 했던 혜란이가 못마땅해하며 젓가락으로 고기를 집어내고 있다.

"쟤 고등학교 때는 어땠니? 얼굴 좀 반반한 것 가지고 총각 선생님들한테 꼬리 치던 거 기억나니? 난 그때부터 알아봤어."

다른 친구들도 하나둘 그 틈에 가세하며 숟가락들을 바쁘게 움직이고 있다. 예전의 기억들이 선명하게 각인되어 올라온다. 옆에서 묵묵히 듣고 있는 게 거북해진다. 그들은 한 명이 시작하자 그 순간을 기다렸다는 듯이 쏟아지는 소나기처럼 미희에 대한 험담을 한꺼번에 와르르하고 쏟아붓고 있다.

그들은 미희에 대해서 은근히 질투심을 느끼고 있는 것은 아닐까? 하는 의구심이 든다. 그들도 미희와 같은 조건을 가지고 있다면 그녀와 똑같이 행동했을 것이다. 겉으로는 고상한 척 눈을 내리깔고 있지만, 속으론 그들도 천박함이라 일컫는 미희를 은근히 흉내 내고 있을지도 모른다.

피로연이 시작되자, 친구들은 신랑 친구들과 자리를 같이하며 은근히 끈끈한 시선을 주고받는다. 그들의 특별히 신경 써서 입고 온 의상들은 그러한 분위기에 더욱더 불을 지피는 듯하다. 미희를 칼질하던 그들은 지금 미희가 되어 미희 같은 행동을 하고 있다. 사실 나도 그들과 다른 부류의 사람이라고 할 수는 없다. 오늘 아침에 유난히 신경을 써서 나온 것을 부인할 수는 없으니까. 억지로 분위기에 맞추어 밝은 표정을 지으면서 나도 미희와 하등 다를 게 없다는 사실을 인정할 수밖에 없다.

가끔 동전을 굴리며 생각해 보곤 했다. 내가 미희와 같은 조건을 가졌다면 어쩌면 나도 지금 미희가 밟았던 철로를 똑같이 걸어가고 있지 않을까 하는 생각을. 사실, 나는 그동안 미희를 대상으로 한 안전한 실험을 하고 있었던 것이다. 내 내면에 숨겨진 욕망을 두드러지게 많이 가지고 있던 미희가 세상 속에서 자기의 영역을 어떻게 확장해 가는지 그리고 무엇보다도 결과를 알고 싶었던 것이다. 안전하게…… 그래서 나는 그녀가 어떠한 변화를 가지고 어떠한 행동을 하더라도 그저 아무런 비판 없이 바라보기만 할 수 있었다. 실험 대상에게는 자유롭게 활동할 수 있도록 가능하면 장애물을 만들지 않았어야 했기 때문에. 이런 이유에서도 나는 그녀에게 어떠한 돌멩이도 던질 수 없다.

밖에는 깡통 달린 자가용이 기다리고 있다. 차 안으로 들어가기 전 미희는 아직 젖을 떼지 않은 송아지가 어미를 찾는 것처럼 큰 눈을 애처롭게 굴리고 있다. 나는 조금 떨어진 곳에 가족들과 함께 서 있으면서 그런 미희를 보고 있다. 멀리서 나를 겨우 찾은 듯 미희가 미끄러운 눈길에 비틀거리며 내 쪽으로 다가온다.

"뭐 중요한 것 놓고 왔니?"

미희는 내 손목을 꼭 붙잡고 사람들 틈에서 벗어나 한가한 곳으로 데리고 간다. 그러고는 가짜 속눈썹을 자주 깜박거리며 입을 무겁게 다물고 한참을 있는 것이다.

"네가 부러워."

들릴 듯 말 듯 조그맣게 붕어처럼 입을 뻐금거린다.

"뭐가아…… 네가 평소에 바라던 대로 되었잖니."

싱거워서 피식 웃음이 나온다.

"난 너의 자유가 부러워, 그리고 너의 당당함이…… 나, 앞으로 답답해서 어떻게 살지?"

미희는 기어코 눈물을 흘리고 만다. 나는 미희의 얼굴에서 언젠가 들었던 언니의 떨리는 음성을 듣는다. 이제야 비로소 그 말뜻을 이해한다. 그리고 미희에게도 동전의 뒷면이 있었음을 확인하며 그것이 혹시 나였을지도 모른다는 생각을 한다.

나는 눈가에 번지는 검은색 마스카라를 닦아주며 그녀의 등을 부드럽게 떠밀어 준다.

"신혼여행 잘 갔다 와. 넌 잘 살 수 있을 거야. 행복해." 힘찬 출발 후 요란한 깡통 소리는 서서히 서서히 잦아든다.

미희의 결혼을 축하하듯 다시 눈이 내리기 시작한다. 지금 쏟아지는 눈이 그동안 끝도 없이 펼쳐졌던 미희의 환상들을 두껍게 덮어 주었으면 하는 바람이다. 흰빛에 반사되어 조용히 입가에 미소가 떠오른다.

결혼식 때 부모님에게 미안해서 우는 신부는 보았어도 결혼 후의 생활이 두려워서 우는 신부는 미희 혼자뿐일지도 모르겠다는 생각이 든다. 그런 미희의 모습이 결코 밉지 않다. 나는 서서히 흩어지는 수많은 사람 속에서 하얀, 미희의 환상의 덩어리들이 흩날리는 것을 오랫동안 서서 바라본다.

〈끝〉

제43회

학술문학상

•

1980~2000

당선

제1067호 1998년 10월 13일 화요일

제43회 전북대신문사 학술문학상 : 소설

첫눈 오는 날

· 김락중 (경제 3학년) ·

#.1

끼이익…

제 무게도 이기지 못하겠다는 듯 가늘고 날카로운 신음을 내며 지하실 철문이 열리자 등 뒤에서 머뭇거리던 새벽의 희미한 빛줄기들이 일제히 열린 철문 사이를 비집고 지하실로 쏟아져 들어왔다. 주검과도 같던 어둠이 썰물처럼 밀려 나가고, 방향을 잃은 정섭의 발길이 희미한 윤곽들 사이에서 긴장이라도 한 듯 잠시 머뭇거렸다. 얼마의 시간이 지났을까, 널브러진 악기들 사이로 흐느적거리는 그의 발걸음이 위태롭게 쇼파를 향했다.

건설회사 현장사무소에나 있었던 것 같은 검정 비닐 커버의 쇼파 위로 정섭이 몸을 눕히자 낡은 용수철 소리가 지하실을 가득 채웠다. 눅눅한 곰팡이 냄새와 음산한 한기가 그의 목덜미를 휘감았다. 쇼파에 몸을 묻은 정섭의 시선이 심하게 흔들렸다.

후욱…….

흉부 가득 고인 막막함을 퍼내려 해보지만 쏟아져 나온 술 냄새만이 코끝을 맴돌았다. 통테이크의 카메라 워킹처럼 축축한 그의 시선이 지하실 이곳저곳을 정처 없이 헤매고 다녔다.

그들의 연습실이자 보금자리. 지하실은 마치 얼룩말이 놀다 간 것처럼 지저분했다. 세숫대야 수북이 쌓인 그릇들, 언제 그랬는지 먹다 남은 라면이 코펠 안에서 퉁퉁 불어 막 곰팡이가 피기 시작했다. 벽에는 기타를 끌어안은 밥 딜런의 사진이 걸려 있고, 입으로 불어서는 끄떡도 하지 않을 먼지가 스피커며 앰프 위로 내려앉아 있었다. 스틸 사진처럼 멈춰버린 환풍기 밑에는 관공서에서 폐기 처분한 것 같은 청록색 칠이 벗겨진 철제책상이 있었고, 그 위로 아무렇게나 구겨진 악보들이 쌓여 있었다.

그리고, 한수의 기타, 이젠 고물이라고밖에 말할 수 없을 한수의 기타가 벽에 기대인 채로 물끄러미 정섭을 바라보고 있었다.

처음 그들이 이곳을 연습실로 꾸몄을 때 한수가 말했었다.

"이곳에서 우린 희망을 키우는 거야. 세상을 움직이는 에너지를……. 이곳은 일종의 발전소라고 할 수 있지."

……그랬다……하지만……

한 수의 기타 모양이 심하게 일그러졌다. 정섭의 눈에 눈물이 가득 맺히고 있었다.

#.2

불 속의 한수를 뒤로한 채 정섭은 밖으로 나왔다. 산 아래로 그들이 아웅다웅하며 살아가는 시가지가 내려다보였다. 오늘 이곳에 오기 전까지 화장터가 이렇게 가까이 있었는지 정섭은 알지 못했다. 그랬다. 바로 곁에 한발 비켜서 있는 곳에 죽음은 존재하고 있었다. 삶의 대극으로서가 아닌 그 일부로서 죽음은 생활 속에서 동행하고 있다.

정섭은 울지 않았다. 영구차 뒷자리에 앉아 화장터로 들어서는 순간 오히려 무서워지기조차 했다. 한수의 목관이 불길 속으로 들어가고 조그만 철문이 닫힐 때에도 정섭의 표정은 담담했다.

가을 냄새 가득한 바람 한 자락이 마른 잔디밭을 지나 까칠한 정섭의 볼 위를 스쳐 지나갔다. 습관처럼 정섭은 담배를 꺼내 불을 댕겼다. 낙엽을 태우는 듯이 매캐한 담배 연기가 폐부를 와락 움켜쥐었다가 위로하듯 천천히 빠져나왔다. 손을 뻗으면 푸른 물이 묻어날 것 같은 가을하늘로 정섭의 가슴을 쓸고 지나간 담배 연기가 빠르게 스며들었다.

가을을 반쯤 떨구고 남은 나무들 사이로 성깔 사나운 바람이 지나가자 남아있던 잎들이 담담하게 순서를 기다리며 흔들거렸다. 저마다 외롭고 힘들다고 말하는 것 같았다. 말라서 손이라도 대면 바스락하고 떨어질 것 같은 나무껍질도, 아무렇게나 뒹구는 낙엽도, 그리고 정섭을 떠나 흩어지는 담배 연기도.

"정섭아, 설마 필터까지 피우는 건 아니겠지?"

하염없는 정섭의 시선이 느릿하게 목소리를 찾았다.

현성, 검은 양복에 받쳐 입은 와이셔츠 위로 가을 햇살이 더욱 하얗게 부서지고 있었다. 눈이 부실 정도는 아니건만 가늘어진 정섭의 시선이 현성을 비켜 그 옆에 주차된 검은색 승용차에 머물렀다.

한수의 죽음을 듣고 영안실로 달려갔던 밤, 정섭은 실어증 환자처럼 말을 잃고 아연해 있었다. 혼절하여 쓰러진 한수의 모친 곁에서 정섭은 뜬눈으로 혼자 빈소를 지켰다.

'이건 사실이 아니야. 꿈일 거야. 그래, 꿈이야. 내일 아침이 되면 깰 거야. 아무 일도 없던 것처럼.'

그의 볼에는 눈물이 말라붙어 있었다. 우물의 밑바닥에서처럼 깊고 어두운 밤이었다. 어둠이 희미하게 바래버린 새벽녘, 어떻게 알고 찾아왔는지 현성이 혼자 웅크리고 있던 정섭의 어깨를 두드렸다.

미처 경황이 없어 주위에 연락할 생각조차 못 하고 있던 정섭을 시켜 일을 준비한 것도, 장의사를 불러온 것도, 병원수납을 마무리 지은 것도 현성이었다. 하지만 그는 빈소 곁에 있지 않았다.

빈소를 찾는 이들의 차가운 눈빛을 피해 영안실 뒤편 소각장 옆에서 담배꽁초만 그득하게 쌓아놓고 돌아가는 그의 뒷모습을 정섭은 모른 체 외면했었다. 마치 옛 친구에 대한 마지막 의리라도 지키려는 것처럼 현성은 그렇게 한수의 주검 주변을 서성거렸다.

"……"

정섭은 대답이 없었다. 먼저 말을 꺼낸 현성의 어색한 시선이 화장터 굴뚝으로 빠져나오는 회색 연기를 뒤쫓았다. 바람이 떨어진 낙엽을 한 걸음 뒤로 굴려놓고 지나갔다. 기관 고장을 일으킨 잠수함에서처럼 둘 사이에는 견디고 있기 불편한 침묵이 흐르고 있었다.

"정섭아! 한수형 물건들도 태워야지."

누군가가 정섭을 부른 소리에 둘 사이에 흐르고 있던 어색함이 가을 바람 사이로 쓸려 들어갔다.

#.3

모두가 말이 없었다. 이따금 이런 날은 조용하면 안 된다고, 취하도록 마시고, 그렇게 죽은 사람 잊어 보내는 것이라고 술잔을 권하는 이들이 있었지만, 술잔을 들고 떠들썩한 것도 자신, 이내 흐려지는 술자리가 되어가고 있었다.

한수의 죽음이 아니면 모두가 같이 모이기 힘든 얼굴들이었다. 얼마 전 조그만 기타학원을 차렸다는 김선배, 아직도 클럽에서 드럼을 치고 있는 후배, 가끔 들어오는 신인가수들의 음반에 세션 해주는 동기, 음악은 이제 접어 버렸다면서 공장에 취직한 선배……그리고, 음반회사 기획실에 다니는 현성. 그가 성공적인 가수 데뷔를 그만두고 작곡과 음반 기획만을 맡고 있다는 소문이 그 바닥에서는 이미 오래전부터 나돌고 있었다.

현성은 술자리의 한쪽 어두운 구석에 앉아서 혼자 술잔만 기울이고 있었다.

밤이 깊어지자 내일 일찍 출근해야 한다고, 중요한 약속이 기다리고 있다고, 몸이 안 좋아 이젠 술도 못 마시겠다고, 저마다 무슨 무슨 이유를 남겨놓고 하나둘 자리를 떴다. 하지만 정섭은 술을 마실수록 정신이 맑아지는 것 같았다. 늘어가는 술병들 너머로 남은 사람들의 모습이 한눈에 들어올 정도로 줄어있었다.

그때였다. 윤희가 술병을 넘어뜨리며 일어서다 비틀하고 탁자 앞으로 무너져내렸다.

윤희, 줄곧 말없이 술만 마시는가 했었는데……취했던 것일까? 아니, 그녀는 술자리에 앉기 전부터 이미 취해 있었는지도 모른다.

쓰러진 그녀를 현성이 부축하려고 하자 매몰차게 뿌리치며 말했다.

"이거 봐요! 언제부터 형이 그랬다고……그렇게 혼자만 떠나고 나면 그만이라고 생각했겠죠……그런데 이게 뭐예요. 한수형, 우리 한수형은……현성이 형은 이렇게 무사한데, 아무렇지도 않게 보란 듯이 잘 살아가고 있는데."

"윤희야. 많이 마셨어. 넌. 나가서 찬바람 좀 쐬고 오자, 우리……"

옆에 앉았던 김선배가 서둘러 그녀의 말을 막으려 했다.

"응, 그래요. 나 많이 마셨어요. 우리 한수형 가는데 이렇게 마시지 않으면 안 될 것 같아서 마셨어요. 한수형은 적어도 현성이 형처럼 그런 싸구려들과 타협하지 않았는데……배는 고파도 음악은 안 판다고 그랬는데, 언젠가 시디신 김치하나 놓고 라면 먹는 한수형 보고 제발 자기 몸 좀 챙기라고 그랬는데, 결국은 이렇게……"

뚝뚝 핏줄을 자르듯 윤희의 입에서 울음 섞인 말들이 흘러나왔다. 모두가 서로의 얼굴을 피해 술잔만 바라보고 있었다. 윤희가 이러는 것을 정섭은 이해할 수 있었다.

한수의 학교 후배인 윤희는 언제나 한수 주변을 맴돌았다. 어느 늦은 밤, 밴드 멤버들 몫까지 김밥을 말아서 가지고 와서는 지친 그들에게 작은 힘이 되어주기도 했다. 자신의 가는 길이 평탄하지만은 않다는 걸 알고 있던 한수는 의식적으로 윤희와의 간격을 유지하려 했지만, 그럴수록 윤희는 한수에게 가까이 다가서고 있었다. 현성이 밴드를 떠난 뒤 생긴 빈자리를 혼자서라도 채우려는 듯 연일 밤샘에 강행군하던 한수를 찾아와 울먹거리며 떼쓰듯 말렸던 윤희였다.

윤희의 울음에 현성의 얼굴이 일순간 굳어지는가 싶더니 다시 언제나처럼 무표정해졌다. 현성은 언제나 굵은 모래를 씹고 있는 듯이 그렇게 항상 건조한 모습이었다. 현성이 마른 얼굴을 쓸어내리며 자리를 일어섰다. 그의 시선이 엎드려 흐느끼는 윤희를 지나쳐 입구로 향했다. 수없이 반복되어서 결국에는 체득되어 버린 듯 그는 지갑을 꺼내 계산을 마치고 술집계단을 내려갔다. 이제껏 아무 말 없이 술잔만 비우던 정섭이 그 뒤를 따라 나왔다.

"현성이 형!"

현성이 잠시 걸음을 멈추고 고개를 돌리려다가 다시 앞으로 걸어 내려갔다.

"현성이 형, 왜 피하는 거예요? 한마디쯤 변명해 줄 수도 있잖아요."

무표정한 현성의 뒷모습이 네온 속으로 사라져 버렸다.

#.4

"이번 콘서트는 포기하는 게 좋을 것 같아."

"그래, 한수형도 없고 편곡도 아직 마무리가 덜 끝났잖아. 그리고 우선 한수형을 대신할 기타도 쉽게 구하기는 힘들 것 같고……"

드럼을 치는 태관이가 이야기를 꺼내자 베이스 줄을 맞추고 있던 정민이가 기다렸다는 듯이 말을 이어받았다.

그래, 모두가 두려운 것이다. 사실상 한수가 없는 밴드로 활동을 계속한다는 것은 무리였다. 여태껏 한수는 팀의 리더 그 이상이었다. 곡을 쓰고, 편곡을 마무리하고, 조목조목 지적하면서 연습을 시키고, 출연일정을 잡고, 한수에 의해 팀이 존재할 수 있었다. 정섭도 역시 기타를 치고 있었지만, 그가 말은 세컨드 기타가 하는 일이라고는 음만 채워주고 있을 뿐, 기타 솔로에선 언제나 한수가 애들립을 했고 정섭은 보컬에 더 비중을 두고 있었다.

"하지만 이번 콘서트는……한수형이 그렇게 열심히 준비하던 라이브 전용 콘서트홀에서 하는 건데, 이미 일정도 다 잡혔고……"

정섭 역시 한수가 없는 콘서트는 무리라고 생각하면서도 왠지 한수를 위해서라도 꼭 해야 할 것 같은 기분이 들었다.

이야기는 늦은 밤이 되어서야 끝이 났다. 우선 오디션을 보고, 그게 잘 안되면 콘서트는 잠정적으로 보류하기로 했다.

멤버들이 떠나고 나자 숨 막힐 듯한 고요가 지하실 가득 차오르기 시작했다. 어둠은 고요가 차오를수록 점점 더 농밀해졌다. 정섭은 어둠 속에서 담배를 피웠다. 외항선에서 바라보는 먼 등대 불빛처럼 밝아졌다가 어두워지고 다시 밝아지고 하면서 정섭의 얼굴은 농밀한 어둠 표면에 그려 놓고 있었다.

익숙한 어둠 속에서 정섭은 한수의 기타를 바라보았다. 하얗게 닳아 칠이 벗겨진 기타 플랫, 손때가 묻어 반질반질해진 기타 넥이 정섭의 가슴에 한수의 모습을 그림 그리게 했다.

#.5

'바다에 씻겨나가기 전까지 얼마나 오랜 세월 동안
산은 계속 존재하고
자유를 부여하기 전까지 얼마나 오랜 세월 동안
어떤 종류의 사람들은 존재하고 있을 것인가.
그 답은, 친구여.

흩날리는 바람 속에서 춤을 추고 있네.
그 답은 흩날리는 바람 속에서 춤을 추고 있네'

깊은 상념에 잠긴 듯 눈을 감은 채 노래의 후렴구가 끝나자 여기저기에서 박수 소리가 터져 나왔다. 장미 봉오리가 열리듯 서서히 눈을 뜨고 의자 옆으로 기타를 내려놓은 한수의 관자놀이로 주르르 땀 방울이 흘러 내렸다.

"방금 부른 노래는 60년대 반전 투쟁가로 유명했던 밥 딜런의 'blowin in the wind'였습니다. 지금까지 좋은 시간 되셨는지 모르겠습니다. 내일 이 시간에 다시 뵙겠습니다."

마이크 스위치를 끄고 기타를 케이스에 집어넣는 동안 정섭이 쥬스를 가져왔다.

한수의 노래를 들을 때마다 정섭은 어떤 알 수 없는 힘이 자신을 끌어당기고 있다고 생각했다. 정섭이 '카페 아카디아'에서 일한 지 보름쯤 지났을 때 한수의 라이브 시간이 생겼다.

도망치듯 학교를 떠난 정섭은 단지 먹여주고, 재워주고, 몇 푼 용돈이 될 만한 보수로 '카페 아카디아'에서 일하게 되었다. 새벽이 다 되어서 영업이 끝나면 모두 돌아간 그곳에서 혼자 청소를 하고 긴 소파에 누워 음악을 들으며 맥주를 마셨다. 매주 홀 가득 차오른 술기운 속에서 가끔은 터질 듯한 록음악을 틀어놓고 눈을 감곤 했다. 그러고 나면 잠시 위로받은 듯이 잠에서 빠져들 수 있었다. 그런 시간이었다. 하루하루가 최후인 듯 시작했고, 영원인 듯이 막을 내리고 있었다.

당시 정섭은 무기력에 빠져 있었다. 그 어떤 것도 그를 감동하게 하지 못했고, 그 어느 것에도 자극받지 못했다. 무의미하다고 느낀 그는 아무런 계획도 없으면서 휴학을 결심했고 그런 '길 위에서 벗어나기'가 유일한 탈출구라도 되는 듯이 정섭은 헤매이고 있었다.

그런 그에게 한수는 하나의 작은 충격이었다.

한수는 언제나 낡은 기타를 퉁기며 노래를 불렀다. 손님들이 하나둘 모여들 시간이 되면 라이브로 기타연주를 하거나 노래를 불렀고 그가 노래하는 동안은 항상 주문이 뜸했다. 일부러 그의 노래를 들으려고 술집을 찾는 이들도 많았다. 어쨌거나 그 주문도 뜸한 사이에 정섭은 카운터 옆 나무의자에 앉아 한수의 기타 소리에 빠져 들었다.

한수의 노래에는 일반적인 말로서는 표현할 수 없는 것들이 담겨 있는 듯했다. 그의 노래에는 깊은 아픔을 겪고 난 후에야 느낄 수 있는 삶의 무게가 있었다. 정섭은 그것을 확실히 느낄 수 있었다. 그것은 아주 특별한 느낌의 무게로, 명확히 드러나지 않지만 도드라진 혓바늘처럼 문득문득 의식하게 되는 것이다. 정섭은 알지 못하는 사이에 한수의 음악에 빠져들어 갔고 그럴수록 사춘기를 지날 무렵부터 막연히 꿈꿔오던 음악에 대한 욕구가 꿈틀거리며 의식 표면으로 떠오르고 있음을 느낄 수 있었다.

#.6

"음악은 말야, 부조리를 말하고, 모순을 드러내고, 저항을 표현해도 그 속에는 사랑이 담겨 있어야 하는 거야. 인간에 대한 사랑, 그리고 세상에 대한 따뜻한 시선 같은 것 말야."

한수는 작지만 또박또박한 말투로 이야기했다.

영업이 끝나고 손님들이 썰물처럼 빠져나간 홀을 정섭 혼자 물걸레질

하고 있을 때였다. 정섭과도 안면이 있던 한수 일행이 몰려 들어왔다. 늦으막 시작된 술자리에 끼게 된 정섭에게 한수는 음악 이야기를 해주고 있었다. 앞선 술자리가 있었던지 한수는 상당히 취한 듯 했다. 새벽이 밝아올 때쯤 곯아떨어진 한수를 구석 소파에 눕히고 돌아왔을 때 알음알음으로 알게 된 그의 오랜 친구가 정섭에게 한수의 지난 얘기를 들려주었다.

80년대를 힘겹게 건너온 청춘들이 그렇듯이 한수도 역시 가슴으로 바람을 맞으며, 잔인하고 애처로운 시대를 지나왔다고 노래 소모임을 이끌던 그가 가두투쟁에 나설 때면 대열의 앞에서 선창하는 그의 노래가 이글거리는 아스팔트 위로 쏟아붓는 소나기처럼 시원함이 되어 주었다고 그러나 계속되었던 수배생활과 한차례의 구속, 그가 돌아왔을 땐 운동이니 조직이니 하는 것들은 이미 모두가 모르는 것처럼, 마치 화석이 된 공룡의 이야기처럼 쉽게 잊혀 있었다고 민주화는 이미 완성된 것이라고 믿고 싶었던 사람들은 그렇게 무거운 이야기보다는 바캉스 코스에, 주식 시세에, 그리고 서태지가 끊임없이 내뱉는 가벼운 랩송에 애써 열광하고자 했다고 그러나 그는 출소 후 록음악에 심취하게 된 이후로 사회 비판적인 곡들을 쓰고 몇몇을 모아 밴드를 하나 결성하려고 한다고

정섭은 잠든 한수의 얼굴을 바라보았다. 마른 얼굴엔 지난 시간의 힘겨움보다는 어린아이에서와 같은 평온이 흐르고 있었다.

#.7

정섭이 한수의 연습실에 드나들 즈음엔 이미 밴드가 모습을 갖춰가고 있었다. 보컬과 건반은 정섭과도 여러 번 안면이 있었던 한수의 오랜 동

지인 현성이 맡았다. 악기 상가에서 파트타임 일을 하며 알게 되었다는 항상 긴 머리에 부츠 차림의 태관이가 드럼을 치고, 베이스는 한수의 학교 후배인 정민이 맡았다. 기타는 역시 한수가 쳤는데 몇몇 카피 곡들을 빼면 대부분 한수와 현성이 만든 곡들이었다.

정섭은 어깨너머로 기타를 배우고 있었고, 현성에게서 귀동냥으로 샤우트 창법을 익혔다.

합주가 끝나고 한가한 틈을 타 정섭이 한 수 배운 걸 연습하고 있으면 한수는 "녀석, 아직 기본음도 잘 못 잡는 놈이 성량 하나는 타고났다니까" 하면서 다독여주었다.

정섭은 '카페 아카디아'에서 꼬박 밤을 새우며 일하고도 연습실에만 오면 제 물을 만난 것처럼 초롱초롱해졌다. 어디서 그런 의욕이 생기는지 정섭 역시도 가끔은 바뀐 자신의 모습에 놀라곤 했다.

밴드가 어느 정도 호흡이 맞고 연주가 안정되었다고 느꼈을 때 한수는 조금씩 활동을 준비해 나갔다. 몇몇 라이브클럽에서 서기도 하고, 좀 이름 있는 밴드나 가수들 오프닝도 가끔 나가기 시작했다. 만족할 정도의 반응은 없었지만, 그럭저럭 강한 인상을 남겨주는 것처럼 보였다.

한수는 녹음실을 빌려 데모테이프를 만들고 몇몇 음반회사에 알아보기도 했다. 그것이 화근이라면 화근이 되었을까. 일이 조금씩 비틀려지기 시작했다. 한참 후에야 알게 된 일이지만 데모테이프를 듣고 모 음반기획사에서 현성에게만 개인적으로 접촉을 시도했었다. 처음엔 물론 현성도 오랜 친구이자 동료인 한수와 다른 멤버들을 놔두고 혼자만 빠져나간다는 것에 주저했었다. 하지만 상황이 좋지 않았다. 뺑소니 교통사고로 3년 넘게 누워 계시는 아버지도, 기다리는 것도 지쳤다면서 떠난 애인도, 밥벌이도 되지 못할 것 같은 스타일을 고집하는 한수도……

그런 것들로 현성은 흔들리고 있었다. 그리고 결국 지난가을이 깊어지기 전 현성은 음반기획사의 제의를 받아들였다. 오랜 동료였던 현성의 이탈로 한수는 심하게 흔들리는 것 같았다. 얼굴에서 웃음이 뜸해졌고 때로는 며칠씩 기타를 손에 잡으려 하지도 않았다. 한수 주변의 일상이 늦가을 오후의 풍경처럼 색이 바래 있었다.

#.8

"김 선배, 우리 한 번만 같이해요, 예? 우리들 봐서 그러는 게 아니고 죽은 한수형 봐서 좀 도와줘요. 이번 콘서트가 한수형이 그렇게 바라던 거였다는 것 선배도 잘 알잖아요. 한수형 아니면 제가 이런 부탁 꺼내지도 못한다는 거 선배도 잘 알고 있잖아요."

기타학원 사무실에서 벌써 세 시간째다. 김 선배의 얼굴엔 어찌 못하는 당혹감만이 가득했다. 정섭은 어린아이 떼쓰듯 막무가내였다. 기타 오디션에서 정섭은 막막하기만 했다. 멤버를 못 채우면 콘서트는 보류될 텐데……오디션 참가자들도 수준은 그럭저럭 쓸만했지만 한수를 대신해 줄 사람은 나타나지 않았다. 결국, 오디션이 실패라고 느껴질 때쯤 정섭은 기타 교습 학원을 차린 김 선배 생각을 했다. 김 선배 정도라면 다른 것은 안 되더라도 기타만큼은……정섭은 망설일 사이도 없이 김 선배를 찾았다. 마지막이 될지도 모르는 기회라고 그는 생각했다. 정섭은 이번 콘서트에 이상하리만큼 집착하고 있다. 풍차를 향해 달려드는 돈키호테처럼 무모하기만 한 그를 누구도 붙잡을 수 없었다.

#.9

지난겨울은 여느 때보다 조금 일찍 첫눈이 내렸고 그 눈을 정섭은 오랫동안 잊을 수 없었다. 하늘이 저녁 무렵부터 잔뜩 찡그리고 있더니 밤이 깊어가면서 소리 없이 한두 송이가 하늘을 날았다. 어린아이처럼 들뜬 표정의 정섭이 연습실을 찾았을 때 눈발은 제법 굵어져 있었다. 그날은 오랜만에 멤버들이 모두 모여 있었다. 현성의 탈퇴 이후 멤버들이 모여 한주 연습 하는 일은 연례행사라도 되는 것처럼 뜸해져 있었다.

"한수형! 눈 오는 거 봤어요? 첫눈인데 우리 한잔해야지?"

"정섭아……"

"응?"

한수가 들고 있던 기타를 내려놓으며 말했다.

"너 우리 팀에서 노래해 보지 않을래?"

정섭은 잠시 자신의 귀를 의심했다.

"뭐……뭐라고 그랬어요? 형?…… 다시 말……"

놀란 정섭을 나머지 멤버들이 빙글빙글 웃으며 바라보고 있었다.

"자식, 놀라기는. 네가 맘에 들어서 스카우트라도 하려는 게 아니라 멤버가 모자라서 그래. 노래는 그렇다 치고 기타는 아직 초보지만 뒤에서 받쳐주기만 하면 그럭저럭 할 만할 거야."

"한수형!"

믿기지 않은 일이었다.

현성이 떠나고 가을 한 계절을 휘영휘영 보내던 한수는 요 며칠 사이 무슨 생각을 했는지 기타를 끌어안고 끄적끄적 곡을 써보는 모양이었다. 그런 한수가 다른 멤버들을 설득해 정섭에게 보컬을 맡기기로 했다.

새 멤버가 된 그를 축하할 겸, 정섭의 말대로 첫눈에 술 한 잔 마시러 거리로 나왔다. 백설기처럼 소복하게 내려앉은 눈길을 정섭은 이리 뛰고 저리 뛰고 미끄럼을 탔다. 열중쉬어 자세로 손을 뒤로한 한수가 등 뒤에 감추고 있던 눈덩이를 던지자 도망치고 잡으러 다니고 하면서 눈싸움이 시작되었다.

"정섭아. 넌 말야, 잘 할 거라고 난 믿어, 넌 가슴으로 노래를 불러야 한다는 걸 이미 알고 있으니까. 그래서 내가 믿는 거야."

몇 번인가 술잔이 돌고, 몇 개인지 빈 술병이 바닥을 뒹굴고 나자 반쯤 감긴 눈으로 한수가 입을 열었다.

"네놈을 처음 봤을 때 난 널 껄렁한 녀석으로밖에 생각하지 않았어. 내가 보았던 너는 그렇고 그랬으니까……하지만……언제였던가 카페에서 노래를 부르고 있었는데 나를 바라보는 네 얼굴이 밝게 빛나고 있더구나. 기타 코드를 옮기는 내 손을 넌 뭐라 말할 수 없는 눈빛으로 바라보고 있었지. 넌 빨아들이기라도 하려는 듯 양미간에 힘을 주어 기타 플랫에서 눈을 떼지 않고 있었어."

한수는 정섭의 어깨에 손을 얹었다.

"정섭아, 너 자신의 목소리를 찾아라. 다른 가수들 흉내나 내는 것은 무의미한 일이야. 네 노래 속에는 너의 인생이, 아픔이, 사랑이 담겨 있어야 해. 그래야 비로소 네 노래가 다른 사람들의 가슴을 어루만져 줄 수 있는 거야. 네 자신의 목소리를 찾는 것은 네 인생을 찾는 것과 같은 거야."

정섭은 한수의 희고 가는 손을 바라보았다. 그의 손을 바라보았다. 그의 손은 길고 말라 있어서 뼈마디가 튀어나왔지만 사람의 마음을 사로

잡는 묘한 힘이 있었다.

"현성이라면 아마 그렇게 노래할 수 있었을 거야. 녀석은 내가 잘 알아. 들리는 얘기에 의하면 음반만 한 장 발표하고 앞으로는 노래는 부르지 않을 거라고 하더라. 작곡하고 음반 기획하고 그러나 봐. 녀석의 목소리가 아깝지."

"하지만 현성이 형은 밴드를 떠났잖아요. 그리고 밴드의 노래를 말도 없이 음반에 실었잖아요."

"그래, 주위에서 뭐라고 그러는지 나도 들었어. 하지만 녀석이 밴드를 그만둔 것은 그 자신도 어쩔 수 없는 일이었을 거야…… 언젠가 내게 그런 이야기를 하러 왔더구나. 그때 난 스스로가 결정해야 할 일이라고 말해 주었지. 노래만 해도 그래. 나와 같이 작업했던 곡이니까 반쯤은 현성이의 곡이기도 해. 그리고 우리의 노래가 사람들에게 들려질 수 있다는 넋도 그리 나쁜 일은 아니니까."

밴드를 떠나고 얼마 지나지 않아 현성의 데뷔앨범이 출반되었다. 그리고 그 앨범에 있던 곡들 대부분은 밴드 시절 같이 작업했던 곡들이었기에 그를 알고 있던 사람들은 놀랄 수밖에 없었다. 현성의 앨범에 수록된 곡들은 가벼운 전자악기로 샘플링되어 어쩐지 화장기 가득한 모습을 하고 있었고, 가사는 많은 부분 말랑말랑한 사랑 이야기로 바뀌어 본래 곡의 메시지라고는 찾아볼 수조차 없었다.

"형은 왜 그러는 거야? 사실 말하자면 그 노래는 형의 일부이기도 했잖아. 형의 꿈이, 형이 말하고 싶어 했던 것들이 그 노래들 속에……"

"정섭아, 그 이야기는 그만하자."

한수가 서둘러 정섭의 말을 가로막았다. 그의 눈에는 잠시 동안이었지만 슬픔이라고 말할 수 있을 무언가가 차오르는가 하더니 이내 사라졌다. 그리고 습관처럼 술잔을 입으로 가져갔다.

한수는…………

#.10

김 선배가 퍼스트 기타를 맡았지만, 연습은 순조롭게 이뤄지지 않았다. 우선은 곡들이 다듬어지지 않은 상태였기에 종종 불협화음이 튀어나왔고, 그럴 때마다 멤버들이 각자 조금씩 손을 대보았지만 합주해서 맞춰보면 도무지 잘 되지 않았다.

모두가 채 한 달도 남지 않은 콘서트에 대해 막막해했지만 쉽게 그만두자는 말을 꺼내지 못했다. 그 자신이 우겨서 강행한 것이었지만 정섭도 역시 답답하기는 마찬가지였다. 이제 와서 그만둘 수도 없는 일이지만 그렇다고 이런 상태로 무대에 오른다는 건 너무 어설프기 그지없었다. 연습하면 할수록, 합주하면 할수록 정섭은 자포자기 심정이 되어갔다.

'그래, 어쩌면 부질없는 짓인지도 모른다. 이름 없는 밴드의 콘서트에 누가 그리 관심이나 가져줄 것인가? 차라리 현성이 형과 같이 그들도 그럭저럭 쉽고 깔끔한 대중적인 스타일로 바꾸는 편이 더 나을지도 모른다. 아니 돈 되지 않는 음악일랑은 집어치우는 편이 최선인지도 모른다. 하지만 이번만큼은, 한수의 마지막에 대한……그래 이번이 마지막이다. 콘서트만 끝나면 밴드고 뭐고 금방 깨질 것이다. 그러면 작은삼촌이 차렸다는 골프용품 전문점에 가서 일어나 도우며 그럭저럭 다른 일을 찾아보자.'

정섭은 막막하기만 했다. 잠깐이었지만 그의 가슴속에 품었던 것들이 헛된 꿈인 것만 같았다. 한수가 곁에 있다면……정섭은 한수가 약속하리만큼 그리워졌다.

그날도 밤이 깊어서야 연습이 끝났었다. 피곤함에 지친 몸으로 공연 포스터 주문한다며 밤길을 나서는 한수를 말렸어야 하는 건데…….

공연 준비 이전부터 한수의 몸은 급격히 나빠져 있었다. 수북이 쌓인 악보를 베고 잠들기를 매일같이 했고, 연습 중간중간 의자에서 일어날 때도 빈혈증세가 있는지 비틀거리곤 했다. 주위에서는 몸도 좀 추스르라고 했지만 떠난 현성의 몫까지 해내려는 듯 좀처럼 말을 듣지 않았다.

한수가 연습실을 나간 지 3시간이 조금 지났을까. 병원 응급실에서 전화가 왔다. 사고 차량 운전자의 말에 의하면 자동차 불빛을 보고도 비키지 않고 오히려 머뭇머뭇 차 앞으로 다가서려 했다는 것이다.

갑작스러운 한수의 죽음으로 정섭은 혼자 안개 자욱한 숲속을 걷는 것처럼 막막해져 있었다. 아무리 소리를 질러봐도 입 밖을 벗어나기 전에 안개 속으로 빨려 들어가 버리는 그런……, 정섭은 길을 잃은 것이다.

#.11

지난 밤 추적거리던 비 때문에 콘서트홀 입구로 쭉 붙여놓은 공연 포스터가 을씨년스럽게 젖어 있었다. 아침이 되어 개이는 듯싶더니 회색 구름 가득한 것이 금방이라도 차가운 비를 뿌릴 것 같았다. 겨울비에 늘 그렇듯이 비온 뒤 거리는 더욱 썰렁해 보였다.

악기들의 튜닝을 마치고 음향 시스템 점검이 끝나자 정섭은 밖으로 나와 담배를 꺼내 물었다. 공연 전에는 어지간하면 담배 피우지 말라던 한수의 말이 떠올라서 그랬는지 입가로 가져가던 라이터를 잠시 멈추었다. 그러나 이내 라이터에 불을 댕겼다. 미처 담배에 불이 붙여지기도 전 심술 사나운 겨울바람이 몇 번이나 담뱃불을 날려 버렸다. 정섭은 다른 손을 가져가 감싸듯이 두 손으로 불을 붙였다. 동그랗게 모은 두 손 안으로 한 줌 라이터 불이 위태위태 흔들렸다.

후우……

담배연기가 매운 겨울바람을 빠르게 뒤쫓아갔다. 정섭은 담담했다. 콘서트에 대한 떨림이나 두려움도 잊은 듯했다. 그는 피하고 싶었다. 그러나 이제 와서 피할 수 없는 것이라면 빨리 해치워 버리고 싶었다. 어떻게 되든 정섭은 더 이상 그 무엇도 할 수 없을 것 같았다. 찬바람을 너무 오래 쏘인 탓인지 머리가 멍해졌다.

콘서트홀 안으로 돌아오자 조명 점검이 끝나 있었다. 저마다 자리를 잡고 오프닝 곡을 맞춰보았다. 한 곡이 끝나고 정섭이 마이크 스탠드를 조금 낮추는 동안 기타를 쥐고 있던 김선배도 무대 가장자리로 디스토션을 툭툭 차서 옮겼다. 미리 정한 대로 계속해서 세 곡을 합주하고는 리허설을 마쳤다. 합주 내내 멤버들의 시선이 허공에서 서로 엇갈렸다. 불균등한 입자의 공기가 그들을 감싸고 있었다.

공연까지는 조금 시간이 남아 있었으므로 대기실에 배달된 점심을 먹었다. 딸그락딸그락 수저 소리만 들릴 뿐 말없이 점심을 먹고, 몇 술 뜨지 않고 자리를 일어선 정섭은 신문지를 태우는 듯이 맛없는 담배만 건조하게 피워댔다.

#.12

악기를 옮기는 멤버들의 얼굴과 손에 겨울바람이 아프게 부서졌다.

빌려온 앰프며 스피커 같은 장비들은 트럭 위로 실어 올리고 더 이상 실을 수 없는 악기들은 봉고 승합차 안으로 들고 탔다. 승합차에 오르기 전 바라본 하늘은 별도 하나 없는 것이 잔뜩 찌푸려 있었다. 한차례 더 비를 뿌릴 것 같았다. 승합차 뒷자리에 자리를 잡았던 정섭은 잠이라도 청하겠다는 듯이 눈을 감아 버렸다.

'그래, 이제 끝났어. 이렇게 아무렇지도 않게 될 것을 여태껏……'

생각하기도 싫은 방금 전의 콘서트가 극장 스크린처럼 정섭의 감은 눈꺼풀 뒤편으로 비치고 있었다.

예상하고 있었지만 그들이 무대 위에 섰을 때 좌석은 삼분의 일도 차 있지 않았다. 하지만 그때까지만 해도 그나마 순조로운 편이었다. 두 번째 곡에서부터 기타가 삐걱이기 시작했다. 정해진 박자 안에서 끝마쳐야 될 애들립이 한번 두 번 길게 늘어지더니 나중에는 자기 박에 들어가야 하는 것도 힘들어했다. 드럼과 베이스도 템포를 타지 못하고 느렸다 빨랐다 하면서 흐트러졌다. 고음으로 길게 뽑아 줘야 할 정섭의 보컬도 제 음을 미처 다 채우지 못하고 끊기는가 하면, 공연 후반에 가서는 목소리가 갈라지곤 했다.

공연이 끝나고 그들이 무대를 내려올 때에는 자리를 지키고 있는 사람이라고는 군데군데 서너 명씩 뿐, 불에 탄 가을 들녘처럼 보기 흉했다. 김선배는 "최악이야"하면서 대기실 의자에 쓰러져 앉았고 모두의 어깨엔 힘이 빠져 있었다.

절망이었다. 하지만 정섭은 생각했다. 내심 후련하다고, 말은 안 했지만 모두가 이렇게 될 줄을 이미 알고 있었다고…….

#.13

흔들거리고 있었다. 승합차에 탄 그들의 몸뿐만 아니라 그들의 마음도, 그들의 마음이 바라보는 겨울바람 거리도.

정섭은 여전히 눈을 감고 있었다. 승합차의 낡은 히터 때문인지 매캐하게 더운 공기가 머리를 어지럽게 만들었다. 찬바람이라도 쏘이려 눈을 뜨고 창문을 열었다. 날카로운 밤바람이 창문을 비집고 승합차 안으로 몰려 들어왔다. 모두들 깊이 숨을 들이마셨다. 자기만 괴로운 게 아닐 거라고 정섭은 생각했다. 무슨 말을 하려던 것처럼 입을 달싹거리다가 그만두고 창가로 눈을 돌려 버렸다. 모두가 서로를 외면하고 있었다. 승합차 차창에 어린 성에를 닦아내자 가는 물줄기들이 뿌려져 있었다. '그래, 비라도 좀 내려주었으면' 하지만 한참을 바라보고 나서야 알게 되었다.

눈송이.

첫눈이었다.

정섭은 지난겨울이 생각났다. 정섭이 밴드와 멤버가 되었던 날도 오늘처럼 첫눈이 내렸었다. 그리고 한수와 다른 멤버들과 눈싸움하며 밤거리를 뛰어다니던 생각을, 서로가 같이 나누던 꿈을, 그리고 한수가 남겨준 말들을 떠올렸다. 담담한 것 같던 정섭의 마음이 사실은 그게 아니었다. 애써 아니라고, 무시하다고, 모든 것이 순조롭다고 다그쳐 보았지만 정섭의 가슴에 눈이 내리고 있었다. 몰래 쌓이는 눈송이처럼 한수가 소복하게 내려앉고 있었다.

이윽고 바싹 마른 정섭의 입술이 열렸다.

"눈이 와요. 첫눈이……"

모두들 무슨 뚱딴지같은 소리냐는 듯이 정섭을 바라보았다.

"첫눈이 온다구요."

그때야 모두들 차창으로 고개를 돌려 하얗게 낀 성에를 닦아냈다.

"우리, 차 세우고 눈싸움하지 않을래요? 지난번처럼."

영문을 모르는 김 선배를 빼고는 나머지 멤버들의 입가에 빙긋이 장난스러운 미소가 번졌다. 정섭은 당장이라도 차에서 내려 눈덩이를 뭉칠 듯 자리에서 일어섰다.

"그러지 뭐. 기분도 영 죽 쒔는데 한판 붙어보자고!"

드럼을 치는 태관이가 거들었다.

정민도 장난기가 발동한 듯 멈춰 선 승합차 문을 열었다. 밤공기가 시원했다. 어리둥절해 하면서도 김선배가 먼저 뛰어내려 눈을 뭉치기 시작했다.

"어어, 형!……어……"

정민이가 저만치로 도망쳤다. 뒷자리에 앉았던 정섭이 미처 내리기도 전에 성급한 김선배의 눈 뭉치가 날아왔다. 차에서 내린 정섭이 눈을 뭉치기 시작하자 김선배가 황급히 도망치다가 눈길에 미끄러졌다. 한참을 몰고 다니고 쫓기고 하면서 눈 쌓인 거리로 뒹굴었다. 사람들이 어린애 같은 그들을 한 번씩 쳐다보고는 웃음을 지으며 지나갔다.

눈 위에 넘어졌던 정섭이 꼼짝도 않고 한참을 누워 있었다. 하늘에선 하얗고 가벼운 눈이 내려오고 있었다. 눈이 정섭의 눈 속으로 들어왔다. 잠시 정섭의 얼굴에 알 수 없는 빛이 어렸다.

눈 위에서 벌떡 일어난 정섭이 말했다.

"우리 다시 한번 할까요?"

"뭘? 눈싸움?"

지쳤다는 듯이 김선배가 물었다.

"아니요. 콘서트!"

"응?"

"우리 여기서 콘서트 다시 하자구요"

"……"

"……"

잠시의 시간을 두고 조금 전 정섭의 얼굴에서와 같은 알 수 없는 빛이 멤버들의 얼굴에 번졌다.

탁. 탁. 탁. 탁.

태관이의 드럼 스틱 두드리는 소리가 있은 후 김선배의 기타 전주가 이어졌다. 지나가던 사람들이 무슨 일이냐는 듯 휘둥그레진 눈으로 그들을 바라보았다. 울림 섞인 기타 소리가 눈길을 미끄러지듯 흐르고 난 뒤 정섭의 노래가 시작되었다. 정섭의 마이크 위로 눈이 내려앉았다. 멤버들의 어깨에도, 악기에도 눈이 내려와 쌓이고 있었다.

노래를 부르는 정섭의 가슴이 불덩이라도 담고 있는 듯 뜨거워지고 있었다. 언젠가 한수가 말했던 그 자신의 목소리로 노래하고 있었다. 한 곡 두 곡, 노래가 이어질수록 하나둘 그들 주위로 몰려든 사람들이 손뼉을 치고 휘파람을 불어 대기 시작했다.

정섭의 가슴에서와 같이 거리에는 눈송이가 내려와 쌓이고 있었다.

당선

제1067호 1998년 10월 13일 화요일

제43회 전북대신문사 학술문학상 : 시

적멸보궁

· 이미정 (국어교육 3학년) ·

사랑했던 이 있었네

그 사람 마음으로 부르며
일주문을 들어섰다네

포근히 안아 설렌 가슴은
목탁 소리 잦아들었고
요적한 산사(山寺)의 솔숲에는
바람 소리만 휑휑 하였네

천천히 돌아서면
그림자 위로
작은 풍경 소리 겹쳐지는데
눈 들어 올려다본 그곳은
적 멸 보 궁

나직이 하산하던
심장에 막막한 표정의 글자들이
들어와 박혀
옥죄었다네
적멸보궁적멸보궁

나는
다시
속세 내세의 갈림길에서
사랑했던 이 그렸네

가작

제1067호 1998년 10월 13일 화요일

제43회 전북대신문사 학술문학상

성선설 1

· 문세영 (국문 3학년) ·

이 길을 따라 하염없이 걸으면 존재하는가
우리의 안식처 혹은 시대의 해답
자식이 아비를 죽이고
아비가 자식을 파는
파렴치의 세상, 허허
여전히 찬송이 퍼지고
목탁이 울리는
당(當)의 천국에서 나 길 잃었다

'돌아가시오'
'우회하시오'
'공사 중…죄송…'
온통 사방으로 막힌 길
천국 위를 걷다가 나 막혔다
할 말 잊었다

모두가 진실이고
전부가 선(善)인 곳에서
잠시 추억한다
선악과를 따먹던 아담과 이브
……
혼효의
……
후손들
……

어둠이 흘리고 간 넋두리,
환영(幻影)의 도시,
한복판에서
"지금 뭐하시는 겁니까?"

가작

제1067호 1998년 10월 13일 화요일
제43회 전북대신문사 학술문학상

장수강(長水江)

· 정문환 (일문 3학년) ·

아버지는 알콜 중독자였다
장수에 살며 장사를 시작한 지 이 십여 년
농사를 지은 두어 해
그럭저럭 정이 들어
해 지는 강물을 쓸쓸히 바라보아도
농사꾼도 장사꾼도 토박이도 외인(外人)도 아닌
아버지는 그냥 술 주정꾼이라고
그러나 단 한 사람
자식놈들도 돌아가신 부모님도 아닌
반평생의 아내에게
아버지는 장수강(長水江)을 온통 두른 산 같은 것이었다

제 손으로 차마 못 할 짓인 줄 알면서
아버지를 병원에 들여보내던 날
이른 봄 장수강(長水江)의 물소리 닮은

차가운 숨으로 쉰소리를 지르며
두고 보라든 두고 보라든
아버지를 뒷걸음으로 떠밀고
어머니는
입안 가득 밥술이 목에 겨운
눈물을 흘리셨다

이 땅의 마지막 명당자리를
어디쯤 끼고 흐른다는 장수강(長水江)아
아비에게도 용한 너의 심술을 부려보아라
이대로 흘러 춘향 골을 지나기 전에
한 번만이라도 아버지에게 들러
아직도 지지 않은 진달래 한 움큼 부둥켜안고
날마다 기도하는 여인의 마음을 일러주어라

해거름이 와서
상류의 말간 지조로
장수를 모두 두른 산들을
원래의 것인 양 담아둔 강에
노을이 걸려
왜 하필 단풍처럼 노을이 걸려
떠내려가지 못한 사연으로
어미의 얼굴을 뒤덮는다

제44회

학술문학상

•

1980~2000

당선

제1092호 1999년 11월 1일 월요일

제44회 학술문학상 당선작 : 소설

미궁

· 김세라 (국문 3학년) ·

'내가 또 잘 못 들었나?'

발자국 소리로 들리던 환청이 그녀의 대답 이후 전화벨 소리로 바뀌었다. 컴퓨터 자판을 두드리다가, 커피 물을 끓이다가, 진공청소기로 거실을 청소하다가 간헐적인 가슴의 통증과 함께 찾아오는 희미한 전화벨 소리, 이 작은 아홉 평 오피스텔을 가득 채우고 있는 소리들을 모두 멈추어 놓아도 여전히 들려오는 전화벨 소리 때문에 그는 도무지 아무것도 할 수 없다. 샤워를 하다 울리는 전화벨 소리에 허겁지겁 뛰어나오다 노트북 전원을 이은 코드에 걸려 넘어져 중요한 문서를 날려 버리고 허탈하게 맥주캔을 비우는 지금도 귓가엔 여전히 책을 찾아줄 때의 또각또각 가지런하던 구두소리가 들리고 "찾으신 책, 맞죠?" 하며 건네주던 가는 손가락의 촉감이 전해진다. 분명한 존재의 헛것들로 온통 아수라장인 오늘은, 혼란의 연속이다.

"생각해보고 연락 드리죠."

전혀 뜻밖의 대답이었다. 계속 출근하지 않는 그녀를 영문도 모른 채 기다린 지 일주일 만에야 만나게 되자 반가움에 그만 불쑥 말해버리고 575

말았다.

"저랑 여행가시겠어요?"

언젠가는 꼭 하려 했던 말이지만 이렇게 별안간 튀어나올지는 그도 몰랐다. 눈 뜨면 아침, 눈 감으면 밤, 아니 아침이니 눈뜨고 밤이니 눈 감는, 그런 일상에 지쳐가고 있을 그때, 그녀를 만났다. 바람을 끌어안았다. 하늘만 바라보며 위로만 위로만 향하다 미풍에도 흔들리는 연약한 자신의 모습을 보게 되었다. 악착같이 뒤쫓아 다니는 부끄러움들을 피해 도망 다녀 보았으나 그것들은 어디에나 그보다 먼저 와있었다. 꼭꼭 잠가 둔 빗장 사이로 한 줄기 빛. 틈, 늘 그것이 문제다. 오랫동안 쌓아왔던 견고한 벽도 가느다란 실낱같은 틈, 그사이 푸르른 빛에는 속수무책일 뿐이다. 그가 바라보는 것들과 그를 향하는 것들의 비껴 감. 어긋나기만 했던 퍼즐게임에 염증을 느껴 내팽개치려 했을 때, 드디어 끼워 맞춰진 조각, 완성된 그림. 그동안 쌓인 옆자리의 먼지 탈탈 털어 내고 작아질 대로 작아져 버린 의자도 큰 것으로 바꾸고 예쁜 꽃병에 꽃이라도 꽂아두고 두 팔 벌려 맞이하고 싶은 빛이 꿈처럼 찾아왔던 것이다. 논문 준비로 도서관에 시들어 있다가 뛰쳐나와 바라본 하늘, 우산을 들고 펄쩍 뛰어오르면 시원한 물이 콸콸콸 쏟아 나올 것 같이 깨끗했다. 하늘에 빠져 죽어도 좋을 만큼 징글징글하게 맑은 날씨였다. 아파트에 들어서서 놀이터에서 신나게 놀고 있는 꼬마 녀석들을 바라보면서 살짝 미소 지었었는지도 모른다. 봄, 이라는 단어가 이렇게 예쁜 발음이 있는 줄은 미처 몰랐다고, 봄이라는 단어에는 봄 냄새가 난다고 잠시 생각했었을지도. 어디에선가 부신 햇살을 타고 종이비행기가 날아왔고 그의 이마를 잠깐 스치고 가 떨어졌다. 그리고 그곳에 그녀가 있었다. 조금은 지친 듯, 날개를 떨구는 작은 새처럼 힘없는 모습의 그녀는 금세 환한 표정으로 종이비행기가 날아온 방향으로 달려갔다. 거기에는 무채색 그림 속에서 막 빠져나온 듯한 남자가 노란 후리지아를 들고 화석처럼 서 있었다. 목발을 짚고 가는 한 남자와 그를 부축하는 한 여자의 모습이 꼭 샴쌍둥이 같았다. 몸이 붙어버린 숙명의 남매. 서로에게 익숙한 자세가 너무도 편안해 보이기조차 한 그들의 뒷모습에 그는 서럽기까지 했다. 며칠 후, 논문에 필요한 자료가 학교 도서관에는 없어 혹시나 하는 마음에 시립 도서관에 찾아갔고, 그곳에서 그녀를 다시 만났다.

웃음도 삼키면 쓰다. 악몽에 시달리는 날이 계속되고 있다. 꿈꾸다 울며 깬 후의 당혹감, 베개의 얼룩을 볼 때마다 사무치는 배신감, 누가 더 사랑했느냐는 중요치 않다. 그를 믿지 않았던 건 아니었는데 무의식의 반영인 이런 꿈을 대하고 날 때면 혼란스러울 뿐이다.

시우가 떠났다. 예정된 떠남이었지만 서은은 며칠 동안 아무것도 할 수 없었다. 시끄러운 음악과 천장의 울림, 위층 여자의 에어로빅 시간이다. 열여덟 시간을 자고 쉰여섯 시간 동안 아무것도 먹지 않았다. 너무 기진해 일어설 힘조차 없다. 간신히 냉장고 문을 여니 퀘퀘한 냄새뿐. 시든 오이와 마요네즈 병을 꺼내 든다. 늦게 들어 온 날이면 따뜻한 물로 발을 씻어 주고 오이를 잘게 썰어 얼굴에 붙여 주던 시우의 손길이, 그 촉감이 화락, 몸을 쓸고 지나간다. 금세 몸이 뜨거워진다. "한 손에 들어오는 작은 가슴이 좋아." 귓가에 닿던 나직한 숨결, 가만히 가슴을 쥐는 듯한 느낌과 함께 서늘한 통증이 찾아든다. 뭔가 해 먹어야 될 것 같아 주방에 들어갔는데 어둠 속에서도 느껴지는 작은 움직임이 있다. 불을 켜니 바퀴벌레 두 마리가 후다닥, 순간 사라져버린다. 냄비에 물을 올려놓고 가스레인지 불을 켰다. 잠시 후 달아났던 바퀴벌레가 레인지 틈새에서 기어 나오다 그대로 불에 타버린다. 그렇게까지 하려 했던 것은 아니었는데 왜 하필 가스레인지에 숨어서… 다시 불을 꺼버리고 만다. 창을 열어 하늘을 보니 어른거리는 별들뿐. 밤이 되자 별들도 취했나? 얼마간을 그러고 서 있었던 것일까? 아파트 불빛이 거의 꺼졌다. 문득 울리는 전화벨 소리, 대학 때 친구다. 외로워 뼛속이 누레질 정도로. 외로워 죽을 것 같아. 자정에 아르바이트를 끝내고 집까지 걸어가는 길이라며 공중전화 박스에서 청승맞게 읊조린다. 그 허허로움이 서은에게 전해져 노란 물이 들었다. 머리를 감고 수건으로 탈탈 턴 후, 웅송거리고 앉았는데 방바닥에 물이 듣는다. 머리칼에서 떨어진 줄 알았는데 눈물이었다. 거울을 보니 웬 낯선 늙은이가 야윈 목을 드러낸 채 있다. 뭉크의 해골 그림 같다. 바닥에 흩어진 한 움큼 머리칼을 주우며 돌이킬 수 없는 안타까움에 그녀는 가슴 아팠다. 싸구려 나프탈렌 냄새, 검정 빗에 매달린 허연 비듬들의 기다림과 갈증. 상대에게 상처가 될까 안타까워하며 일방적으로 배려하는 것은 늘 위태롭다. 그래, 넌 잊으렴. 나만 기억할 테니.

"난 말야 노래를 들을 때마다 그 노래와 함께 떠올려지는 어떤 사람이 있어. 그 사람이 보고 싶을 때마다 그 노래를 듣곤 했지. 아니, 자꾸 그 노래만 들으니까 그 사람이 보고 싶어졌는지도 모르겠어. 어쨌든 그게 중요한 게 아니라, 그토록 눈물 나고 가슴 무너지던 그 노래들이 이젠 싫증 난다는 거야. 그럴 때면 어김없이 그 사람 또한 희미해지지."

언젠가 위층 여자가 서은에게 했던 말이다. 책을 읽다 혹은 머리를 말리다, 라디오에서 흐르는 노래에 그저 멍하니 있게 되는 건, 자신도 모르는 사이 가슴이 무너지는 건 그 노래의 기교나 성량이 훌륭해서가 아니라, 그와 함께 하나의 풍경처럼 선명하게 떠오르는 기억 때문이다. 잊고 지내다, 아무렇지 않게 일상에 젖어 살다가 어느 날 문득, 그 사진 한 조각이 떠오를 때면, 온몸 곳곳에 응어리진 추억들이 왈칵 위로 솟구쳐 뜨거워지는 것이다. 그 뜨거움 앞에서는 자신을 옭아매어 마비시켰던 망각의 거미줄도 자취 없이 녹아버리고 만다.

-시계 가게에 걸려 있는 시계들은 모두 시간이 다르다. 아예 멈춰버린 것도 있다. 그들도 매일의 삶이 권태로운 것일까? 포기해 버린 것일까? 끊임없이 일탈하고 싶다. 땅 위에 두 발 딛고 서 있지만 떼어버리고 싶다. 더 이상 가벼움일 수 없는 공기에 몸을 누이고 싶다. 햇살이 나른하게 내리쬐던 오후의 거리에서, 지나가던 사람들의 모습이 흑백 영화의 한 장면 같던 그 거리에서 빨간 고무 다라이에 함초롬히 담겨 있는 노란 후리지아. 아득히 밀려오는 향기, 감동. 즐거운 비명을 지르며 노란 숲을 누비는 벌떼들의 날개짓. 그날, 거리를 감쌌던 이 향기를 오늘, 네 가슴 한구석이 작은 의미로 전한다. 하늘이 내게로 와도 손 담글 수 없음에 가슴 아프다.

시우는 그렇게 정말을 말해왔다. 그의 절망에 그녀 또한 절망했다. 절망은 치명적이다. 어느 날, 아파트 앞에서 그녀를 기다리던 시우는 후리지아와 짧은 글을 전했다. 그리고 그것이 마지막이었다. 주위를 둘러봐도 그녀가 찾아야 하는 의미는 보이지 않고 교감할 수 없는 단절된 의식들만이 떠돈다. 작은 흐느낌이 메아리가 되어 어깨가 흔들린다. 참아왔던 울음이 터져 나와 통곡이 된다. 늘 남는다. 그만큼의 허전함과 허망함, 스쳐 지나가는 사람이 시원하다는 걸 느낀 그때처럼 너무나 갑자기 그 끝을 인정해야 했다.

무작정 따라나선 여행이었다. 서너 번쯤 책 좀 찾아달라 부탁했던 사람이 어느 날 난데없이 함께 여행 가자고 했을 때 그녀는 선뜻 생각해보겠다고 대답했다. 왜 그리 막무가내로 그를 믿었던 것일까? 눈빛, 그것이었다. 그의 순한 눈빛은 세상에 대한 두려움을 사나움으로 위장한 시우의 그것과는 달랐다. 어딘지 낯익은 느낌이 그녀를 편안케 했고 나직한 음성이 간절한 애원보다 깊은 울림이 되었다. 그래, 솔직히 그녀는 누군가에게 기대 쉬고 싶었던 것이다. 그리고 이틀 후에 그에게 전화를 걸었다.

섬진강 가를 따라 달리면서 바라본 창밖 풍경은 재첩을 잡고 그물을 쳐서 은어를 낚는 사람들도 그림같이 아름답다. 마치 정지된 화면에 그들만 달리고 있는 듯한 느낌이다. 커브를 틀 때 몸이 옆으로 쏠리면서 그녀의 향기가 느껴진다. 저 강처럼 당신을 감싸고 휘돌아 끊임없이 흐르고 싶다, 고 말해주려다 그는 꾹 참았다. 괜히 운전대만 힘주어 잡았을 뿐이다. 이정표와 지도를 보면서 찾아가는 길이라서 물어보고, 때로는 갔던 길을 되돌아 나오기를 몇 번이나 했다.

"이렇듯 잘못 들어간 길이 우리의 시절을 풍부하고 빛나게 해주겠죠."

괜한 미안함에 변명을 해본다.

"그건 자신의 실수를 미화시키려는 본능적 자기방어일 뿐이죠. 그로 인한 시간적, 물질적 낭비는 어디서 보상받죠? 또 다른 성공을 위한 시행착오? 그건 가지 않아도 될 길을 한 번 더 간 것에 불과해요. 사람들은 자신의 실수를 인정하려 하지 않죠. 우리가 감탄하며 바라본 저 평화로운 풍경이 저들에겐 지리멸렬한 일상일 수 있어요. 그저 생계를 꾸리기 위해 숙명처럼 아침부터 떠밀려 가야 하는 저들에게 우리의 값싼 감상 따윈 사치에 불과할 거예요."

그녀에게 아주 강하게 양립하는 이중성, 아이같이 말간 얼굴 뒤의 사물을 파악하는 날카로운 직관과 자신의 판단에 대한 단호한 자세, 때로는 두렵기까지 하다. 고개 들어 바라본 하늘은 초록 나뭇잎 사이로 통과하는 햇살들이 부서지는 눈부심의 향연이다. 그것은 흡사 하트의 첫 현부터 마지막 현까지 향기로운 바람이 쭉 훑고 지나가는 듯한 그녀의 웃음소리 같다. 음향 가루가 얼굴 위에 뿌려진다. 강한 전염성을 가진 그녀의 웃음, 그리고 그 속의 지독한 우울. 한없이 싱그럽고 푸르기만 했던 가슴 터질 듯한 행복과 흩어지는 햇살 같던 그녀의 웃음이 날카로운 유리 파편이 되어 꽂힌다. 그 웃음에 잠시 눈부셔한 사이 날카로운 조각으로 부서져 가슴으로 떨어져 꽂히는가. 너무 눈이 부신 상태, 그것이 순수함인지도 모른다. 모든 것이 다 지나가 버린 마음으로 헛헛한 가슴 쓸어내리며 내쉬는 한숨. 구멍 난 풍선처럼 픽, 쓰러져가는 영혼. 온통 정신을 놓아버린 대가로 한순간 폭발해버리는 무모한 열정. 그저 막막함으로 마지막까지 소진시켜버리는 안간힘, 그 애처로운 자세. 또 하나의 분열. 거기까지는 전해지지 않았나 보다. 무수히 많은 화살을 쏘아 보냈으나 그곳까지는 이르지 못하고 후두둑 떨어져 버렸을 뿐. 그 화살들 꽂힌 곳은 어디일까. 합해질 수 없는 거리에 그는 절망하고, 그토록 서운해했던 시우의 퉁명스런 말투를 그대로 또다시 누군가에게 전달하는 자신의 모습을 보는 서은은, 미안한 마음에 한숨을 길게 내쉰다. 오징어는 사랑한다 말하면서 부둥켜안고 서로 목을 조르고 고슴도치는 껴안을수록 서로의 가시에 찔려 피를 흘린다고 언젠가 시우가 그녀의 가슴을 쓰다듬으며 말했었다. 터널 속을 달릴 때면 '우와 꼭 환타 속을 지나는 것 같아. 오렌지 맛 환타를 내가 얼마나 좋아했는지 알아?' 아이처럼 손뼉 치며 좋아했던 시우의 목소리가 들리는 듯하다.

운전하느라 피곤할 텐데, 잠시 쉬었다 가자고 해볼까, 서은은 잠시 망설인다. 마음을 말하고 싶을수록 더욱 답답한 언어 장애를 느낀다. 언전(言筌)을 벗어나 이해해 줄 수 있는 그런 사람. 시우가 없는 한동안 말을 할 필요를 못 느꼈다. 하지만 옆에 앉은 서늘한 콧날을 가진 이에게는 마음이 열린다. 지금껏 그녀가 내뱉었던 시니컬한 말투, 머리를 쓸어올리며 휘휘 젓는 손동작, 모두 시우가 했던 버릇들이다. 그녀는 어쩔 수 없이 시우의 아류였음을 아프게 깨닫는다. 뭉크의 사춘기, 시우는 그 그림을 좋아했다. 소녀의 놀란 듯 큰 눈과 가냘픈 몸의 전체적 실루엣이 그녀를 닮았다는 것이었다. 무엇보다 앙상한 쇄골, 그곳을 더듬어 만져보고 싶어 했다.

"나는 불꽃놀이가 좋아 밤하늘에 한순간 현란하게 피었다가 허무하게 사라지는 불꽃이 가슴 아프도록 아름다워서 좋아."

가로등이 이 열 종대로 서 있는 강가에서 나직하게 울리는 한 사람의 목소리에 별도, 어둠도, 나무도, 시간도, 그리고 그녀 마음도 멈추었었다. 시우의 아름다움은 늘 그런 식이었다. 순간 속의 빛, 찰나의 마주침. 인상적인 느낌을 중요시했고 적절한 냉소와 위트로, 자칫 궤변으로 보일 수 있는 논리적 빈약함을 적절히 포장하였다. 진리가 담긴 격언이나 금언이라기보다는 짤막한 경구로 자신만의 세계를 확고히 구축한 것이다. 그래서 시우는 유미주의자 오스카 와일드의 〈도리언 그레이의 초상〉에 매료되어 있었다.

"저… 그런데 머리를 자르셨네요."

"머리요? 예, 아셨어요? 휘어져 버린 머리핀, 이가 듬성듬성 빠진 머리빗, 부러진 머리띠‥ 오랫동안 빗지 않은 헝클어진 머리를 정리할 그 어떤 것도 제대로 된 게 없었어요. 그것뿐이에요, 머리를 자를 것은. 전 한

번 해야겠다고 맘먹으면 꼭 해야 하는 이상한 고집이 있거든요. 샤워하려는데 물이 안 나오는 거예요. 전날 예고했다던 단수방송을 듣지 못했던 거죠. 그래서 할 수 없이 난생처음 공중목욕탕에 갔죠. 후훗, 이십여 년을 지켜왔던 나름대로 규칙이 깨어지는 것도 순간이었죠. 뭐든지 지키는 것이 어렵지 어기기는 쉽더군요."

남해대교가 보인다. 자칫 고립되어버렸을 섬을 육지로 이어준 다리. 그 거대함. 그녀는 시우에게 세상과 이어주는 다리가 되고 싶었을 뿐, 바란 것은 아무것도 없었다. 뿌연 안개가 걷힘에 따라 서서히 모습을 드러내는 섬, 시우 같다. 그렇게 낮은 자세로 웅크리고 앉아 한없이 기다리고 있음을 그녀는 몰랐었다. 작은 떨림이 흐느낌이 되고 격한 울음으로 터져 나와도 그것이 그녀로 인한 괴로움인지 결코 '알지 못했다. 시우는 자기 자신에게 온통 관심이 집중되어 있어 자신 이외의 타인 수용은 부담스러운 짐일 뿐이라고, 그녀는 그저 일반적으로 그에게 중독되어 있었을 뿐, 상대에게 아무것도 해줄 수 없어 분열을 일으키는 그의 모습 따윈 상상해보지도 못한 것들이었다. 보이지 않는 부분에 대한 많은 추측과 빗나간 오해들. 시우는 보이는 것만 믿는다고 했다. 깊은 마음속까지는 알 수 있는 게 아니라며 아니 알고 싶지도 않다며 그녀를 분열시켰다.

누군가의 이름을 들었을 때 그 이름이 전해주는 느낌이나 환기해주는 이미지가 없다면 그 이름은 그저 보통명사에 지나지 않는다. 그들에겐 분명 즐겁고 행복했던 시간도 많은데 그녀는 시우라는 이름을 발음할 때면 심장이 아프다. 지친 몸으로 하루 일을 마치고 들어올 때면 아파트 앞에서 언제나 기다리던 그였다. 헤이, 낮은 휘파람 소리에 마음이 늘 내려앉았다. 달빛과 별빛을 사이키멜릭 삼아 한 마리 학 같이 너울너울

춤을 추었다. 그에게는 목발 없이도 자유로운 유일한 순간이었다. 코르샤코프 증후군이라고 했다. 술만 마시면 피부밑에 벌레가 기어 다닌다며 칼로 헤집는 그의 자해 행위에 견딜 수 없어 병원을 찾아갔지만, 그 낯선 병명을 안 것 외에는 어떤 해결책도 알아내지 못했다. 울퉁불퉁한 시멘트벽에 주먹을 대고 마구 달려 피투성이가 된 손으로 흰 종이에 도장을 찍듯 그는 그렇게 그의 방황의 끝에 종지부를 찍었다.

보낼 준비를 채 하지 못했는데도 그녀는 그 끝을 인정해야 했다. 그 참담함을, 쓰라림을, 또 상처로 가슴속에 새겨야 했다. 무지개 너머 바그다드 카페에서 슬픔을 마시고 있을 그를 부른다. 더 이상 눈물 나지 않게 모두 쏟아버린 이후 그녀 몸의 수분은 모두 말라버렸다. 땀조차 나지 않을 정도로.

오버 더 레인보우, 라고 써진 일기장을 시우는 주머니라고 불렀다. 가끔 몰두해서 무엇인가를 열심히 적고 있는 그의 진지한 모습을 그녀는 좋아했다. 그는 그 주머니만을 남긴 채 그녀를 떠났다.

– 이방인들만 살고 있는 낯선 섬에서 같은 더듬이를 갖고 있는 그녀를 만났다. 우리는 한눈에 서로 알아볼 수 있었다. 두 사람이 동시에 같은 생각을 하고 있다는 것, 하나의 화살이 두 개의 심장을 관통하고 있는 듯한 느낌. 가슴 따뜻해지는, 살만한 감동. 밝은 웃음에 인색한 내가, 세상에서 가장 예쁜 웃음으로 찬바람 소리 나는 그녀에게 웃어주고 싶었고, 그녀의 뒤의 작은 풀잎, 옹달샘, 혹은 새가 되어, 그녀의 배경이길 바랐으나 온몸에서 뿜어져 나오는 강렬한 빛에 너무도 눈 부셔했다. 네 한숨으로 풍선을 불었다면 하늘을 가득 채웠을 거야. 넌 내 상처에 소금만 뿌리는구나. 우린 합쳐질 수 없

어. 같이 있으면 둘 다 시들 뿐야. 눈 부시 날개로 찬란히 날개짓 하는 것이 너다워. 다시 네가 온 곳으로 돌아가. 가슴에 사나운 발자국만 남기고 뚜벅뚜벅 뒤돌아 가 버린다.

- 우린 전생에 비익조였을 거야. 날개 없는 새도 있어? 암수의 눈과 날개가 하나씩이어서 둘이 합쳐지지 않으면 날 수 없는 전설상의 새래. 우린 분명 그 비익조였을 거야. 나는 법을 잃어버린 자그마한 새가 웅크리고 앉아있다.
- 불면의 밤에 가벼움의 무거움의 그 모호한 경계를 응시한다. 나, 진지하게 살려 했으나 한 번 어긋난 후 돌아올 수 없었다. 불쑥불쑥, 느닷없이 찾아드는 뭉툭한 기억들에서 악취가 난다. 부끄러움과 안타까움과 두려움을 꼭짓점으로 하는 트라이앵글, 거대한 황금 삼각형이 확장되어 하강, 하강, 하강, 내 가슴을 누른다. 잘못했어요! 살려주세요! 팔을 허우적대 보지만 잡히는 건 공기의 비웃음. 그림자 속에 뿌리를 내렸다. 날 죽이기 위해 며칠간 벼른 날이 선 저 시퍼런 그믐달. 날카로운 비수 되어 내게로 와 꽂힌다. 시뻘건 피. 뚝, 뚝, 뚝. 방바닥이 흥건하다. 추워! 너무 추워! 몸을 둥글게 말아본다. 이렇게 작아질 수 있다니 버러지 같다. 웅크리고 웅크리다 드디어 시들!
- 비틀거리는 눈빛들이 부딪히는 밤, 내리는 비에 가슴까지 젖는 밤, 길에 서 있네. 걷고 또 걸어도 길은 끊이지 않고 길로 이어지지. 얼마나 좋은가, 계속 걸을 수 있다는 것. 눈 감고 걸어본 적 있니? 스무 걸음쯤은 아무렇지 않게 걸을 수 있지. '어어, 이거 왜 이래? 벽이, 자동차가, 나무가, 집들이 휙, 휙, 달려든다. 멈칫, 멈칫, 더 가지 못하고 우뚝, 서버린다. 아, 이제야 알아버렸네. 길이 끊기는 곳은 그곳은 바로 네 집이란 걸.

– 한 마리 박쥐가 되어 길에 내던져진다. 낮에는 비실비실 맥도 못 추면서 밤이 되니 제 세상을 만난 듯 활기차다. 어둠이 빛보다 더 친숙한 지친 영혼들이 서성거린다. 방황하는 눈빛들이 순하다. 육교 위에 쪼그리고 앉아 마시는 소주는 가슴 아프다. 달빛이 너무 푸르기 때문이라고 어둠이 무척 따스한 까닭이라고. 미친 밤바다에서 보았던 은빛 싱싱한 달 비늘물고기처럼 살고 싶었다. 새롭게 시작한다는 게 두렵다. 아무렇지 않게 아침을 맞아야 한다는 게 무섭다. 해를 검은 보자기에 꽁꽁 묶어 깊은 바다 한가운데 풍덩, 빠뜨리면 아침이 오지 않을까? 그러나, 태연하게 나는 돌아와야 한다. 걸어온 길을 다시 되돌려.

– 으흐흐흐 그렇게 순진한 눈으로 바라보지 마. 니 눈깔을 빼어낼지도 몰라. 음흉한 흉계 하나 숨겨두고 은밀한 웃음 웃고 있지. 시퍼런 달이 뜨면 귀가 길어지고 눈에 불이 켜지지. 온몸이 근질근질 덥수룩한 털도 나지. 절벽 끝 뿌리까지 외침의 뼈다귀들이 굴러가고 음산한 울림이 달 끝에 걸리면 암흑을 가르는 외마디 비명이 들리지. 숲속에선 일제히 광란의 축제가 벌어지지. 으흐흐흐. 그렇게 빤한 눈으로 날 보지마. 니 심장을 빼어낼지도 몰라 아무리 네가 날 구원하려 해도 난 불지 않아. 그날 밤의 대단한 음모를 난 절대로 말하지 않겠어. 한 손엔 십자가를 들고 네 가슴에 피어있는 핏빛 장미를. 그 핏방울들을, 산산히 짓밟아 버리겠어. 그리곤 웃겠어. 으흐흐흐. 제발 그런 눈으로 바라보지 마. 아무리 네가 그래도 난 구제 불능이야. 네 한쪽 눈에서 검은 눈물 떨어지면 고이 받아서 벌컥벌컥 마셔버리겠어. 괜한 시간 낭비야. 난 악마야. 늘 굶주려 했지. 니 고기를 씹어 먹어버릴지도 몰라. 구십 구명의 인간을 잡아먹고 마지막 한

명의 피로 목욕하기 위해 벼르고 있지.

-흔들리는 사람들을 본다. 휘청거리는 사람들을 본다. 그러나 곧 알고 만다. 흔들리는 건, 휘청거리는 건 사람들이 아니라 바로 나라는 것을. 바람이 제 존재를 알린다. 저는 보이지도 않으면서 마구 흔들어, 제 존재를 알린다. 나는 그저 당하고 만다. 속수무책이다. 비행기를 날렸다. 곧 추락해버릴 것을 알지만. 나도 바람에 내 존재를 알리고 싶지만 내 몸을 내던질 용기는 부끄럽게도 없다. 닳고 낡은 흔해빠진 비유, 넌덜머리 난다. 엉망투성이 직유와 은유, 그 꾸밈의 공허함. 텅 빈 채로도 이미 완성되어 있는데. 인위, 작위, 허위, 위선의 엉터리 신념. 대단히 우스운 착각. 날카로운 광채로 사람들의 눈을 얼어버리게 하는 은빛 달 비늘 물고기, 그 발딱거리는 아가미, 살아있고 싶다. 꿀꺽꿀꺽 침 넘어가는 소리 내며 난 살고 싶은 것이다. 남루한 건 싫다. 기름기 흐르는 머리칼, 부석거리는 마른 얼굴. 거친 피부, 난 살고 싶다. 신선하게, 탱탱하고 탄력 있게.

보리암을 향해 오르고 있다. 처음 신은 구두 때문인지 그의 발가락엔 온통 물집투성이다. 낯선 것을 길들이기 위해선 많은 대가가 필요하다.

"서은씬 풍경을 좋아하세요? 바람이 많이 부는 집엔 풍경을 달아도 좋을 거예요. 바람이 불 때마다 그 맑고 정갈한 풍경 소리 들려오면 정말 행복할 거예요. 풍경이란 단어는 공감각적 이미지죠. 양지바른 햇살 아래 빨래가 널려 있고, 가끔 불어오는 바람에 청아한 그 소리 울려 퍼지는, 평화로운 풍경이 그려지잖아요. 옛날에 엄마가 수돗가에서 빨래를 하실 때, 전 큰 방 유리창 턱에 앉아 구경을 했어요. 옆으로 발을 뻗으면 제 몸에 딱 맞았거든요. 방망이로 툭툭 두드리시고 훌훌 헹궈서 탈탈 털어, 긴 빨랫줄에 너시는 그 모습이 왜 그리 아름다우셨는지 몰라요. 지금 세탁기에 한꺼번에 몰아넣어 버튼 누르시는 모습 볼 때면 정말 그때의 엄마가 맞나 의심스러울 정도죠. 어렸지만 그 장면, 사진처럼 선명한데, 도저히 이미지가 합쳐지질 않아요."

"예전에 저, 시골에 살았을 때, 초등학교 담벼락이 왜 그리 높았던지 발뒤꿈치를 세우고도 안되어서 폴짝폴짝 뛰면서 간신히 엿본 동그란 세상은 동경이었죠. 그 교정의 초록 나무들이 자란 만큼 저도 그 담을 훌쩍 뛰어넘을 만큼 커버린 지금, 그때의 꿈은 어디로 갔는지, 책가방을 메고 방앗간 집 오빠의 구령에 맞춰 나란히 등교하던 언니 오빠들이 얼마나 부러웠는지 몰라요. 매일같이 고모한테 학교에 보내 달라고 졸라댔고, 바로 그해, 도시로 이사와 훨씬 큰 학교와 많은 친구에 기뻐하며 그 기억, 까마득히 잊고 지냈었죠."

다섯 살 꼬마였던 그녀 모습에 겹치지는 아득한 그리움, 세월 지나 아주 먼 훗날 학교 담을 넘어 볼 땐 그리움 또한 커져 진한 아련함이 밀려올 테지. 유년의 동화겠지. 한 뼘 자랄 때마다 두 뼘씩 커지는 그리움이겠지. 양 갈래 빨간 리본으로 예쁘게 묶고 숨 한번 크게 들이쉬고 힘껏 뛰어올라 담 너머의 작은 왕국 구경하던 그 꼬마의 사진이 너무 선명하게 박혀 자꾸자꾸, 그의 가슴이 서늘해진다. 그리움이 눈물이 되어 서늘해진 가슴을 촉촉이 적신다.

"사람이 죽으면 그 영혼은 하늘의 별이 된다죠. 무수한 별 중에서 유난히 밝은 별을 많은 사람 가슴에 살아있는 별이래요. 세상 사람들이 많이 기억해주고 많이 바라봐 줄수록 그 빛이 진해진 대요. 그러다 시간이 흐르면 차츰차츰 기억에서 멀어지고, 잊힐 때쯤이면 그 별은 하늘에서 사라져 버린 대요."

그가, 그토록 간절하게 누군가에게 잊히지 않는 의미가 되길 바란 적이 있었을까? 누군가의 가슴에 사무치길, 하나의 응어리로 맺히길 원한 적이 있었을까?

"전 새, 라는 발음을 좋아해요. 입안에서 작고 예쁜 파랑새 한 마리가 포로롱, 날아오르는 듯한 기분이에요. 새는 단지 날 수 있는 날개를 갖고 있다는 이유만으로도 충분히 제 부러움의 대상이죠. 그것이 삼 미터나 되는 날개로 강풍과 싸우며 쉬지 않고 비행한다는 알바트로스여도 좋고, 나뭇가지를 종종걸음으로 옮겨가며 작은 노래를 부르는 종달새여도 좋아요."

"버드나무는 무성한 잎에 둥지를 만들어 새가 많기 때문에 버드나무, 라고 한 대요."

"해바라기는 슬플까요?"

"슬퍼도 행복하겠죠."

"봐도 아프고, 안 봐도 아프면 차라리 보고 아픈 게 더 낫겠죠?"

보리암을 향해 제법 경사진 길을 걸어 올라갔던 한참 동안 이야기가 끊이지 않을 정도로 그들은 어느덧 서로에게 친숙해 있었다.

"소설이나 드라마를 보면 사랑하는 연인들은 꼭 약속을 하죠. 둘 중 누군가 먼저 세상을 떠나면 나머지 한 사람도 따라가겠다고. 하지만 막상 상대의 죽음에 닥치게 되면, 그래요. 얼마간은 정말 미칠 듯이 울어대죠. 하지만 한동안일 뿐이에요. 진정 상대를 사랑하는 길은 자신이 그 사람의 몫까지 행복하게 살아주는 일이라며 자신의 변심을 합리화하죠. 그리고 다시 새로운 사랑에 빠지고 똑같은 맹세를 해요. 그 우스운 모습들을 얼마나 경멸했었는지‥난 그런 코미디는 절대 하지 않겠다고 다짐까지 했었죠. 그런데요, 휴우, 제가 지금 그래요."

포도가 높이 있기 때문에 키가 안 닿아 따먹지 못하는 게 아니라 그 맛이 실 거라는 합리화로 포기해버리는 여우의 이야기에 그는 얼마나 가슴 뜨끔했는지 모른다. 쥐었다고 기뻐했으나 손가락 사이로 빠져 흩어져버렸던 안타까움, 이루어지지 않는 열망들, 비껴가는 바램들. 때로는 움츠림으로, 때로는 무모함으로 나름대로 그것들을 이겨내려 안간힘 썼으나 곧 벽에 부딪히고 말았고 반사하지 못한 채 허물어졌다. 그에게는 치유할 수 없는 큰 상처였다. 자신이 무능력하고 모자라서가 아니라 세상과 나는 처음부터 이율배반적이어서 늘 거부당한다는 변명으로, 모순과 허상의 벽을 높이 쌓아 그 안에 자신을 가두어 그만의 그로 만들어 갔던 그에게, 작은 틈새로 엿본 세상은 너무도 아름답고 따뜻했다. 감당할 수 없을 만큼 크게 다가온 세상이란 존재에 두려워하며 조심스레 손 내밀었을 때 세상은 그 손 잡아 와락 끌어안고 오랫동안 품어줬다. 말라버린 줄 알았던 눈에서 뜨거워진 물이 흘렀고, 눈물은 흐르고 흘러 세상으로부터 유리시켰던 벽을 무너뜨렸다. 그에게 그녀가 그랬다. 그녀가 세상이었다. 그런데 그녀는 절망을 말해온다. 가슴 가득 알 수 없는 상처들을 담고 속으로 속으로만 우는 그녀에게 그는 더듬거릴 뿐 아무 말도 할 수 없다. 차가운 바람을 끌어안아 너무도 추워 보이는 그녀를 안아줄 수 있게 되기를 바란다. 따뜻함이길 소망한다.

"비는 모든 것을 진하게 만들어. 하늘도, 풀냄새도, 내 우울도. 달팽이는 허리케인을 지고 가는 벌레야."

그들은 늘 서로에게 지독한 우울을 전염시켰다. 젖은 자는 다시 젖지 않는다, 고 한 시인의 말은 고쳐져야 한다. 그렇다면 상처 입은 자는, 더 이상의 상처 자국이 있을 자리조차 없을 만큼 상처투성인 자는, 상처받지 않아야 옳지 않은가. 슬픔도 면역이 있으면 좋겠다. 지독한 슬픔 하나 겪고 나면 더 이상의 아픔이 없도록.

"난 내가 비치는 것은 무엇이든 깨부수고 싶어."

"내 눈 속에 네가 비칠 거야."

서은은 책 정리를 하다 종이에 자주 베인다. 그 얇음 날카로움. 혓바늘이 돋아 고생했고 발톱을 잘못 깎아 걸음 걸을 때 불편해했다. 아주 작은 사소함. 그냥 무시해 버려도 좋을 듯싶은 하잘것없음에 몸 전체가 아픈 것 같았고 신경이 예민해졌었다. 그 존재조차 미미하여 무시하며 한참을 아래로 내려다본 것들이 사실은 저마다의 성숙으로 땅속 깊이 단단히 뿌리 내리고 있었음을 알고 부끄러움에 한참을 앓았다.

"무심코 내뱉는 한마디가, 표정들이 한 시간 두 시간 그 이상 오랫동안 두 눈 부릅뜨고 쫓아다녀. 심지어 일 년 전의, 이년 전의, 십 년 전의 모습들이 나타나 반성하라고 옆구리를 찔러대. 그래서 난 달이 무서워. 날카롭게 갈아 뾰족해진 저 시퍼런 날로 내 가슴을 찌를 것 같아. 어떤 일주일 동안 밤이 되었다. 또 밤이 되었다. 또, 또 밤이 되었다, 라고만 일기에 쓴 적이 있어. 밤이 나는 정말 무서워."

낡은 신문지처럼 몸을 마구 구기고는 벌벌 떨고 있는 시우를 보면서 그녀는 알아버리고 만다. 그는 밤이 무서운 게 아니라 기억이 무서운 것임을. 지우고 싶은 아픔들을 떠올려 부끄럽게 하는, 도망치게 하는, 기억으로부터 벗어나고 싶은 것임을.

시우와 서은은 오랜 친구였다. 그녀가 어릴 적 살던 동네엔 목련이 유난히 아름다운 병원 집이 있었고, 이층집인 그곳엔 피아노를 잘 치시는 할머니와 늘 파이프를 물고 계셨던 의사 선생님, 그리고 다리를 저는 그의 아들이 살고 있었다. 서은의 유일한 가족이었던 고모는 그 집이 가정부였다. 병약한 아들의 이름인 시우는 시인이셨다는 돌아가신 그의 엄마가 지어주셨다고 했다. 고모를 따라 목련 집에 자주 놀러 갔었고 할머니도 아저씨도 시우도 모두 그녀를 좋아했다. 가끔 시우와 어릴 적 이야길 하다, 다른 세상을 살아온 것 같은 단절된 느낌에 그녀는 너무 당혹스러웠다. 기억조차 희미한 철없던 시절의 이야기들을 어제의 일처럼 생생하게 펼쳐 놓는데, 어쩜 그리 화안히 불 밝힐 수 있는지, 신나서 얘기하고 있는 그 앞에서 마취 안 한 채로 수술대에 올리어진 채 날카로운 메스로 오려내고 예리한 집게로 후집으며 해부당하는 느낌, 소금 뿌려 놓은 듯한 가슴의 통증에 일그러져 갔었다. 그들은 늘 주변 사람들의 시선에 자유롭지 못하고 죄진 사람처럼 숨죽여 숨어들어야 했다. 마치 여인숙에 든 연인들이, 자신들의 불온한 욕망을 들키지 않으려 하는 조바심 속에서 그들의 사랑마저도 싸구려가 된 듯한 불쾌감 같은 것이었다.

장자(莊子)에 '혼돈(混沌)의 죽음'이라는 이야기가 있다. 남해의 임금과 북해의 임금 홀(忽)이 중앙의 임금 混沌의 德에 보답하고자 의논하기를, 사람이 저마다 구멍이 일곱 개가 있어서 그것으로 보고 듣고 먹고 숨 쉬는데 혼돈만은 구멍이 없으니 뚫어주자는 것이었다. 그래서 하루에 하나씩 구멍을 뚫어 주었더니 이레 만에 혼돈은 죽고 말았다. 인위의 비극이요, 조작의 귀결이다. 사랑이라는 미명 아래, 감싸지고 미화되는 이야기들. 마음은 한 줄 한 줄 엉킨 그물이고 그 끝 어딘가에는 매듭이 있겠지만 우린 너무 모질게 잘라 버린다. 말하지 않아도 알 수 있고, 침묵 속에서도 어색하지 않을 수 있는데 전혀 의도하지 않았던 말로 서로를 할퀴고 쑤신다. 그 말이 진심이 아니고, 상대가 하고 싶은 말이 무엇이었다는 것을 알면서도 몇 번이나 굴절시키고 그런 비껴감에 상처 입는다.

물과 산과 하늘이 경계 없이 하나인 곳, 보리암에서 내려다본 남해의 물빛은 서늘한 칼날 같은 푸른빛이다. 서서히 밀려들어 와 마음을 잠식시키고 마는 묘한 마력의 빛깔이다. 해골에 괴인 썩은 물을 먹고 큰 깨달음, 보제(菩提)를 얻었던 원효대사가 지은 돌산 위의 외로운 암자, 그녀도 이제야 가슴을 아프게 훑고 지나가는 존재의 정체를 깨닫는다. 작년 그녀 생일에 위층 여자가 그저 무심히 키워 보라며 행운목을 건넸다. 처음엔 그저 장식품처럼 책상 위에 올려놓고 물이 마른 것 같으면 그저 무심히 물을 주고, 가끔 그저 무심히 바라보고, 결국엔 그렇게 무심히 정이 들어 버렸다. 이젠 없으면 이상하고, 서운하다. 사람과의 관계도 이와 같지 않을까. 처음엔 그저 만나다 서로를 알게 되고, 깊은 마음 품게 되고, 그렇게 소중함이 되는 것이다. 자신도 모르는 사이 시선을 늘 그를 좇게 되고 내 시야에서 벗어나면 걱정되는 것이다. 서은의 검지손가락에 지름 1cm 정도의 상처가 있었는데 새살이 돋았다. 피가 나고 쓰린 상처였어도 연고를 바르거나 아니면 흉한 모습 그대로 얼마 만인지 원래의 모습이 된다. 약간의 흔적이 남아 있기는 하다. 감쪽같이 깨끗하게 없어지면 상처의 의미가 무색해질 테니, 그 흔적은 말해준다. 지난날의 상처와 아픔을. 쓸쓸한 표정으로, 어느 정도는 담담히. '그동안 정원인 줄 알고 가꿔왔던 것이 폐허임을 알고 떠났다'는 글을 그녀는 서머셋 모음의 {달과 6펜스}에서 읽은 기억이 있다. '내가 사랑했던 자리마다 모두 폐허다'라고 황지우는 {뼈아픈 후회}를 했다. 왜 그리 절실했던 기억이 사랑이 아니었다고 부정되는 것일까? 그저 지나간 추억일뿐이라고 일순간의 착각, 인간이기에 겪는 무수한 시행착오 중 하나. 그저 견디기 위함이었나? 그 힘겨운 시절을 이겨내기 위한 하나의 변명, 핑계, 자기 위안? 식어버린 손을 아무리 가슴에 문질러봐도 내 가슴만 식을 뿐이지. 그렇다. 이제 서은은 그녀의 마음을 혼란시켰던 헛것의, 미망의 정체를 안다. 매사에 머뭇거리면서 과거, 자신의 내부로 달아나는 퇴영적인 모습도 자기 자신 이상의 그 누구를 위한 것도 아니었다. 일테면 차가운 시우의 손을 데워주기 위해 따뜻한 자신의 손을 내밀면 당연히 그 또한 그녀의 따뜻함에 전염되는 줄 알았지, 그녀가 그의 차가움에 전염돼버려 차가워질 것이라고는 상상조차 하지 못했던 것이다. 바람은 풍경을 흔들고 풍경 소리는 그녀의 마음을 흔든다.

남해대교를 건너고 있다. 무언가를 공유한다는 것, 가슴 벅찬 일이다. 서로 다른 사람이 한 장의 사진을 품고 살아간다는 것은, 이미 그 사진이 빛바랬을 지라도 함께 추억한다는 그것만으로도 충분히 의미 있는 일이다. 서로에게 비치고, 미치며 그리워한다는 것은 굴절되어 어긋나기만 했다고 해도, 사무친 응어리만으로도 살아갈 힘이 되어준다. 그녀에게 무슨 일이 있었던 것일까? 무엇인가로부터 달아나기 위한, 벗어나기 위한 여행이었음을 그도 어렴풋이 알 것 같다. 부디 건너오기를, 저 섬으로부터, 어두움의 올가미를 바다속에 깊이 드리우고 빠져나오기를. 전염성 강한 그녀를 만난 그 눈부신 봄날처럼, 아직도 그는 가슴에 환한 불 밝혀 놓고 있지만 앙상한 어깨가 여전히 추워 보이는 그녀에게 어떤 밝음도, 따스함도 될 수 없음에 절망한다. 그의 어설픈 날개짓으로 감당하기엔 그녀는 존재가 너무 무거워 서글픈 울음뿐이다.

레버를 눌러 시트를 젖히고 편안히 누워본다. 섬이 멀어지고 있다. 시우는 미혹이었다. 주위에 강한 자기장이 형성되어 있어 모든 것을 블랙홀처럼 빨아들이는 그는, 미궁이었다. 크레테의 왕미노스가 소머리를 한 괴물 미노타를 가두기 위해 다이달러스에게 짓게 한 미관(迷官), 라뷔린스도 테세우스는 실타래를 미서(迷緖)로 빠져나올 수 있었다. 그처럼 그녀도 언젠가는 반드시 이 혼란스러움으로부터 헤어날 것을 믿는다. 피곤이 밀려온다. 잠시 잠을 청해도 될는지.

"저스트 콜 마이 네임, 아일 빌 데어." 휘파람 불며 누군가가 그녀 가슴 위를 뚜벅뚜벅 걸어가고 있다.

〈끝〉

당선

제1092호 1999년 11월 1일 월요일.

제44회 학술문학상 당선작 : 시

강물

· 유성우 (고고인류 4학년) ·

강물에 드러누운 산들아
어린 낯을 씻고 가는 산새들아
세월은 강물과 같은 것이라고
바람 이는 강가에 그윽한 물빛
부질없이 던진 돌멩이들도
다시금 내 손가에 머무는구나

다 아문 상처도 없어진 것이 아니라 흩어졌음을
갈대처럼 끄덕이며
살아온 날들과 살아갈 날들이
강줄기로 서로 손을 묶고
고통이 희망에게 귀를 빌리듯
먼 마을 불빛
물 위로 귀를 세운다

추억은 어느새 어둠으로 짙어가고
나만 두고 가는 물살이라 주절댔다만
흘러야 하는 것은 강물만이 아닌걸

바람이 인연의 물살을 흔들 때
나는 한 세상 미친 듯 절뚝였다만
나를 떠난 것이 누군가에 닿으면
또 다른 의미가 되는걸

가작

제1092호 1999년 11월 1일 월요일

제44회 학술문학상 당선작 : 시

하얀아침

· 문세영 (국문 4학년) ·

어머니 날품으로 번 돈 동생들 호주머니에
꼬깃꼬깃 일 수로 찍혀 들어가는
고단한 삶의 셈 시간
TV 아침 뉴스 보는 척하다가
식구들 모두 하루를 살기 위해 떠난 뒤
면구스런 맘으로 정보지 구인란을 뒤진다
징병통지서처럼 단호한 부름은 없고
미쁘지 않은 노동의 고지서들만 가득하다고
투정하다가 한숨 쉬다가 울먹이는데
서열에 밀려 차비밖에 못 타간 막내의
배고플 점심시간이 자막으로 흐르고
진작 드셨어야 될 어머니 위장약은 광고 속에 있는데
학사모 쓰던 날 떠나간 그녀의 얼굴이 자꾸 아른거린다
아아, 투매로 팔리고 싶다

담뱃값 없어 꽁초 뒤적이는 이 하얀 아침에

철없는 무능력자, 장남인 나는

제45회
학술문학상

•

1980~2000

당선

제1116호 2000년 10월 16일 월요일

제45회 전북대신문 문학상 : 시

내 유년(幼年)의 파노라마

· 이대로 (국문 2학년) ·

유년의 나는 비료푸대와 농약병이 쌓여 있는 창고에 숨어 있다. 휘발유 냄새가 심하다. □ □ □ □ 윙윙거리고 할배와 할매의 악쓰는 소리가 끝나기만을 기도한다. 우물은 왜 이리 깊고 무서웠던지. '알콜' 중독자 할배, 정신 분열, 피해망상증 환자 새할매, 그보다 약간 젊은 에미, 애비는 먼 친척처럼 가끔 집에 들렀다.「어머니는 그 난세에 난 이파리같이 창창한 아들만 셋을 낳았드라. 저희가 목이 길고 눈썹이 짙음이 수심이 깊을레라. 행복에는 두고두고 익숙지 못하리.」형과 나는 지붕 위에서 우산을 펴고 뛰어내리곤 하였다. 막둥이의 부러운 눈을 뒤에 두고, 알콜과 발작이 없는 그 어드메인가 따뜻한 이야기가 있는 집으로 비닐조각처럼 날아가고 싶었다. 어느 날엔 성난 할매가 내 책가방을 태워버렸다. 서울서 세무사 하던 큰 외삼촌이 에미 손을 잡고 울었고 에미는 생불(生佛)처럼 말이 없었다. 가장 사랑해야 하는 사람이 원수였고 쓰라렸고 서러웠지만 끝내는 그들과 부둥켜 울 수밖에 없을 것. 적이였던-사랑이었던, 감목이였던-마을에서 가장 큰 집이였던, 쓰레기였던-죽어도 돌아가기 싫지만 죽으면 돌아가야 하는 고향인 그곳에서 어머니, 우리 형제들은 적을 용서했으나 적을 닮아버린 자신들을 증오합니다. 휘발유 냄새가 심하다. 그 기억에 불을 놓고 싶다.

가작

제1116호 2000년 10월 16일 월요일

제45회 전북대신문 문학상 : 시

어둠나무

· 임성실 (국문 4학년) ·

1

나는 아주 많이 자랄 것이라 믿고 있었다
커다란 발이 그것을 예고한다고
그러나 열 세 살이 되도록 나는
가장 낮은 철봉에조차 손이 닿질 않고
피노키오 거짓말 코처럼 자라나
우리 반 아이의 눈을 찌르고 양말을 구멍내던
손가락, 발가락이 두려웠다
커다란 발로 쉼 없이 걷고
길다란 손으로 무언가를 끝없이 움켜쥘 운명이
내 잦은 악몽의 주연으로 등장하였다

2

새벽의 긴 몽유에서 돌아와
손톱 자르다 노을지던 어린 하루, 또 하루

그 때 이름을 알지 못하던 마당 끝 버린 묘목에게
감히 나, 어떤 충고를 하였던가
별을 빨아들이려 가지 뻗는 나무야,
밤하늘은 독약이란다 별은 언제나
손톱 밑에 박힌 가시처럼 훤히 보여도
꺼낼 수 없는 고통 그렇다 해도 우리를 키운 것은
햇살처럼 뻗쳐오던 따스한 어둠이었다, 그 속에
심장처럼 박힌 북극성이었다
별을 쥐려는 버거운 손짓이었다

3

한낮은 내가 쥐었던 별을 녹여버리고
허공의 뒤틀린 그림자만을 돌려주었다
그림자의 끝이 돌아올 별의 자리를 일러주었으므로
칠월의 폭양에 찔리며 자주 울었다 그러자
무수한 밤이 찾아와 어둠으로 광합성 하는 법을 가르치고
별에게로 향기의 연을 날리는 분홍 실뭉치를 가지 끝에 걸어준다
그것은 자귀나무였다 그리고 나는
신발 속, 주머니 속에 감췄던 가지 한껏 펼치고
더 이상 자라지 않을 것을 예고하는 달빛을 껴안았다
목조를 듯 그를 안아 입 맞추었다

당선

제1116호 2000년 10월 16일 월요일

제45회 전북대신문 문학상 : 소설

비로자나(毘盧遮那)

· 조건형 (국문 3학년) ·

상인들의 잡다한 소리가 아직 성문 안쪽에서 들리고 있다. 성내(城內)는 넓은 포도(鋪道)를 사이에 둔 높고 웅장한 집채들이 고풍스러운 기와에 채식이 화려한 대들보를 하고 자랑하듯 늘어서 있었다. 세계의 중심이라는 이곳, 장안(長安)은 부귀와 권세가 구름처럼 몰려들어, 법화(法花)의 다채로운 문양만큼이나 아름답고 품위가 있어 보이지만, 깨지기 쉬운 공허함을 간직한 곳이다. 화려하고 번화한 시가지의 향락적인 풍요로움에 처음 입성(入城)한 사람들은 모두 탄성을 내지르다가, 이내 그 더럽혀진 덕행(德行)과 버려진 인의(仁義)에 괴로워했다. 고도의 관료조직과 잘 발달한 사회에서 민초(民草)들은 말발굽에 치인 생쥐들처럼 힘없이 굶주리고 부귀한 자와 권세가(權勢家)들에게 허리가 휘도록 굽실거려야만 했다. 그것은 인간이 더없이 귀할 수도, 천할 수도 있다는 서글픈 현실이었다.

그는 더없이 지친 기색으로 저녁상을 물리자마자 조그만 봇짐을 싸고 성 밖으로 나와 있었다. 해는 이미 서산에 걸려 몹시 피로한 듯 뉘엿뉘엿 산마루에 눕고 있었고, 혹 멀리에서 두견이 가끔 한 맺힌 목청으로 울고 있었다. 단지 불긋한 석양 아래에 바라보이는 것은 잘 정비된 드넓은 길과 멀리 거뭇한 산뿐이었다.

'나는 왜 여기에 서 있는가? 열세 살 때부터 지금까지 배워 온 수많은 경전(經典)과 도의(道義), 선진 문명, 예의 그러한 것들이 나에게 얼마만큼의 권세와 부귀를 가져다줄 것인가. 또 그런 세속의 진리는 얼마나 부질없는 것들인가. 소수의 귀족들 사이에 끼어 빈곤하게 굶주리는 사람들의 절망적인 죽음을 보지 않았던가. 확실히 그랬었다. 장안에 처음 입성하던 날, 그 컴컴한 골목에 지친 부랑자들이 굶주린 채 널브러져 있었다. 지금에 와서도 나아진 것은 없었다. 여전히 후미진 골목과 성곽 밖 외진 산 귀퉁이에는 버려진 사람들이 모여 있을 것이다. 그들은 당쟁의 피해자들이거나 혹 권세가에게 땅을 빼앗기고 내쫓겨진 사람들, 아니면 아무도 돌보지 않는 가난한 병자(病者)들일 것이다. 그들은 끝도 없이 천한 숙명을 가지고 천고만난(千古萬難)의 생을 이어가고 있는 것이다.

이제 그는 남은 힘이 하나도 없었다. 이미 보이지 않는 태양처럼 떠오를 여력도 없이 그렇게 끝없이 추락하는 것 같았다. 철없는 어린아이가 저 멀리 던져 버린 돌멩이처럼, 세상 모든 것으로부터 튕겨져 나가듯 무작정 걷기 시작하던 그의 발치에 한없는 생각들이 차이고 있었다.

문득 고개를 들어 하늘을 보니 그나마 그를 위로 해 주는 듯, 하얀 달이 반쯤 이운 채 공중에 밝게 빛나고 있었다. 밤이 깊었고, 오래지 않아 여숙(旅宿)할 수 있는 집이 나타나리라는 것을 짐작할 수 있었다. 그도 그럴 것이 약재며 진귀한 패물, 융단 같은 것들을 많이 들여온 서역 상인의 무리들이 안심하고 방 한 칸 잡을 곳이라고는 성안보다는 성 바깥이 더욱 안전하기 때문이었다. 사실 성내는 방이 이슥할 때 도적의 무리들이 줄곧 출몰해, 여러 차례 관에 약탈당했다는 신고가 들어왔었다. 그때마다 성내에 머무르던 부유한 상인들은 긴장하기 마련이었고, 그런 일이 반복되다 보니, 솔직히 성에서 조금 떨어진 곳에 있는 객사(客舍)들이 더욱 상인들로 붐비게 되었다.

반쯤 이운 달이 주변의 밤하늘을 은은하고 아련하게 물들이고 있었다. 그것은 실로 적막하고 안온한 분위기여서 저절로 신라(新羅)에 계실 부모님과 고향 땅이 눈에 선하게 떠오르기 시작했다. 먼 타국 땅에 와 있으면서 언제라도 달을 보면 그는 고향 생각이 간절했었다. 더욱이 아버님이 그를 당(唐)으로 유학 보내겠다고 결단하시면서 어머님의 서운해하며 슬퍼하시던 모습은 그의 가슴에 아직 깊이 낙인되어 있었다. 그래서 간혹 신라로 돌아가는 사람들에게 돈푼이나 쥐여주면서 서한을 보낼 때, 사내답지 못하게 여러 번 남모르는 눈물을 흘렸던 그였었다. 이제는 스물이 넘은 미목(美目)이 수려한 그였지만 아직은 어린 열세 살 나이에 고국을 떠나온 처지기에, 가끔 지독한 회향병(懷鄕病)에 걸려 고생한 적도 여러 번 있었었다. 그것은 그의 마음에 항상 고향과 어머님 그리고 어린 시절 함께 뛰어 놀던 소꿉친구들이 거대한 석탑처럼 견고하게 솟아 있었기 때문이었다. 무릇 지금 그가 낙양의 용문 석굴(龍門石窟)을 향해 길을 나선 것도 그곳이 조금이나마 신라에 가까운 곳이라는 까닭이 들어있었다.

그는 날씨와 비교하면 좀 추워 뵈는 마포직조(麻布織造) 저고리에 흐린 황색의 도포(道袍)를 입고 진한 미색(米色)바지를 입고 있었다. 사실 어머님이 챙겨 넣어 주신 옷가지는 오래전에 작아져 기거하는 방 깊숙이 잘 개켜 놓은 상태이고, 모양새는 비슷하나 그리 썩 내키지 않는 당의(唐衣)를 입고 다닌 지 한 참이 되었다. 봇짐은 간편했다. 이하(李賀)

의 시집과 여벌의 옷가지 두어 개가 전부였다. 그는 우선 그만큼 여정(旅程)에 있어 여유를 갖고 싶었고, 홀가분한 차림으로 장안을 멀리 떠나는 것이 그의 바램이라면 바램이었다. 바지저고리 사이로 찬 밤이슬이 스며들고 있었고, 그는 어디든 하룻밤 묵을 자리를 빨리 찾고 싶어 발길을 재촉했다. 언제 어디서 도적의 무리가 나올지 알 수 없었다.

사실 도적이라고는 하여도 대부분은 도적이 될 수밖에 없었던 이유가 있었다. 언제인가 그가 먼 길을 다녀오던 길에 메뚜기의 습격을 받은 촌락을 지났는데, 발아한 곡물은 모두 메뚜기에 갉아 먹혀서 기근이 닥쳤고, 마을 사람들은 짐승 사료인 작은 콩이나 도토리를 주워 먹기도 하던 것을 직접 목도(目睹)했었던 것이다. 그 마을 사람들이 기근으로 인해 대부분 도적이 될 것은 당연지사였다. 이렇게 사실을 알고 보면 도적은 도적으로 태어나는 게 아니었다. 이런 까닭에 도적을 만나도 그리 걱정할 것이 없다고 생각하고 있었고, 그가 가진 것이란 고작 몇 푼이어서 어느 정도는 마음을 놓고 있었다. 그보다는 가을밤의 공기가 시릴 정도로 추워 서둘러서라도 몸을 녹이고 싶었다.

눈을 뜨자마자 곧장 요기(療飢)를 하고 길을 나섰다. 그는 나귀를 빌릴까 생각도 했지만, 그 정도로 몸이 지친 것은 아니어서 이내 그만두었다. 지난밤에 얻은 방이 꽤나 따뜻하고 한적해서 그의 피로한 심신이 봄눈 녹듯 스르르 녹아있었다.

반파(半破)로 가는 길은 그다지 험난하지 않았다. 게다가 목적지인 낙양은 반파 지나 바로 황하가 있어 쉽사리 갈 수 있고, 이런저런 생각들을 정리하고 싶어 쉽사리 도보를 생각했다. 도중에는 수레 가득 물건을 싣고 가는 상인들이 다소 눈에 띄었고 말을 타고 가는 관료가 있어서 잠시 고개를 숙여 예를 표했다. 점심도 거른 채 계속해서 그는 반파로 향했다. 간간이 다리를 쉬어 풀숲이나 바위에 앉아 높아 가는 가을 하늘에 시선을 보내기도 하고 추수해서 거둬들인 빈 전답의 황량한 쓸쓸함에도 그의 생각이 머물렀다. 하지만 반파는 그리 가까운 곳이 아니기에 생각에 빠지다가도 곧 자리를 털어야 했다.

해는 이미 져서 밤은 이슥하게 거리와 산등성이에 내려앉아 있었다. 산과 길은 그 윤곽만 희미할 뿐, 어디 하나 불빛이라곤 보이지 않았지만, 반파에 당도하려면 몇 리는 더 걸어야 했다. 갑자기 적막(寂寞)이 밀려왔다. 고국을 떠나오면서 매번 느낀 쓸쓸함이지만 유달리 혼자라는 느낌이 강하게 그의 정신을 흐렸던 것이다. 세계에 존재하는 것이 그 혼자인 것처럼 느껴졌다. 주위에는 아무것도 보이지 않았다.

'아니 보이지 않는 것이 아니라, 볼 수 없다. 산하는 여전히 하늘을 받치고 하늘은 여전히 땅을 딛고 있다. 우주를 지탱하는 진리는 더욱 냉정하고 본질적인 것이 아닐까. 보이는 것일수록 현사의 실체에 얽매여 그 본질을 잃고 마는 것이 아닐까? 달이 밝으면 별들이 그 광휘(光輝)의 뒤에 숨죽이듯이 인간은 그 보이지 않는 별들은 무시한 채 밝게 빛나는 달만을 전부라고 믿는 것이다.

이제 그는 더없이 자유로워지고 싶었다. 그를 속박한다면 속박하고 있는 어떤 것들, 그의 눈을 매섭게 노려보는 번뇌와 같은 인생으로부터 빠져나오고 싶었다. 이방인이라는 편견, 빈공과(賓貢科)에 아직 급제하지 않았다는 것, 육두품이라는 이름으로 나누어진 신분, 그리고 더없이 참혹하게 뒤틀린 세상과 그로 인해 지쳐버린 많은 사람. 장안에서의 생활은 그렇게 그를 심한 번뇌 속으로 몰아붙여 왔던 것이었다.

'그런 것이 인생 전부는 아닐 것이다.'

그는 보이지 않는 진리를 간절히 느끼고 싶었다. 그것은 그에게 짊어진 하나의 운명처럼 장안으로부터 멀리까지 그를 인도하고 있는 것이었다.

어느 덧 반파에 도착한 그는 이것저것 생각하지도 않고, 첫눈에 들어온 객사에 들었다. 하지만 잠이 드는 것은 피곤한 육체와는 상관없이 산만한 정신의 갈림길들로 그리 호락호락하지는 않았다. 여러 번 일어나 달빛을 보다가 결국은 새벽녘이 되어서야 잠이 들었다.

그가 눈을 뜬 것은 해가 중천에 걸린 한낮이었다. 하지만 그는 서둘러 봇짐을 꾸리고 위 하(渭河)의 기슭에 있는 나루터로 나갔다. 일찍 출발하는 것이 그에게는 고통스러운 사념을 떨쳐버릴 수 있는 유일한 방법처럼 느껴졌기 때문이다. 위 하의 물살이 도망치듯 내닫고 있었고, 배는 출발 준비가 거의 끝난 듯이 곧 떠날 것처럼 물살에 출렁거리고 있었다. 낙양으로 출발하는 그 배는 크기가 매우 크고 돛대도 우람한 근육을 자랑하듯 하늘을 찌르고 있어 황하와 합수되는 거센 물살 속에서도 문제없을 것 같았다. 그는 상인들이 꽤 많아서 겨우나마 구석을 잡고 앉을 수 있었고, 배 바닥에 수북이 포개어진 짐들은 제 주인들 옆에서 바짝 웅크린 채 물살의 흐름을 느끼고 있었다.

사공이 배를 묶어 놓았던 밧줄을 풀자마자, 물살은 그리 힘들이지도 않고 역사의 흐름처럼 넘실대며 배를 낙양 쪽으로 밀어댔다. 사공은 노를 저어대지도 않으면서 노를 물에 긋고 있었고, 그것을 사이에 두고 물결이 갈라졌다가 다시 흰 포말(泡沫)을 일으키면 합해졌다. 오후의 햇빛이 수면에 비춰어 강물은 금빛 비늘을 번뜩이면 지나가는 구렁이처럼, 능글맞지만 화사하게 매끈거렸고, 시간은 주위의 풍경처럼 스쳐 지나가 점점 주위의 산들이 어두워지고 있었다. 멀리 촌락이 있는 불빛이 하나둘 늘어가고, 뱃머리에도 등(燈)이 걸렸다. 물결은 뱃전에 닿으면 순간 등불에 누렇게 그 모습을 드러냈다가 양쪽으로 쉴 새 없이 갈라지고 있었다. 상인들이 무료함을 달래려고 무얼 가지고 가는지, 어디에서 왔는지 서로 물어보면서 시간을 보내고 있었다. 아니 그보다도 거무스름한 강물의 침묵이 사실 그들로부터 내심 두려움을 키우게 한 때문일 것이다.

"어디까지 가시우?"

약재상인 듯, 무거워 보이지는 않지만, 배가 볼록한 짐을 한 손으로 만지작거리던 사내가, 맞은편 봇짐을 깔고 앉은 사내에게 말을 걸었다. 맞은 편의 사내는 말을 걸어오는 것이 반가운 기색으로 사뭇 큰소리로 대답했다.

"청도(靑島)에 가련 다우. 신라로 가려면 청도로 가야 하니까."

봇짐을 깔고 앉은 사람은 언뜻 보기에 선비 같았으나 그 앉은 자세가 털털하게 생겨 무슨 일을 하는지 짐작할 수 없었다. 다만 신라인인 것 같아 엿듣던 그의 귀가 솔깃해졌다. 달빛에 언뜻 신라인의 차림을 한 것 같았다.

"신라인인 것 같은데 요즘 신라는 어떻수. 장사는 잘 되우?"

맞은 편의 남자는 심란한 표정으로 미간을 찌푸리며, 말을 받았다.

"어째 요즘 신라는 왠지 뒤숭숭해서 마음이 불편하다우. 다 위에서 잘못하는 게지, 우리 같은 사람이야 다, 하기 나름 아니겠수? 또 때가 어수선한데 장사가 무엇이오? 그저 용왕님 안 뵈는 게 소원이외다."

신라의 이야기는 그의 가슴에 못으로 박혔다. 혹시라도 부모님께 안 좋은 일이 일어났을까, 그는 내심 걱정이 산을 이루었다. 어디를 간들 어수선하고 혼란스러운 데가 없지 않지만, 고향만은 아무런 일없이 평안했으면 하는 것이 그의 원(願)이었다. 몇 번 말을 주고받는 듯했으나,

이내 앞뒤에서 여리게 코 고는 소리가 들리고 문답(問答)도 바람처럼 흔적 없이 수그러들었다.

짧은 생각들이 그의 뇌수에 박히면서 그는 어디로 향하는지도 모르는 듯. 무작정 검푸른 물결과 산 그림자를 보고 있었다. 한숨에 섞여 신라에 대한 걱정과 향수가 배보다 앞장서서 바다로 흘러가고 있었다. 하지만 그런 한숨은 장안에서의 숨겨진 참담함에 흘린 한숨과 경중(輕重)을 따질 수 없었다. 마소보다 못한 생활을 하며, 천하게 규정된 천민의 숙명은 대(代)를 더할수록 그 천함이 더욱 정도를 넘어서는 세습의 구덩이에 빠지고 말기 때문이었다. 진정한 사람다움이 그 권력에 의해 알게 모르게 짓밟히고 있다는 것은, 물론 그에게 수많은 혼돈에 빠지게 했다. 세계에 존재하는 진리가 있다면 그것은 역사의 오점(汚點)을 바로잡을 수 있어야 한다. 장구하게 이어져 온 역사의 한 물살을 거침없이 바꿀 수 있어야 한다.

잘못된 관습과 도덕에서 벗어나 세상에 알려지지 않은 보다 더 중요한 물살들을 그는 두 눈으로 확인해 보고 싶었다. 그것이 바로 그가 유학 오던 길에 본 용문 석굴(龍門石窟)이었다. 용문 석굴은 그에게 신비한 어떤 것을 말하는 듯이 여겨져, 봉선사(奉先寺) 비로자나불상감(毘盧遮那佛像龕)을 본 바로 그때, 그는 숨이 멎는 듯하고 온몸에 식은땀이 났었다. 그의 이번 걸음도 이런 연유에서였다. 다소간에 그가 인식하지 못하고 지나치는 그 어떤 것. 나비와 같이 그의 시선, 아니 의식 속에서 잡지 않으면 영원히 사라져 버릴 한순간의 진리. 부처의 모습을 하고 있는 참다운 인간의 모습. 지금에 와서 그동안 자신의 가슴 깊이 기억하는 참다운 인간의 모습을 찾기 위해 그는 용문 석굴로 여로(旅路)를 시작한 것이었다. 역사를 바꿀 수 있는 것이 있다면 아마도 그가 찾으려는 것과 같을 것이었다.

"낙양에 가면 혹시 그런 것들을 찾을 수 있지 않을까?"

적어도 그에게는 그렇게 위안 삼지 않을 수 없었다. 하지만 그를 얽어매고 있는 것들은 어쩌면, 신라로 돌아갈 수 있는 특권처럼 그에게 작용하고 있었다. 빈공과에 급제하는 것과 그리고 한족(漢族)의 앞선 문물을 받아야 한다는 것. 높은 관직과 부는 그에 상응하는 지위를 준다는 것. 하지만 더는 그에게는 무의미한 것이었다. 인생의 가치를 판단하기에 그런 것들은 이미 제외된 것이었다.

여러 가지 생각에 골몰하다 보니 어느새 멀리 조그마한 불빛들이 옹기종기 드러났다. 연한 황색 불빛이 수면에 아른거리며 어지럽게 흔들리고 있었다. 나루의 등불 같아 보였다. 사람의 모습은 보이지 않았으나, 괜스레 신라의 한 포구에 도착한 것 같아 누군가가 마중 나와 있을 것 같은 허망한 상상이 들었다. 그는 마음이 편해지는 것을 느꼈다. 찰나였지만 신라에 돌아왔다고 착각했기 때문이다. 환영(幻影)도 보이는 듯, 고향 마을 어귀에 있던 어린 시절의 그 당나무가 서 있는 듯도 하였다.

하지만 그곳은 앙소(仰訴)였다. 그는 자기가 무작정 흘러온 것이 꽤 먼 거리였음에 놀랐다. 그동안 아주 힘들었는지 상인들이 먼저 짐을 챙겨 허리를 펴기 시작했다. 나루에 닿자마자 황하와 합수되는 곳을 보지 못했다는 생각이 들었다. 그를 속박하는 것들로부터 될 수 있으면 일찍 멀어지고 싶다는 마음이 생각을 재촉했을 것이었다. 생각의 갈피가 하염없이 깊고, 밤도 소리 없이 만물을 먹어버려 볼 수 없었던 것이 그는 못내 아쉬웠다.

아무 사람이나 붙잡고 신라방이 있느냐고 물었으나, 앙소에는 없었다. 하지만 객사는 꽤 많아서 번화가에서 멀지 않은 적당한 곳에 방을 하나 구해 여숙에 들었다. 하룻밤 사이에 그는 여고(旅苦)로 벌써 녹초가 되어 있었다. 반파에서 출발을 될 수 있는 한 빨리한 탓도 있었지만, 먼저 그는 장안에서의 짜인 틀과 버릇이 된 무거운 사유, 말하자면 현상과 진리의 관계라든지, 정신과 육체의 고귀함과 천함, 또 아름다움과 추함에 대한 잡다한 생각들로 몸과 마음이 많이 축나 있었기 때문이다. 그는 여러 번 몸을 뒤척이고서야 겨우 잠이 들었다.

잠을 설핏 자서 그런지 아침이 되어도 개운하지가 않았다. 며칠 만에 장안의 생활에서 온전히 자유로울 수 없었다. 창이 벌겋게 환한 것을 보니 늦잠을 잤다고 생각한 그는 조금씩 여유가 생겨 마음이 푸근해지려 했다. 그는 앙소에서 이삼일 더 묵기로 했다. 멀리 황하의 물소리가 들리는 듯해, 봇짐을 놓아둔 채 객사를 나왔다. 거리는 사람들로 붐비고 있었다. 작은 종달새 떼가 지붕에 앉아서 햇볕을 쬐고 있는 듯 한껏 한가로운 교태를 부리고 있었다. 거리의 수목들도 가을임을 알리듯, 앞마다 마른 홍색, 황색을 띠며 계절을 말해주고 있었다.

앙소는 장안만큼은 아니지만, 그런대로 꽤 큰 시장을 이루고 있었다. 신라인들도 많이는 아니지만, 간혹 눈에 띄었고, 신라인 객점(客店)도 여러 군데 있었다. 타지의 신라방에 있다가 황하 유역인 이곳으로 온 사람도 있었고, 장안에 들렀다가 적산 법 화원에 가는 사람들도 볼 수 있었다. 솔직히 신라인은 다른 어떤 나라의 사람들보다 많이 있었고, 또 자주 만날 수 있었다. 그것은 신라인이 해상을 주도한 것이 큰 몫이어서, 실로 산동 남안 일대와 회하 하류는 방대하기 그지없는 신라의 촌락을 이루고 있었다. 이곳 앙소에서도 신라인의 많은 무역으로 인해 북적대는 저잣거리에서 잠깐이나마 신라에 온 듯한 느낌을 받을 수 있었다. 특히 거리를 걷다 보면 그리운 신라 음식이며, 물품들을 진열해 놓은 신라인 객점들이 꼭 고국의 그리운 정취를 자아냈다.

황하의 물소리는 잠을 덜 깬 채 들었었는지, 거리는 사람들의 왁자한 소리로 가득했다. 가뿐하게 여기저기 둘러보면서 걸어가다가 황하가 보고 싶어서 강기슭 쪽으로 발을 옮겼다. 어제 본 밤의 황하는 도무지 감을 잡을 수 없이 비밀스러워 다시 한번 대낮의 물살을 보고 싶었다. 혹 나루터에서도 거리처럼 사람의 소리가 들릴까 봐 나루에서 좀 떨어진 한적한 쪽으로 향했다.

'황하는 여전히 황톳빛빛으로 거칠게 흘러가고 있을 것이다. 몇천 년, 아니 역사가 시작되기 이전부터 흘러왔을 것이다.'

변하지 않는 흐름이라는 것이 그에게 순간 홍분으로 다가왔다. 삼라만상이 모두 사실 황하에서 배를 타는 것은 힘이 들지만 그래도 필부들에게는 대대로 이어져 오는 가업으로 집안을 꾸려나갈 귀중한 보물일 것이다. 그만큼 두려운 존재이면서도, 인간들에게 없어서는 안 될 존재였다. 황하는 신성한 그 무엇을 담아내고 있는 것인가. 풀숲 사이로 난 소로(小路)를 걷다 보니 어느새 고요하면서도, 가슴에서 북소리처럼 울려오는 거침없는 물소리가 들려왔다.

황하였다. 물빛이 이름처럼 누런 감색을 띠며 차분하게, 하지만 용맹하게 흘러가고 있었다. 햇빛이 그대로 물빛을 바꾸어 놓은 듯, 어제의 석양이 아직 녹아 흐르는 것 같았다. 기슭은 풀이 듬성듬성 자라나 진흙 같은 모래와 자갈들이 그대로 드러난 한적하지만 정겨운 풍광이었다. 그는 마른 풀숲에 자리를 잡고 앉아 지그시 황하의 산수에 젖어 들었다.

황하는 역사를 닮아 있었다. 거칠지만 그래도 웅장하게 흘러가는 모습은 수많은 전쟁과 반역, 기근과 재앙 속에서도 그저 묵묵하기만 한 세월, 바로 그 세월 자체였다. 황하는 세상을 삼킬 듯이 황토 얼룩이 져서 그 아무리 밝은 눈으로도 그 속을 들여다보기 어렵고, 그 넓은 것은 저승처럼 까마득했다. 물살은 산 그림자를 사이에 두고 음양(陰陽)을 달리한 채, 수평을 이루기 위해 애써 버둥거리며 제 몸을 비틀어댔다.

거리의 시끄러운 소리가 다소 작아진다 싶더니 벌써 해가 기울고 있었다. 해는 항상 마지막처럼 비장하게 빛을 누이며 붉게 타다 꺼지고 있었다. 객사로 돌아가야 하겠지만, 밤이 되면 황하가 그 깊이를 드러내고 그 황포(黃袍)를 벗을 것 같아 좀처럼 돌아가야겠다는 생각이 들지 않았다.

'보이지 않는 황하는 어떤 진리를 숨기고 있을 것인가?'

그는 그저 먼 황하를 좇고 있었다. 달은 아직 뜨려 하지 않았다. 대신 별들은 어두워질수록 그 빛이 더욱 빛나 간혹 터질 것처럼 움직거렸다.

'보이지 않는 강! 흐른다는 것은 보이지 않음으로써 더욱 두렵고 또 슬펐다. 세월이 흐르는 것처럼 강물도 돌아오지 않는 것이다. 아래로, 먼 대양으로 그렇게 흘러가 버리고 마는 것이다. 황하는 무슨 말을 할 것처럼 그렇게 속으로 그 깊이를 아우르고 있는 것일까? 변하지 않으면서 변화하는 것. 다르면서 다르지 않은 것. 찰나이면서 겁인 것. 참으로 신령스럽다.'

검은 황하는 저승의 차사(差使)가 입고 있는 옷깃의 흐름처럼 표면의 별빛이 조금씩 술렁거리고 있었다. 그는 검게 물든 황하의 속을 헤아리며 내심 두근거리고 초조해졌다. 발을 담그고 싶어졌기 때문이었다. 그는 자신이 이러는 것이 누군가가 황하에서 부르고 있기 때문일 것으로 생각했다. 그것이 자신의 다른 모습이라고 해도 상관없다고 생각했고. 누군가의 등이 어렴풋이 보이는 듯도 했다. 깜깜한 방으로 처음 들어설 때, 방에 누군가가 있을 것 같은 느낌. 바로 그것이었다. 호기심과 두려움이 섞여서 그를 황하로 이끄는 것이라고……. 그는 당혜(唐鞋)와 버선을 벗고 햇볕이 언뜻 술렁거려 보이는 물 가장자리로 더듬더듬 내려가 발을 천천히 담갔다. 순간 물은 차가웠으나 햇볕의 따스함이 아직 남아있을 것 같아 발가락 사이로 수초와 진흙을 헤집었다. 진흙은 차가운 발을 감싸서 따뜻하지 않았지만 그럭저럭 견딜 수 있게 미미한 온기를 간직하고 있었다. 황하는 속으로 더없이 부드러운 진흙을 가지고 대지를 느끼고 있었던 거였다. 물소리가 어느덧 잠잠해지기 시작했다.

'손(客)이 온 것을 알고 있었을까?'

어둠 속에서 황포를 벗은 모습은 잠을 자는 용(龍)처럼 신비스럽기만 했다. 곧 깨어나면 두려움과 그 신령함이 솟아올라 천지를 뒤엎을 것 같은 힘이 물속에서 느껴졌다. 그는 가만히 눈을 감았다. 신령스러운 어떤 것이 그의 몸에 들어온 듯하여 눈에 보이는 모든 현상을 잠재우고 싶었기 때문이다. 진정 가슴으로 느낀다는 것, 마음으로 받아들인다는 것은 세상의 천리(千里)를 바라보는 눈보다도 더욱 밝고 명료한 것이었다.

'황포를 벗고 알몸으로 누워있는 용은 그 자태를 구부려 대지를 적시고 있구나!'

그는 자신도 모르게 굽이치는 용의 육체 속으로 들어가는 듯하였다.

그때였다. 멀리에서 아이의 울음소리가 들려왔다. 그것은 속으로 흐느끼는 듯한 울음이었다.

'무엇일까?'

아무도 없을 거라 믿었던 외진 강기슭에서 갑작스레 인기척이 나자 그는 당황스러웠다.

'이것도 아침에 들었던 환청처럼 나를 속이는 그 어떤 것일까?'

그는 환청이라고 믿고 싶었다. 진정 환청이라고, 아니 강물 소리를 너무 듣다 보니 생기는 사념(思念)의 덩어리라고……!. 그는 순간 놀라서 먹먹해진 눈으로 주위를 둘러보았다. 어디인지 아이의 울음소리는 더욱 크게 그의 가슴에 되돌아 왔기 때문이었다. 그는 황하의 물가에서 밖으로 나와 신을 신었다. 젖은 발로 신어서 그런지 발과 버선이 틈도 없이 찰싹 붙었다. 당황스럽고 무서운 생각이 들었다. 그의 가슴은 심하게 떨리고 있었다. 간신히 가슴의 고동을 참으며 발소리를 죽여 서서히 소리 나는 쪽으로 몸을 틀었다. 눈이 다소간 어둠에 익숙해지자, 순간 채 멀지 않은 거리에서 아이를 등에 업은 사람의 모습이 그의 눈에 들어왔다. 황하의 검은 옷자락처럼 칙칙한 시야 사이로 그 모습이 들어온 것이다.

'이것은 황하의 현신(現身)인가? 아니다. 지금 눈에 보이는 것은 마음으로 보고 있는 게 아니다. 사람은 물속으로 들어가려 하는 것이다.'

그 사람은 그가 황하를 느끼기 위해 신을 벗은 것처럼 조용히 신을 벗는 듯했다. 또 아이의 울음소리는 그칠 생각을 하지 않았다.

그는 기척이 있는 쪽으로 순식간에 내달리기 시작하였다. 적어도 누군가가 스스로 절명(絶命)할 생각이었음을 직감적으로 알 수 있었기 때문이었다. 아이의 울음소리는 그것을 처절하게 알리고 있었다. 내달리는 그의 가슴에서 요동이 치고 숨소리가 먼 데서 들려 오는 듯 감감했다. 발에 밟히는 모래와 마른 풀들이 비명처럼 서걱거렸다. 벗어놓은 신이 보이고 사람을 본 순간, 그것이 아이를 등에 업은 여인이라는 것을 알 수 있었다. 여인은 이미 허리 위까지 물속에 담그고 있었다. 등에 업혀있던 아이가 발이 물에 닿자 차가움을 못 견디고 더 크게 울기 시작했다.

"기다리시오. 제발 멈추시오."

그는 있는 힘껏 다급하게 소리쳤다. 하지만 여인은 무언가에 홀린 듯, 천천히 들어가고 있었다. 그는 도포를 재빨리 벗고 물을 첨벙이며 황급히 강물로 뛰어들었다. 누군가가 자기 쪽으로 급히 오고 있다는 것을 알았는지 순간 여인은 발걸음을 멈추고 늦게 서야 그를 돌아보았다. 여인은 눈물로 범벅이 되어 물살을 크게 헤집고 들어오는 그를 잘 볼 수 없었다. 여인은 그 걸음을 멈추지 않고, 자꾸만 자꾸만 물살이 빠른 강의 중심으로 내려가고 있었다. 여인의 풀어헤친 머리카락이 물살에 수초처럼 밀려 흔들거리며 사라져 갔다. 순간 물살이 달빛에 반사되어 은빛으로 반짝거렸고 거센 물살 소리에 아기의 울음소리도 들리지 않았다. 그는 여인이 있는 쪽으로 순간 몸을 던졌다.

달은 어느새 황하에 물들었는지 흐린 황색을 띠며 산마루에서 시간을 가늠하고 있었고, 별들은 아무 일도 없었다는 듯이 달을 둘러싸고 밝게 빛나고 있었다. 주위는 다시 적막해지고 간간이 먼 물소리만 들려왔다. 하지만 그는 주위를 둘러볼 겨를이 없었다. 옷이 흠뻑 젖은 채로 풀숲에 누워 있는 아이는 생사의 갈림길에서 아직 허덕이고 있는 것처럼 보였기 때문이었다. 황하의 중심에서는 유속이 상당히 빨라서 여인을 따라갈 수 없었다. 다행히도 여인의 등에 간신히 손이 닿아 아이를 뒬 수 있는 한 힘껏 당겨쥐고 물살에 실려 떠내려가는 것을 기진맥진하여 뭍으로 내놓았을 때, 그는 온몸이 버석버석한 황토물로 흠뻑 젖어 있었다. 서너 살 정도로 보이는 아이는 물을 많이 마셨는지 여러 번 가슴과 배를 누르고, 등을 두들긴 후에야 가까스로 지친 울음을 터트렸고, 울음소리를 듣자마자 긴장이 풀린 탓인지, 그는 모래 위에 털썩 주저앉아 버렸다. 그는 넋을 놓은 채 한참을 그렇게 앉아 있다가 아이의 울음이 그의 심장을 파고들자 겨우 무의식 속에서 깨어날 수 있었다. 하지만 그의 마음을 온통 흔들어놓는 아이의 울음소리는 감당할 수 없는 죄책감 속으로 다시 그를 내던져버렸다. 어미를 구하지 못했다는 것이 이 아이에게는 엄청난 고통으로 살아야 하는 삶의 짐을 지워준 것이 분명하기 때문이다. 숨을 몰아쉬며 고개를 숙인 그에게 저고리와 바짓가랑이 사이에서 물이 뚝뚝 떨어지고 있는 것이 보였다. 아이도 몹시 지친 듯 울음소리가 수그러들고 몸을 부들부들 떨고 있었다. 그는 주위에 널린 나뭇가지를 긁어모으고, 마른 잡풀에 자갈로 황을 찧어 불을 댕겼다. 객사에서 황을 조금 집어 온 것이 잘한 일이었다. 불이 스스로 뜨겁다는 듯 요동을 치며 꼬리를 흔들어대고, 사방에선 어둠이 금세 비켜서고 있었다. 잠을 자는 것처럼 아이의 얼굴이 잔잔했다. 아이는 아직 제 어미가 죽었다는 것을 모르고 추위와 배고픔에 지쳐서 쓰러져 있는 것이다. 그는 아이를 조심조심 안았다. 아이의 몸에서 한기가 났다.

'뿌리를 잃는다는 것은 더없이 서글픈 것이어서 이 아이에게도 뼈 저린 한으로 가슴에 남을 것이다. 저마다의 사람들이 슬픈 사정으로 인생을 살아가고 또 죽어 가는데, 이 아이의 어머니는 생을 산다는 것이 이렇게 귀여운 자식과 함께 죽음을 결심할 정도로 견디기 어려운 고행이었을까?'

그는 한없는 슬픔과 두려움, 여인을 구하지 못했다는 죄책감으로 가슴에서 깊은 소용돌이가 일어나고 있었다. 그는 더 없는 측은함으로 아이를 안아 무릎에 뉘었다. 달빛에 아이의 얼굴이 차가운 하얀색으로 비취고 더불어 그의 생각도 하염없이 하얗게 곤두박질치고 있었다.

'여인의 인생은 파랑으로 얼룩진 조류와 같이 여기까지 흘러왔을 것이다. 이제 여인은 없다. 이미 황하의 급한 흐름과 함께 깊숙한 곳으로 사라져버렸다. 진흙 속에 묻어둔 발가락처럼 그렇게 간신히 온기를 느끼고 있을지도 모른다. 지금 이런 일이 일어난 것은 어쩌면 수 천 년간

이어진 하나의 전설과 같은 이야기가 아닐까? 검은 용이 사람들에게 끝없이 손짓해온 것은 아닐까?'

평소 찰나일 뿐이라고 생각하던 인생이 왠지 그에게 몇 겁처럼 까마득하게 생각되었다.

밤이 깊어서인지 거리에 불빛이 거의 없어 부드러운 달빛만이 지붕들을 어루만지고 있었다. 아이는 축 늘어진 채 몸이 무거웠다. 어미를 잃는다는 것을 잘은 모르지만, 신라에서 멀리 떨어진 이곳에서 내심 하염없는 고독과 슬픔에 지쳐있던 그였기에 아이에 대한 측은함이 그의 가슴을 파고들었다. 지폈던 불이 거의 누그러들고 어둠이 슬금슬금 그의 옆에까지 다가왔다. 아이를 따뜻한 방에 뉘어야겠기에 그는 모래를 덮어 불을 끄고 객사로 향했다.

눈물이 마음에서 방향을 잃고 솟구치고 있다. 처량하게 보이는 어느 여인의 등이 한없이 슬퍼 보여 손을 내민다. 하지만 손을 내밀면 내밀수록, 여인은 자꾸만 어딘가로 멀리 사라진다. 여인의 머리카락이 검게 흐르고 여인을 향해 내민 손끝이 달빛에 안개처럼 하얗게 부서지고 있다. 아쉽다. 마음이 부서지듯 안타까운 모습으로……. 여인이 자취 없이 사라져 버린 후 꽃잎처럼 손가락이 흩날리고 있다. 꽃잎이다. 이 추운 날씨에 어디에 꽃이 피어났을까? 꽃을 찾아 발이 움직이고 저고리와 살갗이 나뭇가지에 긁혀 빨간 피가 흐른다. 눈발처럼 하얀 꽃이 먼 암벽 사이에 아련히 피어 있다. 저곳으로 가자. 다가가면 다가갈수록 발이 무겁고 정신이 혼미해진다. 나를 몽롱한 환각에 빠트리는 꽃가루가 날리는 것일까? 꽃의 향기인지 황하의 진흙 같은 냄새가 난다. 허우적대며 바위 앞에 이르니 꽃은 조그만 부처로 남아있다. 화상을 입은 듯 검붉게 그을리고 사지가 비틀린 천하고도 추(醜)해 보이는 목불(木佛).

목불의 끔찍한 모습에 눈을 뜬 그는 온몸에 더운 땀이 흐르고 있었다. 꿈이 하도 생생해 조금 전의 일처럼 여겨졌기 때문이었다. 그는 도저히 꿈을 가늠할 수 없었다. 아무래도 어젯밤에 있었던 일이며 그동안의 여로에 몸과 정신이 많이 나약해 있었기 때문일 것으로 생각했다. 그는 왼팔을 베고 곤하게 잠들어있는 아이를 보았다. 아이는 아무 일도 없었던 것처럼 환한 모습으로 잠들어 있었다.

'순수한 모습으로 이렇게 살아 있는 아이는 철이 들면서 혈육이 없는 고아(孤兒)라는 사실에 또 한스러워 할 것이다. 그래, 아이가 깨면 앙소를 수소문해야 한다.'

마음이 심하게 저며왔다. 인간이 더없이 의지할 곳 없이 약하다는 생각이 그의 저린 마음 한구석에서 아득히 넘치고 있었다. 그렇기 때문에 그는 더욱 어제 죽은 그 여인과 함께 이 아이를 아는 사람이 나타날지 앙소를 수소문해야 했다. 적어도 나타날 거라 믿을 수밖에 없었다. 거리는 어제와 같이 떠들썩한 활기에 차 있었다. 사람들은 자신의 일생 중 하루를 이렇게 아무런 일도 없었다는 듯이 삶과 죽음이라는 것을 잊은 채 살아가고 있는 것이었다. 아이는 더듬거리며 무언가를 말하려고 했지만 무슨 내용인지 도통 알아들을 수가 없었다. 짐작으로는 말을 하기 시작할 나이 같았다. 하지만 이름도 나이도 말을 하지 않았다.

그는 아이를 안고 사람들에게 간절하게 물어보며 거리를 헤매었다. 관에도 사정을 설명하며 도움을 청했다. 혹시나 이 아이를 아는 사람이 나타나 준다면 그 여인이 왜 죽어야만 했는지도 알 수 있을 것이다. 또 그 여인을 살리지 못했다는 죄책감에서 벗어나려면 이 방법이 최선이었고, 어느 성인의 경전보다도 더욱 진실한 인간의 도리였다. 하룰 다 소비해도 아이를 아는 사람은 나타나지 않았다. 해가 이미 져서 저자에는 사람들의 수가 적어지고 있었다. 하지만 그는 사람들의 틈 속으로 계속해서 걸었고 또 묻기를 반복했다. 그의 몸은 황하 바닥의 진흙처럼 뭉개지는 것 같았다. 하지만 아이가 아무런 말도 하지 않은 채, 우울한 표정을 지을수록 그에게는 포기할 수는 없는 일이었다.

아이를 아는 사람이 있는가, 시장과 골목골목들을 헤맨 지 나흘이 흘렀다. 그동안에도 왁자한 시장과 사람의 틈새를 발이 부르트고 목이 쉬도록 찾아 헤맸으나 결과는 허무했다. 관에서도 성과가 없는 듯 소식이 없었다. 하지만 그의 신념은 변함이 없었다.

'그 여인은 이곳에 살거나 아니면 이곳을 지나쳐 갔을 것이다. 그 여인이 황하에 가려면 이곳을 지나지 않고는 불가능하다. 잠깐이라도 우연히 만나서 이야기를 나눈 사람이 있을지도 모른다.'

그가 낯선 곳에서 사람을 찾아다니는 사이 아이는 점점 수척해지는 것 같았다. 그가 객사에서 죽을 먹이거나, 밥을 으깨어 조금씩 먹이기는 했어도, 계속해서 야위어만 갔다. 아이는 자기의 어미가 없다는 것을 눈치채고 있음이 확실했다. 아이는 이미 말을 할 수 있는 나이니만큼 어머니를 잃었다는 충격에서 쉽게 벗어나지 못하는 것 같았다. 그는 나날이 힘들면서도 아이를 위해 어미를 대신한 존재가 되려고 내심 작정하고 있었다. 세상에 혼자인 아이를 위해서 그건 당연한 도리였다. 그는 망연자실해 있으면 더욱 스스로가 난처해질 것을 알고 있었고 마음을 다잡기 위해 애써 미소를 띠었다.

희미한 등촉이 방안의 어둠을 구석으로 내몰고 있었다. 그는 등촉을 응시하면서 아이를 아는 사람이 계속해서 나타나지 않아 괴로운 허탈감에 빠져있었고, 아이가 충격을 받아 통 아무것도 입에 대지 않고 야위어 가는 게 크게 걱정되었다. 지금에 와서 중요한 것은 여행이 아니었다. 한 아이의 장래가 걸려 있는 만큼 그로서는 최선을 다해 잃어버린 어미에 대한 사실과 아이의 웃음을 되찾아주고 싶었다. 하지만 그는 찾아 헤맨 사람이 영원히 나타나지 않으면 어찌 나 하는 마음에 사뭇 초조해졌고, 어렵사리 찾을 수 있다는 강다짐을 하고 나서야 아이를 재우고 창을 열어 달을 보았다. 달이 여전히 황하의 물에 한 번 담갔다가 건진 듯, 누른빛을 띠고 있었다.

그때 방문을 두드리는 소리가 나고, 뒤이어 몸집이 작고 등이 심하게 굽은 노파가 고개를 숙이며 방문을 열었다. 머리가 새하얗고 고생을 많이 한 듯, 주름살이 많고 검버섯이 거뭇거뭇한 얼굴이었다.

"뉘신 지요?"

그는 한밤중에 문을 연 노파가 내심 이상하게 생각되기도 하였으나, 정중하게 일어나 맞아들였다. 혹시나 이 아이에 대해 무언가를 알고 있는 건 아닐까 하고 기대되었기 때문이었다. 노파는 방에 들어서자마자 잠든 아이 옆으로 와서 가만히 아이의 머리를 쓰다듬었다.

"흐흠, 난 옆 객사에서 뒤치다꺼리하는 노인네야. 보아하니 딱한 사정이 있는 듯하고 해서 들렀는데, 아무래도 그 아기가 어디서 많이 본 듯해서……."

노파는 아무래도 그를 만나 봐야 할 것 같아서 객사 주인의 허락을 받고 들어온 거였다. 노파의 얼굴이 등촉 불에 비치어 구릿빛으로 빛났다.

"정말입니까? 이 아기는 며칠 전 물에 빠져 죽은 여인이 업고 있던 아기입니다. 어두워서 잘은 못 봤지만, 겉저고리가 검푸른 색이었던 것 같습니다. 살려낸다는 게 그만 아이밖에 구할 수 없었습니다."

그는 너무나도 기쁜 나머지 눈물이 나올 것만 같았다. 노파는 그가 그렇게 애써 찾으려던 바로 그 사람이었기 때문이다. 그것도 자신의 방에 서라니……!. 그는 조금 전까지의 초조함과 허탈함이 동시에 말끔히 시원하게 사라지는 것 같았다. 노파는 그가 누군가를 애타게 찾아 헤매던 걸 본 모양이었다. 그게 아닐지라도 어떤 사람이 아기를 안고 다니며 누군가를 찾아다닌다는 소문이 시장에 파다하게 퍼져 있을 게 분명했다.

"음, 검푸른 옷이라면 맞구만. 닷새쯤 전에 온 여자가 안고 있던 애기도 맞는 것 같구. 그 여자라면 어딘가 이상했지. 음, 그러니까……."

노파는 아기를 물끄러미 쳐다보면서 말을 이었다.

"그 여자는 뭐랄까? 약간 무엇에 홀린 듯한 눈을 하고는 미친 것처럼 혼잣말 하고 다녔어. 아마 '인(人)'이라고 해댔지? 그래 맞어, '인(人)아', '인(人)아' 하고 다녔으니까. 그리구 여자가 어디서 왔는지는 나도 잘 몰라. 얘기는 안 해봤으니까. 근데, 그럴 수도 없었어. 만약 당신이 그 얼굴을 봤다면 까무러쳤을걸? 괴물 같았지. 그래서 항상 수건으로 얼굴을 가리고 다녔어. 쯧쯧."

노파가 하는 말에 그도 수긍이 갔다. 자신이 그토록 소리쳐 불렀어도 그 여인은 무언가에 홀린 듯 아이울음도 아랑곳하지 않고 물에 들어가지 않았던가! 그리고 그를 돌아보던 얼굴 윤곽이 이상하다고 생각되던 차였다.

"나이가 얼마 안 들어 보였는데, 글쎄 그 손이 이 늙은이 손하고 똑같아 보이지 않나, 그래? 그래서 말이라도 한번 붙여봤지. 고생을 많이 했나보다고. 아 글쎄 그런데도 아무 대답 없이 방으로 들어가더라구. 주인은 그런 여자가 들어오는 걸 몰랐다고 내쫓으려는 걸, 이 노인네가 사정해서 하루만 묵게 하자고 타일렀지. 주인은 무슨 몹쓸 병이라도 옮길까 봐 겁이 났던 거야.”

노파는 굽은 허리를 한 채 아이 옆에 쪼그려 앉아 있어서 그 모습이 마치 모든 것을 달관한 듯한 기품이 배어 나왔다. 서글서글한 눈매에 나지막하고 일관된 어조가 무척이나 그의 마음을 차분히 가라앉혔다.

“그래서 한 사나흘 전인가? 해가 뉘엿뉘엿할 때 방을 비우고 나가더구만. 그 뒤로 생각도 안 하고 있다가 당신이 그 아기를 안고 다니기에 무슨 일이 일어났나 싶었지…….”

“고맙습니다. 뭐라 감사드려야 할지 잘 모르겠습니다. 이 아기에게 미안하기도 해서 찾아는 봤습니다만. 이렇게 정말 아는 분이 계시니 기분이 한결 가라앉는듯 합니다.”

“아니야, 하도 딱해 보이기에 온 거야. 그래 이 애기는 어쩔 셈인가?”

노파는 불쌍하다는 듯, 아기를 보고 혀를 차며 말했다.

“정히 맡길 데도 없고, 이 아이의 운명같이도 생각이 듭니다. 그래서 제가 데리고 갈까 합니다만…….”

“미안허구만. 내가 맡아서 길러도 되지만, 나이가 많아서 오래 못 살 몸이고, 요즘엔 영 기운이 안 좋아. 게다가 그 까탈스런 주인 양반도 싫어 할 게야…….”

노파가 어둠처럼 구석으로 내몰리듯 조용히 나간 뒤, 그는 깊은 수렁에 빠져드는 것 같은 기분이 들었다. 다시 그 여인의 마지막 모습이 머릿속에 떠올랐기 때문이었다.

‘불쌍한 여인! 가련하게도 자신의 허물을 증오하다가 죽어갔을 것이다. 치유할 수 없이 몸이 썩어들어 가는 병에 걸려 혈육으로부터, 세상으로부터 그렇게 매정하게 쫓겨났을 것이다. 아무리 봐도 이 건강한 아이는 어머니의 몹쓸 병을 닮지 않아 보였다. 심하게 울거나 보채지도 않고, 그저 얌전한 이 여자아이는……. 그래 맞다. 이 아이의 이름이 인(人)일 것이다. 성은 모르지만, 이름이 인(人)이다. 그 여인이 미친것처럼 혼잣말로 부르던 것은 바로 그녀의 자식이었다. 인(人)은 불쌍하게도 제 어미가 왜 죽었는지도, 어떻게 죽었는지도 기억하지 못할 것이다. 제 어미가 그렇게 자기를 불러대던 것도 까맣게 모를 것이다.'

하지만 그것은 그리 중요한 일이 아니었다. 그는 앞으로 어떻게 인(人)과 살아가야 할지 은근히 걱정되었다. 홀로 유학을 온 처지에 아이까지 맡는다는 것은 솔직히 부담스러웠다. 인(人)은 등촉 밑에서 더없이 평온하게 자고 있었다. 그 순순한 모습은 태생마저, 아니 그 이상의 본질 자체마저 잠재울 힘이 있는 것 같았다. 그는 인(人)의 잠든 모습을 보며 자신의 철없는 생각이 부끄러웠다. 귀엽고 티 하나 없이 고운 그 모습 앞에서 그런 무책임한 상상을 하는 것만으로도 세상에 둘도 없이 무거운 죄를 짓는 것이었다. 아이가 있다고 해서 여행이 무리는 아닐 것 같았다. 객점에서 무얼 사 먹이거나 하면 될 일이었다. 무엇보다도 그는 이것이 운명처럼 느껴졌다. 누군가가 아이를 그에게 보내기 위해 그런 것이라고 믿었다. 낙양까지 배를 이용해 가도 큰 상관은 없지만, 왠지 그 여인의 뒷모습이 눈에 어려 역참에서 나귀를 빌려 타고 낙양까지 가는 길을 택해야겠다고 생각했다.

그는 아침 일찍 튼튼해 보이는 나귀를 빌렸다. 낙양은 꽤 먼 거리이기 때문이었다. 중간에 나귀를 바꿔 탄다고 해도 인(人)과 함께라면 지칠 것이 분명했다. 그는 이미 인(人)과 함께 여정을 함께 하기로 결단을 내렸다. 약간은 힘이 들겠지만, 그다지 걱정은 되지 않았다. 인(人)은 이미 미숙하게나마 걸을 수 있었고, 또 얌전했기 때문이다.

길은 동쪽으로 쭉 뻗어 있어서 그리 힘이 들지 않았다. 넘어야 하는 고개들도 다 그만그만하여 인(人)이 있어 힘들 것이란 걸 다소 배려해 주는 듯한 길이었다. 게다가 낙양으로 가는 상인의 무리를 만나 같이 합류하여 길을 걸어, 친절한 신라 상인이 인(人)을 돌봐주기도 했다. 역관에서 인(人)과 함께 간단히 배를 채우고 낙양에도 도착한 것은 해가 거의 기울어 초가에서 연기를 솔솔 올라오고 있을 때였다. 앙소에서만 열흘이 남짓 걸린 긴 노정이었다. 하지만 인(人)은 어미를 잃고 수척해지던 모습이 점점 혈기가 돌고, 가끔 그를 보면서 씽긋 웃어주기도 했다.

낙양은 유학 오던 길에 들른 것 말고 이번이 칠팔 년 만에 처음이었다. 많은 것이 변하고, 상인들의 왕래가 잦아 예전보다 큰 시장을 이루고 있었다. 더불어 객사도 늘어가고, 거리의 가로수도 꽤 말랐던 몸이 많이 부풀어 있었다. 날이 갈수록 해가 일찍 기울기 시작하였다. 객사에 들 때는 어둑해지는 시간이어서 내준 저녁상을 받고 인(人)과 함께 거리에 나왔다. 거리는 밤인데도 아직 사람들이 북적이며 오가고 있어서 객점마다 붉고, 노란 등이 켜지고 아직 더 찾아올 손들을 기다리고 있었다. 거리를 오가며 왠지 밤공기가 차갑게 느껴져 보행을 멈추고 객사로 돌아와 여독을 풀었다.

인(人)은 먼저 일어나 벌써 방안을 기어 다니고 있었다. 좀 이르다 싶었지만, 여지없이 햇빛이 화사하게 창을 비추고 밤의 어둑했던 공기가 한꺼번에 사라져서 기분이 새로워졌다. 하지만 인(人)이 없었다면 객수(客愁)가 상당했을 것이다. 원래 혼자 있는 것을 좋아하는 성미이지만, 이런 타지는 왠지 그를 더욱 시름 잠기게 하는 곳이기 때문이었다. 비록 아침 햇살이 환하게 비추고 있다고 하더라도 여지없었다. 그의 객수는 당에 오면서부터 시작되었다고 할 수 있었다. 장안에서 처음 보내던 밤을 뜬눈으로 새우고 나날이 덧없는 외로움과 두려움에 시달리면서, 새로운 곳은 바로 그에게 지독한 객수를 불러일으켰다.

객사에서 내어준 아침을 들고 그는 인(人)을 데리고 기억을 더듬어 봉선사로 향했다.

'이것이 얼마 만인가!'

그동안 장안에 틀어박혀 지내던 것이 한심하게 느껴졌다. 세상으로 이어진 많은 길이 장안으로 향하고 있어도 그곳은 단지 하나의 물살에 지나지 않는 것이었다. 장대한 황하의 그 뱃전에 부서지던 물결들처럼 역사의 거대한 흐름에 기댄 한 척의 배와 같이 흘러가 버리고 마는 것이었다.

봉선사의 비로자나불은 말하자면 그 물결의 본질적인 것이었다. 세월이 흘러도 미소가 변하지 않는 한, 그것은 몇 겁을 윤회해도 항상 그 자리에서 부처의 빛을 두루 비칠 것이었다.

봉선사 입구가 멀지 않았다는 이정표가 나타났다. 얼마 걷지 않았는데, 의외로 인(人)을 안고 가는 것이 힘에 부쳐서, 간혹 보이는 객점에 앉아 목을 축이며 땀을 식혀야 했다. 장안에서 낙양까지 얼마 안 되는 시간 동안 이곳까지 오는 데 참 여러 일을 겪은 것이 믿어지지 않았지만, 그다지 힘들게 용문 석굴에 올라야겠다는 생각은 들지 않았다. 그것은 어린 인(人)과 함께 올라야 하기 때문이었다. 쉬어가면서도 몸은 피곤했지만, 그의 마음만은 더없이 평온한 상태였다. 다시 웃음을 되찾은 인(人) 때문이었다. 처음의 그 충격을 받아 수척하고 말도 없이 우울한 표정을 짓던 인(人)이 낙양에 오는 동안 이제는 그와 사이좋게 의지하는 친구가 되어 있었기 때문이었다.

봉선사로 오르는 길은 아주 한적했다. 유학을 오던 몇 년 전에는 사람들이 많이 붐볐던 것으로 기억이 나는데, 의외로 봉선사 가는 사람들이 드물었다. 얼마 전 황제가 도교를 극도로 숭상한 나머지 불교에 대한 탄압이 있었다는 것은 이미 소문으로 알고 있었다. 그래서 불제자들의 발길이 다소 줄었으리라는 생각은 했어도 이상하리 마친 인적이 드물어 가슴 한편에 불안하고 초조한 마음이 들었다. 하지만 한결 상쾌하고 싱그러운 숲의 공기와 한적함에 다소 심신이 편해졌다. 숲으로 된 길은 그야말로 용문 석굴의 어느 커다란 굴처럼 나무들이 일제히 하늘을 가리고 있었다. 또 겨울이 다가오는 계절의 한 시점에서 나무들은 그대로 푸른 잎을 유지하고 있었다. 인(人)도 방긋이 웃는 얼굴에 손가락으로 나무들을 가리키며 좋아했다. 그것은 나무들이 의외로 푸른 탓도 있었지만, 그것보다 한적하고 평화로운 숲이 좋았다. 길가에는 이름 모를 꽃들이 한들거리며 피어나, 인(人)에게 한 송이를 꺾어다가 손에 쥐여 주었다. 걱정이 없는 듯, 순수한 인(人)의 밝은 모습을 보니 그의 마음이 밝아졌다. 세상에 존재하는 진리가 있다면 그것은 성인(聖人)의 깨달음도 아니고, 황제(皇帝)의 정치도 아닐 것이다. 모든 것을 아우르는 진리는 단 하나, 바로 인(人)의 웃음일 것이다. 해맑게 잡티가 묻지 않은 순수한 얼굴, 바로 그것일 것이다.

먼 데 천왕문(天王門)이 보였다. 그러나 왠지 쓸쓸하게 잡풀들이 마구잡이로 자라나 기와며 기둥에도 이끼와 풀들이 자라나고 있었다. 그동안 사람의 손길이 전혀 닿지 않은 것처럼, 손질이 전혀 안 돼 있는 것이었다. 마치 사람의 흔적을 싫어해 그대로 숲이 자신과 하나로 만들기 위해 그러는 것처럼, 기둥에서도 이끼가 자라고 있었다. 마치 세계로부터 동떨어진 공간에 있는 듯했다.

봉선사 내부는 천왕문의 그 광경보다도 더욱 어지럽혀져 있었다. 뜰에는 무릎 높이까지 잡풀이 자라나 메뚜기며 귀뚜라미, 풍뎅이들이 제 거처를 마련하고 풀숲에서 제멋대로 뛰어 날고 있었다. 풀숲을 헤치고 비로전(毘盧殿)에 가보니 불단이 수북한 먼지에 덮여, 몇 해 전까지만 하더라도 불교의 신자라 하면 누구나 한 번쯤은 보고 싶어 한다던 순례의 명소가 지옥처럼 보였다. 또 거미들이 다채로운 문양이 그려진 천장 위에 제 음침한 그물을 드리우고 있었고, 서벽(西壁)에는 금세라도 쥐들이 튀어나올 듯, 제법 큰 쥐구멍이 나 있었다. 금으로 입힌 비로자나불은 사라진 채 주인 없는 불당은 이미 폐가와 같이 흉측한 모습을 하고 있었다. 비로전 안은 진정 시간이 멈춘 듯이 모든 것이 녹슬어 있는 것 같아, 기둥이라도 하나 살짝만 건드리면 힘없이 무너져 내릴 것만 같았다. 몇 겁을 이렇게 먼지에 쌓아 있던 것처럼 진리며 열반의 경지도 그대로 삭아서 티끌이 된 듯했다.

그의 마음은 본질을 잃고 쓰러져 있었던 인(人)의 모습처럼 밑도 없이 바닥으로 추락했다. 제 어미를 잃고 씨름하던 모습으로 그도 역시 세계의 진정한 본질, 가장 아름다운 진리로부터 떨어져 그 자리에 숨죽여 쓰러진 것이었다. 설마 이러리라고는 상상도 못 했던 것이었다. 봉선사가 이렇게 쑥대밭인 채로 그 옛날의 위엄이 전혀 남아있지 않고, 거지들의 소굴처럼 변한 것은 그에게 있어서 삶의 전정한 의미가 사라져 버린 것이었다. 또 그의 혼백은 소리 없이 부서지고 있었다. 그는 울컥 가슴에서 무엇인가 치밀어 오르는 것 같았다.

그는 비로자나불상감(毘盧遮那佛像龕)쪽으로 향했다. 인(人)은 무섭다는 듯이 그의 품에서 떨어지려 하지 않았다. 폐가와 같은 그 모습에 아마도 인(人)은 두려웠을 것이다. 바위산을 깎아 만든 거대한 불상들의 거처는 이미 비로전처럼 황폐해진 상태였다. 아마도 몇 달, 아니 몇 년은 그대로 내 버려진 채 있었던 듯했다. 아난다(阿難陀)의 침착하고 온순한 외모나 보살(菩薩)의 단정하고 긍지 있는 표정, 천왕(天王)의 엄숙한 모습, 역사(役事)의 강렬하고 힘찬 모습이 예전에 보던 모습과는 판이해 달라 보였다. 본존불(本尊佛) 앞에는 향이 꺼진 지 오래였고, 숲에서 불어오는 찬바람만 감(龕)에 몰아치고 있었다. 온기가 사라진 본존불은 그지없이 피곤한 기색으로 예전의 미소를 보내주고 있었으나 온화함의 기색이라곤 눈을 씻고 찾아봐도 보이질 않았고, 눈은 이미 먼 산을 바라보며 부질없이 허망한 시선을 떨구고 있었다. 부처의 육신에서 빛이 나와 온 세상을 두루 비춘다는 비로자나는 더는 존재하지 않았다. 단지 그의 앞에 비로자나의 허물만이 우두커니 앉아있는 것이었다. 그는 정신이 혼미해지는 것을 느꼈다. 몸에서는 끈적한 땀들이 그의 온몸을 감쌌다. 일어설 힘도 없이 그는 그 자리에 주저앉고 말았다. 장안에서부터 비로자나불을 찾아온 그였기에 다리에 힘이 빠지고 아무런 생각도 나지 않았다. 예전의 그 신비로운 미소와 빛은 어디로 사라진 걸까. 다만 사람들이 돌보지 않은 것뿐인데, 그 찬란함이 사라졌다는 것이 도저히 믿어지지 않았다. 인(人)은 옆에서 조용히 그 커다란 사람형상에 놀란 듯 두 눈을 크게 뜨고 보고 있었다. 인(人)을 안고 나오면서 그의 마음은 한없이 서글퍼지고 있었다. 주체할 수 없는 상실감에 스스로 썩어 가는 풀처럼 가슴이 마르고 있었다. 바람이 차가워지고 있었다. 해는 중천에서 기울어 점점 서쪽으로 고개를 돌리고 있었다. 법당을 그대로 스쳐지나 풀숲을 헤치며 봉선사를 나왔다. 처마 끝에 매달린 풍경은 그대로 살펴가라는 듯 힘없이 매달려 소리를 내고 있었다.

천왕문을 나서자 이미 숲길은 칙칙하게 어두워지고 있었다. 길에 굴곡이 매우 심하다는 것을 이제야 그는 깨달을 수 있었다. 조금만 더 가면 이정표가 나올 것이다. 인(人)은 아까부터 그의 품에서 떨어지려 하지 않아 안심을 시켜야 했다. 그도 그럴 것이 황폐한 폐허처럼 변한 산중의 봉선사 비로자나와 지금의 이 어두컴컴한 숲길이 인(人)의 마음 깊은 곳에서 어머니와의 마지막을 되짚게 한 때문이었다. 그는 될 수 있는 대로 가슴 깊이 꼭 안았고 인(人)도 더욱 깊이 파고들려 했다.

아무 인적이 없던 산길에 누군가가 올라오는 것이 보였다. 승려의 차림으로 누군가가 굴곡이 심한 그 길을 올라오고 있었다. 구부러진 지팡이가 휘청거려 보였다. 그는 자신의 심정을 이해해 줄 수 있는 사람을 만난 것 같아서, 내심 기뻤다. 노승도 그를 알아보았는지 이상하다는 듯이 그를 쳐다보며 올라오고 있었다. 먼저 말을 건넨 것은 노승이었다. 노승은 준엄한 표정에 입술을 굳게 닫고, 가지런히 합장하며 물었다.

"여기에는 무슨 일로 드셨는지요"

그는 내심 긴장하며 人을 내려놓고 합장 드리며 대답했다.

"저는 김윤보(金尹報)라는 신라 유학생이 온대, 장안에서 봉선사의 비로자나부처님을 배알(拜謁)하려 이곳까지 왔습니다. 한데 봉선사는 이미 사람의 손길이 닿지 않고 부처님 또한 티끌에 더럽혀져 있더군요"

그는 자기 안타까운 심정을 토로하듯 노승에게 말했다. 노승은 의아하다는 눈빛으로 그와 人을 번갈아 바라보며 다시 물었다.

"당신은 아직 폐불훼석(廢佛毁釋)이 된 것을 모르시나 보군요. 여기 봉선사는 불교의 중심지로 모든 행사를 주관하던 곳이기에 제일 먼저 폐해를 입었지요. 헌데 장안에서 이곳까지 먼길을 마다치 않고 찾아오시다니 무슨 중요한 일이라도 있었는지요?"

노승은 진지하고 조용한 음성으로 물어왔다. 노승의 얼굴은 서서히 윤곽을 드러내 그 중후하고 인자함을 한 눈으로도 확인할 수 있었다. 하지만 봉선사가 저 지경에 이른 상황으로 보아 승려들은 비밀리에 암자를 짓고 사는 듯했고, 대부분의 젊은 승려들은 물론 환속시켰을 것이었다. 아마 이 노승도 어딘가에 암자를 지어 숨어있을 것이다.

"예. 저는 유학길에 오르다가 비로자나 부처님을 뵙고 그 신비스러운 모습에 한순간 매료되었었지요. 그 모습을 지금까지 잊지 못하고 있다가, 수학의 길이 험하고 정신이 어지러워 이렇게 다시 찾게 된 것입니다. 하지만 이렇게 황폐해져 마음에 갈피를 잡지 못하고 왠지 서글픈 마음이 들던 차에 스님을 뵙게 된 것입니다."

그는 노승을 만나 정말 다행이라는 생각이 들었다. 그 마음의 혼란을 잡아 줄 수 있는 사람이 필요했기 때문이었다. 진리가 사라져 버린 듯한 허무함이 아직 그의 정신을 짓누르고 있었기에 하소연할 데가 절실했다. 더욱이 나이 지긋한 노승의 미소는 비로자나불을 처음 볼 때의 미소와 같이 온화했고, 몸에서는 빛이 나고 있는 것 같아서 비로자나가 아닐까 하는 의심까지 들었다.

"그럼 소승의 암자로 함께 드시렵니까? 이 아이도 많이 지치고 무서워하고 있군요."

그는 어둠 속에서 한 줄기 빛을 본 것만큼이나, 노승의 배려가 눈물겨웠다. 아마 이대로 객사로 내려갔다면 며칠을 자신의 수렁 속에서 지내야 할 그는 이미 짐작하고 있었다. 人을 번쩍 들어 올려 안았다. 다시 인(人)이 가슴에 얼굴을 묻기 시작했다.

"뭐라고 감사를 드려야 할지 모르겠습니다. 노승님을 뵙게 되어 마음에 큰 위안이 될 것 같습니다. 염치 불고하고 신세를 져도 되겠습니까?"

"괜찮습니다. 어서 소승 따라오시지요"

노승은 조금 더 올라가다가 덤불 속에 난 작은 샛길로 접어들었다. 그는 인(人)의 등을 다독거리며 어두운 길을 가려 밟아 노승의 뒤로 따랐다. 얼마 가지 않아 작고 아담한 암자가 나타났다. 암자는 우거진 나무들 사이에 숨어있었다. 불빛이 없어 칠흑 같은 어둠 속에서도 노승은 다 보이는 듯, 아무런 거리낌 없이 문을 열고 등촉을 켰다. 방은 따스한 온기가 있어 충격받은 것과 추운 한기가 스르르 녹는 듯했고, 어둠이 밀려나간 방안은 소박한 진흙 빛 벽지가 수수한 흙냄새를 풍겨대고 있었다. 노승과 그와 인(人)이 몸을 녹이고 있는 동안, 밖에서 무엇을 하는 듯싶더니 금세 김이 모락모락 나는 묽은 쌀죽을 끓여 내왔다. 하얀 죽이 금세 햇빛을 받아 온 듯, 따뜻한 밥 냄새를 풍기며 그릇에 담겨 있었다. 더운 김을 불어내고 식혀서 인(人)의 입에 넣어주며 그도 몇 술을 떴다. 죽의 온기가 몸속에 금세 퍼졌고, 냉하던 손끝이 어느새 풀려 있었다.

"무어라 감사를 드려야 할지 몸 둘 바를 모르겠습니다. 요즈음 형편도 어려우시리라 생각되는데, 이런 것까지 대접을 받다니요."

그는 진심으로 노승의 인자함에 감격하고 있었다. 몸에선 푸른 솔잎 냄새가 나고 그의 얼굴에선 유난히 밝은 기운이 감돌고 있었다.

"아니지요. 혼자 적적하던 차에 좋은 말벗이 생겼으니 소승이 더 감사를 드려야지요."

노승은 합장을 하더니 가만히 고개를 살짝 숙였다.

"사실 소승은 눈이 멀었습니다. 눈은 뜨고 있으나 아무것도 볼 수 없지요."

그는 그제야 노승의 시선이 자꾸만 엇갈리고 이상하다는 것 알 수 있었다. 정말로 노승은 시각을 잃은 것이 분명했다.

"정말이지 몰랐습니다. 헌데 어찌 그리 모든 것을 보는 듯하십니까?"

그는 새삼 노승이 놀라웠다. 보지 않고도 험한 밤길을 쉽사리 오가는 것 하며, 말이 없었던 人의 존재를 알아차린 것이 보통의 승려들과는 달리 범상치 않은 무언가가 있는 것 같았다.

"연륜이겠지요. 눈으로 보지 않아도 마음의 눈을 뜨면 대낮처럼 환하게 볼 수 있지요. 또한, 비로자나불의 빛이 있지 않습니까?"

그는 비로자나의 빛을 본다는 그 노승의 말이 왠지 이상하게 여겨졌다. '어찌 눈먼 사람이 그 빛을 볼 수 있단 말인가. 나에게 빛은 전혀 보이지 않고 단지 초췌한 비로자나불만 보였을 뿐인데…….' 인(人)은 먹은 자리에 그대로 누워 곤하게 잠이 들어 있었다. 노승이 어찌 알았는지 이불을 덮어 주었고, 그에게도 이불을 건네주었다.

노승은 벽에 기댄 채, 말을 이었다.

"무릇, 세상에 보이는 것과 보이지 않는 것이 있습니다. 사람들은 대부분 보이는 것만을 믿고 따라갑니다. 단지 보이는 현상만을 좇는 것이지요. 하지만 가장 중요한 인생의 진리는 보이지 않습니다. 보려고 노력할수록 보이지 않게 더 깊이 숨어버리지요. 마치 한 마리의 나비와 같이 멀리 날아가 버리고 마는 것입니다."

등촉에 비친 노승은 흐르는 듯한 어깨와 따스해 보이는 미소, 눈을 지그시 감고 공중을 향한 그의 얼굴에선 알 수 없는 무언가 신비로운 빛이 뒤에서 비추는 것 같았다. 그의 입에서는 말이 단지 허공으로 사라지는 것이 아니라, 몽환적인 언어로 향나무 향이 묻어있었다. 노승은 투박하지만 따뜻해 보이는 손으로 인(人)의 머리를 쓰다듬기 시작했다. 노승의 인(人)을 쓰다듬는 모습은 그저 황홀한 극락의 풍경 같아 보였다. 법열(法悅)의 경지에 빠진 하나의 찰나였다.

"이 아기는 누구입니까? 황하의 검은 용을 보는 듯이 따뜻하면서도 두려움이 마음에 온통 퍼졌군요. 추한 것이 미를 낳고, 미는 더없이 아름다운 진리를 낳았습니다. 이 아이는 모든 삼라만상(森羅萬象)을 간직했군요. 실례가 아니라면 그 아이를 소승이 키우고 싶습니다."

순간적으로 그는 노승의 말을 듣지 못하였다. 하지만 그것은 엄청난 충격 때문이었다.

'소경인 노승이 어찌 보이지 않는 아기의 마음을 읽어낼 수 있을까? 더구나 오늘 처음 만난 것밖에 없는데, 어찌 황하에서의 일을 알고 있을까?'

그는 아무 대답도 할 수 없었다.

"감사합니다. 그렇게 생각을 해주신다니……. 보여드릴 게 있습니다."

노승은 다 알고 있는 것처럼 말을 마치고 잠시 몸을 돌려 무언가를 내놓았다. 그것은 방에 작게 차려 놓은 불단 위의 작은 목불(木佛)이었다. 하지만 그것은 거무튀튀하게 그을리고 팔과 몸통이 심하게 비틀어진 부처였다. 그는 어디선가 본 듯하였지만 잘 기억이 나지 않았다.

'이렇게 추(醜)한 부처가 있었다니…….'

그는 속으로 내심 그 추함에 놀랐다. 불에 타고 그을린 듯한 피부와 습기를 못 견디고 비틀어진 몸! 또한, 목불은 눈을 아예 감고 있었다.

"이분은 소승이 모시는 작은 비로자나불입니다. 곁에 있으면 항상 따뜻한 기운이 제 몸으로 퍼져 오지요. 진리는 항상 가장 작으면서 깊은 곳에 있지요. 다가서기엔 고통스럽다고 할지라도 말입니다."

"예. 그렇군요."

그는 차마 그 몰골을 이야기할 수 없어, 고개를 끄덕이며 짧게 한마디만 하였다. 아직 인(人)에 대한 노승의 말이 충격이어서 차마 대답을 할 수 없었다. 얼마간의 침묵이 흐르고 노승은 참선하듯 가만히 앉아 있었다. 그도 노승의 그런 모습을 보면서 자신이 있는 이 암자가 과연 어디에 있는 암자일까 생각했다. 설혹 현실에 존재하지 않는 세계인지 의심스럽기까지 했다.

그는 자기도 모르게 누워 있었다. 아무래도 어린 인(人)을 데리고 산에 오른 것이 무리였었고, 설상가상(雪上加霜)으로 애타게 그러던 비로자나의 진리가 훼손된 데에 깊은 마음의 상처를 받은 것이 그를 녹초로 만든 때문이다. 몸이 따뜻해져서 그런지 쉽게 잠이 쏟아지기 시작했다. 그는 나른하게 취한 듯 잠이 들었다.

꿈에서 어느 연인과 그는 조우(遭遇)하고 있었다. 그 여인은 백옥 같은 살결에 날개를 단 듯, 훨훨 어디론가 날아가고 있었다. 어딘지 모르는 곳에서 취할 것 같은 향기가 배어 나왔다. 그 향기는 말로 표현할 수 없을 정도로 은은하고 따스하게 온몸에 퍼졌다. 순간 꽃잎이 손들에 떨어졌는데, 그 감촉이 너무 생생해 무서울 정도였다.

그는 눈을 번쩍 떴다. 그것은 그의 꿈이었지만 그 감촉은 너무 생생했다. 마치 여인의 손가락처럼 따스하면서도 부드러웠다. 옆에는 노승과 인(人)이 나란히 잠들어 있었다.

그는 바람을 쐬고 싶어 잠시 문을 열고 뜰에 나왔다. 여러 번 이상하게도 비슷한 꿈을 꾸는 것이 황하에서의 그 일 때문인지 아무래도 그 여인이 인(人)을 잊지 못하고, 밤마다 자신의 꿈에 들어오는 것 같았다. 밤하늘이 한결 푸른빛을 띠고 있어 산새가 그럴듯하게 드러나 있었고, 더불어 꿈을 꾸고 난 뒤의 어수선한 마음이 한결 가라앉았다. 멀리에서 장안을 떠나올 때 들었던 그 두견의 울음소리가 들려와, 장안을 등질 때의 심정이 다시 살아났다. 무언가 그를 억압하는 불안과 두려움이 생생했다. 새하얀 달빛이 은은하게 넘실거리는 뜰에는 산중의 적막감이 가득

했지만, 그는 깊은 번뇌가 다시 살아나는 심한 회의(懷疑)의 굴레 속으로 빠져들었다. 아득한 별만큼이나 그가 찾는 진리는 달아나 있었다. 차마 여로를 다시 시작할 수 없을 정도로 그 끝이 보이지 않았다. 다시 장안으로 돌아가고 싶지는 않았다. 더는 지위나 권세를 누려야겠다는 생각은 추호라도 없었기 때문이었다. 순간 모든 것이 환해지는 듯했다.

바로 그 찰나.

나는 놀라듯이 몸이 경직된다. 달이라고 생각했던 것이 산비탈 나무들 사이에서 빛을 발하고 있었기 때문이다. 분명히 천상에서 빛나던 달이었는데……, 참을 수 없는 신비한 빛에 이끌려 나는 어디론가 길을 가고 있다. 달은 여전히 황하의 깊고 진한 노란 빛을 내며 나비처럼 멀리 사라져 간다. 노승이 말하던 그 나비인가. 나는 점점 정신이 혼미해져 가는 것을 느낀다. 이상하다. 이것은 조금 전의 꿈이 아닌가. 꿈에 본 것을 지금 이렇게 보고 있다니? 그렇다면 여인은 어디로 갔을까? 한참을 달려가듯 그렇게 빛을 좇고 있다. 아니 나의 혼미한 정신보다 먼저 발이 달리고 있다. 나뭇가지와 바위에 어깨를 긁혀 옷이 찢기고 붉은 피가 흐른다. 실 같은 거미줄이 얼굴에 와 닿는다. 정신은 더욱 아득해지고 있다. 하지만 멈출 수 없다. 멈추어서는 안 된다. 저 나비와 같은 저 달을 좇아야 한다. 저것은 나를 진리의 아름다움으로 인도하려는 것이다. 멀리 낮에 보았던 비로자나불이 보인다. 아까 와는 달리 그 모습이 너무나 은은하다. 미소에서는 온화한 음성이 들리는 듯, 부드러운 나비처럼 언어가 날아간다. 먼 산을 바라보던 비로자나의 눈은 나를 보며 빛으로 따스하게 나를 쓰다듬는다.

더 빨리 가야 한다. 더 빨리……! 내가 그렇게 바라던 찰나의 진리가 사라질지 모른다. 이상하게 거리는 가까워질수록 더욱 멀어지는 것 같다. 심한 한기가 난다. 더욱 빨리 가기 위해 나는 죽어야 한다. 나는 심한 두려움으로 눈을 감는다. 순간 달이 부서지듯, 하얗게 빛이 번지고 나는 여전히 달리고 있다. 비로자나불의 몸에 솔잎 향기에 섞여 꽃향기가 난다. 나비는 저것을 좇고 있는 것이다. 향기로운 열반(涅槃)이다. ……, 아! 잡을 듯 잡을 듯 나비가 손끝에서 춤을 추고 있다. 하지만 잡을 수 없이 아득하다. 나비가 암벽 뒤로 날아간다. 이것은 무엇인가, 새하얀 꽃 한 송이 바위틈에 날아갈 듯 피어있다. 저 꽃은 너무나 눈부실 정도로 아름답다. 꽃잎 속에서 여인의 등이 언뜻 보였다가 사라진다.

보인다. 꽃 뒤에 숨어 있는 누구, 당신은 누구지? 다가가야 한다. 온몸에서 피가 흐르고 있다. 하지만 꽃에 다다라야 한다. 보인다. 아 그래! 아니? 목불이 아닌가! 몸이 비틀리고 얼굴이 썩은 노승의 목불이 아닌가! 아니, 아니다. 그것은 황금처럼 빛을 발하며 따스한 미소를 짓고 있다. 비로자나불인가? 아니다. 이것은……

인(人)?

〈끝〉

개교 70주년 기념 전북대신문방송사 문학상 당선작 전집 ❸

학술문학상 III

(1980~2000)

지은이 이재황, 이병천, 강인선, 강영배, 이동백, 채규근, 정상훈, 장진규, 이은숙, 정민섭, 남숙희, 이재규, 서형석, 김두경, 송용근, 서영이, 정선주, 이재용, 김금옥, 이기성, 김상휘, 정형기, 정태욱, 김인중, 김후리, 복효근, 정병수, 이용환, 박래춘, 김성희, 서회영, 이성희, 정미경, 임성구, 전미영, 성일한, 김진수, 소근희, 강진영, 고경수, 김용준, 김윤석, 박현아, 이수연, 김락중, 이미정, 문세영, 정문환, 김세라, 유성우, 이대로, 임성실, 조건형

펴낸이 이남호

펴낸곳 전북대학교출판문화원

초판 1쇄 인쇄 2017. 9. 20

초판 1쇄 발행 2017. 10. 13

전북대학교출판문화원 전라북도 전주시 완산구 어진길 32 (풍남동2가)

전화 (063) 219-5321~2

FAX (063) 219-5323

출판등록 2012년 8월 20일 제465-2012-000021호

값 19,800원

ISBN 979-11-87892-56-4 04810

ISBN 979-11-87892-53-3 (세트) 04810

이 도서의 국립중앙도서관 출판예정도서목록(CIP)은 서지정보유통지원시스템 홈페이지(http://seoji.nl.go.kr)와 국가자료공동목록시스템(http://www.nl.go.kr/kolisnet)에서 이용하실 수 있습니다. (CIP제어번호 : CIP2017023863)